그라알 사화

성배의 기원에서 아더 왕의 죽음까지

나남
nanam

한국연구재단 학술명저번역총서
서양편 429

그라알 사화
성배의 기원에서 아더 왕의 죽음까지

2022년 6월 25일 발행
2022년 6월 25일 1쇄

지은이   로베르 드 보롱
옮긴이   최애리
발행자   趙相浩
발행처   (주) 나남
주소   10881 경기도 파주시 회동길 193
전화   (031) 955-4601 (代)
FAX   (031) 955-4555
등록   제 1-71호 (1979. 5. 12)
홈페이지   http://www.nanam.net
전자우편   post@nanam.net
인쇄인   유성근 (삼화인쇄주식회사)

ISBN 978-89-300-4097-6
ISBN 978-89-300-8215-0 (세트)

책값은 뒤표지에 있습니다.

‘한국연구재단 학술명저번역총서’는 우리 시대 기초학문의 부흥을 위해
한국연구재단과 (주)나남이 공동으로 펼치는 서양명저 번역간행사업입니다.

한국연구재단
학술명저번역총서
429

그라알 사화

성배의 기원에서 아더 왕의 죽음까지

로베르 드 보롱 지음

최애리 옮김

Le Roman de l'Estoire dou Graal

par

Robert de Boron

옮긴이 머리말

그리스-로마의 고대 문화가 올림포스 신화를 창출했듯이, 중세 유럽의 그리스도교 문화는 아더 왕 문학을 창출했다. 옛 켈트 신화의 잔재를 바탕으로 한 아더 왕 이야기들은 12~15세기에 걸쳐 영국, 프랑스, 독일은 물론이고 멀리 보헤미아, 키프로스에 이르기까지 유럽 전역으로 퍼져 나갔으며, 그리스어, 히브리어로 된 번역본까지 전해올 정도이다. 그리하여 그리스도교 중세 유럽의 세계관을 반영하는 소설적 역사로 자리 잡은 아더 왕 문학은 아더 왕 신화라고까지 일컬어지며, 이 전통은 R. 바그너, T. S. 엘리엇 등 근현대 작가들을 위시하여 오늘날의 대중문화에까지 꾸준히 이어지고 있다.

아더 왕 문학은 이야기의 배경인 영국에서 발전했으리라고 막연히 짐작할 수도 있지만, 사실 그 본격적인 발전은 주로 프랑스 작가들에 의해 이루어졌다. 옛 켈트 신화의 잔재, 이른바 '브리튼 설화'는 웨일스 출신 작가 제프리 오브 몬머스의 《브리튼 왕들의 역사》(1136경)를 비롯하여 영불 해협 양쪽을 오가며 활동했을 가객(歌客)들을 통해 전파되었으리라 추정된다. 이를 바탕으로 12세기 후반 프랑스 작가 크레티앵 드 트루아가 일런의 기사도 모험소설을 지어냈으며, 이후 아더 왕과 그 왕국에 대한 이야기는 약 반세기 이상 동안 프랑스 작가들의 손에서 나름대로의 시초와 종말을 갖는 역사로 발전했던 것이다.

옛 신화의 잔재가 유사 역사 내지 신화로 발전해 가는 이 과정에서 핵심적인 계기는 그리스도교 성사(聖史)와의 연결에 있는데, 그 단서가 된 것이 크레티앵의 미완성 유작 《그라알 이야기》에 등장하는 그라알(graal)이다. 아마도 이교 신화에서 '풍요의 뿔'에 해당하는 모티프였으리라 추정되는 그라알은 이 요령부득의 이야기에서도 성체가 담긴 거룩한 그릇으로 언급되어 종교적 색채를 띠지만, 그 정체가 무엇인지는 의문으로 남겨졌으며 이를 풀어가는 과정을 통해 아더 왕 이야기는 성사에 편입되기에 이른다. 그리하여 13세기 전반 프랑스에서 아더 왕 문학은 성배(聖杯, le Saint Graal)라는 상징으로 수렴되는 그리스도교적 세계관과 '궁정풍 사랑'으로 미화되는 세속적 세계관이 드잡이하는 가운데 '랑슬로-그라알' 5부작(일명 '불가타 연작')으로 완성되기에 이른다.

아더 왕 문학과 성사와의 이 같은 연결에 결정적인 역할을 한 작가가 바로 로베르 드 보롱(Robert de Boron)이다. 그의 《요셉》(Joseph)은 성서에서 그리스도의 수난 이후 시신을 수습해 갔다고 하는 인물인 아리마대 요셉을 주인공으로 하여, 그에 관한 외경(外經) 이야기에 원래는 없는 '잔'의 이야기를 끼워 넣는다. 즉, 요셉은 십자가에서 내린 시신과 함께 그리스도께서 마지막 만찬을 드셨던 잔을 받았으며, 시신에서 다시 터져 흐른 피를 이 잔에 담았다는 것이다. 비록 여전히 '그라알'이라 불리기는 하지만, 성혈이 담긴 '성배'의 등장이다. 그런 다음 외경에도 없는 요셉의 후일담이 이어지고, 장차 더 펼쳐질 이야기의 배경이 브리튼으로 제시됨으로써 성사와 아더 왕 이야기가 한데 엮일 큰 밑그림이 제공된다.

로베르는 요셉의 이야기와 다른 여러 가지 이야기를 포함하는 어떤 큰 이야기에 대해 언급함으로써 연작 의도를 시사하며, 《요셉》이 실려 있는 사본들에는 대개 그 다음 이야기인 《메를랭》(Merlin)이, 사본에 따라서는 거기서 더 이어지는 《페르스발》(Perceval)까지도 함께 실려 있다. 《메를랭》은 성사와 아더 왕 시대의 중간사에 해당하는 이야기로, 그 내용은 대체로 《브리튼 왕들의 역사》에서 가져온 것이지만 연작 구도에 맞게끔 이야기의 중요한 대목들이 변경된 것을 볼 수 있다. 《페르스발》은 크레티앵의 《그라알 이야기》 이후 여러 갈래로 쓰였던 《속편》들 중 하나인 셈인데, 그라알 탐색 이후 아더 왕국의 몰락을 이야기한다는 점이 특기할 만하다. 거기서 한걸음 더 나아가면, 아더 왕 문학은 그리스도교의 종말론적 역사관을 반영하는 허구적 역사로 발전하게 되는 것이다.

그런데, 책 뒤의 해제에서 좀 더 설명하겠으나, 통상 '로베르 드 보롱의 3부작'으로 알려진 이 세 작품이 모두 그의 것인지는 확실치 않다. 그에게 연작의 의도가 있었고 《요셉》에 이어 《메를랭》을 쓰기 시작했던 것은 거의 확실시되지만, 현존하는 사본들의 상태로 보아 그가 《메를랭》을 완성했는지, 《페르스발》까지 썼는지는 알 수 없다. 특히 《페르스발》은 그가 썼다고 보기 어려운 점이 많아 위(僞) 로베르 드 보롱의 작품으로 일컬어지기도 한다. 그럼에도 이 세 작품을 하나의 연작으로 읽게 되는 것은 로베르가 《요셉》에서 언급했던 "그라알의 큰 이야기"(La grant Estoire dou graal)라는 구도가 이후 아더왕 문학의 발전에 근본적인 역할을 하기 때문이다.

  이 세 작품을 한데 실은 책은 많지 않으며, 제목도 편자에 따라 달라진다. 세 작품이 한데 실린 사본을 전사(傳寫)한 현대 판본의 제목은 《그라알 소설》(Le Roman du Graal), 이를 현대어로 옮긴 영역본의 제목은 《메를랭과 그라알. 아리마대 요셉, 메를랭, 페르스발. 로베르 드 보롱에게 귀속되는 아더 왕 로맨스 3부작》(Merlin and the Grail. Joseph of Arimathea, Merlin, Perceval. The Trilogy of Arthurian Romances attributed to Robert de Boron)이다. 이 역서는 그보다는 작품 제목을 작중에서 가져오는 관례에 따라 《그라알 사화》(L'Estoire dou Graal)라는 제목을 택했다. 그라알과 관련된 엇비슷한 제목들을 구별하기 위해, 그라알과 성배, 이야기(Conte)와 역사이야기(Estoire)를 구분한 역어이다. 사본과 판본에 대해, 번역 대본을 선정한 경위에 대해서는 해제에 밝혀두었다.

2022년 6월

최 애 리

차례

일러두기

1. 《요셉》은 운문본임을 살려 '합쇼체'로, 산문으로 된 《메를랭》과 《페르
   스발》은 '해라체'로 옮겨 구별하였다.
2. 모든 각주는 옮긴이가 단 주석이므로, '역주'라고 따로 표기하지 않았다.
3. 일반적으로 〔 〕의 용법에 해당하는 부분 외에도 본문 중 판본에 따라 차
   이가 있는 대목, 문맥에 맞추어 위치를 이동한 대목 등 옮긴이가 추가한
   부분은 〔 〕로 표기하였다.

요셉

1장 일러두기

1. 번역대본은 Robert de Boron, *Le Roman de L'Estoire dou Graal*, éd. William A. Nitze(Champion, 1927)이고, 대조하는 산문본은 Robert de Boron, *Le Roman du Graal*, éd. Bernard Cerquiglini(10/18, 1981)과 Robert de Boron, *Joseph d'Arimathie*: *A Critical Edition of the Verse and Prose Versions* ed. Richard O'Gorman(Pontifical Institute of Medieval Studies, 1995)이다. O'Gorman의 주석도 참고가 되었다. 현대어 역본은 Robert de Boron, *Le Roman de L'Estoire dou Graal*, trad. Alexandre Micha(Champion, 2007)을 참조했다. 출전으로 참고한 책은 J. K. Elliot, *The Apocryphal New Testament*(Clarendon Press, 1993)이다.
2. 문단은 대체로 Nitze 판본을 따랐지만, 너무 짧게 끊어지는 문단은 장면에 따라 합치는 등 내용상 필요하다고 생각되는 경우에는 달리 조정했다.
3. 중간 중간 단락을 나누고 단락 서두의 〔 〕안에 원문의 행수를 표시해 두었다.

〔1〕크든 작든 모든 죄인이 마땅히 알아야 하는바, 예수 그리스도께서는 이 땅에 오시기에 앞서 선지자들의 글을 통해 자신이 이 땅에 오실 것을 알리게 하셨고, 하느님께서 자기 아들을 세상에 보내어 많은 고난과 고통과 추위와 땀을 견디게 하실 것을 선포케 하셨습니다.

　제가 여러분에게 이야기하는 그 시대에는, 왕과 왕자와 공작과 백작, 우리의 첫 아버지인 아담과 우리 어머니인 이브, 아브라함, 이삭, 예레미야, 선지자 이사야, 모든 선지자와 선인 악인 할 것 없이 모든 인간들이 이 세상을 떠나면 곧장 지옥으로 갔습니다. 악마, 곧 저주받은 자는 그들을 지옥에 떨어뜨리고, 그들을 자기 손아귀에 넣었다고 여기며 크게 뻐겼습니다. 선한 사람들은 자신들이 기다리는 하느님 아들에게서 격려를 얻었습니다. 그리하여 우리 주님께서는 우리 모두에게 영광을 베풀기를 기뻐하시어, 이 땅에 내려오셔서 우리 인간의 육신을 입으셨습니다.

　〔1그분은 동정녀에게서 육신을 취하셨으니, 자기 뜻에 따라 그녀

를 소박하고 온유하고 지각 있게 만드셨습니다. 그분은 자기 뜻에 따라 그녀를 지으시고, 모든 선량함과 아름다움을 주셨습니다. 그녀는 들장미처럼 향기롭고 장미나무와도 같았으니, 자기 태중에 온유한 장미를 지니셨습니다. 그녀의 이름은 마리아였으며, 모든 선함으로 빛났습니다. 마리아는 고통의 어머니2라 일컬어졌으니, 하느님의 딸이면서 그분의 어머니이기도 했습니다.

그녀의 아버지 요아힘과 어머니 안나는 두 사람 다 나이가 많았지만 자식이 없어 몹시 슬퍼했는데, 하느님께서 그들을 찾으시고 어느 날 요아힘이 광야의 목동들에게 가 있던 중에 그에게 천사를 보내셨습니다. 요아힘은 성전에서 제사장이 그의 예물을 거절했기 때문에 성이 나서 그들과 함께 머물고 있었습니다. 제사장은 그가 아내에게서 자식을 낳지 못했다는 이유로 그의 예물을 거절했던 것입니다. 천사는 요아힘에게 말했습니다.

"어서 길을 떠나라. 하느님께서 나를 통해 네게 알리시나니, 네 소원이 이루어지리라고 알리라 하셨다. 너는 딸을 낳으리니 이름을 마리아라 하라. 네 아내 안나에게 잉태되어 그녀의 태중에서 거룩해질 것이다. 그녀는 평생 사는 동안 죄 짓지 않을 것이다.3 그 점에 관해

---

1 16쪽까지 〔 〕로 표시한 대목은 산문본에는 없다.
2 '고통의 어머니'로 번역한 mer amere는 교부들의 전통 이래 중세 문학에서 성모 마리아를 지칭하던 amarum mare(mer amère, 쓴 바다, 즉 고통의 눈물 바다)와 mer(바다)-mère(어머니)의 동음이의가 중첩된 말로 볼 수 있다.
3 초대 교회 교부들은 성모 마리아를 거룩하기는 하지만 전적으로 무죄하다고는 보지 않았다. 그러나 차츰 그녀의 거룩함을 완전무결한 것으로 믿고자 하는 경향이

네 근심을 덜라. 그리고 내 말을 좀 더 믿을 수 있도록, 예루살렘을 지나서 가라. 성문에서 너는 네 아내를 만나리니 함께 집에 가서 착하게 살라. 그 모든 것이 진실로 일어나리라."4

하느님께서는 그분의 뜻에 따라 아담과 이브에게서 나온 사람들을 속량하여, 그들이 우리 아버지 아담의 죄로 인해 루시퍼에게 붙잡혀 있는 지옥으로부터 꺼내 주고자 하셨습니다. 우리 어머니 이브가 그로 하여금 범죄하게 했으니, 그녀는 선악과를 먹고 남편에게도 주었던 것입니다.

우리 아버지 하느님께서 어떤 식으로 우리를 속량하셨는지 들어 보십시오. 하느님께서는 성부와 성자 예수 그리스도와 성령의 이름으로 우리의 죗값을 치르셨습니다. 제가 믿는바 감히 단언컨대, 그 세 분은 하나이시며, 한 분이 다른 분 안에 계십니다. 성부께서는 자기 아들이 동정녀에게서 육신을 취하여 그녀에게서 태어나기를 원하셨습니다. 그리고 성자께서는 아무 반대 없이 그 뜻대로 행하셨습니다. 동정녀에게서 인성을 입으신 이 주님께서는 이 땅에 오사 죽으심으로써 우리에게 큰 겸손을 보여 주셨습니다. 왜냐하면 그는 아버지께서 지으신 인류를 구원하여, 이브를 통해 우리를 속였던 원수의 권세로부터 되찾고자 하셨기 때문입니다. 이브는 자신이 죄 지은 것을 알고

생겨났고, 서방 교회에서는 10~11세기경에 이르면 비록 교의로 확정되지는 않았으나 그런 믿음이 일반적으로 받아들여졌다. 특히 12세기 신학자들은 그녀가 죄 중에 잉태되었으나 태중에서 거룩해졌다고 보았다.

4 성모 마리아의 부모에 관한 이야기는 정경 성서에는 없고, 외경인 〈야고보 복음〉에 나온다.

는 남편 아담까지 죄 짓게 했습니다. 하느님께서 다른 모든 것을 내어 주시면서 금하셨던 과일을 그에게 건넸던 것이지요. 하지만 아담은 그것을 입에 넣고 즉시 먹어 치웠고, 그것을 먹자마자 자신이 죄 지은 것을 깨달았습니다. 그는 자신이 벗은 것을 보고 큰 수치에 사로잡혔지요. 그는 자기 아내도 벗은 것을 보고는 음욕에 빠졌습니다. 그 후에 그들은 나뭇잎을 엮어 둘렀습니다.

우리 주님께서는 그것을 보시고 아담을 부르셨습니다.

"아담아, 네가 어디 있느냐?"

"여기 있습니다."

그들은 즉시 낙원으로부터 쫓겨났고, 벌을 받아 비참과 곤고에 처하게 되었습니다.

이브는 잉태하여 큰 고통 가운데 자식을 낳았고, 악마는 그녀와 그녀의 모든 후손을 자기 권세 아래 두었습니다. 그들이 죽으면 악마의 권세에 따라 지옥에 가야만 했으니, 하느님께서 성자를 이 세상에 보내기로 하시기까지, 성자께서 성부의 작품을 구하기 위해 쓰디쓴 죽음을 견디시기까지 그러했습니다. 성자께서는 이 임무를 감당하시려고 동정녀 마리아의 태중에서 우리 인간의 삶을 취하셨고, 제가 앞서 말했듯이, 베들레헴에서 나셨습니다. 이 신비는 이루 다 말하기 어려우니, 동정녀 마리아라는 선한 샘은 마르지 않기 때문입니다. 이제 저는 방향을 바꾸어 제 주제로 돌아가서 제게 건강과 능력이 허락되는 한 기억을 더듬어보겠습니다.)5

---

5 《요셉》의 서두는 원죄로 인한 인간의 타락에 대한 하느님 독생자의 성육신이라는

〔153〕진실로 예수 그리스도께서는 온 나라를 다니셨고, 세례 요한이 요단강에서 그분께 세례를 행했으며, 예수께서 그에게 이렇게 명하셨습니다.

"나를 믿는 자, 성부 성자 성령의 이름으로 물로 세례받는 자들은 구원받아 원수의 권세에서 풀려날 것이다. 다시 죄 지어 그 수중에 빠지지만 않는다면."

하느님6께서는 거룩한 교회에 그런 힘과 권세를 주셨습니다. 성 베드로는 그 명령을 거룩한 교회의 사제들 모두에게 전하고 그들에게 치리를 맡겼습니다. 그리하여 인간 남녀의 음욕은 정결케 씻어졌고, 악마는 오래전부터 지니고 있던 지배력을 잃게 되었습니다. 5천 년7 이상 전부터 악마는 인간들을 지옥 밑바닥에 붙들어두었으나, 이제 그들은 그 지배에서 벗어났던 것입니다. 다시 죄에 빠지기까지는 말입니다. 우리 주님께서는 인간이 연약한 나머지 자칫하면 악에 치우치고 죄에 빠지기 쉬운 것을 아시고, 성 베드로로 하여금 세례와는 또

반전을, 《메를랭》의 서두는 그리스도의 십자가 죽음을 통한 인류의 대속에 대한 악마의 자식 메를랭의 출생이라는 반전을 이야기한다는 점이 로베르 드 보롱 3부작의 구조적 연속성을 담지하는 한 요소로 꼽힌다. 그런 견지에서, 운문본의 이 장황한 서두(32~152행)보다는 산문본의 간결한 서두가 3부작의 의도를 더 분명히 제시한다고 볼 수 있다. 본문에서 〔 〕로 표시한, 산문본에는 없는 대목 중에서도 특히 45~80행(요아힘과 안나에 관한 대목)은 필사자의 첨작일 가능성이 높다.

6 위의 인용문은 예수께서 하신 말씀이지만, 원문에서는 성부와 성자를 구분하지 않고 '하느님'(Dieu)으로 쓰는 경우가 많다. 원문대로 옮긴다.

7 중세에는 선동적으로, 창세 이후 그리스도 강림까지 5천 년이 지났다고 믿어졌다. 세비야의 이시도루스에 따르면, 그리스도는 창세 후 5154년에 강림하셨다고 한다.

다른 방도를 제정하게끔 하셨습니다. 즉, 인간은 죄를 지을 때마다 돌이켜 참회를 하고, 뉘우치며 죄를 버리고 거룩한 교회의 규율을 준수함으로써, 하느님께 용서를 구하고 또 받을 수 있습니다.

〔193〕 하느님께서 온 세상을 다니시며 믿음[8]을 가르치시던 때에, 유대 지방은 로마의 지배를 받고 있었습니다. 완전한 속국은 아니었지만, 빌라도가 맡고 있던 지역은 그러했습니다. 기사 다섯을 거느린 한 무사[9]가 그를 섬기고 있었는데, 예수 그리스도를 보고는 마음속 깊이 사모했지만 유대인들이 두려운 나머지 겉으로는 도저히 드러낼 수가 없었습니다. 왜냐하면 이 악한 자들은 예수의 원수였기 때문입니다. 그래서 그는 하느님의 벗이었음에도 그 적들을 두려워했습니다.

예수께는 적은 수의 제자들밖에 없었는데, 그중 한 명은 품은 뜻으로나 기질로나 제자로서는 마땅치 않게 악한 자였습니다. 〔유대인들은 우리 주님께 어떤 징벌이나 고통을 가하면 좋을지, 어떻게 그를 괴

---

8 여기서 creance는 여느 '믿음'이 아니라 종교적 교의(doctrine)를 말한다.
9 아리마대 요셉을 가리킨다(이 이름은 프랑스어나 영어식으로 '조제프', '조셉'이 아니라 우리말 성경 역본에 알려진 대로 '요셉'으로 적는다. 가톨릭교회에서는 '아리마테아의 요셉'이라고 하지만, 좀 더 흔히 알려진 대로 '아리마대 요셉'으로 한다). 산문본은 이 대목에서부터 "요셉이라는 이름의 무사"라고 이름을 밝히고 있는 반면, 운문본에서는 269행에 이르러서야 이름이 언급된다. 아리마대 요셉을 무사 내지 기사 계급으로 본 것은 마가복음 15:43의 "존귀한 공회원"(nobilis decurio) 이라는 말이 중세 당시의 귀족 계급이던 기사 계급으로 해석되었기 때문이리라 짐작된다. '무사'로 옮긴 말은 soudoyer/soldoyer인데, 이는 급료(soldee)를 받는 군인, 즉 용병을 말한다. 요셉이 빌라도로부터 급료를 받는 입장이라는 설정은, 밀린 급료 대신 예수의 시신을 청구한다는 이야기를 가능케 한다.

롭힐지, 수차 모여 의논했습니다.)10 예수께서 사랑하시던 제자 유다는 십일조라 불리는 돈을 받았으며, 제자들 중 집사를 맡고 있었습니다. 11 그 때문에 그는 탐욕스러워졌고, 서로서로 화목한 제자들과 그리 잘 지내지 못했습니다. 그는 멀어지기 시작했고, 점점 따로 돌게 되었습니다. 그는 전보다 더 강퍅해져서 다들 그를 두려워하게 되었습니다. 우리 주님께서는 그 모든 것을 알고 계셨으니, 아무도 아무것도 그분께는 감출 수 없었기 때문입니다.

그 시절에는 집사가 스승에게 들어오는 모든 것에서 10분의 1을 떼어 자기 것으로 하는 것이 관례였습니다. 그런데 마지막 만찬 날, 12 막달라 마리아가 시몬의 집으로 곧장 찾아오게 되었습니다.

---

10 유다의 이야기 가운데 유대인들의 이야기가 끼어들어 흐름이 끊어지는데, 산문본에는 이 문장이 없어 이야기가 좀 더 깔끔하게 이어진다.

11 성경은 유다가 "돈궤"를 맡은 자였다(요한복음 12:6)고 말한다. 일반적으로 십일조(disme)란 신자들이 수입의 10분의 1을 교회에 내는 헌금을 말하지만, 여기서는 바로 뒤에서 설명하듯이 집사가 스승에게 들어오는 수입의 10분의 1을 갖는 것을 말한다.

12 마지막 만찬(Cène)과 향유 사건이 같은 날 있었던 것으로 혼동되고 있다. 성경에서도 향유 사건에 대한 기술은 조금씩 차이가 나는데, 마태복음(26:6~13)과 마가복음(14:3~9)에서는 유월절 전에 베다니 나병환자 시몬의 집에서 한 여자가, 누가복음(7:36~50)에서는 예수께서 아직 갈릴리에 계시던 시절 바리새인 시몬의 집에서 "죄를 지은 한 여자가", 요한복음(12:1~8)에서는 유월절 전에 베다니 마을에서 나사로와 마르다의 자매 마리아가 행한 것으로 되어 있다. 그러니까 엄밀히 말해 이 세 사건의 주인공은 다른 여자들일 수도 있지만, 6세기에 교황 대 그레고리우스는 그녀들이 동일인이라고 확정한 바 있다. 하여간, 향유 사건이 일어난 날이 마지막 만찬 날보다 먼저인 것은 분명하다. 본문 역시 뒤에서 다시 '목요

그녀는 예수께서 제자들과 함께 식사 중이신 것을 보았고, 유다도 예수님 앞에서 먹고 있었습니다. 그녀는 탁자 아래로 들어가 예수의 발치에 무릎을 꿇고 몹시 울며 눈물로 우리 주님의 발을 씻고 자신의 아름다운 머릿단으로 닦아 드렸습니다. 그러고는 가져온 귀하고 값진 향유를 발랐으며, 예수의 머리에도 그렇게 했습니다. 온 집에 귀한 향기가 진동하는 바람에 모두들 감탄했습니다. 하지만 유다는 맹렬히 화를 냈습니다. 그 향유는 값이 300데나리온이나 그 이상 나가는 것이었으니, 그는 자기 몫인 10분의 1, 즉 30데나리온13을 잃어버린 것이었습니다. 그는 어떻게 그것을 만회할지 궁리하기 시작했습니다.

〔261〕 우리 주님의 원수들은 어떻게든 그를 욕보일 작정을 하고 시내의 한 집에 모두 함께 모여 있었는데, 그 자리에 유다가 나타났습니다. 집 주인은 가야바라는 이름으로, 그들 종교14의 수장이요 점잖은 인물이었던 모양입니다. 아리마대 요셉15도 그 자리에 있었지만, 함

일을 기다렸다'고 하여, 실제로 마지막 만찬이 있던 목요일에 대해 말하고 있다. 산문본에서는 향유 사건이 있던 날이 언제였는지는 명시하지 않고, 예수를 체포한 목요일에 대해서만 말하고 있다.

13 성경에 이 향유의 값이 300데나리온 정도 되었으리라는 말은 있지만(마가복음 14:5, 요한복음 12:5), 그것과 유다가 예수를 판 값인 은 30을 연결시킨 것은 성경에는 없는 발상이다. '은' 30은 30 '데나리온'과 다른 단위이나, 향유 값 300데나리온과 연관하여 '30데나리온'으로 혼동되었을 터이다.

14 유대교를 말한다.

15 아리마대 요셉이라는 인물은, 성경의 관련 대목들(마태복음 27:57~60, 마가복

께 있는 것이 편치 않았습니다. 유다가 나타난 것을 보자 모두 그를 아는 터라 경계하여 입을 다물었습니다. 그가 자기 스승에게 충실한 줄로만 알았던 것입니다. 하지만 그는 배신자였습니다. 비열한 유다는 좌중이 조용한 것을 보고는 먼저 입을 열어 왜 그렇게들 조용하냐고 물었습니다. 그들이 그에게 예수에 대해 물었습니다.

"지금 그가 어디 있는지 아는가?"

그는 그들에게 예수가 어디 계신지, 왜 자기는 거기 가지 않았는지 말했습니다.

"율법을 가르치고 계시오."

그 말에 그들은 내심 기뻐했습니다. 16

음 15:42 ~46, 누가복음 23:50~53, 요한복음 19:38~42)을 정리해 보면, 유대인 고을 아리마대 출신으로, 착하고 의로운 사람, 하느님 나라를 기다리는 사람이었으며 공의회 의원이고 부자였다. 유대인들을 두려워하여 드러내지 않은 채 예수를 따르는 자였는데, 예수께서 십자가에서 죽으신 후 빌라도를 찾아가 시신을 내어 달라고 하여 깨끗한 세마포에 싸서 자신을 위해 마련해두었던 새 무덤, 바위를 깎아 만든 무덤에 시신을 모시고, 무덤 어귀에 큰 돌을 굴려놓고 갔다고 한다.

그가 특별한 조명을 받는 것은 4세기에 쓰였을 것으로 추정되는 외경 문서 〈니고데모 복음〉(*Evangelium Nicodemi*) 중 〈빌라도 행전〉(*Acta Pilati*)에서이다(흔히 이 두 제목은 혼용되지만, 엄밀히는 〈니고데모 복음〉에 〈빌라도 행전〉과 〈그리스도의 지옥 하강〉이 포함된다). 이 문서에서 그는 예수 부활 후 시신의 행방에 대해 추궁 받아 옥에 갇히지만, 예수께서 나타나셔서 해방해 주신 후 자기 고향에 가 있다가, 유대인들의 소환을 받고 다시 예루살렘에 와서 그 일에 대해 증언한다. 로베르 드 보롱은 외경의 이 대목을 토대로 하여 이야기를 더욱 발전시킨다.

16 예수가 율법을 가르치고 있다는 말에 유대인들이 기뻐했다는 말은 요령부득이다. 산문본은 "그는 예수가 어디 계신지, 자기가 왜 이곳에 왔는지 말했다. 유대인들은 그가 자기 법을 깨뜨렸다는 것을 듣자 크게 기뻐하며 …"라고 하여, 유대인들이 유다의 배신을 알고 기뻐했다는 뜻이 명백하다.

"어디서 그를 찾을 수 있겠는가? 어떻게 체포할 수 있는가?"

유다가 말했습니다.

"당신들이 원한다면 내가 그를 팔겠소. 그러면 그를 잡을 수 있을 거요."

그들이 말했습니다.

"좋소, 기꺼이 그리하리다."

"그러면 30데나리온을 내시오."

그들 중 한 사람이 지갑에서 돈을 꺼내 즉시 유다에게 주었습니다. 그는 향유에서 얻을 몫을 그렇게 만회했습니다. [17] 그런 다음 그들은 그에게 예수를 어떻게 넘겨주겠느냐고 물었습니다. 유다는 그들에게 언제 어디서 그를 잡을 수 있을지 알려 주었습니다. 그들은 목숨을 보전하려면 단단히 무장을 하고, 예수 대신 그와 놀랍도록 닮은 야고보를 잡지 않도록 주의해야 한다는 말도 덧붙였습니다.

"놀랄 일도 아니오. 그들은 한집안이고 친사촌이니까." [18]

"그럼 어떻게 알아보겠는가?"

"기꺼이 알려드리리다. 내가 입 맞추는 자를 체포하시오."

---

17 성경은 유다가 유대인 지도자들에게 예수를 넘겨주면 얼마나 주려느냐 물었고 그들이 그에게 '은 30'을 달아주었다고 전한다(마태복음 26:15).

18 예수와 야고보가 사촌 간이라는 말은 예수의 제자 야고보와 요한의 모친이 예수의 모친 마리아와 자매간이었으리라고 보는 시각도 있었기 때문이다. 십자가 처형을 지켜보던 여인들, 즉 "(예수의) 어머니와 이모와 글로바의 아내 마리아와 막달라 마리아"라는 말에서, '이모'와 '글로바의 아내'가 단순 열거가 아니라 동격이라고 보면, 글로바의 아내(야고보와 요한의 모친)가 예수의 이모가 되는 것이다.

그들은 그렇게 흥정을 마쳤고, 그 모든 일이 되어가는 자리에 아리마대 요셉은 괴로운 심정으로 있었습니다.

〔317〕그런 다음 그들은 헤어져서 목요일[19]까지 기다렸습니다. 그 목요일에 예수께서는 시몬의 집에서[20] 제자들을 가르치며 말씀하셨습니다.

"내가 너희에게 모든 것을 다 말할 필요는 없겠으나, 나를 배신하고 죽음에 넘길 자가 나와 함께 먹고 마시고 있다는 사실은 말하지 않을 수 없구나."

예수께서 그렇게 말씀하시자 유다가 즉시 물었습니다.

"저를 두고 하시는 말씀입니까?"

"유다야, 네 말이 틀리지 않구나."

예수께서는 그들의 발을 씻어 주시며 또 다른 교훈을 주고자 하셨습니다. 모든 발을 같은 물에 씻으셨으므로, 요한이 물었습니다.

"주여, 따로 한 가지 질문을 드려도 되겠습니까?"

예수께서 허락하시자, 그는 곧 물었습니다.

"주여, 저희 모두의 발을 같은 물에 씻어 주셨습니다. 왜 그렇게 하신 것입니까?"

---

19 예수께서는 무교절 첫날(목요일)에 유월절 만찬을 드신 후 체포되어, 이튿날(금요일) 십자가형에 처해져 장사되었고, 장사된 지 사흘 만에(일요일) 부활하셨다.
20 복음서들은 예수께서 유월절 만찬을 드실 집이 예비되어 있었다고 전하나, 누구의 집에서 드셨는지는 말하지 않는다. 나병환자 시몬의 집에서 식사하신 것은 유월절 전의 일이다. 주 12 참조.

"기꺼이 말해 주마. 이 비유는 베드로에 관한 것이다. 이 물이 처음 거기 씻은 발들로 더러워진 것처럼, 아무도 죄 없지 않으며, 죄의 더러움 가운데 머무는 한 더러울 것이다. 하지만 다른 사람들을 씻을 수는 있을 터이니, 스스로 조금 더럽혀졌다 해도 그 때문에 도처에서 만나는 더러움을 씻지 못하지는 않을 것이다. 내가 이미 더러운 물로 그 물이 만난 다른 더러움을 씻어 준 것처럼 말이다. 마지막으로 씻긴 자들도 처음 씻긴 자들과 마찬가지로 깨끗할 것이다. 이 비유를 베드로에게 남기고 거룩한 교회의 사제들에게 맡겨 그들이 다른 사람들에게 가르치게 하자꾸나. 사제들은 자기들의 죄로 더럽혀져 있지만, 성부 성자 성령과 거룩한 교회에 순종하고자 하는 죄인들을 씻어 줄 것이니, 교회는 그들을 괴롭히기는커녕 그들을 도와줄 것이다. 씻긴 자는 굳이 지목하지 않는 한 알아볼 수 없을 것이고, 마찬가지로 아무의 죄도 자신이 말하지 않는 한 알 수 없을 것이며, 사제들도 그들이 말하기 전에는 알지 못할 것이다."[21]

주님께서는 요한에게 그렇게 설명해 주셨습니다.

주님께서는 제자들 모두와 더불어 시몬의 집에 계셨습니다. 유다가 유대인들을 불렀고, 한 사람 또 한 사람 모두 모이자 시몬의 집으로 들어갔습니다.[22] 우리 주님의 제자들은 이를 보자 크게 두려워하

---

[21] 최후의 만찬 때 예수께서 제자들의 발을 씻어 주신 일은 요한복음 13장에 기록되어 있는데, 이와 관련하여 질문하는 제자는 베드로이고, 질문의 내용도 다르다. 성경에서는 겸손의 교훈을 가르치는 사건을 로베르는 사제 자신이 죄인이면서 어떻게 다른 성도들의 죄를 사해줄 수 있는가 하는 문제로 달리 해석하고 있다.

여 겁에 질렸습니다. 온 집이 가득 차자, 유다는 지체 없이 예수께 입을 맞춤으로써 그를 지목했습니다. 그들은 사방에서 예수를 붙잡았습니다. 유다가 외쳤습니다.

"단단히 붙잡으시오. 그는 엄청나게 힘센 자라오."23

그들은 그렇게 예수를 붙들어 갔고 그를 자기들 수중에 넣음으로써 목적의 일부를 이루었습니다. 제자들은 어찌할 바를 모르고 괴로워했습니다.

그 집에는 그리스도께서 성찬을 베푸시던24 아주 훌륭한 그릇이 있었습니다. 25 한 유대인이 시몬의 집에서 그것을 발견하고는 가져다 간직했습니다. 예수께서는 거기서 빌라도 앞으로 끌려가셨기 때문입니다.

---

22 복음서들은 예수께서 최후의 만찬을 드신 집이 아니라, 식사 후에 가셨던 감람산의 겟세마네 동산에서 잡히셨다고 기록하고 있다. 하지만 본문은 시몬의 집에서 체포되었다는 설정을 통해 최후 만찬의 그릇(그라알)이 그 집에 남아 있었다는 이야기를 가능케 한다.

23 예수를 가리켜 '힘센 자'라고 하는 운문본보다는, "단단히 붙잡으라"는 유다의 말에 이어 "왜냐하면 그는 예수의 능력이 큰 것을 알고 있었기 때문이다"라는 설명을 덧붙인 산문본이 더 자연스럽다.

24 물론 여기서 '성찬'이란 십자가 사건 이후 교회에서 예수 그리스도를 기려 거행하는 예식이 아니라, 예수께서 떡을 떼고 잔을 들며 사례하시던 일을 말한다.

25 성경에는 최후의 만찬 때 예수께서 "잔을 가지사 사례하시고〔감사의 기도를 올리시고〕 그들에게 주셨다"(마태복음 26:27, 마가복음 14:23, 누가복음 22:17) 고만 되어 있다. 이 잔과 크레티앵 드 트루아의 《그라알 이야기》에 나오는 미지의 성물 '그라알'을 연결시킨 것이 로베르 드 보롱의 새로운 발상이다.

〔401〕그들은 예수를 빌라도 앞으로 끌고 가 그에게 온갖 죄목을 덮어씌웠습니다. 하지만, 힘이 미치지 못했으니, 그를 정죄할 만한 정당한 근거를 찾을 수가 없었습니다. 설령 예수 자신이 정죄당하는 것을 받아들이려 했다 해도, 그럴 만한 이유가 없었던 것입니다. 하지만 많은 치리자의 약점인바 정의가 취약했던지라, 빌라도는 굳이 맞서지 않고 그들의 분노를 받아들이기로 했습니다.26 하지만 그래도 그는 말했습니다.

"만일 이 선지자를 사형에 처한다면, 그리고 내 주군27께서 내게 책임을 물으신다면, 명하노니, 여러분 중 누가 내 보증인이 되어줄지 알고 싶소. 왜냐하면 나로서는 이 사람을 사형에 처할 이유를 도무지 모르겠으니 말이오. 여러분이 그를 죽이려 하는 것은 잘못이오."

그러자 거기 있던 자들이 빈부를 막론하고 소리 높이 외쳤습니다.

"그의 피를 우리와 우리 자손 모두에게 돌리시오."

그러고서 그들은 그를 빌라도 앞에서 다시 데려가 정죄했습니다.28 빌라도는 물을 가져오라 하여 그들이 보는 앞에서 손을 씻고

---

26 이 대목의 원문(407~412행)은 다소 애매하다. 407~408행의 주어 il은 예수를 가리키는 것으로 보아, "설령 그가 자신이 그처럼 떠나는 것을 원했다 해도, 그럴 만한 일을 하지 않았다"를 다소 의역하여 "예수 자신이 정죄당하는 것을 받아들이려 했다 해도"로 옮겼다. 411~412행에서 "분노를 받아들이기로 했다"의 주어 il은 예수를 가리키는지 빌라도를 가리키는지 명확치 않으나, 이 대목에서 예수는 찬반의 입장을 취할 수 있는 위치에 있지 않으므로 빌라도라 보는 편이 나을 것이다. 그러는 편이 다음 문장과의 연결도 자연스럽다.

27 로마 황제를 가리킨다.

28 직역하면 "그들은 그를 붙잡아 다시 빌라도 앞에 데려가 그를 정죄했다"인데, 그들

는, 자기 손이 깨끗이 씻겼듯이, 자신은 이 의인에게 잘못 내려진 재판에 대해 결백하다고 말했습니다.29

〔433〕 시몬의 집에서 가져온 그릇을 가지고 있던 유대인은 빌라도를 찾아가 그것을 그에게 주었습니다. 빌라도는 예수가 처형당했다는 보고가 들어오기까지 그것을 잘 보관했습니다. 요셉은 소식을 듣자 슬프고 분하여 즉시 빌라도를 찾아가 말했습니다.

"저와 제 수하에 있는 기사 다섯은 총독 각하를 섬긴 지 오래되었는데, 아직 급료를 받지 못했습니다. 전부터 제게 한 가지 소청을 허락해 주시기로 약속하셨으니, 그 허락 말고는 다른 아무것도 받지 않겠습니다. 하실 수 있는 일이니 꼭 허락해 주십시오."

빌라도가 말했습니다.

"말해 보시오. 그대가 원하는 것이라면, 내 주군에 대한 충성에 어긋나지 않는 한, 무엇이든 주겠소. 그대 말고는 아무에게도 그런 명예를 허락하지 않겠으나, 그대는 그런 큰 상급을 받을 자격이 있소."

요셉이 말했습니다.

은 이미 예수를 빌라도 앞에 데려가 고발하고 있는 중이므로, 얘기가 이상해진다. 그보다는 산문본에서처럼 예수를 빌라도 앞에서 데리고 나갔다고 보는 편이 나을 것이다. 산문본은 "유대인들은 그를 붙들어 데리고 갔다. 그리고 빌라도는 뒤에 남아 물을 달라고 …"라는 식으로 전개된다.

29 〈빌라도 행전〉에는 예수의 재판 동안 빌라도와 유대인들이 벌이는 쟁론이 길게 기술되어 있다. 성경의 복음서들에서 빌라도는 예수가 무죄임을 알면서도 유대인들이 두려워 판결의 책임을 그들에게 넘겨버린 인물로만 그려지지만, 초대 그리스도인들 사이에서는 그가 후에 회심하여 그리스도인이 되었다는 설이 널리 퍼졌다.

"각하, 감사합니다. 저는 유대인들이 그릇되게 십자가에 매단 예수의 시신을 받기 원합니다."

빌라도는 요셉이 그처럼 작은 것을 청하는 데 몹시 놀라며 말했습니다.

"나는 내심 그대가 훨씬 더 큰 것을 청할 줄 알았고, 그리했더라도 기꺼이 주었을 것이오. 그런데 그의 시신을 청하니, 마땅히 받을 보수로 주겠소."

"각하, 감사합니다. 그들이 제게 넘겨주도록 명령해 주십시오."

빌라도가 선뜻 말했습니다.

"즉시 가서 가져가시오."

"각하, 그곳에는 힘센 장정들이 수두룩하고, 제가 가져가도록 두지 않을 것입니다."

"넘겨주고말고! 어서 가서 담대히 가져가시오."

〔473〕요셉은 돌아서서 곧장 십자가로 갔습니다. 예수께서 그토록 욕되게 매달려 계신 것을 보자 그는 마음 깊이 애통한 나머지 통곡했습니다. 그는 지키던 자들에게 말했습니다.

"빌라도가 내게 이 시신을 주었소. 내게 이 욕된 곳에서 시신을 내려드리라고 명했소."

그들은 이구동성으로 대답했습니다.

"안 되오. 왜냐하면 이자는 사흘 만에 다시 살아나겠다고 말했기 때문이오. 제 아무리 다시 살아난다 해도, 우리가 죽이고 말 테지만."

요셉이 말했습니다.

"내가 시신을 내리도록 두시오. 빌라도가 그러라고 했단 말이오."
그들이 대답했습니다.

"그렇다면 당신부터 죽이고 사흘 동안 지키겠소."

그래서 요셉은 그 자리를 떠나 빌라도에게 돌아가서 그들이 어떻게 대답했으며 예수 그리스도를 십자가에서 내리도록 두지 않았는지 전했습니다.

"그들은 제가 그를 십자가에서 내리면 안 된다고 아우성입니다."

그 소식을 듣자 빌라도는 기분이 언짢아 역정을 냈습니다. 마침 니고데모30라는 사람이 거기 있는 것을 보자, 그는 말했습니다.

"아리마대 요셉과 함께 어서 가보라. 예수를 그 악당들이 못 박은 형틀에서 내려 요셉이 시신을 가져갈 수 있게 하라."

그러고는 그릇을 생각해내고는 기꺼운 마음으로31 요셉을 불러 그에게 그것을 주었습니다. 〔빌라도는 행여 고발당할 빌미가 될까 하여 예수에게 속했던 것은 아무것도 가지고 있기를 원치 않았기 때문입니다.〕32 그러면서 말했습니다.

"그대는 그 사람을 흠모했던 모양이군."

---

30 니고데모는 요한복음 3장에서 밤에 예수를 찾아와 거듭남에 대해 물었던 바리새 인으로 산헤드린 공회원이었다. 요한복음 19장에서 그는 침향을 섞은 몰약 100근을 가져와 아리마대 요셉과 함께 예수의 장례를 치른 것으로 이야기된다.

31 운문본에서는 빌라도가 그릇을 생각해내고 기꺼워하며 요셉에게 그것을 주는 반면, 산문본에서는 요셉이 그릇을 받고 기뻐하는 것으로 되어 있다.

32 원문 515∼519행에 해당하는 이 대목은 원본에서는 뒤의 〔*〕에 들어 있으나, 문맥상 이 자리에 와야 할 것이다.

요셉이 대답했습니다.

"그렇습니다."

〔512〕 그는 곧 그곳을 떠나 니고데모와 함께 곧장 십자가로 갔습니다. 〔*〕 두 사람이 부지런히 가던 중, 니고데모가 대장간을 발견하고 들어가 다행히도 망치와 못뽑이를 구할 수 있었습니다. 그런 다음 서둘러 십자가에 이르렀습니다. 비열한 무리33가 그들을 보자 성이 나서 다가왔습니다. 니고데모가 말했습니다.

"자네들은 예수 그리스도를 뜻대로 했군 그래. 그런데 우리 총독 빌라도 각하께서 그의 시신을 달라고 한 이 사람에게 내주라고 명하셨네. 보다시피 예수는 이미 죽었으니, 이 사람이 시신을 가져가게 해줘야겠네. 각하께서 내게 시신을 십자가에서 내려 요셉에게 주라 하셨네."

그들은 예수가 다시 살아날 것이라고, 요셉에게든 다른 누구에게든 시신을 내주지 않겠다고 아우성쳤습니다. 니고데모는 성이 나서 그들이 뭐라 해도 이제 자기가 그들의 코앞에서 요셉에게 시신을 내주고야 말겠노라고 말했습니다. 그러자 유대인들은 일어나 빌라도에게 항의를 하러 갔고, 그 사이에 요셉과 니고데모는 위로 올라가 십자가에서 예수를 내렸습니다.

요셉은 시신을 품에 받아 안고 부드럽게 땅에 뉘인 다음, 조심스레 돌려 가며 깨끗이 씻기 시작했습니다. 그런데 그렇게 씻던 중에 상처가 다시 터져 맑은 피가 흐르는 것을 보자, 창에 찔린 옆구리에서 피

---

33 직역하면 "악취 나는 개들".

30

가 흘러 돌이 갈라지던 것34이 생각났습니다. 그래서 그는 급히 달려가 그릇을 가져다가 피가 흐르는 곳에 받쳤습니다. 아무리 조심해도 핏방울이 떨어질 테니, 그릇에 담는 것이 낫겠다고 생각했던 것입니다. 그는 조심스레 잔을 받쳐 놓고 손과 옆구리와 발의 상처들을 구석구석 깨끗이 닦았습니다.

그렇게 해서 피가 그릇에 모이게 되었습니다. 요셉은 사 가지고 온 고운 베로 시신을 싸서, 자기 자신을 위해 골라 두었던 묘실 안에 가져다두었습니다.35 그런 다음 우리가 묘석이라 부르는 돌로 막아놓았습니다. 빌라도에게 항의하러 갔던 유대인들은 예수의 시신을 어디에 두었든 간에 밤낮으로 지키라는 명을 들었습니다. 예수가 사흘째에 되살아나리라고 말했었기 때문에, 제자들이 시신을 훔쳐갈까 우려했던 것입니다. 그들은 무장한 보초들을 모아 무덤을 둘러싸고 지켰습니다. 요셉은 그 자리를 떠나 집으로 갔습니다.

〔593〕 그 사이에 참되신 하느님께서는 주군이자 선지자로서 지옥에 내려가셨습니다. 그곳에서 아담과 이브를, 그리고 원수의 손아귀

---

34 물론 성경에는 없는 대목이지만, 중세에는 예수가 창에 찔린 상처에서 흐르는 피가 떨어지자 십자가 발치의 돌이 갈라졌다는 전설이 널리 퍼져 있었다. 성경에 의하면 예수께서 숨을 거두시자 "땅이 진동하며 바위가 터졌다"(마태복음 27:51)고만 되어 있다. 운문본에는 그냥 '돌'이지만, 산문본에는 '십자가 발치의 돌'이라고 명시되어 있다.

35 이는 메시아에 관한 중요한 예언 중 하나인 "그는 강포를 행치 아니하였고 그 입에 궤사가 없으나 그 무덤이 악인과 함께 되었으며 그 묘실이 부자와 함께 되었다"(이사야서 53:9~10)의 성취이다.

에 붙들려 있던 그 자손들을, 남녀 성도와 모든 선한 사람들을 건져내셨습니다. 그가 대속하시고 그들을 위해 죽음에 넘겨지셨던 선한 사람들 중 단 한 명도 남겨두지 않으셨습니다. 36

우리 주님께서는 뜻하신 바를 다 이루신 후, 부활하셨습니다. 유대인들은 그 일을 전혀 알지 못했고 볼 수도 없었습니다. 주님께서는 막달라 마리아에게 나타나셨고, 사도들과 신자들에게도 나타나셨으니, 이들은 그분을 분명히 보았습니다. 그 일이 있은 후, 마리아의 아들 예수가 죽었다가 다시 살아났으며 그의 제자들이 그를 보았다는, 그리고 전에 죽었던 친지들이 예수와 함께 부활하여 하느님의 영광 가운데 올라가는 것을 보았다는 소식이 온 나라에 퍼졌습니다. 37

〔621〕 보초들은 예수를 찾지 못해 낙심해 있었습니다. 유대인들은 그들을 심문했고, 공회에 모여 의논했습니다. 사태가 그들에게 불리하게 돌아갔으므로, 그들은 들려오는 소식이 사실이라면, 예수가 정말로 부활했다면, 자기들 입장이 곤란해지지 않겠느냐고 수군거렸습니다. 보초들은 시신이 전에 두었던 곳에 없다고 단언했고, 요셉 때문에 시신을 잃어버렸다며 한층 더 분개했습니다. 그들은 어찌 할 바

---

36 이 문단은 외경 〈니고데모 복음〉의 보유편인 〈그리스도의 지옥 하강〉(*Descensus Christi ad Inferos*)에 해당하는데, 상당히 긴 이야기가 단 몇 줄로 압축되어 있다.
37 성경에는 예수께서 운명하신 후 "무덤들이 열리며 자던 성도의 몸이 많이 일어나되 예수의 부활 후에 그들이 무덤에서 나와서 거룩한 성에 들어가 많은 사람에게 보이니라"(마태복음 227:52~53)라는 언급은 있으나, 그들이 그 후 어떻게 되었다는 기록은 없다.

를 몰랐습니다. 골치 아픈 일이 생겼다면 요셉과 니고데모 때문이었
습니다. 그래서 유대인들은 자신들의 주군38이 시신을 내놓으라고
할 경우 그에게 대답할 말을 의논했고, 불려갈 경우 대답할 말도 합의
해 두었습니다. "니고데모가 십자가에서 시신을 내려 요셉에게 맡겼
다"고 말입니다.

　하지만 이들이 "우리는 당신들에게 맡긴 다음 물러갔다"고 할 경우
에 대비하여 유대인들은 한 가지 모의를 했습니다. 요셉과 니고데모
를 아무도 모르게 은밀히 잡아들이면 사태가 종결되리라고 생각한 것
입니다. "그들을 잡아들이는 즉시 죽여 버리고, 만일 빌라도의 사람
들이 우리를 고발하여 예수의 시신을 내놓으라고 한다면, 요셉에게
시신을 주었다고 하자. '만일 요셉을 내놓으면, 요셉 대신 예수를 내
놓겠다'고 하자."39

　그들은 노소를 막론하고 그 제안에 합의했으니, 잘 궁리해낸 지각
있는 제안이었기 때문입니다. 니고데모에게는 그 모의에 참가했던
한 친구가 있어 몰래 귀띔해 주었습니다. 당장 달아나지 않으면 죽으
리라는 말에, 그는 행동을 취했습니다. 그래서 유대인들이 곧장 그의

---

38 빌라도 내지는 로마 황제를 가리킬 것이다.
39 유대인들이 대책을 의논하는 장면(627~660행)은 판본(Roach; O'Gorman)에
　따라 구두점이 다르고, 그에 따라 해석도 달라진다. 산문본에 비추어보면 의미가
　좀 더 분명해지므로 그에 따라 대명사의 혼동을 피하고 어순을 다소 바꾸어 애매
　함을 줄였다. 산문본에서는 유대인들이 이렇게 말한다. "그런데 만일 그자들이
　'내가 그를 둔 곳에서 당신들이 그를 지키게 했으니, 당신들의 보초에게 물어보시
　오'라고 한다면, 뭐라고 대답하겠소?"

집에 갔지만 그는 이미 달아나고 없었습니다. 그를 놓친 것을 안 유대인들은 분개하며 요셉의 집으로 갔습니다. 그의 집 문을 부수고 들어가 그를 붙잡아, 자려고 누웠던 그가 옷을 입자마자 끌고 갔습니다. 그들은 그에게 예수를 어떻게 했느냐고 문초했습니다. 요셉은 즉시 대답했습니다.

"시신을 무덤 안에 갖다 두고는 당신네 보초들에게 맡겨두고 집으로 돌아왔소. 그 후로 다시 보지 못했고, 아무 소식도 들은 바 없다는 것은 하느님이 아시는 바요."

"네가 훔쳐가지 않았느냐." 그들은 다그쳤습니다.

"아니, 그렇지 않소."

"네가 시신을 두었다는 자리에 없다. 어디 있는지 말해라."

"내가 나흘 전에 둔 곳에 없다면, 나도 더 이상 아는 바 없소. 만일 내가 그분을 위해 죽는 것이 그분 뜻이면, 그것도 내게 해가 되지 않으리라고 확신하오."

그들은 그를 한 부자의 집으로 끌고 가 마구 치고 때렸습니다. 그 집에는 아주 높고 깊은 둥근 탑이 있었습니다. 그들은 그를 다시 잡아다 마구 매질을 하여 때려눕힌 다음 탑의 가장 깊은 곳에 있는 감옥에 처넣었습니다. 온통 단단한 돌로 된, 캄캄하고 무서운 곳이었습니다. 그러고는 문을 단단히 잠그고, 그 위를 봉해 버렸습니다. **40**

---

40 이는 요셉이 예수의 시신을 모신 묘실을 돌로 막았던 것을 상기시키는 대목이다. 예수께서 요셉의 묘실에 계셨듯이, 요셉이 갇힌 죽음의 공간에 예수께서 찾아오시게 된다.

〔707〕빌라도는 요셉이 사라졌다는 것을 알고 격노했고, 그처럼 좋은 벗이 달리 없었으므로 크게 상심했습니다. 요셉은 세상에서 사라져 욕되게 갇혀 있었습니다. 하지만, 우리가 곤경에 처했을 때 벗 되시는 하느님께서는 그를 잊지 않으시고, 그분을 위해 겪은 고통에 대해 후히 보상해 주셨습니다. 하느님께서는 친히 감옥 안으로 그를 찾아오셨고,[41] 그의 그릇을 가져다주셨는데, 그분에게 들린 그릇은 그에게 큰 빛을 비추어 감옥이 환히 밝아졌습니다.[42] 요셉은 그 빛을 보자 마음 속 깊이 기쁨이 넘쳤습니다. 하느님께서는 그분의 피를 받은 그릇을 그에게 갖다 주셨습니다. 요셉은 그 그릇을 보자 성령의 은혜로 충만해져서 말했습니다.

"전능하신 내 주 하느님. 이 큰 빛은 어디서 오는 것입니까? 제가 당신과 당신의 이름을 믿사오니, 당신 말고는 빛이 나올 데가 없습니다."

"요셉아, 두려워하지 말라. 하느님의 권능이 너를 도우러 오셨나니, 너를 구하여 낙원으로 데려가리라는 것을 알라."

요셉은 너무나 아름다우신 예수 그리스도께 대체 누구이신지 물었습니다.

---

41 〈빌라도 행전〉의 내용은 좀 다르다. 요셉은 예수의 장례를 치른 직후에 유대인들에게 붙잡혀 옥에 갇혔으나, 안식 후 첫날 유대인들이 찾으러 갔을 때 사라지고 없었다. 예수 부활 소식이 전해진 후, 고향인 아리마대로 돌아가 있던 요셉이 소환되었고, 그는 자신이 갇힌 곳으로 눈부신 빛과 함께 예수께서 찾아오셨다고 증언한다. 예수를 하느님(Dieu)이라 지칭하는 데 대해서는 주 6 참조.
42 크레티앵 드 트루아의 《그라알 이야기》에서도 그라알은 눈부신 빛을 내는 것으로 묘사된다.

"주님, 저는 감히 당신을 바라볼 수 없습니다. 당신을 알 수도 눈을 들어 볼 수도 없습니다."

"요셉아," 하느님께서 다시 말씀하셨습니다. "내 말을 잘 듣고 이제 하는 말을 믿어라. 나는 하느님의 아들이니, 하느님께서는 죄인들을 저주와 지옥 형벌에서 구하기 위해 나를 세상에 보내기를 원하셨다. 내가 세상에 온 것은 죽음을 겪기 위해, 십자가에서 죽음으로써 내 아버지께서 지으신 인류를 구하기 위해서였다. 아담은 아내인 이브가 건네준 선악과를 먹음으로써 이 세상을 죄에 빠지게 했었다. 이브는 하느님보다도 원수의 말을 더 믿었던 것이지. 그 후 하느님께서는 그들을 낙원에서 내쫓으시고, 그들이 하느님의 명령을 거역함으로써 지은 죄로 인해 불행해지게 하셨다.

이브는 잉태했고, 아기를 배었으니, 원수는 이브와 그녀가 낳은 자 모두를 자기 권세 아래 두고자 했다. 그래서 성부 하느님의 뜻에 따라 성자가 모친으로부터 태어나는 날까지 그들을 붙들어두었다. 남자는 여자로 인해 타락했으니, 여자로 인해 회복되었다. 한 여자가 우리를[43] 사망에 이르게 했고 한 여자가 우리에게 생명을 주었다. 한 여자로 인해 우리는 옥에 갇혔고, 한 여자로 인해 우리는 자유를 되찾았다. [44] 요셉아, 너는 성자가 어떻게 지상에 왔으며 왜 동정녀

---

[43] 여기서부터 계속하여 '우리를', '우리에게', '우리는'이라고 하는 것은, 화자가 예수임을 잊어버린 소치이다. 산문본에는 "악마가 여자를 통해 인간을 지배하고 여자를 통해 인간의 영혼이 지옥에 갔듯이, 이제 여자를 통해 인간의 영혼이 대속되고 회복되는 것이 옳으니라"라고 객관적으로 기술되어 있다.

[44] "남자는 여자로 인해 타락했으니, 여자로 인해 회복되었다"는 말은 중세에 널리 퍼

에게서 태어나 십자가에서 죽었는지, 그리고 성부 하느님께서 지으신 바를 어떻게 되찾으셨는지를 들었다. 이 일을 위해 나는 이 땅에 찾아왔고, 내 몸에서 다섯 차례 피가 솟구쳤으며 수많은 고문을 당했노라."

"뭐라고요, 주님? 그러니까 당신이 요셉의 아내였던 동정녀에게서 육신을 입으신 예수시라는 말입니까? 유다가 저 고약한 유대인들에게 30데나리온에 팔아넘긴 그분이십니까? 유대인들이 매질을 하고 십자가에 매단 그분이시라는 말입니까? 제가 무덤에 모셨는데, 유대인들은 제가 무덤에서 시신을 꺼내 빼돌렸다고 주장하는 그분이십니까?"

"실로 내가 그이니라. 이를 믿으면 네가 구원을 받으리라. 믿고 의심치 않으면 네가 영생을 얻으리라."

"주여," 요셉이 말했습니다. "부디 저를 불쌍히 여겨주소서. 저는 당신 때문에 여기 갇혔사온데, 당신이 저를 불쌍히 여기사 꺼내주시지 않는다면 여기서 평생을 마치게 될 것입니다. 주여, 저는 항상 당신을 흠모했으나, 한 번도 말씀드리지 못했습니다. 믿으시지 않을 것 같았기 때문에 감히 말씀드리지 못했습니다. 저는 당신을 미워하고 당신의 죽음을 모의한 자들과 함께 다녔으니까요."

그러자 주께서 말씀하셨습니다.

"나는 내 벗들뿐 아니라 내 원수들의 곁에도 함께 있었단다. 하지만 불행이 닥칠 때는 겉으로 드러나는 구별이 필요 없지. 이제 너희를

저 있던 '이브-마리아'의 대비를 보여준다. '불가타 연작'의 《성배 탐색》에서는 이런 생각이 한층 더 발전한 것을 볼 수 있다.

애매한 가운데 두지 않으리라. 너는 내 친애하는 벗이었고, 너는 유대인들과 함께 있었으나, 필요한 경우에는 나를 돕고 섬기리라는 것을 나는 알고 있었노라. 내 아버지 하느님께서 네게 빌라도를 섬길 의지와 능력을 주셨으니, 빌라도는 네게 상을 베풀고자 하여 내 시신을 네게 줌으로써 네 수고를 갚았지."

"아, 주님. 당신이 제 것이시라니,45 그리 말씀하지 마옵소서."

"나는 네 것이고말고. 요셉아, 네게 말해 주마. 나는 선한 자들의 것이고 그들은 내 것이란다. 너는 아느냐. 네가 나를 상으로 받음으로써 무엇을 얻었는지? 너는 이 세상을 떠날 때 영생을 얻을 것이다. 나는 내 제자들 중 아무도 데려오지 않았으니, 그 까닭을 아느냐? 왜냐하면 그들 중 아무도 네가 나를 십자가에서 내리던 그날 이후 내가 네게 갖고 있는 깊은 애정을 알지 못하기 때문이란다. 너는 그 일에서 헛된 영광을 구하지 않았지. 네 충심은 너와 하느님밖에는 알지 못하느니라. 너는 남모르게 나를 사랑했고, 나도 너를 사랑하니, 우리 사랑은 밝히 드러나 모든 사람이 알게 될 것이다. 하지만 그것이 나를 믿지 않는 악한 유대인들에게는 큰 괴로움이 되겠지. 너는 내 죽음의 징표를46 간직하고 지키게 될 터이고, 네가 그것을 맡기는 자들이 그것을 지키게 될 것이다."

---

45 예수께서 "빌라도가 내 시신을 〔산문본에서는 '나를'〕 네게 **주었다**"고 하시므로, 요셉이 "당신이 제 것이라니"라고 대답하는 것이다.
46 바로 뒤에서 이야기될 '그릇'을 가리킨다.

〔851〕우리 주님께서는 요셉이 예수를 십자가에서 내려 상처를 씻어 드리면서 그 거룩한 피를 모아 담았던 크고 값진 그릇을 그에게 주셨습니다. 요셉은 그 그릇을 보자 곧 알아보았고 무척 기뻤습니다. 하지만, 그가 그것을 어디에 두었는지는 아무도 알지 못하는 터였기 때문에 몹시 놀랐습니다. 그는 자기 집에 아무의 눈에도 띄지 않는 곳에 그것을 감춰두었던 것입니다. 그는 곧 무릎을 꿇고 우리 주님께 감사드렸습니다.

"주 하느님, 그러니까 당신의 거룩한 피를 담은 이 귀한 그릇을 지키는 특권이 제 것이라는 말씀이십니까?"

"네가 나를 위해 이것을 지키고, 네가 그것을 맡기는 자들이 또한 그것을 지킬 것이다. 요셉아, 너는 이것을 잘 지키고, 단 세 사람에게만 그것을 맡겨야 한다.47 그들은 성부와 성자와 성령의 이름으로 그것을 받게 될 터이니, 이 셋이 하나이면서 각기 완전하다는 것을 믿어야 한다."

요셉은 무릎을 꿇은 채 하느님께서 들고 계신 그릇을 받았습니다.

"요셉아, 이 그릇은 죄인들에게 그들의 수고에 대한 보상으로 주는

---

47 운문본에서는 요셉이 "세 사람에게" 그라알을 맡길 것이라니, 요셉 자신을 제외한 '그라알지기'가 세 사람, 즉 요셉의 매제인 어부왕 브롱, 브롱의 아들 알랭, 그리고 알랭의 아들 페르스발이 될 것이다. 반면, 산문본에서는 "요셉아, 네가 그것을 지킬 것이고, 또 네가 명하는 자들이 그렇게 할 것이다. 이 지킴이는 단 세 사람이 될 것이니, 이 세 사람이 성부와 성자와 성령의 이름으로 지킬 것이다."라고 하여, 요셉을 포함한 그라알지기가 세 사람이 된다. 작품의 3부 구성에 비추어보면 그라알지기는 세 사람, 즉 요셉, 브롱, 페르스발이어야 할 것이다.

구원이란다. 진실로 나를 믿는 자들은 잘못을 뉘우칠 것이다. 너 자신도 네 섬김에 대한 보상으로 큰 기쁨을 얻었지. 이 그릇이 사용되는 모든 성사에서 너를 기억할 것이다. 잘 지키는 자는 그 모든 것을 보게 되리라."

"정말이지 저는 알아듣지 못하겠습니다. 좀 더 깨우쳐 주소서."

"요셉아, 너는 내가 목요일 밤에 내 제자들과 함께 시몬의 집에서 식사한 것을 잘 알겠지. 나는 거기서 빵과 포도주를 축복하고 그들에게 말했단다. 그 빵으로 내 살을 먹고 그 포도주로 내 피를 마시는 것이라고. 이제 수많은 나라에서 그 식탁을 기념하게 될 것이다. 너는 나를 십자가에서 내려 무덤에 뉘었으니, 그 무덤은 나를 기념하는 제사를 드리는 자들이 나를 올려놓을 제단이란다. 내 시신이 싸여 있던 세마포는 성체포(聖體布)라 할 것이고, 네가 내 시신에서 피를 받아 담았던 그릇은 성작(聖爵)이라 할 것이다. 그 밑에 받치는 쟁반은 내 무덤을 봉했던 돌을 나타낼 것이다.

이것을 너는 언제까지나 마음에 두어야 한다. 이 모든 것은 너를 기념하는 표징들이 될 것이다. 네 그릇을 보는 모든 사람이 나와 함께할 것이고,48 마음에 충만함과 영원한 기쁨을 갖게 될 것이다. 이 말을

---

48 직역하면 "나의 함께함 안에 있을 것이고". Micha의 현대어 역본은 "나의 동료들이 될 것이고"로 옮기고 있는데, 그보다는 "나의 임재를 누릴 것이고" 정도로 의역하는 편이 그라알의 상징성을 더 잘 나타내줄 것이다. 그런데, 그라알을 보는 모든 자가 주의 함께함 안에 있게 되리라는 말은 뒤에서 그라알을 보면서도 그 기쁨에 동참하지 못하는 자들이 생겨나는 대목(2601~2638행)과 모순된다. O'Gorman이 지적했듯이, 산문본에서처럼 "그라알을 보고 그 함께함 안에 있는[그와 함께하는] 자

배우고 마음에 간직하는 자들은 사람들에게 더욱 선을 베풀 것이고, 더욱 하느님의 은총을 입을 것이다. 그들은 재판정에서 잘못된 판결을 받지 않을 것이며 권리를 빼앗기지도 결투에서 패하지도 않을 것이다. 자신의 권리를 잘 붙들기만 한다면 말이다."

박학한 성직자들이 말한 이야기들이 적혀 있는 '큰책'이 없다면 설령 내가 그러고 싶다 해도 이런 이야기를 할 엄두를 내지 못할 테고, 할 수도 없을 것입니다. 49 거기에는 그라알이라 불리는 큰 비밀들이 적혀 있습니다. 50그리하여 예수께서는 요셉에게 그릇을 주셨고, 그

들은 영원한 기쁨과 영혼의 충만함을 갖게 될 것이다'라고 해야 그 모순이 해소될 것이다.

49 화자는 여전히 '나'라고 말하지만, 자기 말의 근거를 어떤 '고귀한 책'에 둔다. 크레티앵 드 트루아의 《그라알 이야기》 역시 백작으로부터 받았다는 '책'에 언급하고 있거니와, 그라알/성배의 출현과 더불어 허구의 진실 근거가 달라지는 것이다. 로베르가 말하는 이 성직자들의 책이 실제로 글래스턴베리 사원에 보관되어 있던 책이리라는 가설도 있다.

50 "그라알이라 불리는 큰 비밀"이라니 그라알 자체가 비밀이라는 말인가도 싶지만, 평이하게는 그 책에 쓰여 있는 것이 '그라알에 관한 비밀' '그라알에 관해 잘 알려지지 않은 이야기'라고 이해하면 될 것이다. 좀 더 특별한 의미로는 3335~3336행에서 "그분은 네게 신성한 말씀을 알려 주셨으니, 감미롭고 귀하고 은혜와 긍휼이 넘치는 그 말씀은 그라알의 비밀이라 불리는 것이 마땅하다"라 하고, 3413~3420행에서는 요셉이 "예수 그리스도께서 감옥에서 그에게 해 주신 말씀"을 브롱에게만 말로 또 글로 전했다면서 그것을 "비밀"이라 부르고 있어, 옥에 갇힌 요셉에게 그리스도께서 어떤 비밀하고 신성한 말씀을 해 주셨음을 시사한다. 이처럼 특별히 선택된 자들 사이에서 전수되는 비밀은 《메를랭》에서 메를랭이 블레즈에게 구술하여 책을 쓰게 하면서 "나로서는 요셉과 예수 그리스도 사이에 오간 비밀한 말을 전할 수 없고 그래서도 안 된다"(16절)라고 할 때 다시금 확인된다(즉, 그 비밀은 책에 적혀 있지 않다). 산문 《페르스발》에서 브롱을 통해 페르스발에게 전해지는 이 비밀은 《그라알 이야기》에서 은자가 페르스발에게 가르쳐주었던 "우리

는 기꺼이 그것을 받았습니다.

주께서 말씀하셨습니다.

"요셉아, 네가 필요할 때면 이 세 분께[51] 의지하고, 이분들이 한 분이신 것을 믿으라. 복되신 성자를 품으셨던, 성모님이라 불리시는 복되신 분께서도 네게 조언해 주실 것이고, 너는 성령께서 네게 말씀하시는 것을 듣게 될 것이다.

이제, 요셉아, 나는 가보아야겠다. 너를 데리고 가지는 않겠으니, 너는 감옥에 남을 것이다. 내가 여기 왔을 때처럼, 이곳은 다시 어두워질 것이다.[52] 무엇보다도 두려워하지 말고, 네 마음의 모든 두려움과 슬픔을 물리쳐라. 네가 구원된 것을 듣는 자들은 기적으로 여길 것이다. 성령께서 너와 함께하시며 항상 네게 조언해 주실 것이다."

〔961〕 요셉은 그렇게 옥에 갇혀 있었고, 사람들은 그에 관해 더 말하지 않았으며 그를 잊어버렸습니다. 오랫동안 그는 입에 오르지도

주님의 많은 이름들, 인간의 어떤 입으로도 발설할 수 없는 지극히 거룩한 이름들이 담긴 기도문"의 연장이라 볼 수 있으니, 《성배 탐색》에서 갈라아드의 최종적 비전은 그 말할 수 없는 신비의 계시가 될 것이다.

51 "이 세 분께 의지하고"라는 말은 물론 성삼위를 가리키지만, 딱히 선행 어구가 없으므로 다소 어색하게 들린다.

52 이 대목은 나중에 베스파시아누스가 요셉을 발견할 때 '빛에 둘러싸여 있었다'는 대목과 상충된다. 또, 요셉이 오래 갇혀 있으면서도 그라알로 상징되는 주의 임재 가운데 생명을 유지했다는 이야기로 보더라도, 주의 임재는 곧 빛일 것이므로, 요셉이 갇힌 곳이 '다시 어두워지리라'는 말은 다소 이상하게 들릴 수도 있다. 하지만, 충만한 광휘로 나타나셨던 그리스도께서 사라지신 후 다시 어두워진 감옥 안에 성령의 임재를 상징하는 그라알의 빛이 남아 있었다고 보면 무리가 없을 것이다.

않았습니다. 그런데 한 순례자가 있었습니다. 그는 상당히 젊은 청년으로 유대 땅에 오래 머물렀는데, 예수 그리스도께서 온 땅을 다니시며 수많은 기적을 행하심으로써 자신의 이름을 가르치시던 때였습니다.[53] 소경이 앞을 보게 되고 절름발이가 똑바로 걷게 되었으며, 죽은 사람이 셋이나 되살아났으니, 다른 기적들은 길게 말하지 않겠습니다. 순례자는 그 모든 것을 보았습니다. 그러나 예수 그리스도에 대해 증오심을 품고 있던 유대인들은 책략을 써서 그분을 십자가에서 죽게 했습니다. 왜냐하면 그분은 그들의 규례를 지키기를 거부했기 때문입니다. 그들은 사람들을 잘못 이끌고 있었으니까요.

내가 여러분께 이야기한 이 시대에, 순례자는 유대 땅에 머물다가 로마에 가서 한 덕인[54]의 집에 묵게 되었습니다. 당시 황제의 아들이 병중에 있었으니, 나병으로 살이 문드러져서 비참한 몰골을 하고 있었으며 어찌나 악취를 풍기는지 아무도 그와 함께 지내려 하지 않았습니다. 그래서 사람들은 그를 문도 창문도 없는 탑에 가두었고, 필요할 때 작은 창구를 통해 먹을 것이 담긴 그릇만을 넣어 주곤 했습니다.[55]

순례자는 그곳에서 편히 묵으며 대접받게 되었습니다. 주인은 그

---

53 운문본은 "요셉이 더 이상 화제에 오르지도 않게 되었는데, 그러던 어느 날 젊은 순례자가 유대에 오래 머물게 되었다"는 식이라, 뒤이어 "예수께서 … 가르치시던 때였다"는 말과 상충되므로, 읽기 좋게 문장을 나누었다.

54 '덕인'으로 옮긴 말은 preudomme이다. 이 대목에서는 '유지' 정도로 옮겨도 좋겠으나, 뒤에서 예수나 빌라도를 가리켜 preudomme라 할 때는 '유지'보다는 말 그대로 '덕망 있는 사람'이라는 뜻일 터이므로, 일일이 의미를 세분하기보다 '덕인'이라는 역어로 통일하기로 한다.

55 이 유폐의 상황은 요셉이 옥에 갇힌 것을 상기시킨다.

에게 그처럼 치욕스러운 삶을 살게 된 황제 아들의 크나큰 불행에 대해 이야기해 주었습니다. 순례자는 주인에게 대체 무슨 병이기에 그토록 비참한 삶을 살아야 하는지 물었고, 그러자 주인은 그에게 베스파시아누스56의 나병에 대해 다 말해 주었습니다. 아무도 그를 고치

---

56 베스파시아누스(9~79/ 69~79 재위)는 네로 황제 치하의 장군으로 66년에 일어난 유대 반란을 진압하기 위해 파견되었으나, 68년 네로가 급서한 후의 정치적 혼란을 수습할 적임자로 선택되어 황제가 되었다. 그 후, 유대에 남아 있던 그의 아들 티투스(39~81/ 79~81 재위)가 반란을 진압하고 예루살렘을 함락시킨 후 성전을 파괴한 것이 AD 70년의 일이다. 예수께서 예루살렘 성전을 가리켜 "돌 하나도 돌 위에 남지 않고 다 무너뜨려지리라"(마태복음 24:2)고 하신 것은 말세의 예언인 동시에 티투스에 의한 예루살렘 성전 훼파를 예언한 것으로 해석된다.

로베르 드 보롱은 예루살렘 파괴의 주역을 티투스가 아니라 베스파시아누스라고 하며, 또 유대 반란 당시 아직 황제가 아니었던 그를 황제의 아들이라고 이야기하는데, 이는 베스파시아누스의 부친 또한 티투스(플라비우스 사비누스)라는 이름이었기 때문에 아들인 티투스 황제와 혼동한 데서 생겨난 오류인 듯하다. 1749행에서 베스파시아누스와 티투스가 유대 원정을 준비했다고 할 때 티투스는 베스파시아누스의 아버지 또는 아들 어느 쪽을 가리키는지 명백하지 않다.

나병환자였던 로마 황제가 베로니카의 수건 덕분에 치유받는다는 이야기를 담고 있는 가장 오래된 문서는 〈빌라도 행전〉의 일부 사본에 들어 있는 〈티베리우스의 치유〉(Cura Sanitatis Tiberii)로, 여기서는 치유받는 인물이 티베리우스(BC 42~AD 37/ AD 14~37년 재위)로 되어 있다. 역시 같은 계통의 문서인 〈구세주의 보복〉(Vindicta Salvatoris, 이 제목은 직역하면 '구세주 보복'이지만, 구세주가 당한 고난에 대해 보복한다는 뜻이니 '구세주를 위한 보복'이라 해도 좋을 것이다)에는 티베리우스 치하에서 아퀴타니아 총독이었던 티투스가 코의 종창으로 고생하다가 예수의 기적과 죽음에 대해 들은 후 유대인을 응징하기 위해 예루살렘 공성을 결정한 후 치유를 얻고, 그가 휘하 장수인 베스파시아누스와 함께 유대 원정에서 베로니카를 발견하여 데리고 로마에 가서 티베리우스의 나병을 고치는 것으로 되어 있다. 그러니까, 베로니카의 수건과 황제의 치유에 관한 전승에는 티베리우스, 티투스, 베스파시아누스 등이 등장하되, 이야기에 따라 각기

지 못했다는 것이었습니다. 황제의 아들이니만큼 한층 더 고통이 컸습니다. 주인은 그에게 베스파시아누스를 치유하는 데 도움이 될 만한 방법을 아는지 물었습니다.

순례자는 대답했습니다.

"딱히 아는 것이 없습니다만, 제가 다녀온 바다 건너 땅에 한때 위대한 선지자가 있었다는 것은 말씀드릴 수 있습니다. 그는 분명 덕인이었던 듯, 하느님께서 그를 위해 많은 일을 행하셨습니다. 저도 그가 온갖 병자들을 고치는 것을 보았습니다. 개중에는 나이가 아주 많은 이들도 있었습니다. 저는 그가 절름발이들을 일으키고 소경의 눈을 뜨게 하는 것을 보았습니다. 육신이 문드러진 이들도 그에게서 깨끗이 나아 떠나갔습니다. 저는 그 밖에도 이루 다 말할 수 없을 만큼 많은 기적을 보았습니다. 그가 고친 모든 이들은 모두 완전히 나았습니다. 하지만 유대의 권력자들은 자기들은 그처럼 병을 고칠 수도 능력을 행할 수도 없었기 때문에 그를 미워했습니다."

주인은 순례자에게 그 덕인의 이름이 무엇이며 그가 어떻게 되었는지 물었습니다.

"말씀드리지요. 그 일이라면 소상히 알고 있습니다. 그의 이름은 수차 들은 바 있으니, 예수라 합니다. 마리아의 아들로, 베다니57 근처 나사렛에서 났다고 합니다. 그를 미워하던 비열한 무리는 권력을

역할이 달라지는 것을 볼 수 있다.

57 '베다니'는 예수께서 예루살렘 입성 후 묵으셨던, 예루살렘 동쪽으로 조금 떨어진 마을의 이름으로 잘 알려져 있지만, 사역의 시초에 세례 요한에게서 세례를 받으신 곳도 "요단강 건너 베다니"이다. 이 베다니는 나사렛에서 멀지 않다.

가진 자들과 재판을 맡은 자들에게 갖은 수단을 써서 그를 붙잡아 끌고 가서 욕되게 했습니다. 벌거벗기고 매질을 했으며, 더 어떻게 할 수 없자, 그 성질 못된 유대인들은 그를 십자가에 못 박아 죽였습니다. 만일 그가 살아 있다면 베스파시아누스도 분명 그 덕분에 병 고침을 받았을 텐데요. 아무리 중하고 오래된 병이라 해도 말입니다."

"혹시 아신다면, 그리고 괜찮으시다면, 말씀해 주십시오. 대체 그들이 왜 그를 처형했는지, 들으신 바 있습니까?"

"그들은 그를 너무나 미워한 나머지, 사람들이 그에 관해 말하는 것을 참을 수 없었기 때문이지요."

"그게 대체 어느 지방, 어느 관할에서 일어난 일입니까?"

"유대 땅에서, 로마 황제 치하에서 빌라도가 총독을 맡고 있던 시절에 있었던 일입니다."

"당신이 말한 것을 황제 앞에서도 다시 말할 수 있습니까?"

"그야 물론이지요. 누구 앞에서라도 말할 수 있고, 기꺼이 증언하고 싶습니다."

〔1085〕 그 이야기를 들은 주인은 서둘러 황제를 만나러 궁에 들어 갔습니다. 그는 황제에게 알현을 청해 자신이 순례자로부터 들은 이야기를 처음부터 끝까지 낱낱이 아뢰었습니다. 황제는 크게 놀라 말했습니다.

"그대가 방금 한 이야기가 정말일 수 있겠는가?"

"하느님이 보우하사, 폐하, 저로서는 알 수 없사오나, 적어도 그에게서 들은 바로는 그러합니다. 원하신다면 그를 데려올 터이니, 직접 들어 보소서."

황제가 대답했습니다.

"당장 데려오게. 왜 지체하는가?"

주인은 집으로 돌아가서, 순례자에게 말했습니다.

"황제께서 당신을 불러오라 하셨소. 와서 직접 말하라 명하셨소."

순례자는 주저 없이 대답했습니다.

"기꺼이 가서 물으시는 바에 대답하겠습니다."

순례자는 당황하지도 두려워하지도 않고 궁에 당도하여 황제에게 인사하고는, 이미 주인이 했던 이야기를 낱낱이 다시 아뢰었습니다.

황제가 즉시 대답했습니다.

"네 말이 사실이라면, 네게 값진 보답을 하고 내 벗으로 삼으리라."

황제는 신하들을 소집했습니다. 그들이 모두 모이자, 황제는 순례자가 말한 것을 하나도 빼놓지 않고 들려주었습니다. 모두 놀랐으니, 거기 있던 모든 이가 빌라도를 덕인으로 여겼고 그가 그런 일을 허용했을 리가 없다고 말했습니다. 자기 관할 지역에서 막을 수도 있었을 그런 악행을 용인했다면 너무나 큰 실책일 것이었습니다. 좌중의 한 사람은 빌라도의 친구로, 그가 그런 사람이 아니라고 단언하기까지 했습니다.

"빌라도는 말로 할 수 없을 만큼 훌륭한 사람입니다. 그가 그런 일을 막을 수 있었다면 그대로 내버려두었을 리가 없습니다."

〔1141〕그들은 순례자와 그를 유숙케 한 집주인을 불러오게 했습니다.

"순례자 형제여, 부디 그대가 황제께 들려드린 그 이야기를 우리에게도 다시 들려주기 바라오. 그대가 보았다는 기적들, 그토록 능력을 지닌 예수의 아름다운 이적들에 대해서 말이오."

순례자는 그들에게 자신이 그곳에 있었을 때 모든 기적을 다시 이야기해 주었습니다. 그리고 만일 빌라도가 다스리던 그 고장에 있었다면,58 황제도 자기 아들의 병 고침을 받기를 주저하지 않았으리라고 말했습니다. 만일 자기 말을 못 믿는다면, 목이라도 걸겠다고 말입니다. 빌라도에게 물어보면 그 역시 감추지 않으리라고, 그리고 그 선지자와 관련된 어떤 물건이라도 찾아 가져온다면, 베스파시아누스는 즉시 나아 건강을 되찾게 되리라고 말했습니다.

사람들은 그 말을 듣자 크게 놀랐습니다. 그들은 어떻게 하면 빌라도를 도와 그를 변호할 수 있을지 알 수가 없어서, 다시 물었습니다.

"만일 그대의 말이 사실이 아니라면, 그대를 어떻게 하면 되겠소?"

"저를 적당한 처소에 가두시고 연명할 것만 주십시오. 그리고 그곳에 사람들을 보내어 사실을 조사하게 하십시오. 만일 제가 말씀 드린 것이 사실이 아니라면, 제 목을 칼로 베어도 좋습니다."

---

58 직역하면 "빌라도가 다스리던 그 고장에 그가 있었을 때"로, '그'는 예수를 가리키는 듯하지만, 주절의 주어가 '황제'이니 이상해진다. 아마도 "그가 그 고장에 있었을 때 황제도 거기 있었다면"이라는 말이 일부 누락된 것일 수도 있다. 산문본에는 "빌라도가 다스리던 고장에서 유대인들이 그〔예수〕를 죽였는데, 만일 그가 살아 있다면 황제의 아들도 고칠 것"이라고 되어 있다.

그들은 그의 말에 동의했고, 그래서 그의 뜻대로 되었습니다. 그들은 그를 데려가 어느 방에 가두고 달아날 수 없도록 엄중히 감시하게 했습니다. 59

"여러분은 내 말을 잘 들으시오." 황제가 말했습니다. "그곳에 사자를 보내 이 소식이 사실인지 알아보는 것이 좋겠소. 만일 그 기적이 사실이라면, 그리고 내 아들의 병을 고쳐 위기에서 구할 무엇인가를 찾아낼 수 있다면 참으로 다행하고 좋은 일이 아니겠소. 우리에게 큰 행복이고 그보다 더 좋은 일이 없을 거요."

베스파시아누스는 그 소식을 듣고 마음이 기뻤습니다. 그 이방인을 가두었다는 말을 듣자, 그의 고통도 가라앉고 병증도 덜해졌습니다. 그는 아버지께 간청하여 자식을 생각하여 부디 누군가를 그 땅으로 보내 해결책을 알아보고 찾아보게 해달라고 청했습니다. 만일 자기가 낫기를 바라고, 그 너무나 참혹하고 캄캄하고 암담한 골방에서 구해내기를 원한다면 말입니다. 황제는 편지를 쓰게 했는데 ― 나는 그 점을 말없이 넘어가고 싶지 않습니다 ― 그 편지는 유대의 모든 사람과 그 고장의 모든 권력자들, 특히 빌라도에게 고하는 것이었습니다. 그들에게 사자들을 보내 그들이 십자가에 매달아 죽였다는 예수의 죽음에 대해 들리는 말이나 퍼져 있는 믿음을 확인하도록 명한다고 말입니다.

---

59 요셉-베스파시아누스에 이어 또 다른 유폐의 상황이다. 이 모든 유폐 상황이 예수 그리스도에 의해 종식될 것이다.

황제는 가장 현명한 자를 가려 뽑아 그 일에 대해 알아보고 진실을 밝혀내라는 임무를 맡겨 보냈습니다. 그리고 예수가 죽었을 경우, 무엇인가 그의 것이었던 물건을 구할 수 있다면, 무엇 하나 남기지 말고 속히 보내라고 말입니다. 황제는 아들이 낫기를 원했고, 만일 자기가 들은 말이 사실이라면 빌라도를 엄중히 벌하겠다고 다짐을 두었습니다.

〔1234〕사절들은 길을 떠나 곧장 바닷가로 나가서 배에 탔습니다. 순풍에 힘입어 바다를 무사히 건넜습니다. 유대에 도착하자, 그들 중 한 사람은 빌라도와 친한 사이였던지라 그에게 편지를 보내어 그가 사람을 제대로 재판하지도 않고 사형에 처했다니 놀라고 분개했다고 말했습니다.

"그것은 큰 실수였소. 그에게 아주 큰 잘못을 저질렀소. 황제께서 보낸 사절들이 도착했으니, 어서 나와 맞이하시오. 결코 그들을 피할 수 없소."

빌라도는 친한 벗이 보낸 편지를 읽고 소식을 알았습니다. 그는 예를 갖추어 황제의 사절들을 영접하려고 부하들에게 말에 오르라고 명했습니다. 사절들은 빌라도를 만나러 서둘러 오고 있었고, 그는 또 그대로 수행을 데리고 맞이하러 나갔습니다. 두 행렬이 서로 마주친 것은 마침 아리마대 쯤에서였습니다. 사절들은 빌라도를 만나서도 반가워할 수가 없었습니다. 그를 로마로 압송해야 할지도 몰랐기 때문입니다. 그들 중 한 사람이 그에게 편지를 내밀었고, 그는 그 내용을 읽었습니다. 거기에는 순례자가 한 이야기가 낱낱이 적혀 있었습니다. 빌라도는 그 말이 사실임을 잘 알고 있었습니다. 빌라도는 그들을 향해 돌아서서 온화한 얼굴로 말했습니다.

"편지를 읽었습니다. 그 내용을 인정합니다."

일이 그렇게 전개되어 그가 그처럼 사실을 순순히 시인하자 모두들 놀랐습니다. 자신의 결백을 밝히려 하지 않는다면 터무니없이 어리석은 일이 될 수도 있었습니다. 그 일로 죽어야 할 테니 말입니다. 어떻게든 모면하려 애써야 할 터였습니다.

그는 사절들을 불러 조용히 이야기할 수 있는 방으로 데려 갔습니다. 그는 문을 닫고, 아무도 들어올 수 없도록 문을 잘 지키게 했습니다. 그들이 다른 사람들에게서 듣기보다는 자신에게서 듣기를 바랐던 것입니다. 그는 예수 그리스도의 어린 시절에 대한 모든 것을, 자신이 아는 대로 또 다른 사람들로부터 들은 대로 전부 이야기했습니다. 어떻게 유대인들이 그를 미워하여 협잡꾼 취급을 했는지, 또 그가 원하기만 하면 병자들을 고쳤는지, 그의 제자였던 유다가 돈을 받고 그를 팔아 넘겼는지, 그들이 그에게 어떤 심한 일을 행했는지 들려주었습니다. 어떻게 그를 시몬의 집에서 체포해 자기 앞으로 끌고 와 고발했는지, 그 모든 것을 말입니다.

"그들은 내게 그를 재판하여 사형을 선고하라고 요구했습니다. 나는 그럴 만한 이유가 없으니, 그를 재판하지 않겠다고 말했습니다. 내가 재판을 거부하자 그들은 성을 냈습니다. 그들은 재산이 많고 영향력이 큰 유력자들이었습니다. 그들은 자기들이 그를 죽일 터이며 결코 그만두지 않겠다고 말했습니다. 나는 정말로 고통스러웠습니다. 나는 모두에게 말했습니다. '만일 내 주군께서 내게 설명을 요구하시고 책임을 물으시면 내가 뭐라고 답할 수 있겠습니까? 나는 아무 것도 감추지 않을 터이니, 만일 내가 감추려 한다 해도, 그는 여러분을 통해 그 점을 입증할 수 있을 것입니다.' 그러자 그들은, 늙은이 젊은이, 어른, 아이를 불문하고, 자신들과 자신들의 후손에게 예수의 피를 돌리라고, '그것이 네 대답이 될 것'이라고 했습니다.

그들은 예수를 체포하여 끌고 가면서 때리고 매질을 했습니다. 그러고는 기둥에 묶고 십자가에 못 박았으며, 여러분이 이곳에 오시기 전에 이미 들으신 대로 행했습니다. 저는 그 일로 기쁘기는커녕 마음이 무겁다는 것을 그들이 분명히 보고 알기를 원했고, 그 무도한 죄에서 깨끗케 되기를 원했으므로, 그들이 보는 앞에서 물을 가져오라 하여 즉시 손을 씻었습니다. 그리고 내 손이 그 물에 씻겨 깨끗하듯이 내가 예수의 불행과 죽음에 대해 무죄하다고 말했습니다.

내 수하에는 한 무사가 있었는데, 아주 덕망 있고 훌륭한 기사[60]였습니다. 예수가 죽은 후, 그가 내게 와서 시신을 달라기에 허락했습니다. 그는 예수를 따르는 자였기 때문입니다. 그는 신실한 사람으로 요셉이라는 이름이었는데, 말과 무장을 갖춘 다섯 명의 기사를 데리고 나를 섬긴 지 오래 되었습니다. 그는 그 선지자의 시신 말고는 내게 아무것도 달라고 한 적이 없었습니다. 그럴 마음만 먹었다면, 그는 내게 든든히 한몫을 요구할 수도 있었을 것입니다.[61] 그는 선지자

---

60 빌라도와의 관계에서는 '무사'(soudoyer), 즉 용병이지만, 말을 타는 자라는 뜻으로는 '기사'(chevalier)이다.

61 직역하면 "내가 그럴 계제가 되었다면 **그가 내게** 한몫을 요구했을 것"이지만, 뜻이 통하도록 다듬었다. 산문본은 "그는 그 선지자의 시신 외에 다른 급료를 원치 않았

를 그 가증할 형틀에서 내려, 자기가 죽으면 쓰려고 파두었던 돌무덤에 갖다 두었습니다. 요셉이 그곳에 시신을 둔 후로, 저는 그를 다시 만나지 못했습니다. 백방으로 찾아보았지만, 그가 어떻게 되었는지, 어느 길로 갔는지 알 길이 없습니다. 어쩌면 죽임을 당했거나 물에 던져졌거나 옥에 갇혔을지도 모릅니다. 제가 여러분 앞에 아무 힘도 없듯이, 그도 그들에게 저항하지 못했을 것입니다."

사절들은 그 이야기를 듣고, 자신들이 생각했던 것만큼 빌라도가 잘못한 일이 아니었음을 알게 되었습니다.

"그 모든 일이 당신이 우리에게 고한 그대로 일어났는지 여부는 알 수 없소. 하지만 당신이 원한다면 황제 앞에서 결백을 주장할 수 있을 것이오. 당신이 우리에게 한 말이 진실이라면 말이오."

빌라도가 대답했습니다.

"내가 이미 말씀드린 대로, 그들이62 여러분 앞에서 인정할 것이고, 같은 이야기를 할 것입니다."

"그렇다면 그들을 불러 한 달 안에 이 도시에 모으시오. 어떤 협잡도 속임수도 없도록 하시오. 그들과 직접 이야기해 보기 위해 부르는 것이오."

빌라도는 전령들을 택해 그들에게 온 유대를 다니며 모든 유대인들

고, 나는 그에게 그것을 주었습니다. 그에게 더 큰 보상을 해 주어야 한다고 생각했지만 말입니다"라고 되어 있다.
62 즉, '유대인들이'.

에게 황제의 특사들이 이틀 전에 왔다고 알리게 했습니다. 그들이 모일 수 있다면 직접 이야기하고 싶어 한다고 말입니다. 한 달이 지나는 동안, 빌라도는 선지자에게 속했던 물건을 찾게 했지만, 그들이 흡족해 할 만한 아무것도 발견하지 못했습니다.

〔1407〕 모든 유대인이 아리마대에 모여 큰 무리를 이루었고, 빌라도는 사절들에게 한 가지 현명한 제안을 했습니다.

"우선 내가 먼저 유대인들에게 말하도록 해 주십시오. 내가 하는 말, 그리고 그들이 대답하는 말을 들어 보십시오."

사절들은 동의했습니다. 다들 모이자, 빌라도가 먼저 말을 꺼냈습니다.

"여러분, 여기 황제의 사절들이 와 있습니다. 그들은 예수라 불리던 이, 자신이 율법의 주인이라 하던 이가 어떤 사람이었는지 알고 싶어 합니다. 그들은 그가 세상에서 가장 훌륭한 치유자라고 들었다고 합니다. 황제는 그를 청하여 불렀고, 그와 이야기하기를 원합니다. 나는 그들에게 그가 죽었다고, 여러분이 그를 죽였다고, 그것이 여러분의 의향이었다고 말했습니다. 그것이 사실인지 아닌지 대답해 보십시오."

"사실입니다. 감추지 않겠습니다. 왜냐하면 그는 왕이요 우리의 주라고 자처했기 때문입니다. 당신은 비겁하게도 그를 재판하지도 처벌하지도 않으려 했습니다. 당신은 그를 벌하려 하지 않았고, 그러기를 괴로워하는 것이 분명했습니다. 하지만 우리는 그이든 다른 누구이든, 카이사르 외에는 아무리 강한 자라도 우리나 우리 자손 위에 군림하는 것을 보면서 그를 죽이지 않고 그대로 둘 수 없었습니다. 그는 우리에게 큰 해악을 끼칠 테니 말입니다."

이에 빌라도가 사절들에게 말했습니다.

"나는 이 사람들을 내 뜻대로 할 만한 지혜도 힘도 없습니다. 이 사람들은 너무나 부유하고 가진 것이 많습니다."

그러자 사절들이 말했습니다.

"문제의 핵심에는 아직 이르지 못했습니다. 진실을 말해 주기 바랍니다. 여러분께 묻습니다. 빌라도는 왕으로 자처하는 그 사람을 단죄하려 했습니까? 사실대로 대답해 주십시오."

"정녕 그렇지 않습니다. 만일 누가 이 일에 대해 빌라도를 추궁한다면, 우리가 그에게 책임이 없다고 하기로 합의했습니다. 만일 당신들이 그에게 책임을 물으시겠다면, 우리가 대신 책임져야 합니다.63 우리도, 우리 다음의 자손들도 그렇게 맹세했습니다. 빌라도는 그의 죽음을 원치 않았으니, 그것이 그의 잘못입니다."

사절들은 사람들이 증언하는바 빌라도에게 자신들이 생각했던 만큼 큰 잘못이 없음을 알았습니다. 그들은 사람들이 말하는 그 예언자가 어떤 사람이었는지, 그의 영향력이 어떠했는지 물었습니다. 그들은 그가 세상 어디를 둘러보더라도 가장 놀라운 기적들을 행했다고 대답했습니다. 그를 본 남녀는 그를 마법사64로 여겼다고 말입니다.

---

63 1456~1457행과 1458~1459행의 두 문장이 거의 같은 말을 반복하고 있다.
64 '마법사'로 옮긴 enchanteur는 메를랭을 가리키는 말이기도 하다.

〔1477〕 사절들이 물었습니다.

"여러분은 그가 지녔던 무엇인가를 갖고 있는 사람을 아십니까? 만일 누군가가 무엇인가 그의 것을, 우리가 가져갈 만한 것을 가지고 있다면, 찾고자 합니다."

그들 중 한 사람이 한 여자를 아는데, 그녀는 그의 초상을 가지고 있어 날마다 경배한다고 했습니다. 하지만 그는 그녀가 어디서 그것을 얻었는지는 알지 못했습니다. 사절들은 빌라도를 불러 그 사람이 말한 것을 알렸습니다. 빌라도는 그에게 여자의 이름이 무엇이며 그녀의 집이 어느 길에 있는지 물었습니다.

"그녀의 이름은 베로니카65입니다. 그녀는 전혀 이상한 여자가 아니며, 학교 길66에 삽니다."

빌라도는 그녀의 이름과 사는 곳을 알자마자, 그리로 사람을 보내어 와달라고 했습니다. 그녀는 명을 받은 즉시 왔고, 빌라도는 그녀가 오는 것을 보자 하느님의 뜻에 따라 자리에서 일어나 맞이했습니다. 그 가난한 여자는 빌라도가 자신을 극진히 맞이해 주는 데 놀랐습니다.

그는 그녀를 따로 데려가 말했습니다.

---

65 베로니카의 이야기의 가장 오래된 형태는 〈티베리우스의 치유〉에서 발견된다. 이 문서에서 베로니카는 빌라도에게 예수를 고발하는 유대인들 앞에서 예수께서 자신의 혈루증을 고쳐주셨다고 증언한다. 즉, 마태복음 9장, 마가복음 5장, 누가복음 8장이 공통으로 기록하고 있는, 열두 해 동안 앓던 혈루증을 고침 받은 여인이 바로 베로니카라는 것이다. 또 다른 문서 〈구세주의 보복〉에는 예수의 초상을 지닌 베로니카가 바로 혈루증을 고침 받은 여인이라고 명시되어 있다.

66 '학교 길'이란 아마도 성모 마리아가 다녔다는 학교가 있는 길, 곧 예수께서 십자가를 지고 골고다로 가던 '고통의 길'(via dolorosa)을 가리키는 것으로 추정된다.

"부인, 집에 한 남자의 초상을 소중한 기념으로 가지고 있어 경배한다고 들었습니다. 괜찮으시다면, 우리에게 그것을 보여 주시기 바랍니다. 이 일로 전혀 누를 끼치지 않을 테니 염려 마십시오."

여자는 그 말을 듣자 아연실색하여 완강히 부인하며 자기는 그런 것을 가지고 있지 않다고 말했습니다. 그러는 동안 사절들이 도착하여 여자가 왔고 빌라도가 그녀와 이야기하는 것을 보았습니다. 사절들은 기쁜 얼굴로 여자에게 인사하며, 자신들이 무슨 일로 왔는지를 설명했습니다. 만일 그녀가 집에 황제의 아들을 치유할 수 있는 물건을 갖고 있다면, 평생 큰 명예를 누릴 테고 그 명예가 끊어지지 않으리라고 말했습니다.

"당신은 예수의 초상을 기념으로 갖고 있다고들 합니다. 만일 살 수만 있다면, 기꺼이 사겠습니다."

베로니카는 초상을 보여 주어야 하며 더 이상 숨길 수 없다는 것을 깨달았습니다. 하지만 그녀는 일단 거절했습니다.

"세상 무엇을 준다 해도 그것을 팔지 않겠습니다. 여러분이 요구하시는 것을 드리지 않을 것입니다. 하지만 여러분이 내게서 아무것도 빼앗지 않고 나를 당신들 나라 로마로 데려가준다고 약속한다면, 나는 그 초상을 가지고 함께 가겠습니다."

사절들은 그 말을 듣자 크게 기뻐하며 말했습니다.

"기꺼이 당신을 데리고 가지요. 당신이 바라는 대로 하겠다고 약속합니다. 하지만, 괜찮다면, 우리가 요청하는 그 초상을 보여 주십시오. 보고 싶습니다."

그 자리에 있던 유대인들은 그 모든 말을 들었고, 그녀가 부와 존귀를 얻게 되리라고들 말했습니다.

베로니카가 사절들에게 말했습니다.

"잠시 기다려 주세요. 초상을 가지고 오겠습니다."

그녀는 급히 그 자리를 떠나 곧장 집으로 갔습니다. 집에 도착한 그녀는 궤를 열고 초상을 꺼내 지체 없이 겉옷 안에 넣고 사절들에게로 돌아왔습니다. 그들은 그녀가 오는 것을 보자 일어나 정중히 맞이했습니다.

그녀가 말했습니다.

"다들 앉으세요. 그리고 유대인들이 욕보인 하느님께서 자기 얼굴을 닦으신 수건67을 보세요."

그들은 자리에 앉으려다가, 그것을 보자 자기도 모르게 다시 일어났습니다. 선량한 여자는 그들에게 왜 일어나느냐고 물었습니다. 다들 이구동성으로 대답했습니다.

"그 초상을 보자 절로 그러게 되었습니다. 부인, 어디서 이 수건을 얻으셨는지 말해 주십시오."

그녀가 대답했습니다.

"어떻게 된 일인지 말씀드리지요. 저는 고운 베68를 한 장 짜게 하여 들고 돌아가던 길에 그 선지자를 만났습니다. 그분은 양손을 등 뒤

---

67 suaire(sudarium)은 '수건, 염포, 수의'를 가리키는데, 수의를 지은 것이 아니라 천을 짜서 들고 가는 길이었다고 하므로 '수건'이라 옮기는 편이 나을 것이다.
68 sydoine란 라틴어 sindon에서 온 말로, 고운 아마포(亞麻布) 내지 아마포로 만든 여러 가지 옷을 뜻한다. 특히 그리스도의 초상이 찍힌 베로니카의 수건을 sindonium이라 한다.

로 돌린 채 오랏줄에 묶여 계셨습니다. 유대인들은 저를 보자 붙들고는 제 베를 빌려달라고, 그것으로 선지자의 얼굴을 닦으라고 했습니다. 그래서 저는 곧 손에 베를 들고 그분의 얼굴을 닦아드렸습니다. 그분은 땀을 아주 많이 흘려서 온 몸이 젖어 계셨습니다. 그러고서 저는 가던 길을 갔고, 그들은 그분을 몹시 때리고 매질하며 더 멀리 끌고 갔습니다. 그들은 그를 몹시 거칠게 다루었지만, 그분은 아무 불평도 하지 않으셨습니다. 집에 돌아와, 제가 들고 있던 베를 보니 이 초상이 마치 그린 듯이 찍혀 있었습니다. 이것이 황제의 아들을 치유하는 데 도움이 된다고 생각하신다면, 저는 기꺼이 이것을 가지고 여러분과 함께 가겠습니다."

사절들은 그녀에게 감사했고, 그것이 그들에게 도움이 되리라고 단언했습니다. 그만큼 효력 있는 것은 아무것도 찾지 못했기 때문입니다. 그래서 그들은 바다를 건너 자기들 나라로 돌아갔습니다.

[1629] 이제 그들은 로마로 돌아왔습니다. 황제는 기뻐하며 그들에게 일이 어떻게 되었는지, 순례자가 한 말이 진실인지 물었습니다. 그들은 그가 전혀 거짓말을 하지 않았다고 대답했습니다.

"그들이 선지자에게 가한 수치와 능욕은 그가 말한 이상이었습니다. 그런데도 그들은 전혀 후회하지 않더군요. 빌라도에게는 저희가 생각했던 만큼 잘못이 없었습니다."

황제가 물었습니다.

"그 선지자에게 속했던, 내 아들에게 도움이 될 만한 무엇인가를 가져왔는가?"

"그렇습니다, 폐하. 저희가 가져온 것에 대해 말씀드리겠습니다."

그들은 그에게 어떻게 여자를 찾아냈는지, 그녀가 무엇을 직접 지니고 왔는지, 사실대로 들려주었습니다. 황제는 그 말을 듣고 크게 기뻐하며 말했습니다.

"먼 길을 다녀온 보람이 있구려. 여러분은 내게 일찍이 들어 보지 못한 희소식을 가져다주었소."

황제는 여자에게 가서 반갑게 맞이하며 아들에게 기쁨과 건강을 가져다 준 데 대해 크게 보답하리라고 말했습니다.

황제의 말을 듣자, 그녀도 크게 기뻐했습니다.

"폐하께 도움이 되는 일이라면 기꺼이 하겠습니다."

그녀는 그에게 자신이 지니고 온 초상을 보여 주었고, 황제는 그것을 보자 세 번이나 절하며 크게 감탄했습니다. 그는 그녀에게 그렇게 아름답고 금은보다 목재보다[69] 귀한 초상은 본 적이 없다고 말했습니다. 그는 그 초상을 양손으로 받들고 아들이 병 때문에 갇혀 있는 방으로 가져갔습니다. 그는 그것을 아들이 보도록 창구에 두었고, 베스파시아누스는 그것을 보자마자 살이 깨끗이 나았습니다. 그것이 우리 주님의 뜻이었으니까요. 그는 말했습니다.

"주여, 대체 누구시기에 저를 제 중한 병과 고통에서 낫게 해 주셨나이까? 저는 더 이상 병증이 느껴지지 않습니다."

베스파시아누스는 외쳤습니다.

---

69 금은보다 귀하다는 말에 이어 '목재'(fust) 가 등장하는 것은 어색하지만, 윗 행의 동사 fust와 운을 맞추기 위해서일 것이다.

"이 벽들을 당장 허물라."

즉시 명령대로 되었습니다. 벽을 허물자 완벽한 건강을 되찾은 그가 나타났습니다. 그를 그토록 속히 치유한 그 초상이 어디서 났는지 다들 궁금해 했습니다. 그것은 일찍이 아무도 할 수 없었던 일이었습니다. 사람들은 베스파시아누스에게 그 동안 있었던 일을 모두 이야기했습니다. **70** 순례자를 옥에서 꺼내주자, 그는 자신이 선지자에 대해 말한 것이 사실이었는지, 유대인들이 그런 덕인을 사형에 처한 것이 사실이었는지 물었습니다. 그들은 그렇다고 대답했습니다. 순례자에게는 후한 상이 내려졌고, 그는 평생 풍족하게 살았습니다. 그들은 베로니카도 잊지 않고 후한 상을 내려 주었습니다.

〔1711〕 황제의 아들은 그 모든 일을 듣자 언짢아하며 크게 분노했습니다.

"그 일에 가담했던 자들은 예수의 죽음에 대해 단단히 대가를 치를 것이다."

그는 황제에게 말했습니다.

"제게 그럴 기회와 수단만 있다면, 저는 그들을 처벌하기 전에는 결코 만족도 영예도 누리지 않겠습니다."

그는 또 아버지에게 말했습니다.

---

70 '궁금해 했다'와 '이야기했다'는 둘 다 주어 없이 3인칭 복수 동사로 되어 있으므로, 앞에서는 '다들', 뒤에서는 '사람들은'으로 옮겼다. 사연을 아는 이들과 모르는 이들이 섞여 있었다고 보면 될 것이다.

"아버지, 당신이 왕이나 황제가 아니라, 우리 모두에게 그토록 큰 권능을 지니신 분, 그분이 계신 곳으로부터 여기 제 눈앞에 있는 초상에 그토록 큰 힘과 효력을 부여하사 나를 그토록 속히 고쳐주신 분, 당신도 다른 누구도, 아무리 지위가 높은 자라도 할 수 없었던 일을 하신 그분이 정녕 왕이고 황제이십니다. 그분이야말로 만인을 다스리시고 실로 그럴 만한 자격을 지닌 분이십니다. 경애하는 아버지, 두 손 모아 비오니, 제 주군이자 벗으로서, 저를 보내어 저 고약한 유대인들이 그토록 부당하게 죽인 제 정당한 주군의 죽음에 보복하게 해 주소서."

황제가 그에게 대답했습니다.

"친애하는 아들아. 나도 그러기를 원하며 네게 권하노니, 네 한껏 원하는 대로 행하라. 아비도 아들도 살려두지 말라."

베스파시아누스는 그 말을 듣고 크게 기뻐했습니다.

그렇게 행하여 가서 그 초상을 가져왔으니, 로마에서는 그것을 거룩한 유물로 간직하여 '라 베로니카'라 부릅니다.

베스파시아누스와 티투스[71]는 지체하지 않고 유대 원정을 준비했습니다. 그들은 배에 올라 바다를 건너고 가능한 한 속히 상륙했습니다. 빌라도는 곧장 소환되었습니다. 명령을 들은 빌라도는 그들이 막대한 병력을 끌고 왔음을 알았습니다. 두려웠지만, 그는 소환에 응해 베스파시아누스 앞에 나가 말했습니다.

"전하,[72] 부름을 받고 왔습니다. 제 힘이 닿는 한 분부대로 행하겠

---

71 주 56 참조.

습니다."

베스파시아누스는 지체 없이 말했습니다.

"나는 나를 치유하신 예수 그리스도의 죽음에 대해 보복하러 왔노라."

빌라도는 그 말을 듣자 크게 겁에 질려서, 치욕 가운데 목숨과 신분을 잃고 사형에 처해지리라 생각했습니다. 그는 고발당하리라는 생각에 겁에 질려 베스파시아누스에게 말했습니다.

"제가 드리는 말씀을 들으신다면, 그 선지자의 죽음에 대해 누가 옳고 그른지 말씀드리겠습니다."

"그리하라. 나도 원하는 바이다. 그러면 좀 진정이 될 터이다."

"저를 옥에 가두고 모든 유대인들에게 알리십시오. 제가 그 선지자를 심판하지 않고 옹호했기 때문이라고."

〔1785〕 베스파시아누스는 빌라도가 말한 대로 했습니다. 온 나라의 유대인들을 불러 모았고, 어떤 지장이나 곤란이 있더라도 반드시 오게 했습니다. 모두 모이자, 베스파시아누스는 그들에게 그 선지자를 어떻게 했느냐고 물었습니다. 그는 당장 알고자 했습니다. 그 선지자를 제 아버지나 왕이나 공작이나 황제보다 더한 주군으로 여겼다니 말입니다. [73]

---

72 베스파시아누스는 아직 황제가 아니라 황자이므로 '폐하' 대신 '전하'라는 호칭으로 옮긴다.

73 이 대목의 원문은 직설법을 쓰고 있어 언뜻 보면 베스파시아누스가 예수를 가리켜 "자신의 아버지나 왕이나 공작이나 황제보다 더한 주군이었다"고 말하는 것으로

"너희는 반역자로 행동했다. 그런 능멸을 자행하다니."

비열한 자들은 빌라도가 그를 지지하며 옹호했다고 대답했습니다.

"우리는 그러기를 바라지 않았습니다. 자신이 왕이라 하는 자들은 당신 아버지나 당신에게 맞서는 것이니 말입니다. 빌라도는 그가 사형당할 만하지 않다고 내내 주장했습니다. 우리는 참을 수 없었습니다. 자신이 왕이라 하는 자는 죽어야 합니다. 그는 훨씬 더 참람한 주장도 했습니다. 자신은 왕 중의 왕이라고 말입니다."

베스파시아누스가 그 말에 대답했습니다.

"나도 그래서 빌라도를 깊은 감옥에 가둔 것이다. 그가 그 선지자를 나보다 더 위하는 잘못을 저질렀다고 들었고 확실히 알았기 때문이다. 이제 너희 입으로 진실을 고하는 것을 듣고 싶으니 사실대로 고하라. 그가 왕이요 유대인의 주군으로 자처하는 것을 너희 중 누가 가장 못 견뎌했는가? 누가 그를 가장 엄중히 대했는가? 너희가 그를 본 첫날 너희는 그를 어떻게 대했는가? 너희는 왜 그토록 증오와 분노로 그를 쫓았는가? 너희 중 누가 모의에 가담하여, 가장 좋은 안을 냈는가? 그 모든 일을 처음부터 자세히 고하라."

유대인들은 이 말을 듣자 크게 기뻐했으니, 그것이 자신들의 유익이 되리라고 생각했기 때문입니다. 자신들에게는 유리하게 되었고

읽힌다. 하지만 문맥상 베스파시아누스는 빌라도의 조언에 따라 예수를 옹호한 자를 처벌하려는 척하는 상황이므로, 그가 유대인들을 몰아세우는 것은 그들이 예수를 능멸했기 때문이 아니라 오히려 예수를 황제 이상으로 위함으로써 황제를 능멸했기 때문이라고 보아야 할 것이다. 산문본은 좀 더 명확하다. "그가 너희의 주군 행세를 하도록 내버려두다니, 너희는 반역자로 행했다."

빌라도는 곤경에 처했다는 데 한층 더 기뻐했습니다. 그들은 예수 그리스도가 어떻게 자신들 모두의 왕으로 자처했는지, 그래서 자신들이 그에 대해 분노하고 증오하며 그대로 두고 볼 수 없었는지, 어떻게 그의 제자였던 유다가 그를 배신하고 30데나리온에 팔아넘기는 악행을 저질렀는지, 처음부터 모든 일을 이야기했습니다. 그들은 자기들 중에서 데나리온을 치른 자를 가리켰고, 예수를 체포한 자들을 가리켰으며, 자기들이 그에게 치르게 한 수치와 곤욕에 대해 베스파시아누스 앞에서 자랑했습니다. 화 있을진저! 그들은 어떻게 자기들이 빌라도 앞에 가서 그에게 예수를 재판하여 행악자처럼 사형에 처하라고 종용했는지 말했습니다.

"전하, 확실히 빌라도는 그를 재판하여 저희에게 넘기기를 거부했습니다. 자신이 책임을 추궁당할 경우 탓을 돌릴 사람을 우리 쪽에서 제공하지 않는 한 말입니다. 빌라도는 그 점을 보장 받기를 원했습니다. 우리는 주저 없이 모든 책임을 우리와 우리 자손에게 돌리라고 말했습니다. 그래서 그는 우리에게 넘겨졌고 그의 피가 뿌려졌습니다. 우리와 우리 후손의 책임으로 하고 말입니다. 그가 우리에게 끼친 폐해에 대해 전하께 탄원하노니, 전하께서 우리가 진 책임을 면해 주시기 바랍니다."

〔1871〕 베스파시아누스는 그 말을 듣고, 그들의 악행을 알아차렸습니다. 그들은 자신들 속에 가득한 악의를 스스로 드러내고 있었습니다. 그는 그들을 모조리 체포하여 큰 집에 가두라 명하고, 빌라도를 옥에서 꺼내 불러오게 했습니다. 빌라도는 그 앞에 나타나 주군에게 자신

이 선지자와 그의 죽음에 대해 큰 잘못을 저질렀는지 물었습니다.

"아니, 내가 그렇게 생각하고 내심 판단했던 것만큼 중하지 않더이다."

그러고는 빌라도에게 이렇게 명했습니다.

"이 모든 유대인들을 한 명도 빠짐없이 사형에 처하기를 원하오. 그들은 모든 것을 자백했고, 마땅히 죽어야 하오."

베스파시아누스는 유대인들을 자기 앞으로 불러오게 했고, 30명을 따로 불러낸 다음 여러 필의 말을 데려와 그들을 꼬리에 묶은 후 끌고 달리게 했습니다. 74 아무도 모면하지 못했습니다. 그리하여 그는 30명 모두를 죽였습니다. 겁에 질린 다른 사람들은 감히 웃지 못했습니다. 하지만 크게 놀라며, 그들은 그 처벌의 이유를 물었습니다.

베스파시아누스가 말했습니다.

"예수를 죽인 데 대한 벌이다. 그는 너무나 치욕스러운 대접을 받았다. 그러니 너희는 그를 산 채로75 내놓든가, 아니면 치욕스런 죽음을 당하리라."

"무슨 말씀이십니까! 우리는 그를 요셉에게 내주었고, 이후로는 본 적이 없습니다. 요셉이 그를 십자가에서 내렸고 그런 다음 어떻게 했

---

74 이런 처형은 로마 시대 방식이 아니라 중세 방식이었다. 중세 소설들은 종종 이렇게, 풍습에 관한 연대착오를 보인다.

75 예수가 죽은 것을 이미 알면서 "산 채로" 내놓으라는 것은 말이 안 된다. 예수의 시신을 내놓으라는 말로 이해해야 할 것이고, 뒤이어 유대인들이 그를 요셉에게 주었다는 것도 그의 시신을 주었다는 말일 터이다. 산문본에는 "모두 그런 죽음을 당하든가 아니면 예수의 시신을 내놓으라"고 되어 있다.

는지 저희는 모릅니다. 만일 우리에게 요셉을 돌려준다면,76 그를 통해 예수의 시신을 찾을 수 있을 겁니다."

그러자 빌라도가 그들에게 대답했습니다.

"너희는 요셉을 믿지 않고 예수의 시신을 지키게 했다. 사흘 동안 너희는 요셉이 그를 둔 곳에 보초를 세워 두었다. 너희는 그가 사흘째 되는 날 부활하리라고 제자들에게 말했다면서 그리 한 것이다. 너희는 예수의 제자들이 밤에 무덤에서 그를 가져간 다음 그가 살아 있는 것을 보았다는 소문을 퍼뜨리고 사람들이 그 말에 미혹될 것을 우려하였다. 왜냐하면, 만일 그가 부활했다면, 그는 큰 위험과 곤란이 될 테니까."77

베스파시아누스는 그들이 모두 죽어야 하며 그렇게 최후를 맞이하는 것이 마땅하다고 말했습니다. 그들은 그래봤자 아무 소용없다고, 요셉을 먼저 내놓지 않는 한 자기들은 예수를 내놓을 수 없다고 이구동성으로 대답했습니다. 베스파시아누스는 그 수를 다 말하지 못할 만큼 많은 사람들을 치욕 가운데 죽게 했고, 그 일부는 화형에 처했습니다. 그는 그들의 목숨을 빼앗기로 작정했던 것입니다.

〔1937〕 자신들이 그처럼 죽어 없어지게 될 것을 깨닫자, 그중 한 사람이 소리 높여 물었습니다.

---

76 베스파시아누스가 요셉을 데려간 것이 아닌데 "돌려준다면"이라는 말은 다소 이상하게 들리지만, 예수를 내놓으라는 베스파시아누스에게 '요셉을 내놓으라(불러오라) 그러면 예수를 내주마' 하는 조건을 제시하는 것이다.
77 이 문단에서는 3인칭 단/복수 대명사들이 수차례 쓰이고 있어 혼선이 빚어질 수 있으므로, 요셉, 예수, 예수의 제자들 등으로 명시하여 옮긴다.

"만일 내가 요셉에 대해 알려 주면, 나와 내 아내, 그리고 내 자식들은 모두 살 수 있습니까?"

베스파시아누스가 즉시 대답했습니다.

"그렇다. 단연코 너는 목숨도 사지도 멀쩡할 것을 안심해도 좋다."

그러자 그 유대인은 곧장 자신들이 요셉을 가두었던 탑으로 그를 데려갔습니다.

"나는 그를 여기에 두는 것을 보았고, 이후로 그가 나오지 않았다고 압니다. 빌라도는 백방으로 그를 찾게 했지만, 찾아내지 못했습니다."

그러자 베스파시아누스가 시간이 얼마나 흘렀을지 물었습니다. 78

"왜 그를 이 안에 넣고 가두었는지 말해 보라. 그가 너희에게 무슨 잘못을 했느냐?"

그들은 베스파시아누스에게 사실대로 말했습니다. 예수가 죽은 후79 요셉이 그들에게서 그 시신을 가져다가 아무도 찾을 수 없는 곳에 숨겨두었다고 말입니다.

---

78 요셉을 가둔 후 시간이 얼마나 흘렀느냐를 묻는 것으로 보이나 그 질문에 대한 답이 없다. O'Gorman은 요셉을 가둔 것이 언제였느냐를 묻는 것으로 보고 "예수가 죽은 지 사흘 후", 즉 예수의 부활 소식을 들은 후라는 대답이 누락되었으리라고 추정한다. 산문본은 이런 독해를 뒷받침해준다. "베스파시아누스가 말했다. '그것이 언제였느냐?' 그들이 대답했다. '선지자가 십자가에 못 박힌 후 사흘째 되던 날입니다.'"

79 "예수가 죽은 후 요셉이 그 시신을 가져다 숨겼다"는 것은 이미 앞에서 그가 시신을 장사 지낸 후 유대인들이 보초를 시켜 무덤을 지키게 했다는 사실이 알려져 있는 터이므로 언뜻 이상하게 들리지만, 여기서 유대인들은 요셉이 무덤으로부터 시신을 훔쳐갔다고 주장하는 것이다. 그러므로 "예수가 죽은 후"라는 말은 불필요하며, 산문본의 해당 대목에는 그 말이 없다.

"우리는 시신을 되찾을 수 없었습니다. 도둑맞은 것입니다. 우리는 시신을 요구 당하리라는 것과 그것을 찾을 수 없으리라는 것을 알았습니다. 우리는 함께 의논하여 요셉을 산 채로 잡아다 죽이기로 했습니다. 우리가 고발당하지 않도록 말입니다. 요셉이 예수를 가져갔으니, 예수를 찾는 자는 요셉에게 물으라고 하면 됩니다. 요셉이 아무에게도 발견되지 않고 죽으면, 우리는 예수에 대해 안심할 수 있을 것이었습니다. 우리는 그 전에 그의 제자들이 말하는 것을 들은 터였습니다. 예수가 사흘째 되던 날에 부활했고 무덤에서 나갔다고 말입니다. 그래서 요셉이 죽임을 당해[80] 이 감옥에 갇힌 것입니다."

베스파시아누스가 그들에게 물었습니다.

"그는 그곳에 갇히기 전에 죽었는가? 아니면 너희가 그를 죽인 다음 탑에 가두었는가?"

"아니오, 우리는 그를 몹시 때린 후 저 아래 가두었습니다. 우리에게서 훔쳐간 예수를 어떻게 했느냐는 질문에 그가 말도 안 되는 대답을 했기 때문입니다."

"그가 살았을지 죽었을지 말해 보라."

그들은 일제히 대답했습니다.

"저희도 모릅니다. 하지만 그는 살아 있을 수 없을 것입니다. 이곳에 갇힌 지 너무 오래되었으니까요."

---

80 원문대로는 "죽임을 당해 이 감옥에 갇혔다"지만, 요셉은 옥에 갇힐 때 아직 죽지 않았으며, 바로 뒤이어 베스파시아누스가 그 점을 묻는 것만 보더라도 실제로 죽였다는 의미가 아니라 옥에 가두어 죽게 했다는 의미일 터이다.

베스파시아누스가 그들에게 단언했습니다.

"나를 고치시고 여기에 있게 해 주신 분이라면 그를 보호해 주셨을 수도 있다. 그분이 아니고는 그런 일을 하실 수 없다는 것을 나는 잘 안다. 이 사람은 그분으로 인해, 그분의 시신을 받아갔기 때문에 갇혔고, 너희도 그분 때문에 그를 매질했다는 것이 사실임을 의심치 않는다. 나는 예수께서 그를 이곳에서 비참하게 죽도록 내버려 두셨으리라고 생각지 않는다. 나는 이 점을 철저히 알아보고 싶다."

〔2013〕 그래서 그들은 베스파시아누스를 위해 포석을 들어 올렸고, 그는 안을 들여다보았습니다. 소리쳐 불렀지만 아무 대답이 없었습니다. 유대인들은 요셉이 먹을 것도 마실 것도 없이, 아무 마련 없이, 그토록 오랜 세월이 지난 후까지 살아 있다면 놀라운 일이라고 말했습니다. 하지만 황제의 아들은 그를 보기 전에는 그가 죽었다고 믿지 않겠다고 말했습니다. 그는 긴 밧줄을 가져오게 했고, 사람들은 즉시 밧줄을 가져왔습니다. 그는 여러 차례 다시 외쳐 불렀지만, 한마디 대답도 없었습니다. 대답이 없으리라는 것을 안 그는 곧장 바닥으로 내려가 이리저리 둘러보았습니다. 한구석에 빛이 있는 것이 보였습니다. 그는 줄을 다시 끌어올리라 명하고는 그 구석으로 다가갔습니다.

베스파시아누스를 보자, 요셉은 자리에서 일어났습니다.

"베스파시아누스, 어서 오시오. 무엇을 찾으러 여기까지 오셨소? 무엇을 원하시오?"

베스파시아누스는 자신의 이름이 불리는 것을 듣자 놀라 말했습니다.

"누가 당신에게 내 이름을 가르쳐주었소? 조금 전 위에서 내가 외쳐 불렀을 때, 당신은 내게 대답하려 하지 않았소. 그래서 내가 여기까지 내려온 거요. 정녕 당신이 누구인지 말해 보시오."

"나는 아리마대 사람 요셉이오."

베스파시아누스는 그 대답을 듣자 크게 기뻐하며 말했습니다.

"당신을 이곳에서 지켜주신 하느님께 찬양을! 그분 말고는 아무도 이런 구원을 이루실 수 없소."

그들은 벅찬 사랑으로 서로 얼싸안고 입 맞추었습니다. 베스파시아누스가 물었습니다.

"요셉, 누가 당신에게 내 이름을 가르쳐주었소?"

요셉이 대답했습니다.

"온 우주를 아시는 분이시라오."

베스파시아누스는 요셉에게 자신의 무서운 병을 고쳐주신 분이 누구였는지 가르쳐달라고 말했습니다.

요셉이 말했습니다.

"무슨 병 말이오?"

그가 대답했습니다.

"나병이오. 어찌나 끔찍하고 고약한 병인지, 한 도시의 모든 보화를 준다 해도 아무도 내가 여기 있는 동안만큼도 내 곁에 앉아 있으려 하지 않았다오."

요셉은 그 말을 듣자 웃으며 말했습니다.

"누가 당신을 고쳤는지 모른다는 말이오? 내가 확실히 알고 있으니 말해 드리리다. 만일 그의 이름을 알고자 한다면, 이름도 말해드리겠소. 하지만 그를 믿고 그의 계명들을 지켜야 하오. 그 계명들을 분명히 가르쳐 드리리다. 그분에 대한 믿음과 그분께서 내게 명하신 모든 것, 그분으로부터 직접 가르침을 받은 것을 가르쳐 드리겠소."

베스파시아누스가 말했습니다.

"나는 그분을 믿고 온 마음으로 경외하겠소."

〔2083〕"내 말을 잘 들으시오, 베스파시아누스. 존재하는 모든 것을 창조하신 분, 하늘과 땅과 바다와 밤과 낮과 원소들과 동서남북을 만드신 분은 성령이시라고 나는 믿소. 그분은 대천사들과 천사들도 지으셨다오. 그런데 그들 중에는 교만, 반역, 시기심, 탐욕, 증오, 배신, 음욕, 그 밖의 죄들로 가득 찬 악한 천사들도 있었소. 81 하느님께서는 이들을 기뻐하지 않으시어 이 땅으로 던져버리셨소. 그들은 사흘 밤낮 줄곧 비처럼 내렸는데, 일찍이 본 적이 없을 만큼 빽빽한 비, 우리에게 큰 해를 입힌 비였더이다. 지옥과 지상과 〔공중으로〕 각기 세 군단(群團)의 천사가 떨어졌소. 82 지옥에 떨어진 천사들은

---

81 전통적으로 타락천사 루시퍼는 교만의 죄 때문에 타락한 것으로 알려진 반면(에스겔서 28:11~15), 본문은 칠죄종에 버금가는 다양한 죄목을 열거하고 있다. 산문본은 "교만과 시기심과 탐욕"으로 좀 더 전통적인 시각에 가깝다.

82 운문본에는 '공중으로'라는 말이 없으나, 논리적으로 필요하다고 보아 보완했다. 이 대목의 산문본은 이렇다. "세 군단은 지옥으로, 세 군단은 지상으로, 그리고 세 군단은 공중으로 떨어졌더이다." 중세 천사론의 기초가 되는 것은 5~6세기 신학자 위(僞) 디오니시우스(Pseudo-Dionysius the Areopagite)의 《천상의 위계》(De Coelesti Hierarchia)로, 그에 따르면 천사는 세 위계(hierarchies)로 나뉘며 각 위계 안에 세 계급(ordres)이 있다고 한다. 로베르가 세 군단(trois

루시퍼를 우두머리로 하여, 지옥에서 영혼들을 고문한다오. 지상에 떨어진 천사들은 인간 남녀를 괴롭히며 그들의 창조주에 맞서 큰 싸움을 벌이는바, 인간들은 창조주에 맞서 뻔뻔하게 죄를 지음으로써 그분께 수치와 모욕을 입히고 있소. 지상에 있는 천사들은 인간들에게 〔죄를〕 보여 주며, 인간들이 잊지 않도록 기록까지 한다오. 83 또 다른 세 군단은 공중에 머물렀는데, 가볍게 여기면 안 될 또 다른 속

---

generacions) 씩 셋, 총 아홉 군단의 천사들을 말하는 것은 이런 전통에 비추어 이 해할 수 있다.

    특히 로베르는 타락한 천사들이 "사흘 밤낮 꼬박 비처럼" 떨어졌다고 하는데, 이런 내용은 중세 비잔틴 제국에서 동유럽과 러시아 방면으로 퍼져나갔을 것으로 보이는 이단 보고밀파의 문서 〈티베리아드 바다의 전설〉(*La Légende de la mer de Tibériade*)에서 거의 그대로 발견된다. 뿐만 아니라, 뒤이어 천사들의 빈자리를 채우기 위해 인간이 창조되었다는 것도 — 일찍이 성 아우구스티누스도 《신국론》(*De Civitate Dei*) 제 22권에서 같은 시각을 시사한 바 있고 중세의 몇몇 문서들도 이를 답습하기는 하나 — 정통 그리스도교의 시각은 아닌데, 〈티베리아드 바다의 전설〉에서는 천사들의 타락에 바로 뒤이어 똑같은 이야기가 기술된다. 물론 현재 16~18세기 불가리아어 및 러시아어 사본으로만 전하는 이 보고밀파의 문서와 로베르 드 보롱 사이의 연결은 희박하므로 유사성을 지적하는 이상의 영향관계를 말하기는 어렵다는 견해가 지배적이지만, 로베르가 《요셉》을 쓴 것이 동방에서였다면 아주 불가능한 일은 아닐 것이다(Francisco Zambon, "Graal et hérésie: le cas au Joseph de Robert de Boron," in *Actes de 14e Congrès international arthurien*, Rennes, 1984; Richard O'Gorman, "Robert de Boron's angelology and elements of heretical doctrine", *Zeitschrift für romanische Philologie*, 109, 1993).

83 2113행에서 '보여 주다'라는 동사는 목적어 없이 쓰였고, 따라서 2115행에서 '기록하다'라는 동사의 목적어인 '그것들을'(les)이 가리키는 선행사가 없다. 맥락상 타락한 천사들이 인간들에게 그들이 지은 '죄를' 보여 주고 기록까지 한다는 뜻으로 보아 보완했다.

임수를 가지고 있어서, 다양한 모습으로 나타난다오. 사람들에게 단검과 투창과 창을 던져 그들을 속이고 바른 길에서 벗어나게 하는 거요. 이렇듯 그들의 계보는 세 군단씩 셋이라오. 그들은 지상에 악과 간계, 협잡과 속임수, 음욕과 탐식을 가져왔소. 하늘에 남아 있는 천사들은 결코 죄 짓지 않을 만큼 강해져서, 같은 하늘에서 죄 지은 천사들이 교만 때문에 하느님의 벌을 받아 빠지게 된 수치와 타락, 형벌에서 자신을 지킬 거요.

그렇게 하느님을 떠난 천사들은 풍비박산이 났고, 하느님께서는 이 타락 때문에 인간을 만들기로 하셨소. 그분은 자신의 뜻에 따라 인간을 자신만큼이나 아름답게 만드셨고, 가고 오고 말하고 보고 듣는 능력을 주셨으며, 지각과 기억력을 주사, 인간으로 하여금 전에 천사들이 있던 천국의 자리들을 채우게 하겠다고 말씀하셨다오. 그리하여 인간이 창조되어 천국에 살게 되었소. 하느님께서 친히 그를 그곳에 데려가 마땅히 행할 바를 가르치셨더이다. 남자가 쉬기 위해 누워 자는 동안, 하느님께서는 그의 갈빗대로 여자를 만들어 그에게 주셨소. 아담은 그녀를 이브라 불렀으니, 우리 모두는 이 두 사람으로부터 나왔지만, 이 여자로 인해 망하게 되었다오.

원수는 그들이 만들어진 것을 보자 진흙으로 된 인간이 천상의 좌석들을 차지하리라는 데 크게 성이 났소. 그래서 그는 이브에게 다가가 선악과로 그녀를 속였고, 그녀는 그것을 먹은 거요. 원수의 부추김에 따라, 그녀는 아담에게도 그것을 먹게 했고, 그들은 그것을 먹은 후 낙원에서 쫓겨났다오. 왜냐하면 그곳에서는 죄가 용인되지 않으며 어떤 악행의 여지도 없기 때문이오. 그들은 수고하며 몸에 땀이 흐르도록 일해야 했다오. 이 두 사람으로부터 인류가 나온 거요. 악마는 너무나 화가 나서, 모든 인간을 장악하려 했다오. 인간은 이미 그의 뜻을 행하는 데 동의한 터였으니 말이오.

하지만 참되신 하느님께서는 선하심 가운데서 자신이 지으신 인간을 구원하기 위해 그 아들을 이 땅에 보내어 우리와 함께 살게 하실 계획을 세우셨소. 그리하여 동정녀 마리아에게서 태어나 죄도 흠도 없고 인간의 씨 없이 잉태되어 죄 없이 나신 분이 이 땅에서 우리와 함께 사시며 기적을 행하신 예수 그리스도이시오. 그분은 항상 선을 행하기에 열심이셨고, 결코 악을 행하지 않으셨으며, 선하고 현명하게 사셨다오. 유대인들이 십자가에 매단 분이 바로 그분이라오. 이브가 아담과 함께 먹은 선악과를 낸 바로 그 나무로 만든 십자가에 말이오. 84 성자께서는 아버지를 위해 이 땅에 죽으러 오신 거였소. 동정녀에게서 태어나신 그분은 유대인들에 의해 정죄당하고 사형에 처해지셨으니, 자신의 피로 우리 모두를 대속하시고 지옥의 고문에서 구하기를 원하셨다오. 성부, 성자, 성령, 이 세 분은 한 분이심을 믿어야 하오.

그분이 당신을 고치셨고 당신을 이곳으로 데려오사 그분이 나를 구해 주신 것을 보게 하신 거요. 그분 말고는 아무도 그럴 능력이 없다오. 그러므로 그의 사도들과 내가 전하는 계명들을 믿으시오. 하느님께서는 이들을 가르치시어 그의 이름을 높이고 영화롭게 하게끔 하셨소."

---

84 에덴동산의 선악과나무가 훗날 십자가를 만드는 나무가 되었다는 이른바 '십자가의 전설'은 《성배 탐색》에서 좀 더 충실한 형태로 이야기된다.

〔2217〕 베스파시아누스가 대답했습니다.

"잘 알겠소. 성부, 성자, 성령은 동일한 하느님이시라고. 이 세 분은 한 분이시며 동일한 능력을 지니셨음을 나는 믿소. 나는 그것을 믿고 다른 믿음을 갖지 않겠소."

요셉이 말했습니다.

"당신이 이곳에서 나가 나와 헤어지는 즉시, 예수 그리스도의 사도들을 찾아보시오. 그들은 그분의 말씀을 지닌 자들이오. 그들은 그분이 자신들에 주신 것이나 명하신 바를 잘 안다오. 그분은 죽음에서 부활하셨고, 자신의 아버지에게로 가셨소. 우리 몸을 천국으로 데려가 영화롭게 하신 거요."[85]

그렇게 요셉은 베스파시아누스를 회심시켜 전능하신 왕 예수에 대해 굳건한 믿음을 갖게 했습니다. 베스파시아누스는 자신을 감옥으로 내려보낸 자들을 소리쳐 불렀고, 그는 아직 깊은 곳에 있었지만 그들은 그가 부르는 것을 분명히 들었습니다. 그들은 그 소리에 놀랐고, 유대인들은 전혀 기뻐하지 않았을 것입니다. 베스파시아누스는 그들에게 소리쳐 탑을 허물라고 명했습니다. 그곳에서 온전히 건강한 요셉을 발견했다고 말입니다. 그들은 믿으려 하지 않았습니다. 사람들이 아는 한, 요셉에게는 먹을 것이 전혀 없었기 때문입니다. 하

---

85 이 문장은 Micha의 현대어역처럼 "영화롭게 된 우리 몸을 천국으로 데려가셨다"라고 옮길 수도 있겠지만, 어느 쪽이든 아직 지상에 있는 성도들의 몸을 이미 "데려가셨다"라는 과거 시제의 사용이 이상해 보인다. "이 땅에 계실 때 입으셨던 바로 그 몸으로"라는 산문본에 비추어, "우리와 같은 육체를 입고 천국에 가셔서 영화롭게 되셨다" 정도로 의역해도 좋을 것이다.

인들은 명령을 듣자 달려가 즉시 탑을 허물었습니다. 황제의 아들은 요셉을 데리고 옥에서 나왔습니다. 늙은이나 젊은이나 하느님의 권능은 크시다고 말했습니다.

〔2257〕 요셉은 그렇게 해방되어 유대인들 앞에 섰습니다. 그들은 그를 알아보았고, 그가 멀쩡히 살아 있는 데에 놀라고 감탄했습니다.

베스파시아누스가 그들에게 말했습니다.

"자, 여기 요셉이 있으니, 얼른 예수 그리스도를 내놓아라."

그들은 이구동성으로 대답했습니다.

"하지만 전하, 우리는 예수를 그에게 넘겨주었고, 그는 그 사실을 잘 압니다. 예수가 어떻게 되었는지, 그가 예수를 어떻게 했는지, 말해 보라고 하십시오. 그러면 그 말을 믿겠습니다."

요셉이 유대인들에게 대답했습니다.

"당신들은 내가 그를 어디에 두었는지 잘 알고 있었소. 그가 달아날 수 없도록 당신들이 지키게 하지 않았소. 당신네 기사들이 거기서 사흘 동안 밤낮으로 꼼짝 않고 있었소. 그분은 죽음에서 생명으로 부활하셨소. 내 말을 믿으시오. 그분은 지옥에 가셨고, 모든 벗을 지옥에서 구해 천국으로 데려 가셨소. 하느님 자신이 하늘로 올라가셨듯이 말이오."

유대인들은 이전 어느 때보다 넋이 나갔습니다. 베스파시아누스는 단번에 자기 뜻대로 그들의 운명을 결정했습니다. 요셉을 어디에 숨겼는지 알려준 자와 그의 모든 가족은 큰 배에 태워 물살에 실려 가도록 바다에 띄워 보내게 했습니다.

황제의 아들은 요셉에게 이 유대인들을 어떻게 구할지86 물었습니다. 요셉은 지체 없이 대답했습니다.

"그들이 사랑의 주님이신 마리아의 아들과, 우리 법이87 가르치는 바 성부 성자 성령의 삼위일체를 믿으면 되오."

베스파시아누스는 부하들에게 만일 유대인들을 사고자 한다면 한 데나리온에 30명을 주겠다고 말했습니다. 팔려갈 자가 있는 한 장을 열겠다고 말입니다.

〔2307〕 요셉에게는 에니게우스라는 이름의 누이가 있었고, 매부의 이름은 헤브롱이었습니다. 헤브롱은 요셉을 몹시 따랐으니, 요셉은 덕망 높은 사람이었기 때문입니다. 브롱88과 그의 아내는 요셉이 살아 있다는 소식을 듣자 기뻐하며 서둘러 만나러 왔습니다.

---

86 "이 유대인들"이란 사형에 처하거나 배에 띄워 보내고 남은 유대인들을 가리킬 것이다. "이 유대인들을 어떻게 구할지"라는 말은 좀 이상한데, 산문본에서는 베스파시아누스가 요셉에게 "이 유대인들을 구할 의향이 있는지" 묻는다.

87 즉, 예수 그리스도를 믿는 새로운 종교를 말한다.

88 2310행에서는 '헤브롱', 2313행에서는 '브롱'. '헤브롱'(Hebron)이라는 이름은 구약성서에서 열두 족장 중 하나인 레위의 후손 가운데 여호와의 언약궤를 지키는 임무를 맡은 고핫 지파의 한 사람인 '헤브론'(민수기 3:27)에서 온 것이지만, 또 한편으로는 켈트 신화에서 풍요의 그릇의 소유자인 '복된 브랑'(Bran le Béni)을 상기시키는 것으로도 설명된다. 원문에는 운에 따라 '헤브롱' 또는 '브롱'으로 되어 있는데, '브롱'으로 통일하기로 한다. 하여간 이 브롱이라는 인물이 요셉에게 유대인들을 위해 자비를 구하는 중보의 역할을 담당하는 것을 볼 수 있다. 나중에 유대인들에게 문제가 생겼을 때도, 브롱이 요셉을 찾아와 상황을 보고하고 요셉의 도움을 청한다.

그들은 요셉을 만나 말했습니다.

"요셉, 정녕 당신의 자비를 구합니다."

요셉은 그 말을 듣고 기뻐하며 대답했습니다.

"내가 아니라 내가 믿는 주님, 하느님의 여종인 거룩한 동정녀 마리아의 아들에게 구하시오. 우리가 섬기는 분은 그분이며, 우리가 사랑하는 분도 그분이오. 그분이 나를 구해 주셨고, 우리가 믿고 신뢰해야 할 분도 그분이오."

요셉은 곳곳에 소리쳐 알리게 했습니다. 만일 구원을 얻고 예수 그리스도를 믿고자 하는 자가 있다면, 자신이 그들을 우리 주님의 진노와 재앙으로부터 구하겠다고, 반드시 그렇게 하겠다고 말입니다. 이 말을 들은 이들은 주위 사람들에게 말했고, 이들도 응하여 즉시 믿겠으며 요셉이 원하는 모든 것을 하겠다고 동의했습니다.

요셉은 그들에게 또 말했습니다.

"죽음이 두려워 나를 속이지는 마시오. 대가를 톡톡히 치르게 될 것이오."

그들은 그에게 말했습니다.

"좋을 대로 하시오. 우리는 당신에게 감히 거짓말을 못합니다."

요셉이 말했습니다.

"내 말을 믿는다면, 여기 머물지 말고, 재산과 토지와 목초지를 버리고 떠납시다. 하느님에 대한 사랑을 위해 그리 할 것이오."

그들은 그 계획에 동의했습니다. 요셉은 베스파시아누스에게 가서 그에게 그 사람들에 대한 분노를 풀고 용서해달라고, 자기를 보아 그리 해달라고 청했습니다. 베스파시아누스도 동의했습니다.

〔2357〕 그리하여 베스파시아누스는 자신이 지극히 사랑하는 예수의 죽음에 대해 보복했습니다. 요셉은 그렇게 할 일을 한 후 베스파시아누스에게 작별을 고하고 그곳을 떠났습니다. 그는 자기 사람들을 데리고 먼 땅으로 가서 오래 머물렀습니다. 그곳에 머무는 동안, 그들에게 선한 가르침을 베풀었으니, 그는 아주 잘 가르쳤습니다. 그는 그들에게 밭을 갈라고 명했고, 그들은 거스르지 않고 그렇게 했습니다. 오랫동안 그들의 일은 잘 되어갔고, 아무것도 부족하지 않았습니다. 하지만 그 후 사태가 악화되었으니, 어찌 된 일인지 들려 드리겠습니다.

그들이 하는 모든 일, 밤낮으로 애쓰는 일이 제대로 풀리지 않았습니다. 그들은 그 사태를 견뎌내기도 받아들이기도 거부했습니다. 그런데 그들에게 닥친 재난은 그들 사이에서 시작된 단 한 가지 죄악에서 오는 것이었습니다. 그것은 많은 사람이 음욕이라는 역겹고 추잡한 죄로 더럽혀진 때문이었습니다. 자기들이 그 악을 견딜 수도 막아낼 수도 없음을 안 그들은 곧장 브롱을 찾아왔습니다. 그는 요셉과 가까운 사이였기 때문입니다. 그들은 그에게 자신들이 번영을 잃고 온갖 비참에 시달리고 있음을 고했습니다.

"우리처럼 큰 무리가 우리처럼 큰 불행을 견딘 적이 없습니다. 세상에 아무도 이런 고생은 한 적이 없습니다. 부디 하느님께 기도하도록 요셉에게 가서 알려 주십시오. 우리 모두 굶어서 미칠 지경이 되었습니다. 우리도 처자식도 아무 먹을 것이 없습니다."

브롱은 그 말을 듣고 측은히 여겨, 그들에게 그런 고생이 오래 되었느냐고 물었습니다.

"그렇습니다. 꽤 오래되었고, 저희도 견딜 만큼 견뎠습니다. 부디 청하오니 요셉에게 가서 의논해 주십시오. 왜 이런 일이 생겼는지, 왜 우리가 모든 것을 잃게 되었는지, 우리의 죄 때문인지 그의 죄 때문인지. 우리는 가진 것 전부를 잃었으니 말입니다."

브롱은 기꺼이 그에게 가서 물어보겠다고 대답했습니다. 그는 요셉에게 가서 자기 주위 사람들이 겪고 있는 크나큰 비참과 수치에 대해, 그리고 그들에게 닥친 재난에 대해 들려주었습니다. 그들이 그런 사태에 대해 진실을 알려달라고 청했다고, 그러니 요셉이 신실하고 흠 없이 순전한 마음으로 하느님의 아들에게 그 모든 사태의 원인을 알려 주십사고 기도해 달라고 말입니다. 요셉은 자신이 하느님에 대해 무엇인가 잘못을 범하지 않았는지, 하느님께서 노하실 만한 행동을 하지나 않았는지, 염려하며 말했습니다.

"브롱, 알아보겠소. 알게 되면 말하리다."

〔2431〕그는 자기 그릇89 앞에 가서 무릎 꿇고 눈물을 흘리며 말했습니다.

"동정녀에게서 육신을 취하사 그녀에게서 태어나신 주님, 당신의 자비하심과 인자하심에 의지하여 이 자리에 나아왔습니다. 우리 사이의 사랑에 의지하여 당신께 말씀드리오니, 당신에게 기꺼이 순종

---

89 구약성서에서 여호와의 임재의 상징인 언약궤 앞에 나아가 하느님의 뜻을 묻듯이, 요셉은 그리스도의 임재의 상징인 그라알 앞에 나아가 뜻을 묻는다. 하지만 아직 '그라알'이라는 말은 나오지 않고, 여전히 '그릇'으로만 일컬어진다.

하여 당신의 뜻을 행하며 따르려 하는 사람들을 구하여 주소서. 주님, 제가 당신이 사시고 죽으신 것을 본 만큼이나, 그리고 죽으신 다음 다시 살아나셔서 제가 갇혀 있던 탑으로 찾아와 말씀하시며 제게 은혜 베푸시는 것을 본 만큼이나, 당신이 제게 이 그릇을 가져다주시며 제가 당신의 도움이 필요할 때마다 당신의 보혈이 담긴 이 귀한 그릇 앞에 나아오라 명하신 것도 분명한 일입니다. 그러므로 청하오니 제가 당신이 기뻐하시는 대로 행하며 당신 뜻을 이룰 수 있도록, 이 사람들이 빵과 양식이 없어 묻는 것에 대해 조언해 주소서."

그러자 성령으로부터 온 음성이 요셉에게 말했습니다.

"요셉아, 염려하지 말라. 너는 이 일에 대해 아무 잘못이 없느니라."

"주여, 그렇다면 당신의 자비하심으로 제가 이 무리에서 죄 지은 자들을 제거하는 것을 허락하소서."

"요셉아, 그리 하지 말라. 하지만 한 가지를 명하노니, 그것이 분명한 증명이 될 것이다. 너는 내 피가 담긴 네 그릇을 가지고 가서 확실히 보이게끔 놓고 죄인들로 하여금 그 시험을 거치게 하라. 내가 팔리고 배신당하고 매 맞고 욕을 당한 것을 기억하라. 나는 그 점에 대해 줄곧 알고 있었지만, 내 벗 시몬의 집에서 제자들과 함께하기 전에는 말하고 싶지 않았다. 거기서 나는 나를 배신할 자가 나와 함께 먹고 있다고 말했다. 자신이 배신한 것을 안 자는 수치심이 들어 내게서 물러갔고 더 이상 내 제자의 무리에 속하지 않았으며 다른 자가 그의 자리를 차지했다. [90] 네가 그 자리에 앉기 전에는 아무도 그 자리를

---

[90] 예수 승천 후 베드로를 비롯한 사도들이 기도하고 제비 뽑아 맛디아스로 하여금

차지하지 않을 것이다. 91 너는 내가 시몬의 식탁에서 먹고 마신 것을 안다. 나는 거기서 내 고난이 다가오는 것을 분명히 보았다. 그 식탁의 이름으로, 또 다른 식탁을 구해 상을 차리고, 상이 다 차려지면 네 매부 브롱을 불러라. 네 매부 브롱은 어진 사람이니, 그에게서는 선함밖에 나오지 않을 것이다. 그에게 강에 가서 물고기를 한 마리 잡아 오게 하라. 그는 처음 잡히는 물고기를 곧장 네게로 가져와야 한다. 그것을 어떻게 해야 할지 알겠느냐? 너는 그것을 그 식탁 위에 두라. 그런 다음 네 그릇을 가져다 식탁 위에, 네 마음에 드는 곳에 놓되 식탁 중간쯤에 똑바로 놓아야 한다. 그리고 거기 앉아서 수건으로 그릇을 덮으라. 그렇게 한 다음 브롱이 잡아온 물고기를 집어 네 그릇 맞은편에 놓아라. 92

이 모든 일을 마치면, 사람들을 다 모으고, 그들이 무슨 일로 고통당하는지, 누구의 죄로 인해 재앙이 닥쳤는지 보게 되리라고 말하라. 내가 마지막 저녁에 제자들과 함께 식사할 때 앉았던 자리에 네가 앉고, 브롱을 네 오른쪽에 앉게 하라. 그러면 그가 한 사람의 자리를 비워두

그 자리를 채우게 했다(사도행전 1:15~26).

91 유다의 자리에 관한 앞 문장과 달리, 이 문장에서 "그 자리"란 유다의 자리에 상응하는 그라알 식탁에서의 자리를 가리킬 것이다. 하지만 그라알 식탁에서 요셉의 자리는 유다의 자리가 아니라 예수께서 앉으셨던 자리이고, 브롱은 그 오른쪽에 한 자리를 띄워 앉으며, 둘 사이에 빈 자리가 유다의 자리, 즉 금지된 좌석을 나타내게 된다. 브리튼 설화에서 금지된 좌석은 대망의 주인공이 차지하게 될 자리로, 그가 나타나기 전에 섣불리 그 자리를 탐내는 자는 화를 당하게 되어 있다.

92 물고기는 그리스도의 상징이니, 보혈이 담긴 잔 맞은편에 놓인 그리스도의 몸, 곧 떡에 해당한다.

고 앉는 것을 보게 될 것이다. 그 빈자리는 유다의 자리를 나타내는 것이다. 그는 나를 배신한 것을 깨닫고는 어리석게도 우리 무리를 떠났던 것이다. 그 자리는 에니게우스가 남편 브롱, 너와 네 누이가 그처럼 아끼는 브롱의 자식을 낳기 전에는 채워지지 않을 것이다. 그 아이가 태어나면 이 자리는 그의 몫이 될 것이다. 93 이 모든 일을 마치면, 네 백성을 불러 모으라. 94 그리고 말하라. 만일 그들이 내가 가르친 대로 온 세상의 아버지이신 성부와 성자와 성령을, 즉 거룩한 일체이신 성삼위를 믿는다면, 그리고 내가 너를 통해 그들 모두에게 셋이며 하나인 권능에 대해 말하면서 그들에게 가르쳤던 모든 계명과 선한 가르침들을 하나도 어김없이 지켰다면, 그들에게 식탁에 와서 앉아 자기 백성에게 번영과 명예를 베푸시는 우리 주님의 은혜를 받으라고.”

〔2555〕 요셉은 우리 주님의 명령을 충실히 따라 하느님이 명하신 대로 사람들을 불러 모았습니다. 일부 사람들은 자리에 앉았지만, 다른 사람들은 서 있었습니다. 비워두어야 하는 자리만을 빼고는 상이 다 찼고, 식탁에 앉은 자들은 이내 마음속에 감미로움과 충만함을

---

93 로베르 드 보롱의 3부작에서 요셉과 브롱에 이어 세 번째 그라알지기로 선택되는 인물은 브롱의 아들 알랭이 아니라 손자 페르스발이니, 이 예언은 맞지 않는다. 물론, 운문본에서는 앞서 39쪽에서 보았듯이 요셉 외의 그라알지기가 세 사람이라니 요셉 외에 브롱, 알랭, 페르스발이 모두 그라알지기가 될 수 있을 것이다(주 47 참조). 하지만 94쪽에서도 이 빈 자리가 알랭이 아니라 페르스발에 의해 채워질 것을 예언하고 있으므로, 여기 이 대목도 그렇게 고쳐 이해하는 편이 나을 것이다.

94 앞에서(2513~2514행) “이 모든 일을 마치면, 사람들을 다 모으고”라 한 것의 반복이다. 그 사이의 내용은 브롱이 비워둔 자리, 즉 유다의 자리에 대한 설명이다.

맛보았습니다. 은혜를 받은 사람들은 그것을 받지 못한 사람들을 어느새 잊어버렸습니다. 앉아 있던 이들 중 한 사람, 페트뤼스[95]라는 이가 자기 주위를 둘러보고는 서 있는 사람들을 향해 조심스레 물었습니다.

"괜찮다면 말해 보시오. 당신들은 우리가 느끼는 이 행복을 전혀 느끼지도 알지도 못합니까?"

"전혀"라고 그들은 대답했습니다.

그러자 페트뤼스가 말했습니다.

"그렇다면 당신들은 요셉에게 알아보게 했던, 당신들이 은총을 잃어버린 이유인 그 추하고 고통스러운 죄에 물들어 있음을 의심할 수 없겠습니다."

그들은 수치스러워하며 집에서 나갔습니다. 그들 중 한 사람은 몹시 울며 비참한 얼굴이었습니다. 예식이 끝나자, 모두 자리에서 일어나 다른 사람들과 합류했습니다. 하지만 요셉은 그들에게 반드시 날마다 다시 와서 그 은혜를 받으라고 명했습니다. 그렇게 해서 그는 전능하신 왕이신 하느님께서 주신 표지 덕분에 죄인들을 분별할 수 있었습니다. 그 일로 인해 그 그릇은 한층 더 소중히 여겨졌으니, 그것이 나타낸 첫 번째 증험이었습니다. 그렇게 그들은 은혜를 누렸고, 그것은 아주 오래 계속되었습니다. 밖에 있던 자들은 안에 있던 자들에게 물었습니다.

"그 은혜라는 게 뭡니까? 그걸 받으면 어떤 느낌이 듭니까? 누가

---

95 물론, 예수의 수제자 베드로를 환기하는 이름이다.

당신들에게 그런 선물을 주었습니까? 누가 그것에 대해 알려 주었습니까?"

이들은 대답했습니다.

"우리가 맛본 그 환희와 우리 마음에 충만한 큰 기쁨은 사람의 마음으로는 생각할 수 없는 것입니다. 96 우리는 밤낮으로 그 기쁨 안에 삽니다."

"하지만 사람의 마음을 그처럼 충만케 하고 온 영혼을 새롭게 하는 크나큰 은혜는 어디서 오는 겁니까?"

그러자 페트뤼스가 대답했습니다.

"그야 복되신 예수로부터 오는 것이지요. 요셉이 부당하게 갇혀 있던 감옥으로부터 그를 구해 주신 분 말입니다."

"우리가 본 그릇은 전에 본 적이 없는 것입니다. 그게 대체 무엇인지 아무리 생각해봐도 모르겠습니다."

"그 그릇은 우리와 당신들을 구별해 주었습니다. 왜냐하면 그것은 죄인에게는 그 함께하심도 사랑도 거절하니까요. 당신들도 그 점은 쉽게 알아볼 수 있을 겁니다. 사실대로 말해 보시오. '와서 앉으라'는 말을 들었을 때 당신들의 의향과 생각은 어떠했습니까? 당신들이 은혜를 누릴 수 없게 한 큰 죄를 지은 자들이 누구인지 당신들은 스스로 알고 있었습니다."

---

96 "기록된 바 하느님이 자기를 사랑하는 자들을 위하여 예비하신 모든 것은 눈으로 보지 못하고 귀로 듣지 못하고 사람의 마음으로 생각하지도 못하였다 함과 같으니라"(고린도전서 2:9)를 상기시키는 표현이다.

그들이 말했습니다.

"우리 불행한 자들은 당신들을 두고 떠나겠습니다. 하지만 부디 말해 주십시오. 당신들은 알리라고 확신합니다. 우리가 왜 당신들을 여기 남겨두었느냐고 누가 물으면 뭐라고 대답해야 할지 말입니다."

"그런 추궁을 당할 경우 해야 할 대답을 말해드리지요. 솔직하게 사실대로 말하십시오. 우리는 성부 하느님과 예수 그리스도와 성령의 은혜에 충실하게 머물러, 요셉의 믿음과 그의 예지에 힘입고 있다고 말입니다."

"당신들을 그토록 기쁘게 하는 그 그릇은 어떻게 알려지게 되겠습니까? 그것을 뭐라고 부르는지, 그 이름이 무엇인지 가르쳐 주십시오."

페트뤼스가 대답했습니다.

"감추지 않겠습니다. 그 이름을 제대로 부르고자 하는 자는 그라알이라 부르는 것이 옳습니다. 그라알을 보는 자는 누구나 마음에 기쁨을 누리게 되니까요. 그 그릇은 이 고장의 모든 사람들의 마음을 끌고, 모든 사람을 기쁘게 하며, 모든 사람을 흡족케 합니다.[97] 그것과 함께 머물며 그 유익을 누릴 수 있는 사람들은 그것을 보면 환희를 느끼며, 사람에게 잡혔던 물고기가 그 손에서 빠져나가 깊은 물에서 헤

---

[97] 지금껏 "거룩한 그릇"으로만 불리던 것이 처음으로 "그라알"이라고 명명되는 대목이다. 그라알(graal)과 흡족케 하다(agréer)의 유음을 이용한 이 같은 어원 풀이는 로베르 드 보롱의 《요셉》 이전에는 찾아볼 수 없는 것으로, 애초에 크레티앵의 《그라알 이야기》에서 처음 그라알이 등장했을 때 그것은 어원을 알 수 없는 말이었다. 앞에서는 계속 '그릇'(vaisselle)이라 불리던 잔이 이제 페트뤼스가 '그라알'이라 명명한 후로는 그렇게 불리게 된다.

엄치게 된 것이나 다름없는 평안함을 누립니다."

그 말을 들은 그들은 순순히 수긍했습니다. 그라알이라는 이름 말고는 다른 어떤 이름도 어울리지 않는다고 생각했고, 모두 만족했습니다. 그리하여 남는 자들이나 떠나는 자들이나 모두가, 내가 이야기한 이유로, 그 그릇을 그라알이라 부르게 되었습니다.

〔2679〕 그곳에 남은 사람들은 제3시에[98] 그라알 앞에 모여 그 예식을 하기로 했습니다. 이 사실은 참되므로, 우리는 그것을 일컬어 '그라알 사화(史話)'[99]라 하며, 장차도 그라알이라는 이름을 지니게 될 것입니다.

떠나간 악한 무리 중 한 사람이 뒤에 남았는데, 그의 이름은 모이즈[100]였습니다. 그는 사람들에게 현자로 보였으며, 처신에 능하고

---

98 오늘날의 오전 9시경.

99 Estoire는 '역사'와 '이야기'의 뜻을 모두 지닌다는 점에서 사화(史話)로 옮긴다.

100 Moyse, 구약성서에서 이스라엘 백성에게 하느님의 율법을 고지한 지도자 '모세'의 이름과 같다(성서 이름 '모세'로 번역할 경우의 위화감을 감안하여, 프랑스어 발음대로 '모이즈'로 옮긴다). 하필 이 인물에 모세의 이름이 붙여지는 것은 얼른 이해되지 않는 일이라, 영지주의에서 발원한 이원론적 이단, 특히 카타리파나 보고밀파의 문전들에서 모세를 사탄의 앞잡이요 이스라엘 백성을 기만한 자로 그린 예가 널리 발견된다는 점이 지적되기도 했다(Zambon, 앞의 글, 주82 참조). 하지만 《요셉》이 그라알로 상징되는 새로운 언약, 복음의 전파를 말하는 작품이라 본다면, 옛 언약 곧 율법에 의한 자기 의(義)를 내세우는 인물로 모세의 이름이 쓰인 것을 이해할 수 있다. 물론, 율법은 그리스도에 의해 폐기된 것이 아니라 완성되었다는 견지에서, 정통 그리스도교에서 모세는 여전히 하느님께 선택된 선지자이다.

언변이 유창하여 처음부터 끝까지 막힘이 없었습니다. 그는 의식적으로 지혜로운 척, 경건한 척했습니다. 그는 하느님께서 그처럼 성령의 은혜로 먹여 주시는 자들과 절대로 헤어지지 않겠다고 했습니다. 그는 눈물을 흘리고 슬퍼하며, 놀랄 만큼 가련하고 애처로운 얼굴을 보였습니다. 만일 누가 자기 곁을 지나가면, 그는 부디 자비를 얻을 수 있도록 요셉에게 데려가 달라고 빌었습니다. 그는 그런 청원을 하도 자주 했으므로, 진실한 마음에서 나오는 것처럼 보였습니다.

"부디, 요셉에게 부탁해 주십시오. 나도 우리에게 평화를 주는 그 은혜를 누릴 수 있도록."

그는 하도 그런 애원을 거듭했으므로, 그들은 모두 모인 어느 날 모이즈를 불쌍히 여겨 요셉에게 그에 대해 부탁하기로 했습니다. 그들은 요셉을 보자 그의 발밑에 엎드려 부디 불쌍히 여겨 달라고 외쳤습니다. 요셉은 모두가 그런 소청을 하는 데 매우 놀라 말했습니다.

"무엇을 원합니까? 청하는 바가 무엇인지 말해 보시오."

그들은 즉시 대답했습니다.

"우리 무리 가운데 많은 사람이 떠나갔습니다. 그중 한 사람이 남아 몹시 울며, 슬픈 음성으로 외치기를, 자기는 살아 있는 한 여기서 떠나지 않겠다고 합니다. 우리가 이곳에서 당신과 함께 큰 기쁨과 명예로 누리는 은혜에 자기도 참여하게 해달라고 당신께 부탁해 달라는 것입니다. 저희도 그러기를 바랍니다."

요셉은 주저 없이 대답했습니다.

"그 허락은 내가 할 수 있는 것이 아니오. 은혜는 우리 주님께서 원하시는 자에게 주시는 거요. 그분께서는 은혜를 받아야 할 자들에게 은혜를 주신다오. 그리고 그런 자는 아마도, 하느님께서 아시는바, 짐짓 그렇게 보이거나 하지는 않을 거요. 우리를 속일 수 없다는 것을, 반드시 알아야 하오. 만일 그가 선하지 않다면, 자기 꾀에 희생되어 가장 먼저 대가를 치르게 될 거요."

"우리는 그를 믿습니다. 그를 보면 알 수 있습니다. 〔101 부디, 할 수만 있다면 그에게 그 은혜를 허락해 주십시오."

요셉이 대답했습니다.

"만일 그가 이 자리에 있고 싶다면, 그가 겉으로 보이는 것과 같은 사람이라야 하오. 하지만 여러분을 위해 우리 주님께 여쭤보리다."

그들은 대답했습니다.

"대단히 감사합니다."

요셉은 혼자 그라알 앞에 가서 꿇어 엎드려 우리 구주 예수 그리스도께 기도했습니다. 부디 그 인자하심과 긍휼하심으로, 모이즈의 진짜 모습을 보여 주시기를, 그가 겉으로 보이는 대로인지 알려 주시기를 구했습니다. 그러자 성령의 음성이 그에게 나타나 말했습니다.

"요셉아, 요셉아, 네가 전에 너와 브롱 사이의 자리에 대해 말했던 일을 보게 될 때가 왔다. 너는 내게 기도하며 그 사람에 대해 청한 자들과 마찬가지로 그가 겉모습과 같은 자라고 믿는구나. 그에게 말하라. 만일 자신이 짐짓 내보이는 대로 정녕 은혜를 원한다면, 앞으로

---

101 운문본은 2752행과 2753행 사이의 접지(摺紙, bifolium) 한 장, 즉 4페이지가 없다. 운문 사본은 페이지당 31~32행이니, 약 120행 남짓 누락되어 있는 셈이다. 〔〕로 표시한 이 대목을 Nitze의 운문 판본은 Georg Weiner가 편집한 산문 판본(1881)으로 대체하고 있다.

나와 식탁에 앉으라고 말이다. 그러면 그가 어떻게 되는지 보게 될 것이다."

요셉은 그 음성에 순종하여, 모이즈에 대해 청원했던 자들에게로 가서 말했습니다.

"모이즈에게 말하시오. 만일 그가 은혜를 받을 만한 사람이라면, 아무도 그에게서 그것을 빼앗을 수 없다고. 하지만 만일 그가 겉으로 내보이는 것과 다르다면, 오지 말라고 하시오. 왜냐하면 아무도 자기 자신만큼 자신을 속이고 배반할 수는 없으니까요."

그들은 모이즈에게 가서 요셉이 말하라고 한 대로 말했습니다. 모이즈는 그 말을 듣고 크게 기뻐하며 말했습니다.

"내가 염려하는 단 한 가지는 요셉의 허락입니다. 그가 나를 그 자리에 들어갈 만하지 않다고 생각할까 두렵습니다."

그들이 대답했습니다.

"이제 허락을 받았습니다. 당신이 그의 말대로 한다면 말입니다."

그들은 그를 자신들 가운데 맞아들여 기뻐하며 예식에 데려갔습니다.

요셉은 그를 보자 말했습니다.

"모이즈, 모이즈, 당신이 누릴 자격이 없는 것에 접근하지 마시오. 아무도 당신 자신만큼 당신을 속일 수 없소. 당신이 사람들이 믿는 그런 사람인지 주의하시오."

모이즈가 대답했습니다.

"나는 진실로 선한 사람이므로, 하느님께서는 나를 당신들 무리에 남겨두셨습니다."

"그렇다면 나오시오." 요셉이 말했습니다. "당신이 말하는 그런 사람인지, 우리 모두 보게 될 거요."

요셉은 자리에 앉았고, 그의 매부 브롱과 다른 모든 사람도 각자 평소에 앉던 자리에 앉았습니다. 모두 앉자, 모이즈만이 서서 불안한 태도로 상을 한 바퀴 돌았지만 요셉 곁의 자리밖에는 앉을 자리를 찾지 못했습니다. 그는 거기 앉았고, 앉는 즉시 땅에 삼켜져 흔적도 없이 되었습니다.[102] 그들은 그가 그처럼 자기들 한복판에서 갑자기 사라진 데 모두 크게 놀랐습니다. 그날 예식을 마치고 다들 일어났을 때, 페트뤼스가 요셉에게 물었습니다.

"이렇게 놀라고 두렵기는 처음입니다. 당신이 믿는 모든 권능을 걸고 청하오니, 괜찮으시다면, 그리고 알고 있다면, 모이즈가 어떻게 되었는지 말해 주십시오."

요셉이 대답했습니다.

"나는 아무것도 모르오. 하지만 우리에게 그토록 많은 것을 이미 알려 주신 분의 뜻이라면, 좀 더 알게 될 것이오."

요셉은 혼자 자기 그릇 앞으로 가서 눈물을 흘리며 무릎을 꿇고 말했습니다.

"은혜로우신 하느님. 당신의 덕은 무한히 선하시며 당신의 행사는 지혜로우십니다. 동정녀 마리아에게서 육신을 취하사 그녀에게서 태

---

102 하느님의 벌을 받아 "땅에 삼켜져 흔적도 없이 되었다"는 성경의 예는 모세에게 도전하던 고라, 다단, 아비람이 땅에 삼켜진 일(민수기 16:1~33)에서 찾아볼 수 있다.

어나신 것이 참된 만큼,]103 이 땅의 고통을 마지막까지 겪으사 죽음을 견디시고 우리를 위해 이 땅에서 죽으신 것이 참된 만큼, 베스파시아누스를 내려보내사 저를 감옥에서 구해내신 것이 참된 만큼, 감옥에서 제게 이 그릇을 주시며 언제든 제가 곤경에 처하여 당신께 청하면 지체 없이 저를 도와주시겠다고 말씀하신 것이 참된 만큼, 제가 당신을 믿는 것이 참된 만큼, 제게 가르쳐 주십시오. 모이즈가 어떻게 되었는지, 그가 멸망했는지 알려 주십시오. 제가 확실히 알고, 당신께서 큰 은혜로 제게 맡겨주신 제 사람들에게 말할 수 있도록 말입니다."

음성이 요셉에게 나타나 이렇게 대답했습니다.

"요셉아, 네가 그라알의 식탁을 차렸을 때, 내가 네게 말했던 표징이 이제 네 앞에 있다. 이 자리는 내가 유다에게 그가 나를 배신하리라고 말했을 때 그가 무지하여 잃어버린 자리를 생각나게 할 것이다. 이 자리는 온 세상이 기다리는 심판의 날 전에는 채워지지 않을 것이다. 너 자신도 내104 죽음을 기억하는 말을 할 때는 잠시 그 자리를 차지하겠지만. 하지만 나는 네가 안심하도록 확언하노니, 이 자리는 네 계보에 속하여 네 친족 가운데서 나올 세 번째 사람이 오기 전에는 채워지지 않을 것이다. 브롱과 에니게우스가 낳을 아들에게서 태어날 자가 그 자리를 차지할 것이다. 105

---

103 여기까지가 운문본의 누락 부분이다.

104 운문본의 "네 죽음"(ta mort)은 오기일 듯하다. 대개 산문본의 "내 죽음"(ma mort)으로 고쳐 읽는다.

105 이 한 문단 안에서 자가당착을 볼 수 있다. 그라알 식탁의 빈자리는 "심판의 날 전에는 채워지지 않을 것"이라 해놓고, 바로 뒤에서는 요셉이 예수의 죽음을 기리는

멸망한 모이즈에 대하여, 그가 어떻게 되었는지 네가 물은 것에 대하여는, 이제 내가 하는 말을 잘 들으라. 동료들이 그를 너희들과 함께 남겨두고 가버렸을 때, 그가 그들과 함께 가지 않고 혼자 남은 것은, 너를 속이기 위해서였다. 그는 그 일에 대한 벌을 받았다. 그는 너와 함께 남은 네 사람들이 그런 은혜를 누리는 것을 믿을 수도 알 수도 없었으므로, 오로지 너희 무리에게 치욕을 입히려는 목적으로 남은 것이었다. 그는 심연으로 떨어져 사라졌다는 것을 알라. 그에 대해서는 어떤 노래도 이야기도 말해지지 않을 것이다. 빈자리를 차지할 사람이 나타나기 전에는 말이다. 이 사람이 그를 찾아낼 것이다.106 하지만 그에 대해서는 더 이야기할 필요가 없다. 나와 함께, 또 너와 함께하기를 거부하는 자들은, 필시 모이즈의 시신을 요구하며 그 일을 혹독히 비난할 것이다. 너를 따르는 자들에게 이와 같이 이야기하도록 하라. 그리고 네가 내게 구한 것을 이처럼 얻으리라는 것을 잊지 말라."

성령께서는 이런 말로 요셉에게 말씀하시며 모이즈의 악행을 보여주시고 그의 정체를 드러내셨습니다. 요셉은 브롱을 위시한 동료들에게 아무것도 숨기지 않고, 예수 그리스도에게서 들은 모든 것을 분명히 말해 주었습니다. 일이 어떻게 된 것인지, 주께서 모이즈를 어

말을 할 때는 잠시 그 자리를 차지하고, 또 세 번째 사람 즉 브롱의 손자가 그 자리를 차지하리라는 것이다.

106 빈자리를 차지할 세 번째 사람이 모이즈를 찾아내리라든가 그에 관해 이야기하리라는 예언은 뒤에서 (102쪽) 재차 확인되지만, 실제로 그 예언이 어떻게 성취되는지에 관해서는 다시 이야기되지 않는다.

떻게 하셨는지 말해 주었습니다. 그들은 진심으로 말했습니다.

"하느님의 권능은 크시오. 이 험난한 인생에서 함부로 행동하는 자는 어리석소."

〔2843〕 브롱과 그의 아내는 오래 함께 살았습니다. 그들에게는 열두 아들이 있어 모두 준수하고 착하고 튼튼했습니다. 그들에게 필요한 것이 많아 살림이 옹색했으므로, 에니게우스가 남편 브롱에게 말했습니다.

"당신이 제 오라버니 요셉을 찾아가 아이들을 어떻게 해야 할지 물어봐야겠어요. 아이들이 다 컸는데, 오라버니에게 묻기 전에는 아무것도 해서는 안 될 것 같아요."

"나도 당신에게 그 말을 하려고 했었소. 기꺼이 요셉에게 가서 물어보리다."

브롱은 요셉에게 가서 에니게우스가 그 문제로 염려하다가 자기를 보냈다고 솔직히 말했습니다.

"우리에게는 다 큰 아들 열둘이 있는데, 당신 조언 없이는 그 애들의 장래를 정하고 싶지 않습니다. 우리가 그 애들을 어떻게 할지 말해 주십시오."

요셉이 말했습니다.

"그들은 하느님과 함께 할 것이고, 바른 길에서 벗어나지 않을 거요. 시간과 장소를 보아 그분께 기도하리다."

그들은 더 이상 그 이야기를 하지 않았습니다. 그 후 어느 날 요셉은 자기 그릇 앞에 가서 하느님께 경배했습니다. 그는 브롱이 자신에게 했던 질문이 기억나서 감동하여 눈물을 흘리며 열렬히 기도하기 시작했습니다.

"하느님 아버지, 전능하신 왕이시여, 부디 제게 이 문제에 관한 당신의 뜻을 알려 주소서. 제 조카들을 어떻게 하면 좋을까요? 어떤 일을 하게 할까요? 제게 표지를 보내사 분명히 알려 주소서."

하느님께서는 요셉에게 천사를 보내셨고, 천사가 말했습니다.

"하느님께서 나를 당신에게 보내셨습니다. 그분께서 나를 통해 뭐라고 하시는지 아십니까? 그분께서는 당신이 조카들을 위해 기도하고 원하는 바를 다 이루어 주실 것입니다. 그분께서는 그들이 그분의 제자가 되어 그분을 섬기며, 자기들의 우두머리를 갖게 되기를 바라십니다. 만일 그들이 아내를 취하고자 한다면, 그렇게 하도록 두시오. 아내를 취하지 않을 자는 결혼한 자들이 자기를 섬기리라는 것을 알아야 합니다. 당신은 그들의 부모에게 말해 아내를 취하고자 하지 않는 자를 당신 앞으로 데려오게 하시오. 그들이 그 말을 따르게 하시오. 그들이 당신 앞에 오면, 당황하지 말고, 당신의 그릇 앞으로 가시오. 성령의 음성이 들릴 것입니다."

요셉은 천사의 말을 귀담아 들었고, 천사는 사라졌습니다. 그는 아이들 각자가 누리게 될 행복한 삶에 대해 듣고 무척 기뻤습니다. 그는 브롱에게 가서 그에게 자신이 받은 조언들을 알려 주었습니다.

"내가 당신에게 부탁할 일이 무엇인지 알겠소? 아이들에게 하느님의 법을 따르고 지키도록 가르치시오. 그들이 원한다면, 세상 사람들이 하듯이 결혼도 시키고. 그런데 결혼하기를 원치 않고 나와 내 집에서 거하기를 원하는 자식이 있다면, 그 애는 나와 함께 머물게 하시오."

브롱이 말했습니다.

"당신이 명하시는 대로 기꺼이 행하겠습니다."

브롱은 아내에게 돌아가 요셉의 말을 전했습니다. 에니게우스는 그 말을 듣자 마음속에 기쁨이 넘쳐 브롱에게 말했습니다.

"여보, 어서 해야 할 일을 하세요."

브롱은 자식들을 모두 불러놓고 그들에게 각자 어떤 삶을 살고자 하는지 물었습니다.

그들이 대답했습니다.

"저희는 아버지 명령에 순종하여 기꺼이 따르겠습니다."

그 말에 브롱과 에니게우스는 크게 기뻐했습니다. 브롱은 원근 각지에서 신붓감을 구해 그들을 결혼시켰습니다. 그는 그들에게 명하여 아내에게 충실하고 온유하게 대하여, 그들은 남편이 되고 그녀들은 아내가 되라고 명했습니다. 그들은 옛 법도대로, 과시나 허영 없이, 거룩한 교회의 예식에 따라 아내를 취했습니다. 요셉은 그들에게 그들이 해야 할 일과 하지 말아야 할 일, 그리고 어떻게 처신해야 하는지를 자세히 가르쳐 주었습니다. 일이 그렇게 진행되어, 단 한 명107만을 제외하고는 각자 아내를 취했습니다. 그 한 명은 아내를 취하느니 산 채로 살갗이 벗겨지거나 토막 나는 것이 낫겠다며, 결코 아내를 취하지 않겠다고 말했습니다. 브롱은 그 말을 듣고 기이하게

---

107 이 열두 번째 아들의 이름이 '알랭'인데, 운문본에서는 한참 뒤에야 이름이 나온다. 산문본은 이 대목에서 "열두 번째 아들은 '알랭 르 그로'였다"고 밝히고 있다.

여겨, 그를 따로 불러 물었습니다.

"아들아, 너는 왜 결혼하지 않느냐? 다른 형제들이 했듯이 해야 하지 않겠느냐?"

"더 이상 말씀하지 마십시오. 저는 평생 결혼하지 않겠습니다."

〔2971〕 열한 아들을 결혼시킨 후, 브롱은 열두 번째 아들을 숙부인 요셉에게 데려가 그의 뜻을 전했습니다.

요셉은 그 말을 듣자 웃으며 말했습니다.

"그 애는 내가 데리고 내 아들로 삼아야겠소. 누이와 당신이 동의한다면, 그 애를 내게 주시오."

그들은 대답했습니다.

"기꺼이 그러지요. 저희로서는 아무 불만 없이 드리겠습니다."

요셉은 그를 품에 안고 입 맞추었고, 자기 누이와 아이 아버지에게 아이를 자기한테 맡겨두고 가라고 명했습니다.

브롱은 아내와 함께 돌아갔고, 아이는 요셉과 함께 남았습니다. 108

요셉이 그에게 말했습니다.

"조카여, 진실로 자네는 크게 기뻐해야 한다네. 우리 주님께서 기쁘신 뜻에 따라 자네를 택해 그분을 섬기고 그분 이름을 높이게 하셨

---

108 앞에서는 '아이'라는 말이 부모 자식 관계에서 무리 없이 쓰였던 데 비해, 이 대목에서처럼 결혼을 시킬 만큼 장성한 소년 내지 청년을 객관적으로 '아이'라 일컫는 것은 다소 어색하게 느껴진다. 그러나 중세프랑스어에서는 아이(enfant)라는 말이 청소년(adolescent)이나 아직 기사서임을 받지 않은 청년(bacheler)이라는 의미로도 쓰였다.

으니 말일세. 우리 주님의 이름은 아무리 찬양해도 지나치지 않다네. 조카여, 자네는 우두머리가 되어 형제들을 다스리게 될 걸세. 내게서 멀어지지 말고, 내가 자네에게 할 말을 잘 듣게나. 전능하신 우리 구주 예수 그리스도의 뜻이시라면, 내게 말씀해 주시리라 믿네."

요셉은 자기 그릇 앞에 가서, 하느님께 어떻게 하면 자기 조카에게 유익을 줄 수 있을지 열렬히 기도했습니다. 기도를 마치자, 이렇게 대답하는 음성이 들려왔습니다.

"네 조카는 착하고 순수하다. 좋은 양육을 받았고, 배운 것을 잘 간직하고 있으며, 절제할 줄 안다. 그는 모든 일에서 너를 믿고, 네가 말하는 것은 전부 간직할 것이다. 이렇게 그를 가르치라. 내가 너와 네 사람들, 선한 믿음을 받아들인 사람들에 대해 가지고 있는 사랑에 대해 들려주어라. 내가 어떻게 이 땅에 왔으며, 온갖 적의의 대상이 되었는지, 제자 중 한 사람에게 배신당해 팔리고 넘겨져 매 맞고 모욕당했는지, 야유와 침 뱉음을 당하고 말뚝에 매였는지 들려주어라. 온갖 능욕 끝에 결국 십자가에 매달렸는지 들려주어라. 네가 어떻게 나를 십자가에서 내렸는지, 내 상처들을 씻어 주었는지, 어떻게 이 그릇을 받아 거기에 내 피를 담았는지, 네가 어떻게 유대인들에게 붙잡혀 깊은 옥에 갇혔는지, 거기서 내가 네게 나타나 어떻게 너를 위로해 주었으며 너와 네 모든 후손에게, 이 일에 대해 알게 될 그리고 알고자 하는 모든 이에게 선물을 주었는지 들려주어라. 내가 네 모든 동료에 대해 갖고 있는 사랑과 내가 그들에게 준 생명에 대해 그에게 말해 주어라. 내가 너와 함께 있을 때 네 인간의 마음에 넘치는 충만함을 준 것도 기억하라. 네 조카에게나 모든 사람에게나 아무것도 감추지 말라. 그들이 알고 충실히 전할 것이다. 이 세상에서 선을 행하는 자들은 은혜와 복락을 누릴 것이다. 나는 그들의 분깃을 지켜주며, 모든 재판정에서 그들을 도울 것이다. 그들은 잘못된 판결을 받거나 불구가 되지 않을 것이다. 나는 그들이 나를 기념하여 드리는 성사에 사용할 물건도 지켜줄 것이다.

이 모든 것을 그에게 설명한 다음, 너는 그에게 내 그릇을 가져다가 그 안에 무엇이 들었는지 말하라. 내게서 솟아난 피 말이다. 만일 그가 진심으로 믿는다면, 그는 믿음이 확고해질 것이다. 그에게 원수가 어떻게 내 벗들과 나를 따르는 자들을 꾀고 속였는지 보여 주라. 내가 이르노니, 그를 조심시키라. 모든 성냄과 노여움을 피하라고 잊지 말고 이르라. 분노에 눈이 멀지 않도록 말이다. 분명히 보지 못하는 자는 실족하기 마련이다. 이것을 명심하도록 이르라. 그러면 그는 악한 생각들과 슬픔과 분노에서 속히 멀어질 것이다. 이 훈계들은 그에게 유용하고 그를 원수의 간계에 맞서 지켜내어, 원수가 조금도 건드리지 못하게 할 것이다. 육신의 즐거움을 경계하여, 악마에게 우롱당하지 않게 하라. 육신은 이내 그를 속여 고통과 죄에 빠뜨릴 것이다.

이 모든 것을 가르친 다음, 너는 그가 자기 벗들에게도 그것을 하나도 빠짐없이 가르치게 하라. 원근 각지 어디에 가든 그가 보기에 선하고 덕 있는 사람들에게 항상 나에 대해 말하게 하라. 선에 대해 말하면 말할수록, 더 많은 선을 얻게 될 것이다. 그에게서 장차 이 그릇을 지킬 아들이 태어나리라고 말하라. 109 너는 그에게 우리와 우리의 유대에 대해서도 알려 주어야 한다. 이 모든 것을 한 다음 너는 그가 자기 형제들과 누이들을 지키도록 해야 한다. 그리고 나서 그는 서방으로, 가능한 한 먼 곳으로 갈 것이다. 그가 가는 어디에서나, 모든 고장에서 항상 내 이름을 높일 것이다. 그리고 그는 자기 아버지에게 축복을 구하여 얻을 것이다.

내일, 너희가 모일 때, 너는 큰 빛이 너희 가운데 내려오는 것을 보게 될 것이다. 그 빛은 너희에게 편지를 하나 가져다줄 터이니, 너는 페트뤼스에게 그것을 읽게 하라.110 그리고 곧장 그에게 명하여, 어디든 자신이 원하는 곳, 자기 마음이 가장 끌리는 곳으로 즉시 떠나게 하라.

아무 두려움도 갖지 말게 하라. 내가 그를 잊지 않을 것이다. 너는 그렇게 명한 다음, 그에게 마음이 어디로 가장 끌리는지 물으라. 그가 네게 대답할 것이고, 분명 그는 아바롱111 골짜기로 가서 정착할

---

109 이 말은 앞에서 알랭이 결코 아내를 취하지 않으리라고 한 말과 모순된다. 어떤 경위로 그의 아들이 태어나는지는 어떤 그라알 이야기에서도 다루어진 바 없다.

110 이 말은 나중에 페트뤼스에게 알랭의 아들, 즉 세 번째 그라알지기가 나타나 자기 앞으로 온 편지를 읽게 되리라는 말과 모순된다. 아마도 '읽게 하라'(A Petruz lire le ferez)가 아니라 '맡겨라'(A Petruz bailler le ferez)가 잘못 전사된 것이리라는 견해도 있다.

111 아바롱(Avaron)이란 켈트 신화의 저 세상인 아발롱(Avalon)의 이형이다. 아발롱이 최초로 언급되는 것은 제프리 오프 몬머스의 《브리튼 왕들의 역사》에서인데, 거기서 아발롱은 죽은 아더 왕이 실려가 치유받는 섬의 이름이다. 한편 마리 드 프랑스의 담시 〈랑발〉에서 아발롱은 요정 연인이 사는 곳이기도 하다. 1191년 아더 왕과 그의 왕비의 시신이 글래스턴베리 사원에서 발견되었다고 알려진 후, 아발롱은 글래스턴베리와 동일시되었다. 당시 플랜타지네트 왕실에서는 아더 왕의 죽음을 번복할 수 없는 사실로 만듦으로써 아더 왕이 돌아와 고토를 되찾으리라는 브리튼족의 믿음을 무산시키려 했으리라는 추측이 지배적이다.

것이다. 그 땅은 서방에 있다. 그에게 말하라. 그가 정착한 곳에서 알랭의 아들을 기다리라고. 그는 자신에게 편지를 읽어줄 자를 만나기까지 이 세상을 떠나지 않을 것이다. 그는 그에게[112] 이 그릇이 가진 힘을 알려줄 것이고, 사라졌던 모이즈가 어떻게 되었는지 말해줄 것이다.[113] 그는[114] 그런 사실들을 보고 듣고 깨달은 후에야 세상을 떠나 영원한 복락에 이를 것이다. 너는 이 모든 것을 말한 다음, 네 조카들을 불러다 내가 여기서 네게 이른 말들을 전하라. 너는 이 모든 가르침을 하나도 빠뜨리지 말고 그들에게 말하라."

알랭은 깊이 회심했고 성령의 은혜로 충만했습니다. 요셉은 음성이 말한 모든 것을 잘 듣고 간직했으며, 조카 알랭을 불러 자신이 예수 그리스도에 대해 아는 것, 음성이 그에게 말해준 모든 것을 처음부

《요셉》에서 특이한 사실은 아발롱이 섬이 아니라 '골짜기'라는 것으로, 이후의 텍스트들에서는 아발롱이 종종 골짜기로 언급되기도 한다. 로베르 드 보롱의 출전이 아발롱, 즉 글래스턴베리 사원에 보관되어 있던 책이리라는 가설도 있다. 하여간, 여기서는 서방으로 떠나는 것이 아리마대 요셉 자신이 아니라 브롱이라는 점에 주목할 만하다. 아리마대 요셉이 직접 아발롱, 즉 글래스턴베리에 갔다는 설은, 1130년경 윌리엄 오브 맘스버리가 쓴 책에서 글래스턴베리의 옛 예배당이 1세기에 그리스도의 사도들에 의해 지어졌다고 한 데서 브리튼 최초로 그리스도교가 전파된 곳이 글래스턴베리라고 알려졌고, 이에 더하여 14세기의 한 첨작자가 맘스버리의 책에 그 전파자가 아리마대 요셉이었다고 써넣은 데서 비롯된다. 불가타 연작의 《성배 탐색》도 아리마대 요셉이 브리튼 땅에 그리스도교를 전파했다고 이야기한다.

112 즉, 알랭의 아들이 페트뤼스에게.
113 주 106 참조.
114 페트뤼스를 가리킨다.

터 끝까지 들려주었습니다. 115

　만일 문사116 로베르 드 보롱이 이 책과 관련된 모든 것을 소상히 말하고자 한다면, 거의 100배의 분량이 필요할 것입니다. 하지만 이 적은 부분이라도 얻을 수 있는 자는 확실히 알 수 있을 것입니다. 요셉이 자기 조카에게 가르쳐준 이것들을 마음으로 듣고자 한다면 훨씬 더 많은 유익을 얻을 수 있으리라는 것을 말입니다. 그는 이 모든 것을 가르친 다음, 조카에게 이렇게 말했습니다.

　"조카여, 하느님께서 그대에게 주신 우리 주님의 은혜를 이처럼 누렸으니, 선한 사람이 되어야 하오."

　요셉은 그를 부모의 집으로 다시 데려다주었고, 그에게 자기 형제자매를 지키고 다스리라고 명했습니다. 형제자매는 그의 다스림을 받겠다고 약속했습니다. 조금만 우려되는 일이 있으면 그에게 와서 조언을 구할 것이니, 그렇게 하면 그들에게 유익이 되지만, 그렇게 하지 않는다면 불행이 닥칠 것입니다. 요셉은 알랭이 부모의 손으로부터 형제자매 모두에 대한 권위를 받게 하고자, 브롱과 그의 아내에게 부탁했습니다. 그들이 그를 믿고 두려워하고 사랑할수록, 그는 그들 모두의 신뢰를 누리는 만큼 그들을 지킬 것입니다.

115　알랭이 회심했다는 서술은 요셉이 알랭에게 성령의 음성을 전한 다음이라야 할 터이지만, 원문대로 옮긴다.

116　작가의 이름을 여기 3155행에서는 Meistres Roberz de Bouron, 뒤에 3462행에서는 Messires Roberz de Beron으로 두 차례 언급된다. 문사(성직자)에 붙이는 호칭 maître와 기사에 붙이는 호칭 messire가 모두 쓰이고 있으므로, 작가의 신분은 어느 쪽이었는지 확정하기 어렵다.

〔3191〕 이야기가 전하는 바에 따르면, 이튿날 그들이 예배를 드리는데, 큰 빛이 나타나 편지를 가지고 왔습니다. 모두 함께 자리에서 일어났고, 요셉이 편지를 받아 페트뤼스를 불러 말했습니다.

"친애하는 형제 페트뤼스, 우리를 지옥에서 구원하신 천국의 왕 예수께서 당신을 전령으로 선택하셨으니, 이 편지를 가지고 당신이 원하는 곳으로 가시오."

페트뤼스는 요셉의 말을 듣자 그에게 하느님께서 자신을 그분의 전령으로 택하셨다고도, 자신이 편지를 가지고 가는 것이 온당하다고도 생각되지 않는다고 말했습니다.

요셉이 말했습니다.

"그분께서는 당신이 스스로 아는 이상으로 당신을 잘 아신다오. 우리는 당신에 대해 가지고 있는 애정의 이름으로 오직 한 가지를 부탁하오. 당신이 어디로 가려는지 알려 주기 바라오."

페트뤼스가 말했습니다.

"그건 분명히 압니다. 아무도 내게 그곳에 대해 말한 적 없지만, 들어 보지 않고도 그곳을 나보다 더 잘 아는 전령은 만나지 못할 것입니다. 나는 서방의 지극히 거친 땅, 아바롱 골짜기로 가서, 하느님의 자비를 기다리겠습니다. 부디 여러분도 나를 긍휼히 여겨 우리 주님께 기도해 주십시오. 내가 그분의 뜻을 어기거나 그분을 거스르는 말을 할 힘도 꾀도 욕망도 의향도 갖지 않도록 말입니다. 그리고 원수가 어떤 식으로든 나를 실족시키거나 멸망시키거나 하느님의 사랑에서 끊어내지 못하도록 기도해 주십시오."

모두 입을 모아 대답했습니다.

"능히 그리하실 하느님께서 당신을 지켜주시기를!"

그들은 브롱의 집으로 가서 자녀들을 불렀습니다. 브롱이 그들 모두에게 말했습니다.

"너희는 모두 내 아들딸이다. 너희는 누군가에게 순종하지 않으면 낙원을 얻을 수 없다. 그래서 원하노니, 너희가 단 한 명에게 복종하기 바란다. 나는 내가 줄 수 있는 모든 은혜를 내 아들 알랭에게 주노니, 이는 헛되지 않을 것이다. 나는 그가 너희 모두를 지키고 너희는 그에게 주군에게 순종하듯 순종하기를 명한다. 만일 너희에게 조언이 필요하다면 주저 없이 그에게 가거라. 분명 그가 너희에게 충심으로 조언해줄 것이다. 내가 감히 말하노니, 그의 명령에 거스르는 일은 하지 말라. 기꺼이 그의 뜻에 따르라."

자녀들은 아버지 앞을 물러나며 형제 알랭을 신뢰하기로 다짐했습니다. 알랭은 낯선 땅으로 출발하며 형제들을 데리고 갔습니다. 어디에 가든 그는 만나는 모든 사람에게 예수 그리스도의 죽음을 전했습니다. 요셉이 가르친 대로 그는 그분의 이름을 알렸고, 모든 사람 가운데서 큰 호의를 얻었습니다.

그렇듯 그들은 길을 떠났지만, 나는 그들에 대해서는 이쯤 해두고, 잠시 말하지 않으렵니다. 다시 돌아오게 될 것입니다.

그들이 떠난 후 페트뤼스가 요셉과 다른 사람들을 불러 말했습니다.
"저도 갈 때가 된 것 같습니다."
"하느님의 뜻이 이루어지기를!"

그들은 모여서 페트뤼스에게 가지 말라고 간청했지만,[117] 그는 그들에게 자신은 가야만 하므로 더 머물고 싶지 않다고 즉시 대답했습니다.

"하지만 오늘은 여러분을 위해 머물고, 내일 예배를 드린 후에 떠나겠습니다."

그렇게 그는 그들이 바라는 대로 머물렀습니다.

〔3289〕우리 주님께서는 일이 어떻게 될지 다 아시므로, 천사를 요셉에게 보내어 그를 위로하시며, 두려워하지 말라고, 결코 그를 잊지 않으리라고 말씀하셨습니다.

"너는 내 뜻을 행하여, 너와 나 사이의 사랑을 전해야 한다. 페트뤼스는 너희와 헤어져야만 한다. 왜 그런지 아느냐? 오늘 너는 그를 붙들려 했고, 그도 머물렀다. 그것이 하느님의 뜻이었다. 그가 네 그릇을 보고 내가 네게 말한 것들이 얼마나 소중하고 유익한가를 깨달은 다음, 가서 만날 자에게 참말을 하고 아무 거짓말도 하지 않게 하기 위해서이다.

요셉아, 시작이 있는 모든 것에는 반드시 결말이 있단다. 주께서는 브롱이 선한 사람임을 잘 아시며, 그 때문에 그가 강에서 낚시를 하여 물고기를 잡아서 너희 예배에 내놓는 것이 그분의 뜻이었다. 하느님

---

117 이어지는 내용에서는, 페트뤼스를 만류한 것은 요셉이라고 한다. 즉, 요셉이 브롱에게 그라알과 그에 따르는 권위를 이양하는 것을 보고 떠날 수 있게 하기 위함이다.

께서는 그가 네 그릇을 가지고 네 뒤를 이어 그것을 지키기를 원하시고 그렇게 뜻하신다. 그에게 어떻게 처신해야 할지 가르치고, 또 네가 나에 대해, 내가 너에 대해 가지고 있는 사랑을 가르치라. 그에게 모든 행동 규범을, 네가 태어나면서부터 하느님에 대해 들은 모든 것을 가르치라. 그를 나에 대한 신앙으로 이끌어 잘 가르치라. 그에게 하느님께서 어떻게 옥중으로 너를 찾아오셨으며, 그릇을 가져다 네 손에 주셨는지 말하라. 그분은 네게 신성한 말씀을 알려 주셨으니, 감미롭고 귀하고 은혜와 긍휼이 넘치는 그 말씀은 그라알의 비밀이라 불리는 것이 마땅하다. 이 일을 성실히 마친 다음, 너는 그에게 이후로 그라알을 지키라고 명하라. 그가 어김이 없도록, 그는 모든 과오에 대해 책임지고 혹독히 값을 치러야 할 것이다.

그를 참된 이름으로 부르고자 하는 이들은 그를 부자 어부118라 부를 것이다. 그의 명예는 날로 더해질 터이니, 이 은혜가 시작되었을 때 그가 낚은 물고기로 인함이다. 그리 되어야 하는바, 너는 그를 주군이요 스승으로 만들라. 세상이 항상 저무는 쪽으로 나아가듯이, 이 사람들은 서방119으로 가야 한다. 브롱은 네 그릇을 갖게 되는 즉시 서방으로, 그의 마음이 그를 이끄는 곳으로 가는 것이 옳다. 그가 정착하고 싶은 곳에 이르면, 평안히, 아무 위험 없이, 자기 아들의 아들을 기다릴 것이다. 이 아들이 오면, 이 그릇과 그에 따르는 은혜를 그에

---

118 이 '부자 어부'가 곧 '어부왕'이며, 산문본도 '어부왕', '부자 어부왕' 등의 표현을 쓰고 있다.
119 서방, 즉 Occident라는 말의 어원은 라틴어로 '내려가다, 떨어지다'는 뜻이니 곧 해 저무는 쪽을 말한다.

게 맡겨 이후로 그가 그것을 지키도록 하라. 그리하면 복 되신 성삼위의 표지와 증거가 완성될 것이다. 120 이 세 번째 그라알지기에게, 내가 네게 단언하노니, 예수 그리스도께서 자기 뜻을 행하실 것이다. 그리스도가 그것의121 주인이시니, 아무도 그에게서 빼앗지 못한다.

네가 브롱에게 그릇과 그에 따르는 은혜를 주고 모든 것을 맡겨 네게서 떠나보내면, 이 모든 것이 완벽하게 이루어질 것이다. 그러면 페트뤼스는 떠날 터이니, 나는 그가 더 이상 지체하기를 원치 않는다. 그는 부자 어부 브롱이 그릇과 그에 수반되는 위엄을 지닌 것을 보고 진실로 증언할 수 있게 될 것이다. 그러기 위해 페트뤼스는 아침까지 출발을 미루었다가, 길을 떠나 땅과 바다를 두루 다니게 될 것이다. 만물을 지키시는 이가 그를 모든 것으로부터 보호해 주실 것이다. 이 모든 것을 마친 다음 너는 이 세상을 떠나, 의인들과 나를 위해 마련된 완벽한 복락에, 즉 영원한 삶에 이를 것이다. 너와 네 후손들, 즉 네 누이에게서 태어났고 또 태어날 모든 자녀들이 구원을 보장받을 것이다. 이 말을 전하는 이들은 모든 사람에게 더욱 사랑과 칭송을 받으며 덕인들의 존경을 받을 것이다."

그리하여 요셉은 음성이 명하는 모든 일을 했습니다. 이튿날 모두 모여서 예배를 드렸고, 요셉은 그들에게 음성이 자신에게 말한 모든

---

120 요셉, 브롱, 그리고 알랭의 아들, 이 세 사람의 그라알지기는 성삼위의 표지와 증거가 된다. 로베르 드 보롱이 성삼위를 본뜬 3대를, 그리고 아마도 3부작을 구상했음을 말해 주는 대목이다.
121 "그것의 주인", 즉 그라알의 주인이라는 뜻으로 이해할 수 있다. 한편, 산문본에서는 "만물의 주인"이라 되어 있다.

것을 그대로 전했습니다. 예수 그리스도께서 감옥에서 그에게 해 주신 말만을 제외하고는 말입니다. 이 말을 그는 하나도 빠뜨리지 않고 부자 어부에게 전했고, 말로 전한 다음에는 글로 써서 은밀히 그 비밀을 전해 주었습니다. 각 사람이 요셉의 말에 귀 기울였고, 그가 더 이상 그들과 함께 있지 않고 떠나리라는 것을 알고는 크게 놀랐습니다. 그들은 어떻게 된 일인지 잘은 몰랐지만, 요셉이 자신의 은혜와 권위를 내맡긴 것은 알았기 때문에, 그렇게 다 내놓은 그에게 깊은 감동을 느꼈습니다.

부자 어부가 그라알과 모든 지휘권을 맡게 되었습니다. 그는[122] 일행이 선 가운데 작별을 고했습니다. 헤어질 때가 되자, 모두 겸허한 심정으로 많은 눈물과 한숨을 쏟았습니다. 그들은 기도와 묵도를 드렸으니, 이는 하느님께서 기뻐하시는 것입니다. 요셉은 경의를 표하기 위해 부자 어부와 사흘 더 머물기로 동의했습니다.

사흘째 되는 날 그가 요셉에게 말했습니다.

"요셉, 내 말을 들어 주십시오. 사실대로 말하겠습니다. 이제 떠나

---

122 이 '그'가 브롱이라고 본다면 뒤이어 그가 요셉과 함께 사흘 더 머문 후에 떠난다는 말과 맞지 않게 되며, 이때 출발하는 것은 페트뤼스라고 보는 편이 나을 것이다. 산문본의 이 대목(앞 문단 뒷부분부터)은 이렇다. "페트뤼스는 요셉이 그라알을 내놓고 브롱에게 자신의 은혜를 물려주고 계명들을 가르쳤다는 것을 듣고 부자 어부왕이 그것을 받는 것을 보고는, 하직을 고했다. 그들이 자리에서 일어나자 그는 출발했다. 그가 작별을 고할 때, 큰 겸손으로 탄식과 한숨과 많은 눈물이 있었으며, 그들은 페트뤼스를 위해 하느님께서 그분의 뜻대로 인도해 주시기를 기도했다. 요셉은 부자 어부왕과 함께 사흘 밤낮을 머물렀다."

고 싶습니다. 당신이 기꺼이 허락한다면, 떠나겠습니다."

"기꺼이 동의하오. 이 모든 일이 하느님의 뜻 안에 있으니 말이오. 당신이 무엇을 가지고 가는지, 어떤 고장에 가는지 알겠지요. 떠나시오, 나는 남아서 하느님의 명령에 따르겠소."

그래서 요셉은 남았고, 선한 어부는 떠났습니다. 그리고 그에 대해 많은 이야기가 전해집니다. 요셉은 태어난 땅에 남았습니다.

〔3461〕 기사123 로베르 드 보롱은 말합니다. 그 다음 이야기를 알고 싶다면, 브롱의 아들 알랭이 어디로 가서 어떻게 되었는지, 어떤 고장에 정착했는지, 그에게서 어떤 후계자가 났는지, 어떤 여성이 그를 키웠는지, 페트뤼스는 어떤 삶을 살았는지, 어떻게 되었으며 어디로 갔는지, 어디서 그를 다시 찾을지, 오래전에 사라진 모이즈는 어떻게 되었는지, 또한 부자 어부가 어디로 가서 어떤 곳에 정착했는지, 장차 그를 찾아갈 자와 합류하게 될지 이야기해야 하리라고 말입니다. 124

이 네 가지125를 모으고 각 부분을 있는 그대로 이야기해야 할 것입

---

123 주 116 참조.

124 이런 여러 갈래 이야기를 시사하는 데서 이후 《페를레스보스》(*Perlesvaus*)를 비롯한 중세 소설이 채택하게 될 지편(枝篇, branches) 내지 교직(交織, entre-lacement) 형식의 예고를 엿볼 수 있다.

125 "이 네 가지"란 위에서 말한 알랭, 페트뤼스, 모이즈, 브롱의 이야기를 가리키지만, 《요셉》과 《메를랭》 서두의 유사성이나 자주 내비치는 3부 구성의 의도로 보

니다. 하지만 나는 어떤 사람도 먼저 그라알에 관한 가장 큰 이야기, 참된 이야기를 듣지 않고는 그것들을 모을 수 없다고 생각합니다. 내 주군 몽벨리알 출신의 고티에126와 더불어 한가로이 내가 그것127을 이야기하던 시절에, 그라알의 큰 이야기128는 필멸의 어떤 인간에 의해서도 일찍이 이야기된 적이 없습니다. 하지만 나는 이 책을 갖고자 하는 모든 이에게, 하느님께서 내게 건강과 생명을 주사 내가 그 이야기들을 책에서 발견할 수 있다면 그것들을 모아보겠다고 선언합니다.129

그것들을 이야기하지 않고 내버려두기로 했으니, 그 네 이야기는 잊어버리고 다섯 번째 이야기를 하는 것이 좋겠습니다. 다시 돌아와 좀 더 한가로이 각 부분을 이야기할 수 있을 때까지 말입니다. 만일

아 이런 이야기들은 가상의 후일담을 막연히 가리키는 것일 터이다.

126 이 "몽벨리알 출신의 고티에"란 고티에 드 몽벨리아르(Gautier de Montbéliard, ?~1212)를 가리키는 것으로 여겨진다. '그라알 사화'의 저자 및 집필 정황은 주로 이 인물의 행적에 비추어 추정된다. 권말 해제 참조.

127 로베르가 고티에와 더불어 이야기했다는 '그것'이란 문법적으로 같은 문장의 "그라알의 큰 이야기"를 가리킬 수밖에 없으니 엄밀히는 자가당착이 되지만, 대체로 "내가 이 이야기를 하던 시절에" 정도로 이해하면 될 것이다. 권말 해제 참조.

128 로베르 드 보롱의 3부작을 '그라알 사화'라는 제목으로 부르는 것은 이 "그라알의 가장 큰 이야기"(Dou Graal la plus grand estoire), "그라알의 큰 이야기"(La grant Estoire dou Graal) 등의 표현에 의거해서이다.

129 로베르가 말 그대로 자신의 그라알 이야기가 최초라고 주장하는 것은 아닐 터이다. 그의 주군 고티에는 크레티앵 드 트루아의 후원자였던 마리 드 샹파뉴의 아들 티보 드 샹파뉴(샹파뉴 백작 티보 3세)의 휘하에서 십자군에 출정했으니, 로베르도 크레티앵의 작품을 모르지 않았을 것이다. 그가 최초라고 하는 것은 크레티앵의 《그라알 이야기》를 성사에 연결시킨 이야기로는 '그라알 사화'가 처음이라는 뜻으로 보아야 할 것이다. 그가 앞서 언급한 네 가지 이야기를 포함하는 "그라알의 가장 큰 이야기"가 실제로 실려 있는 '책'의 존재 여부는 확인되지 않았다.

내가 그것들을 그대로 내버려둔다면, 아무리 박식한 사람이라 해도 그것들이 사라졌다고 생각하고, 그것들이 어떻게 되었는지, 어떤 의미에서 내가 그것들을 따로 다루는지 물을 것입니다. 130

---

130 이 마지막 문장은 다소 요령부득이다. 직역하면 이렇다: "만일 내가 지금 그것들을 그 정도로 내버려둔다면, 아무리 박식하다 해도 그것들이 사라졌다고 생각지 않는 이를, 그리고 그것들이 어떻게 되었는지, 어떤 의미로 내가 그것들을 나누는지 생각지 않는(묻지 않는) 이를 알지 못합니다." 모데나 산문본은 좀 더 간결하다. "그러니 다섯 번째 이야기를 하고 이 네 가지는 놔두었다가, 다시 돌아와 각각에 대해 말하겠다. 만일 내가 그것을 그대로 내버려둔다면, 여러분은 이 모든 것이 어떻게 되었는지, 내가 왜 그것들을 따로 다루었는지 알지 못할 것이다."《요셉》운문본이 실려 있는 단 하나의 사본에서는 곧바로 《메를랭》의 서두가 이어진다.

메를랭

2장 일러두기

1. 원문을 찾아보기 쉽도록 A. Micha 판본의 단락 번호에 따라 번호를 표기하되, 번역문의 문단은 읽기 쉽도록 나누었다.

2. 번역 대본은 Robert de Boron, *Merlin, roman du XIIIe siècle*, éd. Alexandre Micha (Droz, 1979) 이고, Robert de Boron, *Le Roman du Graal*, éd. Bernard Cerquiglini (10/18, 1981) 에 실린 모데나 사본과 대조했다. 앞부분에서 대조하는 운문 단편은 Micha 판본의 앞에도, Robert de Boron, *Le Roman de L'Estoire dou Graal*, éd. William A. Nitze (Champion, 1927) 의 뒤에도 실려 있다. 현대어 역본은 Robert de Boron, *Merlin*, trad. Alexandre Micha (GF-Flammarion, 1994) 을 참조했다. 출전으로 참고한 책은 Geoffrey of Monmouth, *The History of the Kings of Britain*, trans. Lewis Thorpe (Penguin Books, 1966) 과 Geoffrey of Monmouth, *La Vie de Merlin*, trad. Isabelle Jourdan (Climats, 1996), *Wace's Roman de Brut. A History of the British. Text and translation*, trans. Judith Weiss (University of Exeter Press, 1999; 2002) 등이다.

1

악마는 몹시 성이 났다. 우리 주님께서 지옥에 내려가 아담과 이브와 또 그분이 원하시는 대로 다른 사람들을 구해내셨기 때문이다. 사태를 깨닫자 그들은 크게 당황하여 함께 모여서 말했다.[1]

"우리를 무찌른 이 인간이 누구냐? 우리 요새에 숨겨져 있던 어떤 것도 그로부터 지켜지지 못했으니, 그가 뜻대로 하지 않은 것이 없다. 우리는 여자에게서 태어난 자가 우리 것이 되지 않으리라고는 생각지도 못했다. 그렇게 우리를 파괴하는 자는 어떻게 여자에게서 태

---

1 첫 문장에서 '악마'로 옮긴 말은 '원수'(li annemis; 운문본에서는 li ennemis)로, 단수형이다. 두 번째 문장에서 '그들'로 옮긴 말은 복수형인 '원수들'(li enemi; 운문본에서는 deable)이다. 즉, 악마는 때로는 단수형으로, 때로는 복수형으로 상정됨을 알 수 있다. 《메를랭》의 서두를 이루는 이 악마들의 회의는 〈니고데모 복음〉 중 〈그리스도의 지옥 하강〉 제 4~7장에 나오는 사탄과 하데스의 대화에 바탕을 둔 것으로 보인다.

어났기에, 다른 모든 인간들에게서 우리가 보고 또 안 것 같은 육욕의 흔적을 그에게서는 찾아볼 수 없는가?"

그러자 또 다른 악마가 대답했다.

"우리에게 가장 이익이 되리라고 생각했던 것이 우리를 망하게 했다. 너희는 하느님의 아들이 지상에 와서 이브와 아담과 그 밖에도 그가 원하는 다른 죄인들의 죄를 대속하리라고 하던 선지자들의 말을 기억하느냐? 우리는 그들 주위를 맴돌며 다른 누구보다도 괴롭혔건만, 그들은 우리의 등쌀에도 전혀 괴롭지 않다는 듯이, 다른 죄인들을 위로하며 이 땅에 그들을 구원할 자가 태어나리라고 예언했다. 그들이 그토록 말하더니, 이제 사실이 되었다. 만일 그가 우리에게서 이자들만 앗아갔다면 그런 대로 단념할 수 있지만, 다른 모든 자들까지 앗아가고 말았다.² 이들이 현명하게 처신하기만 한다면 말이다. 그가 도대체 어떤 자이기에, 우리에게 다른 자들까지 남지 않게 된 거냐?"

그들 중 또 하나가 대꾸했다.

"넌 모른다는 말이냐. 그는 자기 이름으로 그들을 물로 씻게 하는데, 이 물로 아비와 어미의 육욕을 씻어버리는 거다. 그거야말로 우리가 그들을 장악하여 우리가 원하는 어디서나 그들을 손에 넣게 했던 빌미인데 말이다. 이제 그 씻음으로 우리는 그들을 잃어버렸으니, 그들 자신의 행위로 우리에게 돌아오지 않는 한, 그들에게 달리 행사할 힘이

---

2 앞의 '이자들'은 아담과 이브 이래 선지자들이 위로하던 죄인들, 즉 그리스도께서 지옥에 내려가 구원한 죄인들을, 뒤의 '다른 모든 자들'은 살아서 '현명하게 처신할 수 있는, 즉 회개할 수 있는 죄인들을 가리킨다고 볼 수 있을 것이다.

없다. 그렇게 그자는 우리를 억누르고 우리 힘을 빼앗았다. 어디 그뿐이냐! 그는 이 땅에 자기 사제들을 세워 남겨두었으니, 죄인들이 아무리 우리 일을 행했다 하더라도 회개하여 우리 일을 버리고 사제들이 명하는 바를 행하기만 한다면 구원받게 한 것이다. 그러니 죄인들이 현명하게 처신하기만 한다면, 우리는 힘을 쓸 도리가 없다.

인간들을 구원하기 위해 지상에 와서 여자에게서 태어나 지상의 고통을 감내한 자, 우리가 알지 못하게 남녀의 육욕 밖에서 태어난 그는 지극히 거룩한 자였다. 우리는 그에게 접근했고, 가능한 온갖 수단으로 그를 시험했지만, 그는 우리가 행하는 일에 영향받지 않았다. 그는 인류를 구원하기를 원했다. 그는 인류를 지극히 사랑했고, 그러므로 인류를 우리에게서 빼앗아 되찾기 위해 그토록 큰 고통을 감내했던 것이다. 그러니 우리가 인류를 다시 우리 것으로 만들려면 총력을 기울여야만 할 것이다. 그는 자신이 우리에게서 앗아간 모든 것은 본래 우리 것이 아니었다고 주장하니 말이다. 그러므로 우리는 어떻게 인간들을 속여 우리 일을 할지 수단을 강구해야만 한다. 그들이 회개하거나 그가 자신의 죽음으로 값을 치르고 얻은 용서를 전해줄 자들과 말하지 못하도록 말이다."

그러자 그들은 일제히 외쳤다.

"우리는 다 잃었다. 만일 그가 인간을 마지막 순간까지 용서할 수 있다면, 자신의 공로 가운데 받아들여 자기 것으로 삼는다면 말이다. 죄인이 평생 우리가 시키는 일을 했더라도, 회개하고 사제들의 명을 행하기만 한다면, 우리 손에서 벗어난다. 그러니 우리는 죄인을 그에게서 빼앗을 수 없는 한 다 잃은 것이다. 하지만 우리를 가장 해치고 괴롭게 하며 그가 지상에 올 것을 기다리고 바란 자가 누구냐?"

그들은 서로서로 의논하더니 이렇게들 말했다.

"우리를 가장 해친 자는 그가 오리라고 예고한 자들이다. 우리에게 가장 심한 해가 닥친 것은 그들을 통해서이다. 왜냐하면 그들이 그의 도래를 예고하면 할수록, 우리는 인간들을 더욱 괴롭혔으니, 그래서 그가 그들을 돕고 우리가 그들에게 가하는 고통에서 구원하기 위해 서둘러 온 것 같다. 3 하지만 어떻게 하면 한 인간을 가져, 그가 우리 생각을 말하고 우리의 능력과 행사를 보여 주게 할 수 있을까? 우리는 이미 행해지고 말해지고 오간 모든 것을 아는 능력이 있으니, 만일 우리가 그런 능력을 가지고 그런 일들을 아는 한 인간을 가져 다른 인간들과 함께 지상에서 살게 한다면, 그는 우리가 그들을 속이는 것을 도울 수 있을 것이다. 우리와 함께 있던 선지자들이 우리를 속이고 우리 눈에 불가능해 보이는 일을 말했던 것처럼 말이다. 4 이자는 가깝고

---

3 여기까지는 〈니고데모 복음〉에서 그 원형이 되었음직한 대목을 찾아볼 수 있지만, 이어지는 내용, 즉 그리스도에 맞먹는 어둠의 자식을 잉태시키자는 모의는 《메를랭》저자의 독특한 발상으로, 이는 그리스도 탄생을 이야기하는 《요셉》의 서두와 조응하며 '그라알 사화' 연작의 의도를 보여준다. 그러기 위해 그가 등장시키는 인물이 브리튼 설화에서 등장하는 예언자/마법사 메를랭(멀린)이다. 일찍이 길다스의 《브리튼의 파괴와 정복에 대하여》(6세기 중엽), 비드의 《잉글랜드인들의 교회사》(731경), 넨니우스의 《브리튼인들의 역사》(830경) 등에서부터 모습을 드러내기 시작한 이 인물은, 제프리 오브 몬머스의 《브리튼 왕들의 역사》(1136)나 그것을 번안한 웨이스의 《브뤼트 이야기》(1155)에 이르면 수녀와 몽마(夢魔, incubus) 사이에서 태어난 것으로 이야기된다. 이 '아비 없는 자식'은 정숙한 모친과 영적인 존재 사이에 태어났다는 점에서 그리스도의 모방이지만, 그 영적인 존재가 악마라는 점에서 그리스도의 반전이다.

먼 과거에 행해지고 말해진 모든 것을 드러냄으로써 많은 사람의 신뢰를 얻을 것이다."

그들은 이구동성으로 말했다.

"그런 신뢰를 불러일으킬 수 있는 인간을 만들 수만 있다면 근사하겠는데!"

그러자 그들 중 하나가 말했다.

"나는 여자에게 씨를 뿌려 잉태시킬 능력이 없어. 하지만 그럴 수만 있다면 내게는 쉬운 일인데. 왜냐하면 나는 내가 원하는 일이라면 뭐든지 할 여자를 알거든."

다른 악마들이 말했다.

"우리 중에는 어렵잖게 남자의 모습을 하고 여자와 관계할 수 있는 자5도 있어. 하지만 아주 은밀하게 여자를 덮쳐야 하지."

그들은 그렇게 말하며 자기들을 위해 다른 인간들을 미혹할 수 있는 한 인간을 잉태시키기로 했다. 모든 일을 아시는 우리 주님께서 그 행사를 모르시리라고 생각하다니 얼마나 어리석은가! 그렇게 악마는 자기 지식과 지혜를 가진 인간을 만들어 예수 그리스도를 속이려 했

---

4   과거에 대한 지식을 지닌 악마의 하수인이 인간들을 속이는 것을, 미래에 대한 지식을 지닌 선지자들이 악마들 자신을 속인(속였다기보다, 악마들이 선지자들의 말을 믿지 않았을 뿐이지만) 것에 견주어 하는 말이다. 이런 대칭논법은 사실 논리적이라기보다 악마의 억지 주장이다.

5   몽마, 즉 인쿠부스(incubus)를 말한다. 인쿠부스는 고대로부터의 전승에 속하며 ―《브리튼의 왕들의 역사》에서는 아풀레이우스가 그 출전으로 거명된다― 그리스도교에서 인쿠부스의 존재는 오랜 논란거리로, 아우구스티누스(4~5세기) 같은 교부는 그 존재를 인정했던 반면 토마스 아퀴나스(13세기)는 강력히 부인했다.

으니, 악마가 얼마나 어리석은지 알 것이다. 우리는 그처럼 어리석은 자가 우리를 속이는 데 대해 분노하는 것이 마땅하다.

2

그들은 그 계획에 합의하고 헤어졌다. 한 여자가 자기 수중에 있다고 말한 자는 지체하지 않고 즉시 그녀를 찾아갔다. 그가 그녀의 집에 가보니 그녀는 완전히 그의 뜻대로였고, 그녀는 자신이 가진 모든 것을, 자기 자신은 물론이고 자기 남편까지도 원수[6]에게 바쳤다. 그녀는 큰 부자[7]의 아내였다. 이 부자는 많은 가축과 그 밖에도 많은 재산을 가지고 있었다. 그에게는 악마의 수중에 있는 그 여자에게서 낳은 아들 하나와 딸 셋이 있었다. 악마는 지체하지 않고 들판으로 가며 어떻게 하면 그 남자를 시험에 빠뜨릴 수 있을지 궁리했다. 어느 날 그는 여자에게 가서 어떻게 하면 그 남자를 시험할 수 있겠는지 물었다.[8] 그녀는 그를 성나게 하지 않는 한 시험할 수 없다고 말했다.

"그런데 그는 얼마든지 성나게 할 수 있어요. 그의 재산을 빼앗는

---

6 악마를 가리킨다. 주 1 참조.

7 《브리튼 왕들의 역사》와 《브뤼트 이야기》에서는 메를랭의 모친이 웨일스 남부 데메티아 왕의 딸이라고 이야기되지만, 본문의 '부자'는 어디에 사는 부자인지 명시되지 않는다. 다만, 뒤에 사제가 등장하는 것으로 보아 그리스도교 세계의 어느 곳이리라고 짐작할 수 있을 뿐이다(나중에 메를랭이 '서방'으로 간다는 것으로 보아 동방 어디쯤, 아마도 유대 땅과 브리튼의 중간쯤으로 설정된 듯하다. 주 26 참조). 이 부자에게 연이어 닥치는 불행은 성서의 욥기를 상기시킨다.

8 악마가 여자를 찾아갔다는 말을 조금씩 다르게 세 차례 반복하고 있어 다소 어색하게 느껴지지만, 원문대로 옮겼다.

다면, 그는 노발대발 성을 낼 거예요."

악마는 부자의 가축 떼에 가서 그 상당수를 죽여 버렸다. 목동들은 가축들이 들판 한복판에서 죽는 것을 보고 놀라서 주인을 찾아가 알려야겠다고 말했다. 그들은 그에게 가서 가축 떼가 몰살당한 일을 고했다. 주인은 그 소식을 듣자 성을 내며, 도대체 자기 가축들이 왜 그렇게 죽었는지 의아해했다. 그는 목동들에게 물었다.

"그것들이 그렇게 죽다니, 무슨 일인지 아는가?"

그들은 전혀 아는 바가 없다고 대답했다. 그날은 그쯤으로 끝났다. 악마는 주인이 그렇게 사소한 일로 성내는 것을 알자, 그에게 더 큰 피해를 입히면 한층 더 크게 성을 내리라고, 한층 더 자기 뜻대로 휘두를 수 있게 되리라고 생각했다. 그래서 그는 다시 가축 떼에 다가가 주인이 가진 두 마리 아름다운 말을 하룻밤 새에 죽여 버렸다. 주인은 자기 말들이 그렇게 화를 당한 것을 알자 한층 더 성이 나서 어리석은 말을 내뱉었다. 격분한 나머지 남은 것도 몽땅 악마에게나 가라고 부르짖었던 것이다. 그런 선물을 받자 악마는 크게 기뻐하며 한층 더한 해를 끼치고자 공격을 가하여, 가축을 단 한 마리도 남겨두지 않았다. 주인은 너무나 분노한 나머지, 사람들과 일체 만나지 않았다.

그가 사람들과 왕래를 끊은 것을 본 악마는 제멋대로 그의 주위를 돌아다니게 되었으니, 그를 제 뜻대로 할 수 있겠다고 확신했다. 그래서 그의 잘생긴 아들에게 다가가 잠든 새에 목 졸라 죽였다. 아침에 아이는 죽은 채 발견되었고, 아비는 아들을 잃은 것을 알자, 절망한 사람이 으레 그러듯, 더는 회복할 수 없다고 생각했다. 절망에 사로잡혀, 그는 신앙을 저버렸다. 그가 신앙을 저버렸으며 돌이킬 수 없게 된 것을 안 악마는 크게 기뻐했다. 그러고는 이 모든 일을 이룰 수 있게 해준 여자를 찾아가, 그녀를 지하실 궤짝 위에 올라가게 했다. 궤짝 위에 올라가 지하실 천장에 줄을 매고 목을 들이민 다음 궤짝에서 내려서 목이 매이게 했다. 그녀는 목을 맨 채로 발견되었다. 주인은 아내와 아들을 그런 식으로 잃은 것을 알고는 극도의 슬픔에 사로잡힌 나머지 중병이 들어 죽고 말았다. 악마는 자기가 속여 제 뜻대로 하게 만든 자들에게 그렇게 행하는 것이다.

3

악마는 그 일을 해치우자 기뻐하며 남은 세 딸도 미혹할 궁리를 했다.9 그는 그녀들의 뜻대로, 그녀들이 바라는 것을 해 주지 않으면 속일 수 없으리라는 것을 알고 있었다. 그에게는 시키는 대로 잘 따르는 한 젊은이가 있었으므로, 그를 딸들 곁으로 데려가 그중 한 명을 끈질기게 구슬린 끝에 미혹하기에 이르렀다. 그녀가 속아 넘어가자 악마는 크게 기뻐하며, 자신의 승리를 감추기는커녕 사람들 눈앞에 드러내어 치욕을 더하기를 원했다. 그는 자기 사주로 젊은이가 한 짓을 드러내어 온 세상이 알게 만들었다.

당시 관습으로는 간통을 저지른 여자는 공개적으로 모든 남자에게 자신을 내맡기지 않는 한10 사형에 처하게 되어 있었다. 악마는 자기

---

9 다분히 민담 풍인 이 세 딸의 이야기는 《브리튼 왕들의 역사》와 《브뤼트 이야기》에서는 찾아볼 수 없는 것이다.

10 즉, 매춘부가 되지 않는 한.

한테 속은 자들을 욕보이기 위해 그 일을 널리 퍼뜨렸다. 젊은이는 달아났고, 여자는 붙잡혀 재판관들 앞으로 끌려갔다. 그들은 그녀의 아버지였던 이를 생각하여 그녀를 불쌍히 여겼다.

"이 여자의 부친이 얼마나 순식간에 불행을 당했는지 놀랍지 않습니까! 바로 얼마 전까지만 해도 이 고장에서 가장 유력한 인물 중 하나였는데 말이오."

그들은 그렇게 말하며 여자를 처벌하기로 했다. 산 채로 매장하되 친지들을 생각하여 한밤중에 시행하기로 합의했고, 그렇게 했다. 그런 식으로 악마는 이 땅에서 자기 뜻을 따르는 자들을 가지고 노는 것이다.

그 고장에는 한 사제[11]요 훌륭한 고해사가 있어, 그 놀라운 이야기를 들었다. 그는 남은 두 딸, 즉 큰딸과 작은딸을 찾아가 위로하며 말했다.

"당신 아버지와 어머니와 형제에게 어떻게 그런 불행한 일이 닥쳤습니까?"

그녀들은 대답했다.

"저희도 몰라요. 하느님이 우리를 미워하셔서 우리에게 그런 고통

---

11 《브리튼 왕들의 역사》와 《브뤼트 이야기》에서는 메를랭의 모친이 보티건 왕에게 고하는 메를랭의 출생 경위를 해석하고 그녀를 수태시킨 미지의 영적 존재가 인쿠부스였다고 설명하는 박사/ 현자가 등장한다. 로베르는 메를랭의 모친과 그 자매들에게 권면하는 사제를 등장시키고, 이 '블레즈'에게 그라알에 관한 이야기를 받아 적는 소임을 맡김으로써 《요셉》과 《페르스발》을 이어 주는 연결 고리로 삼는다. 여기서 '사제'로 옮긴 말은 prodom(덕인)인데, 뒤에서 "덕망 높고 지혜로운 사제"라고 이야기되므로 여기서부터 '사제'로 옮긴다.

을 주시는 게 아니라면요."

사제는 말했다.

"그렇게 말하면 안 됩니다! 하느님께서는 어떤 사람도 미워하지 않으시며, 죄인이 자신을 미워하는 것을 보고 슬퍼하십니다. 최근 당신들에게 일어난 일은 전부 악마의 소행임을 아십시오. 그토록 비참하게 죽은 자매에 대해서는, 그녀가 그런 일을 한 것을 알고 있었습니까?"

그녀들은 대답했다.

"하느님께 맹세코, 저희는 전혀 몰랐어요!"

사제는 그녀들에게 말했다.

"나쁜 행실을 삼가십시오. 왜냐하면 남자든 여자든 나쁜 행실로 인해 나쁜 결말에 이르게 되니까요. 그러니 조심하십시오. 나쁜 결말에 이르면 영영 파멸입니다. 하느님께 속하고자 하는 자는 나쁜 결말에 이를 나쁜 행실을 하지 않습니다."

그는 그녀들에게 가르쳤고 그녀들이 귀 기울이는 한 여러 가지 권면을 베풀었다. 큰딸은 그의 말을 잘 들었고, 그가 하는 말을 기쁘게 받아들였다. 사제는 그녀에게 신앙의 규범과 예수 그리스도의 덕을 믿고 사랑하게 하도록 가르쳤다. 그녀는 모든 정성과 노력을 기울여 행실에서나 말에서나 절제하며 그 가르침대로 하려 애썼다.

사제는 그녀에게 말했다.

"내가 하는 말을 전심으로 믿고 받아들인다면, 당신은 큰 유익을 얻을 것이고, 하느님 안에서 내 딸이요 벗이 될 것입니다. 어떤 필요나 어려움이 있든 간에 내게 조언을 구하면 내가 당신을 돕고 하느님의 도우심으로 권면해 드리겠습니다. 불안해하지 마십시오. 만일 당신이 우리 주님을 믿고 자주 나를 찾는다면, 그분께서 당신을 도와주실 것입니다. 나는 여기서 멀지 않은 곳에 삽니다."

그렇게 사제는 두 딸을 잘 타이르고 선한 길로 이끌었다. 큰딸은 그를 진심으로 신뢰했고, 그가 해 주는 선한 권고와 말 때문에 그를 존경했다.

4

악마는 그 사실을 알자 근심하며 그녀를 잃게 될까 염려했다. 그는 남자를 통해 딸들을 속이기 위해서는 먼저 여자를 통해 속여야겠다고 생각했다. 그는 이미 여러 번 그가 시키는 대로 그의 일을 행한 한 여자를 알고 있었다. 원수는 이 여자를 사로잡아 자매들에게 보냈다. 여자는 작은딸에게 접근했으니, 다른 딸은 신중하게 절제하는 것을 보고 감히 다가가지 못했기 때문이다. 그래서 동생을 따로 불러내어 단둘이 만나서, 그녀의 형편과 처지에 대해 자세히 물었다.

"언니는 어떻게 살고 있지요? 당신을 아끼고 다정하게 대해 주나요?"

동생은 대답했다.

"언니는 우리 집에 일어난 불행한 일들로 너무 울적하고 괴로워서 내게나 다른 아무에게나 좋은 얼굴을 하지 않아요. 언니에게 하느님에 대해 말한 사제가 너무 자기 식으로 가르쳐 놓아서, 언니는 그가 하라는 대로밖에 하지 않아요."

여자가 말했다.

"애석한 일이에요. 그런 언니와 함께 있는 한 당신의 아리따운 육신은 결코 기쁨을 알지 못하겠군요. 맙소사, 아가씨, 다른 여자들이 어떤 기쁨을 누리는지 안다면, 당신이 가진 것은 다 하찮게 느껴질 거예요. 우리는 남자들과 함께 있으면 어찌나 큰 기쁨을 누리는지 먹고 살 것이 빵조각밖에 없어도 세상 모든 보물을 가진 것보다 더 만족하고 기쁘답니다. 맙소사, 남자한테서 기쁨을 얻지 못하는 젊은 육신이 무슨 소용인가요? 아가씨, 당신을 위해서 말하는데, 당신은 남자가 주는 기쁨을 알지도 누리지도 못할 거예요. 왜 그런지 말해줄까요. 언니는 당신보다 손위라 당신이 그걸 누리기 전에 자기부터 누리려 할 거예요.12 그리고 자기가 그걸 누리는 한, 당신에 대해서는 신경도 쓰지 않겠지요. 그러니 당신은 아리따운 육신이 줄 모든 기쁨을 저버린 것이지요. 참 안된 일이에요."13

"내 언니가 그 때문에 목숨을 잃었는데, 내가 어떻게 당신 말대로 할 수 있겠어요?"

"당신 언니는 어리석게 행동했고 나쁜 조언을 믿었어요. 하지만 나를 믿으면, 당신은 절대로 고발당하지 않고 육신의 모든 쾌락을 맛볼 수 있어요."

"어떻게 그럴 수 있을지 모르겠네요. 언니 때문에 더 이상 당신과 말하기도 겁나요."

"그럼 어서 가요. 그리고 언제든 원할 때 날 찾아와요."

악마는 그 대화를 듣자 그녀가 제 손아귀에 들어올 것을 알고 크게

---

12 운문본 《요셉》에 이어져 있는 《메를랭》의 서두는 여기까지이다.
13 이하 대화에서 간단한 지문은 생략하고, 혼선이 빚어질 우려가 있는 경우에만 옮기기로 한다.

기뻐했다. 그는 여자를 데리고 갔고, 여자가 가버리자, 아가씨는 그녀가 한 말을 곰씹어 생각했다. 악마는 그녀가 그렇게 자기 뜻대로 동요하여 혼자서도 그 생각을 하는 것을 알고는, 그녀에게 한층 더 강한 타격을 입혔다. 그리하여 밤이면 그녀는 자신의 아름다운 몸을 보며 혼잣말을 했다.

"내가 딱하다고 한 그 여자의 말이 옳아!"

그래서 어느 날 그녀는 여자를 불러오게 하여 말했다.

"당신 말이 옳았어요. 언니는 나에 대해 신경도 쓰지 않아요."

"내 그럴 줄 알았다니까요. 언니는 자기가 기쁨을 누리게 되면, 앞으로는 더 그럴 거예요. 우리는 오로지 남자가 주는 기쁨을 알기 위해 만들어졌는데 말이에요."

"나도 사형 당할 두려움만 없다면 기꺼이 그걸 누리고 싶어요."

"죽은 언니처럼 어리석게 행동하면 그럴 수도 있지요. 하지만 어떻게 하면 좋은지 내가 가르쳐드리지요."

"말해 주세요. 가르쳐주시는 대로 할게요."

"아무 남자에게나 몸을 맡기면 돼요. 이 집에서 나가요. 더 이상 언니를 참을 수 없다고 말하는 거예요. 그리고 당신 몸을 마음대로 해요. 그러면 정의를 말하는 이도 없을 테고, 당신은 위험에서 벗어나게 될 거예요. 한동안 그런 생활을 하다 보면, 어느 잘난 남자가 당신의 큰 재산을 보고 당신과 기꺼이 결혼할 거예요. 그렇게 하면 세상의 모든 기쁨을 알 수 있지요."

작은딸은 그렇게 하겠노라고 말했다. 그래서 그녀는 언니의 집을 떠났고, 여자의 조언대로 아무 남자에게나 몸을 맡겼다.

5

악마는 또 다른 딸을 속여 넘기고 크게 기뻐했다. 큰딸은 동생이 떠난 것을 알자, 그런 식으로 동생을 잃어버린 데 대해 몹시 낙심하여, 바른 신앙을 가르쳐주는 사제를 찾아갔다. 사제는 그녀가 그토록 낙담해 있는 것을 보자 측은히 여겨 이렇게 말했다.

"성호를 긋고 자신을 하느님께 맡기십시오. 몹시 괴로워 보이는군요."

"그럴 만도 하지요. 동생을 잃어버렸으니까요."

그녀는 그에게 자신이 아는 한 일어난 일을 들려주었고, 동생이 모든 남자에게 몸을 맡기고 있다고 털어놓았다. 그 말을 들은 사제는 질겁하며 말했다.

"악마가 당신 주위를 여전히 맴돌고 있군요. 당신들 모두를 미혹하기 전에는 그만두지 않을 것입니다. 하느님이 당신을 지켜주시지 않는 한."

"사제님, 제가 어떻게 하면 자신을 지킬 수 있을까요? 저는 악마의 속임수에 넘어가는 것만큼 두려운 것이 없어요."

"만일 나를 믿는다면, 악마는 당신을 속이지 못할 것입니다."

"사제님께서 무슨 말씀을 하시든 다 믿겠습니다."

"그렇다면 당신은 성부와 성자와 성령을 믿습니까? 이 세 분이 삼위일체 한 분 하느님이신 것을 믿습니까? 우리 주님께서 죄인들을 구원하기 위해 이 땅에 오셨다는 것을 믿습니까? 세례를 받고, 그분이 자기 이름을 믿도록 가르치기 위해 이 땅에 남겨두신 거룩한 교회와 그 사제들의 모든 가르침을 따르고자 하는 죄인들을 구원하기 위해 오셨다는 것을?"

"예, 사제님께서 말씀하시고 제가 들은 대로 믿습니다. 부디 그분께서 저를 지키시어 악마가 저를 속이지 못하게 해 주시기를!"

"내가 말한 대로 믿는다면, 결코 악마가 당신을 속이지 못할 것입니다. 특히 당부하는 바, 절대로 성내지 마십시오. 남자든 여자든 성내는 사람 안에 악마는 가장 즐겨 머물지요. 그러니 당신이 저지를 수 있는 모든 잘못과 당신에게 닥칠 수 있는 모든 문제에 조심하십시오. 나를 찾아와 털어놓고, 우리 주님께 참회하십시오. 모든 성인 성녀와 하느님을 믿고 사랑하고 섬기는 모든 이들과 내 앞에서 당신의 죄를 인정하십시오. 자리에서 일어나고 누울 때마다, 성부와 성자와 성령의 이름으로 성호를 긋고, 그분께서 거룩한 몸을 맡기셨던 십자가의 이름으로 당신 자신 위에 십자 성호를 그으십시오. 그분은 십자가에서 고난을 당하사 죄인들을 지옥의 형벌과 악마의 권세로부터 지켜주셨습니다. 만일 내 권고를 따른다면, 당신은 악마를 두려워하지 않아도 됩니다. 밤에 잘 때도 항상 빛이 있게 하십시오. 왜냐하면 악마는 빛을 두려워하고 빛이 있는 곳에는 오려 하지 않으니 말입니다."

사제는 악마에게 미혹당할까 두려워하는 처녀에게 그렇게 가르쳤다. 그녀는 하느님을 믿고 그분과 가난한 사람들에 대해 겸비한 마음으로 가득 차서 집에 돌아갔다. 선량한 사람들이 자주 그녀를 찾아와 말했다.

"아가씨, 아버지와 형제와 자매들에게 닥친 불행 때문에 몹시 두렵겠군요. 하지만 용기를 내십시오. 당신은 부자요 큰 유산을 가졌으니, 행실만 바로 한다면 좋은 남자가 당신을 아내로 삼기를 기뻐할 것입니다."

"주님께서 제 필요를 다 아시니 부디 저를 지켜주시기를 빕니다."

아가씨는 2년 이상 동안 그렇게 살았으며, 악마의 속임수에 빠지지 않았고, 단 한 번의 악행도 저지르지 않았다. 그러자 악마는 크게 근심하며 도저히 그녀를 속일 수도 없으리라는 것을 깨달았다. 도저히 그녀의 행동에 끼어들 틈이 보이지 않았기 때문이다. 마침내 그는 그녀를 성나게 하지 못하는 한 그녀를 속일 수도 없고 사제의 가르침을 잊게 할 수도 없으리라는 것을 깨달았다. 그녀는 악마가 기뻐하는 일은 전혀 할 마음이 없었기 때문이다.

6

그래서 그는 그녀의 동생을 이용했다. 그는 어느 토요일 저녁 동생을 데려가 언니를 성나게 하고 그녀를 속일 수 있을지 보기로 했다. 동생이 아버지의 집에 도착했을 때는 이미 밤이 깊어 있었다. 그녀는 한 떼의 젊은이들을 끌고 집 안으로 쳐들어갔다. 언니는 그들을 보자 크게 화를 내며 말했다.

"얘야, 네가 그런 생활을 하는 한, 이곳에 들어와서는 안 된다. 너는 내게 비난만 끌어올 텐데, 난 그러기를 원치 않는단다."

동생은 언니가 자기 때문에 비난당하리라는 말을 듣자 성이 나서, 악마에게 쓰인 여자답게 대꾸했다. 언니를 증오한다고, 자기가 언니보다 낫다고, 그러면서 사제가 언니에게 흑심을 품고 있으며 사람들이 그 일을 안다면 언니도 화형에 처해질 거라고 맞섰다. 언니는 동생이 그런 악담을 퍼붓자 성이 나서, 동생에게 내 집에서 나가라고 말했다. 그러자 동생도 이 집은 아버지 집이니 내 집이기도 하다며 나가지 않겠다고 버텼다. 언니는 동생이 나가지 않겠다는 말을 듣자 그녀의 어깨를 붙잡아 집 밖으로 몰아내려 했다. 동생도 지지 않고 맞섰고, 함께 온 젊은이들이 언니를 붙들어 마구 때렸다. 그녀는 흠씬 얻어맞은 후에야 간신히 벗어나 자기 방에 들어가 문을 걸어 잠갔다. 그녀에게는 하녀 한 명, 하인 한 명밖에 없었는데, 그들로서는 어찌할 도리가 없었다.

혼자 방에 있게 되자, 그녀는 옷을 입은 채로 침대에 누워 괴로운 마음으로 몹시 울었다. 악마는 그녀가 혼자 분노에 사로잡혀 앞이 안 보이는 어둠 속에 있는 것을 보자 크게 기뻐하며, 그녀에게 아버지와 어머니, 형제와 자매들의 불행을 되새기고, 자기를 때린 동생을 떠올리게 만들었다. 그녀는 그 모든 일을 기억하며 울었고, 크나큰 슬픔에 사로잡혀 괴로워하다 잠이 들었다. 그녀가 그처럼 분통한 나머지 사제의 모든 가르침을 잊어버린 것을 보자, 악마는 크게 기뻐하며 말했다.

"이제 이 여자도 준비가 됐어. 자기 스승의 보호에서 완전히 벗어났군. 우리 작자에게 넘길 수 있겠어."

여자와 교접하는 능력을 지닌 악마가 즉시 행동할 채비를 갖추고, 잠든 그녀를 찾아가 잉태시켰다. 그런 다음에야 그녀는 잠에서 깨어났고, 깨어나는 즉시 사제의 말을 기억하고 성호를 그었다.

"오 거룩하신 마리아 님, 대체 제게 무슨 일이 일어난 거지요? 제가 잠든 후에 뭔가 악한 일이 제게 일어났군요. 아름답고 영화로우신 성모님, 예수 그리스도의 딸이시며 어머니이신 마리아 님, 부디 복되신 아버지와 아들에게 탄원하사 제 영혼을 지키시고 원수의 세력에서 지켜주십시오."

그녀는 일어나 자신에게 일을 저지른 자를 찾아 나섰다. 도저히 찾을 수가 없어서 문으로 달려가 보니 문은 자기가 잠근 대로 잠겨 있었다. 방문이 잘 잠겨 있는 것을 확인한 그녀는 방 안을 온통 뒤졌지만 아무것도 찾아내지 못했다. 그제야 그녀는 자신이 원수에게 당한 것을 깨닫고 괴로워하며 우리 주님께 부디 자기를 이 세상에 남겨두어 수치를 당하지 않게 해달라고 간절히 탄원했다.

밤이 지나고 날이 돌아왔다. 날이 새자마자 악마는 작은딸을 데리고 떠나갔다. 그녀를 데려왔던 목적을 이루었기 때문이다. 작은딸이 젊은이들의 무리와 함께 떠나자, 큰딸은 비통한 눈물을 흘리며 방에서 나와 하인에게 여자 둘을 불러오게 했다. 그녀들이 도착하자, 큰딸은 사제의 집을 향해 길을 떠났다.

7

그녀가 사제의 집에 도착하자, 사제가 그녀를 보고 말했다.

"곤란한 일이 생겼나 보군요. 그토록 겁에 질려 있으니."

"분명 그럴 거예요. 저 말고는 아무에게도 일어난 적이 없는 일이 제게 일어났으니까요. 조언을 구하려고 왔어요. 당신이 전에 말씀하시기를, 아무리 큰 죄라도 고백하고 회개하고 고해사가 가르치는 바를 행하기만 하면 용서받을 수 있다고 하셨으니까요. 사제님, 저는 죄를 지었습니다. 고백합니다. 저는 원수에게 농락당한 것이 분명합니다."

그녀는 그에게 동생이 집에 왔던 일, 동생이 어떻게 자기한테 대들었으며 데리고 온 젊은이들과 함께 자기를 때렸는지, 그리고 어떻게 자기가 성난 채 방에 들어가 문을 잠갔는지 말했다.

"너무 괴롭고 성이 나서, 저는 성호를 긋는 것도 잊어버렸고, 사제님께서 해 주신 조언들도 까맣게 잊어버렸어요. 잠이 깨어 보니, 저는 더럽혀져 있었고 처녀가 아니었습니다. 사제님, 저는 방안을 다 뒤졌지만 문은 제가 잠근 대로 잠겨 있었고 아무도 찾을 수 없었고 누가 제게 그런 짓을 했는지도 알 수 없었습니다. 그렇게 해서 저는 농락당했습니다. 하느님의 이름으로, 자비를 구합니다. 제 몸은 고문을 당한다 하더라도, 제 영혼만은 잃지 않도록 말입니다."

사제는 그녀가 하는 말을 듣고는 너무 놀라 믿으려 하지 않았다. 왜냐하면 그런 기이한 일은 들어본 적이 없었기 때문이다.

"당신은 악마에게 씌었군요. 악마가 아직도 당신 주위를 맴돌고 있습니다. 당신이 내게 거짓말을 하는 게 분명한데, 어떻게 당신 고해를 듣고 보속을 명하겠습니까? 일찍이 어떤 여자도 누구인지도 모르는 상대에게, 적어도 누구인지 보지도 못한 채 더럽혀진 적이 없습니다. 당신은 내게 그런 황당한 일이 일어났다고 믿으라는 겁니까?"

"사제님, 저는 당신에게 진실을 말씀드렸으니, 하느님께서 부디 저를 구원하시고 고문에서 면하게 해 주시기를 원합니다."

"만일 당신이 내게 말한 것이 진실이라면, 당신은 당신 자신의 행동에서 그걸 잘 볼 수 있을 겁니다. 당신은 내가 당신에게 명한 순종을 어김으로써 큰 과오를 범했습니다. 당신이 그것을 어긴 것에 대한 보속으로, 나는 당신에게 평생 동안 금요일에는 한 끼만 먹을 것을 명합니다. 당신이 내게 말하는 음욕의 죄에 대해서는, 나는 단 한마디도 믿지 않지만, 만일 당신이 내가 명하는 대로 하겠다고만 한다면, 한 가지 보속을 명하겠습니다."

"당신이 명하시는 모든 것을 하겠습니다. 아무리 힘든 일이라 해도."

"부디 그러하기를! 당신은 거룩한 교회의 결정에 따르고 자신의 죽음으로 우리를 대속하신 예수 그리스도의 자비를 구하러 왔습니까? 그것이 마음에서 우러나는 참된 고해요 순전한 회개이니, 방금 당신 입으로 말한 바를 몸과 마음을 다해 지키고 모든 일에서 힘써 말하고 행하겠습니까?"

"사제님, 당신이 말씀하신 대로 기꺼이 행하겠습니다."

"나는 하느님을 믿습니다. 당신이 내게 말한 것이 진실이라면, 당신은 아무것도 두려워하지 않아도 됩니다."

"사제님, 저는 당신께 진실을 말씀드렸으니, 하느님께서 부디 저를 치욕스러운 죽음과 비난에서 지켜주시기를 바랍니다."

"당신은 보속을 잘 준수하고, 당신 죄를 버리기로 약속합니까?"

"예, 사제님."

"이제 당신은 모든 음욕을 버렸으며, 나는 당신에게 영영 그 죄를 금합니다. 당신이 잠든 동안 일어나 어쩔 수 없었던 일은 제외하고 말입니다. 당신은 그 죄에서 자신을 지키기를 원하며 그럴 수 있겠습니까?"

"예, 그렇습니다. 제가 이번 일로 인해 저주 받지 않으리라고 보증하신다면, 다시는 그런 일이 없게 하겠습니다."

"이번 일에 대해서는, 내가 하느님 앞에서 그분이 이 땅에 우리를 위해 세우신 계명으로 당신의 보증이 되겠습니다."

그녀는 뉘우치는 마음으로, 눈물에 젖어, 그가 부과하는 보속을 받아들였다. 사제는 그녀에게 성호를 그어 주고 축복한 후, 자신이 할 수 있는 한 그녀를 예수 그리스도의 사랑으로 돌아오게 했다. 만일 그녀가 한 말이 사실이라면, 그녀는 정말로 악마에게 당한 것이라고 생각했다. 그래서 그녀를 불러 성수가 있는 곳으로 데려가 성부와 성자와 성령의 이름으로 성수를 마시게 한 후 성수를 뿌려 주고 말했다.

"내가 당신에게 해준 권면을 잊지 않도록 주의하십시오. 그리고 내가 필요할 때면 언제든 다시 찾아오십시오."

그는 그녀에게 성호를 그어 주고 그녀가 보속으로 행할 모든 선행을 알려 주었다.

8

그녀는 집으로 돌아와 선하고 소박한 삶을 살았다. 악마는 자신이 그녀를 잃어버렸음을, 마치 그녀가 존재하지도 않는 듯, 그녀가 말하고 행하는 어떤 것도 알 수 없게 되었음을 깨닫자, 자신이 그녀를 잃어버린 데 성이 났다. 그렇게 지내는 동안 그녀는 몸 안의 씨로 인해 살이 찌고 배가 부풀어서, 마침내 다른 여자들이 알아차리고 말하게 되었다.

"이런, 아가씨, 대체 어떻게 된 일이에요? 살이 많이 쪘군요!"

"확실히 그래요."

"아기를 배었나요?"

"예, 그런 것 같아요."

"누구 아기지요?"

"누구인지는 모르지만, 하느님께서 부디 무사히 출산하게 해 주시기를 바랍니다."

"그렇다면 누군지도 말할 수 없을 만큼 많은 남자를 알았다는 말인가요!"

"이런 일이 제게 일어나도록 저와 관계한 남자를 제가 알거나 보았다면, 하느님께서 제게 해산을 거부하시기를 바랍니다."

이 말에 여자들은 성호를 긋고 말했다.

"아가씨, 그건 있을 수 없는 일이에요! 그런 일은 당신에게도 다른 아무에게도 일어난 적이 없어요. 아마도 당신은 당신 자신보다도 당신에게 이런 짓을 한 남자를 더 사랑해서 그를 고발하기를 원치 않는 것이지요. 하지만 그건 당신 자신에게 못할 짓이에요. 왜냐하면 재판관들이 알게 되는 즉시 당신은 죽게 될 테니까요."

그 말을 듣자 그녀는 겁에 질려 말했다.

"하느님께서 제 영혼을 구해 주시기를! 저는 제게 이 일을 행한 자를 본 적도 안 적도 없습니다."

여자들은 그녀를 비웃었고 미친 여자 취급을 했다. 그렇게 아름다운 집들, 좋은 토지들, 아름다운 영지들을 전부 잃게 되다니 불행한 일이라고들 말했다. 그 말을 듣고 겁에 질린 그녀는 다시 사제를 찾아가 그에게 여자들이 한 말을 전했다. 하지만 그녀가 아이 때문에 배가 불룩해진 것을 보자, 그는 크게 놀라 물었다.

"자매님, 내가 명한 보속을 제대로 지켰습니까?"

"예, 사제님, 하나도 어기지 않고 지켰습니다."

"그리고 그 이상한 일은 딱 한 번밖에 일어나지 않았고요?"

"예, 사제님, 단 한 번뿐입니다. 전에도 후에도 없었습니다."

사제는 그 말을 듣고 놀라며, 그녀가 그에게 말한 밤과 시각을 기록해 두고는 말했다.

"당신이 밴 그 아이가 태어나면, 당신이 내게 거짓말을 했는지 보게 될 것입니다. 나는 하느님을 믿습니다. 만일 당신이 내게 말한 것이 진실이라면, 당신은 죽음을 두려워하지 않아도 됩니다. 하지만 당신이 확실히 두려워해야 할 것은, 재판관들이 이 일을 알게 되면 당신에게 정의를 행한다는 구실로 당신의 큰 집과 아름다운 땅을 차지하기 위해 당신을 체포하리라는 겁니다. 당신이 체포되거든, 내게 알리십시오. 내가 가서 할 수만 있다면 당신을 돕겠습니다. 만일 당신이 내게 말한 대로라면, 하느님께서 도와주시기를. 정말로 그러하다면 그분께서 반드시 도와주실 것을 믿으십시오. 이제 집에 돌아가 하느님을 믿고 선한 삶을 사십시오. 선한 삶은 선한 결과를 가져오는 데 큰 도움이 되니까요."

9

그녀는 집에 돌아와 평온하고 소박한 삶을 살았다. 그러던 중 재판관들이 그 고장에 이르러 그 일을 알게 되었다. 그들은 그녀에게 사람들을 보내 자신들 앞에 출두하게 했다. [14] 그녀는 체포되자마자 자신

---

[14] 악마가 부자의 세 딸을 유혹하는 이야기와 마찬가지로, 메를랭의 모친에게 행해진 재판에 관한 이야기도 이전의 문전들에서는 찾아볼 수 없다. 단, 이어지는 이야기에 나오는 재판관은 어린 메를랭의 세 가지 예언 중 마지막 예언의 당사자이니, 제프리 오브 몬머스의 《메를랭의 생애》에 나오는 예언들 중 하나를 이야기의 틀로 삼은 셈이다.

에게 늘 조언해 주던 사제에게 기별을 보냈다. 소식을 들은 그가 서둘러 가보니 그들은 이미 여자를 재판하는 중이었다. 그들은 즉시 사제를 불러, 누가 자신을 임신시켰는지 모른다는 그 젊은 여자의 말을 전해 주며 물었다.

"여자가 남자 없이 임신하여 아기를 가질 수 있다고 믿으시오?"

사제가 대답했다.

"제가 아는 것을 다 말씀드리지는 않겠습니다. 하지만 제가 말씀드릴 수 있는 것은, 만일 여러분이 제 말을 믿으신다면, 그녀가 아기를 배고 있는 동안에는 판결을 내리지 말라는 것입니다. 그것은 정당하지도 이치에 맞지도 않는 것이, 아이는 어미의 죄로 죽을 만한 일을 하지 않았기 때문입니다. 아니면 여러분은 무죄한 자를 죄인처럼 죽이게 될 것입니다."

"당신 조언을 따르겠소."

"제 조언대로 하시겠다면, 여자를 탑에 가두고 잘 지키게 하십시오. 그녀가 허튼 짓을 하지 못할 만한 곳에 가두고, 여자 둘을 붙여 출산 때 필요하면 시중을 들게 하십시오. 그렇게 아무도 거기서 나갈 수 없게 하고 아이가 태어나기까지 잘 지키십시오. 아이를 양육하여 아이가 혼자서 먹고 자기에게 필요한 것을 말할 수 있을 때까지 그곳에 두십시오. 그런 다음 여러분에게 다른 의향이 있다면 좋으실 대로 하시고 그녀의 재산도 알아서 처리하십시오. 만일 제 조언을 따르겠다면 그리 하시고, 달리 하신다 해도 저로서는 어쩔 수 없습니다."

"당신 말이 옳다고 생각하오."

재판관들은 사제가 제안한 대로 했다. 그들은 그녀를 높은 탑에 가두고 아래쪽의 모든 문을 봉한 다음 그녀의 곁에는 그런 일을 맡기에 가장 현명하다고 여겨지는 두 여자를 두었다. 그리고 탑 위쪽의 창문 하나를 남겨두어, 그녀들에게 필요한 것을 밧줄로 끌어올리게 했다.

사제는 그 모든 일을 한 다음, 창가에 선 젊은 여자에게 말했다.

"아기를 낳으면 지체 없이 세례를 받게 하고, 탑에서 나와 재판을 받게 되거든 나를 부르러 보내십시오."

10

그리하여 그녀는 오랫동안 그 탑에서 지냈다. 재판관들은 그녀에게 불편이 없도록 잘 돌봐주었다. 그녀는 그곳에서 지내다가, 하느님의 뜻에 따라 아이를 낳았다. 아이는 태어나자마자 그를 잉태시킨 악마의 능력과 지식을 지니고 있었다. 하지만 악마의 소행은 어리석었다. 참되게 회개하는 죄인들을 우리 주님께서 자신의 죽음으로 대속하셨다는 것을 알면서도 여자가 잠든 동안 간계를 써서 농락했으니 말이다. 여자는 자신이 당한 것을 깨닫자마자 자복하고 마땅히 구할 곳에 자비를 구했으며, 그런 다음 하느님과 거룩한 교회의 계명들을 따랐다.

그럼에도 하느님께서는 악마가 자기 몫을 잃는 것을 원치 않으셨고, 그가 그런 일을 벌이며 원하던 것을 얻게 하셨다. 그래서 아이가 과거에 행해지고 말해지고 오간 모든 것을 아는 그들의[15] 재주를 갖게

---

15 바로 앞에서 '악마'는 단수로 이야기되지만, '그들의 재주'라고 할 때는 복수로 쓰고 있다. 도입부에서 보듯, 악마는 단수로도 복수로도 이야기된다.

하셨다. 하지만 모든 것을 아시는 우리 주님께서는 어미의 회개를, 그녀의 자복과 고해의 씻음과 그녀의 마음속에 있는 선한 뉘우침을 보시고, 그녀에게 일어난 일이 그녀 자신의 뜻과는 무관했던 것을 보시고, 그리고 그녀가 일찍이 세례를 통해 죄 씻음 받은 것을 보시고, 어미의 죄가 아이에게 해가 되는 것을 원치 않으셨다. 그래서 그에게 미래에 일어날 일들을 아는 능력을 주셨다. 그런 연유로 그는 원수로부터 과거에 행해지고 말해진 것들을 아는 능력을 받았을 뿐 아니라, 우리 주님으로부터 미래를 아는 능력을 받게 되었다. 우리 주님께서는 그가 이미 아는 것에 맞서 하느님 편에서의 지식도 갖기를 원하셨던 것이다. 그래서 그가 악마와 우리 주님 어느 편에 설지는 그가 원하기에 달려 있었다. 악마는 그에게 육신을 주었지만, 우리 주님께서는 모든 육신에 영혼을 불어 넣으시고, 각 사람에게 주신 지성에 따라 보고 듣고 이해하게 하시는 것이다. 하느님께서는 이 아이가 처한 곤경을 보시고 그에게 다른 어떤 아이보다 많은 것을 주셨으니, 그가 어느 편에 설지 알게 될 것이다. 16

아이는 그렇게 태어났다. 갓난아기를 받아 안은 여자들은 그가 이

---

16 메를랭이 지닌 지혜의 기원을 말해 주는 대목이다. 《브리튼 왕들의 역사》나 《브뤼트 이야기》에서는 메를랭의 지혜가 막연히 어떤 '영'(spirit)에 의한 것이라고 이야기되지만, 로베르는 그가 악마와 신으로부터, 과거와 미래에 걸친 지식을 받았다고 말한다. "그가 악마와 우리 주님 어느 편에 설지는 그가 원하기에 달려 있었다"는 것은 전혀 새로운 설정으로, 악마의 씨로 잉태된 메를랭이 자유의지에 의한 선택으로 구원에 이를 수 있다는 것은 1절에서 악마들이 말하듯 "죄인들이 아무리 우리 일을 행했다 하더라도 회개하고 우리 일을 버리고 사제들이 명하는 바를 행하기만 한다면 구원받는다"는 구속의 원리를 단적으로 보여준다.

제껏 보아온 어떤 아이보다도 털이 많은 것을 보고 두려워했다. [17] 그녀들은 그를 그의 어머니에게 보여 주었고, 그녀는 그를 보자 성호를 그으며 말했다.

"이 아이는 나를 두렵게 하는군요."

"저희도 그래요. 겨우 용기를 내서 받아 안았어요."

"아이를 내려보내, 세례를 받게 해 주세요."

"어떤 이름을 붙일까요?"

"제 아버지의 이름이요."

여자들은 그를 바구니에 넣어 밧줄에 매달아서 내려보내며, 아이에게 세례를 주고 외할아버지의 이름을 붙여달라고 부탁했다. 그의 이름이 메를랭이었으므로, 아이는 메를랭이라는 이름으로 세례를 받았다. 그런 다음 사람들은 그를 어머니에게 돌려주어 젖을 먹이게 했다. 다른 어떤 여자도 감히 그에게 젖을 먹이려 하지 않았기 때문이다. 그의 어머니는 아이가 아홉 달이 되기까지 젖을 먹였고, 그녀와 함께 지내는 여자들은 아이에 대해 연신 놀라움을 금치 못했다. 아이는 털북숭이에 훨씬 더 성숙해 보였으니, 아홉 달밖에 안 되었는데 두 살도 더 되어 보였다.

11

시간이 더 지나 아이가 열여덟 달이 되자, 두 여자가 아이 어머니

---

17 12세기에는 악마를 짐승에 가깝게 표상했으므로 '털이 많다'는 것은 악마의 표징이라 볼 수 있다.

에게 말했다.

"부인, 이제 저희는 여기서 나가고 싶습니다. 저희에게도 가족과 친구들이 있고, 저희 집에 가고 싶으니까요. 이곳에 충분히 머물렀다고 생각합니다."

"당신들이 떠나고 나면, 저는 재판에 넘겨지겠군요."

"저희로서도 어쩔 수 없는 일이에요. 언제까지나 여기 있고 싶지는 않아요."

그녀는 눈물을 흘리며 그녀들에게 조금만 더 머물러 달라고 애원했다. 그녀들은 창가로 갔고, 어머니는 아이를 안은 채 앉아서 몹시 울며 말했다.

"아가, 너 때문에 나는 곧 죽게 되겠구나. 나는 그럴 만한 잘못을 하지 않았는데. 하지만 나 말고는 진실을 아는 이가 없고 아무도 나를 믿어 주지 않으니 죽을 수밖에 없구나."

그녀가 그렇게 아들을 향해 하느님께서 자기 태중에 자기를 고문과 죽음에 이르게 할 그를 지으시고 태어나도록 내버려두신 것을 탄식했다. 그녀가 그렇게 우리 주님께 자신의 괴로움을 토로하고 있을 때, 아이가 어머니를 쳐다보고 웃으며 말했다.

"어머니, 두려워하지 마세요. 저로 인해 어머니께 닥친 죄로 죽지는 않을 거예요."

아이의 말을 듣자 어머니는 심장이 멎는 것만 같았다. 두려운 나머지 그녀는 팔에 힘이 풀려 아이를 놓쳤고 아이는 바닥에 떨어져 다쳤다. 창가에 있던 여자들이 놀라서 그녀가 아이를 죽이려는 줄로만 알고 달려와 물었다.

"왜 아이를 떨어뜨렸지요? 죽이려고 그러나요?"

그녀는 넋이 나간 채 대답했다.

"그럴 생각은 없어요. 아이가 내게 너무나 황당한 말을 하는 바람에 놀라고 팔에 힘이 풀려서 떨어뜨린 것뿐이에요."

"아이가 대체 뭐라고 했기에 그렇게 놀랐나요?"

"내가 자기 때문에 죽지는 않을 거라는군요."

"아이가 또 다른 말도 하려나요?"

그녀들은 아이를 안아들고 그가 말하는지 보려고 부추기기 시작했지만, 그는 들은 척도 않고 아무 대꾸도 하지 않았다.

한참 후에 어머니가 두 여자에게 말했다.

"나를 위협해 보세요. 내가 아들 때문에 화형 당할 거라고요. 내가 아이를 안고 있을게요. 그러면 그가 말하는지 보게 될 거예요."

여자들이 다가와서 말했다.

"당신처럼 아름다운 분이 이 아이 때문에 화형을 당하게 되다니 참 안됐어요. 이 아이는 태어나지 않았더라면 좋았을 뻔했어요."

그러자 그가 대답했다.

"거짓말! 내 어머니가 당신들에게 그런 말을 하라고 시켰지."

그 말을 듣자 여자들은 놀라고 겁이 나서 서로 말했다.

"얘는 아이가 아니라 악마야. 우리가 말한 것을 다 알다니."

그녀들은 그에게 말을 걸고 여러 가지 질문을 퍼부었지만, 그는 그저 이렇게 대답할 뿐이었다.

"날 좀 내버려둬요. 당신들은 어리석고 내 어머니보다 더 죄 많은 여자들이에요."

그 말을 듣자 그녀들은 크게 놀라며 말했다.

"이렇게 놀라운 일은 비밀로 할 수가 없어. 저 아래 사람들에게 알리자."

그녀들은 창가로 가서 사람들을 불러 아이가 한 말을 알리고 자기들은 더 이상 그곳에 갇혀 있고 싶지 않다고, 재판관들에게 그렇게 알려달라고 말했다.

그 소식을 들은 재판관들은 기이한 일이라며, 아이 어머니를 재판에 부치는 것이 옳겠다고 말했다. 그래서 소환장을 작성하고 그녀에게 40일 후 재판정으로 출두하라고 명령했다. 아이 어머니는 소환장을 받고 자신이 고초 당하게 될 날을 알자 겁에 질려서 자신의 고해사인 사제에게 알렸다.

12

그녀는 그렇게 한동안 지내다가, 화형에 처해지기 일주일 전이 되었다. 그녀는 그날이 생각날 때면 겁에 질렸다. 아이는 탑 안을 돌아다니면서 어머니가 우는 것을 보고는 기쁜 듯 웃기 시작했다.

여자들이 그에게 말했다.

"네 어머니가 생각하는 것을 조금이라도 생각하렴. 다음 주면 너때문에 불에 타죽을 텐데. 네가 태어난 시각이 저주 받아 마땅하지. 하느님께서 도와주시지 않는다면, 너 때문에 어머니가 그 고초를 겪게 될 거야."

그러자 그가 대답했다.

"어머니, 저들이 거짓말을 하는 거예요. 내가 살아 있는 한, 아무

도 어머니를 태워 죽이거나 사형에 처하지 못할 거예요. 하느님 뜻이
아니라면요."

여자들과 어머니는 그 말을 듣고 기뻐하며 말했다.

"이런 말을 할 줄 아는 아이라면 장차 아주 지혜로운 사람이 될 거야."

그들은 정해진 날까지 그렇게 기다렸다. 여자들은 탑에서 풀려났
고, 어머니는 아이를 품에 안고 나왔다. 재판관들이 와서 두 여자를
따로 데려가 아이가 그렇게 말했다는 것이 사실인지 물었다. 그녀들
은 그가 말하는 것을 들은 대로 그들에게 전했다. 재판관들은 크게 놀
라며, 아이가 어머니를 구해내려면 상당한 언변이 필요하리라고 말
했다. 그들은 물러났고, 여자에게 조언을 해줄 사제가 나타났다. 그
러자 판사 중 한 사람이 그녀에게 말했다.

"아가씨, 아직 무슨 할 일이 있소? 형벌을 당해야 하니, 마음의 준
비를 하시오."

그녀가 말했다.

"재판관님, 허락하신다면, 저 사제분과 따로 이야기하고 싶습니다."

그들은 허락해 주었고, 그녀는 아이를 밖에 둔 채 방으로 들어갔
다. 여러 사람이 아이에게 말을 시키려 했지만, 아이는 대꾸하지 않
았다. 어머니는 사제와 만나 비통한 눈물을 흘리며 이야기를 나누었
다. 그녀가 할 말을 다 마치자, 사제가 그녀에게 물었다.

"당신 아이가 했다는 말을 들었는데, 정말입니까?"

"그렇답니다."

그녀는 그에게 자신이 들은 말들을 전해 주었다. 사제는 그 말을

듣자 말했다.

"뭔가 기이한 일이 일어날 것만 같습니다."

그는 나가서 재판관들이 있는 곳으로 갔다. 여자는 그를 따라갔다. 속옷에 외투만을 걸친 차림이었다. 그녀는 방 밖에서 아이가 기다리고 있는 것을 보고는 아이를 안고 재판관들 앞에 섰다. 재판관들은 그녀를 보자 물었다.

"누가 이 아이의 아비인가? 우리에게는 감추지 말라."

그녀가 대답했다. "재판관님들, 저는 처형당하리라는 것을 잘 압니다. 만일 제가 아이 아버지를 보았거나 안다면, 제가 남자에게 몸을 맡겨 아이를 낳게 했다면, 하느님께서 제게 동정과 자비를 거부하시기를 바랍니다."

재판관 중 한 명이 대답했다. [18] "우리는 그런 일이 가능하다고 생각하지 않는다. 하지만 도대체 여자가 아비 없이 자식을 낳을 수 있는지 여자들에게 물어보겠다."

여자들은 대답했다. "아니, 결코 그런 일은 들어본 적이 없습니다. 예수 그리스도의 모친만을 제외하고는."

13

그 말을 듣자, 재판관들은 재판을 하는 수밖에 없겠다고 결정했다.

---

18 Micha 판본에서는 별다른 설명 없이 여러 명의 재판관이 한 명으로 바뀌지만, 모데나 사본에서는 여러 재판관 중 한 명임을 명시하고 있다. 이 인물이 뒤에 나오는 재판장일 터이다.

그들 중 가장 영향력 있는 한 사람, 다른 사람들도 그의 의견을 따르는 사람19이 말했다.

"듣자하니 그 아이가 말하기를, 자기 어머니가 자기 때문에 죽지는 않을 거라고 했답니다. 아이가 어머니를 구할 작정이라면, 왜 나서서 말하지 않는지 모르겠군요."

그 말에 아이는 어머니의 품안에서 몸을 뒤채었고, 어머니는 아이를 바닥에 내려놓았다. 그러자 아이는 곧장 재판장의 발치로 달려가서 말했다.

"말해 주세요. 왜 내 어머니를 태워 죽이려 하는지."

재판장이 말했다.

"그야 확실히 알지. 말해 주마. 왜냐하면 네 어머니는 몸을 잘못 간수해 너를 가졌는데, 너를 갖게 한 자를 고발하려 하지 않기 때문이란다. 우리는 그런 여자들을 재판하는 오래된 법이 있고, 그 법에 따라네 어머니를 재판하려는 거야."

아이가 대답했다.

"만일 다른 어떤 여자도 그녀보다 더 나쁜 짓을 하지 않았다면, 그녀에게 다른 모든 여자보다 더 심한 벌을 내리는 것이 옳겠지요. 하지만 더 나쁜 짓을 한 여자들도 많이 있어요. 게다가 내 어머니가 알면서 나쁜 짓을 했다면야 다른 여자들이 더 나쁜 짓을 했다고 해서 내어머니에게 죄가 없다고 할 수는 없겠지요. 하지만, 내 어머니는 저와 관련하여 전혀 잘못이 없고, 만일 무슨 잘못이 있었다면, 저 사제

---

19 이하, '재판장'으로 옮긴다.

님이 책임을 지기로 했습니다. 내 말을 믿지 않는다면, 그에게 물어 보세요."

재판장은 사제를 출두시켰고, 그에게 아이의 말을 낱낱이 전하며 그게 사실이냐고 물었다. 사제는 대답했다.

"재판장님, 그가 자기 어머니의 죄에 대해 말한 대로, 그녀가 자신에게 닥친 일이 하느님께나 세상에 대해서나 두려워할 것이 없는 방식으로 일어났다고 말한 것이 사실이라면, 정의가 행해질 것입니다.[20] 그녀는 자신이 어떻게 하여 농락당했는지 여러분께 직접 말했습니다. 이 아이를 잉태한 것은 자는 동안에 아무런 육신의 정욕 없이 일어난 일이라고, 누가 자신을 잉태시켰는지도 모른다고 말입니다. 그녀는 그 점에 대해 고해를 했고, 회개도 했습니다. 나는 그녀를 믿으려 하지 않았지만, 내가 믿지 않는다는 것이 그녀를 해칠 수도 없고 그래서도 안 될 것입니다. 그녀의 양심이 깨끗하기만 하다면 말입니다."

아이가 말했다. "당신은 내가 잉태된 밤, 그 시각을 기록해두었지요. 그리고 내가 태어난 날짜와 시각도 알 수 있으니, 내 어머니의 행실에 대해 상당한 증거를 제시할 수 있을 거예요."

사제가 대답했다. "네 말이 옳다. 어떻게 네가 우리 모두보다 더 똑똑한지 모르겠구나."

---

20 이 대목은 좀 어색한데, 모데나 사본이 더 자연스럽다. "재판관들은 사제를 불러 그에게 메를랭이 자신들에게 한 말이 사실인지 물었다. 사제는 그들에게 그의 어머니가 자신에게 했던 이야기를 낱낱이 들려주었다. '그리고 저는 그녀에게 만일 그녀가 말한 대로라면, 그녀는 하느님도 세상도 두려워할 것이 없고, 정의가 행해지리라고 말했습니다.'"

그래서 두 여자가 불려왔고, 여자들은 재판관들에게 잉태와 출산의 날짜, 임신 기간 등에 대해 자세히 알려 주었다. 그리고 사제의 기록 덕분에, 그들은 아이가 태어난 것이 여자가 말한 대로라는 점을 확인했다.

재판장이 말했다. "그렇다고 해서 무죄라고 할 수는 없지. 여자가 자기한테 잉태시킨 자를 말하거나, 아이가 누가 자기 아비인지, 믿을 만한 방식으로 고백하지 않는다면."

아이가 성내며 말했다. "누가 내 아버지인지는 내가 잘 알아요. 누가 당신 아버지인지 당신이 아는 것보다 더 잘 알지요. 또 내 어머니가 내 아버지를 모르는 것보다, 당신 어머니는 당신 아버지를 더 잘 알지요."

재판장이 성내며 말했다. "네가 내 어머니에 대해 할 말이 있다면, 내가 어머니를 보증하마."

"만일 당신이 엄격한 정의를 시행하겠다면, 당신 어머니가 내 어머니보다 사형을 당해 마땅하다고 단언하지요. 내가 그 점을 증명한다면, 내 어머니를 가만 놔둬요. 내 어머니는 당신이 고발하는 그런 잘못을 하지 않았으니까. 내 어머니는 내가 어떻게 해서 잉태되었는지 사실대로 말했어요."

재판장은 그 말을 듣자 크게 성내며 말했다. "너는 네 어머니에게 화형을 면해 주었다만, 명심해라. 만일 네가 내 어머니에 대해 내가 믿을 만한 것을 말하여 네 어머니를 무죄로 만들지 못한다면, 나는 너를 네 어머니와 함께 불태워 죽이겠다."

14

그들은 열닷새의 말미를 두기로 했다. 재판장은 자기 어머니를 부르러 보내는 한편, 아이와 어머니를 가두고 보초들에게 지키게 했으며 그 자신도 줄곧 보초들과 함께했다. 아이는 수차 어머니와 또 다른 사람들에 대해 질문을 당했지만, 그 열닷새 동안 그들은 그에게서 단 한마디도 끌어내지 못했다. 재판장의 어머니가 당도하자, 아이는 옥에서 풀려나 사람들 앞에 섰다.

재판장이 말했다. "여기 내 어머니가 있다. 할 말이 있으면 해 보아라."

아이가 대답했다. "당신은 당신 스스로 생각하는 만큼 현명하지 않군요. 자, 어머니를 따로 어느 집에 모시고 가서, 가장 가까운 조언자들을 불러 모아요. 나도 내 어머니를 옹호할 이들, 전능하신 하느님과 사제를 부를 테니까."

그 말을 들은 이들은 너무나 놀라서 대답도 변변히 할 수가 없었다. 하지만 재판장은 아이가 지혜로우며 아이의 말이 옳다고 인정했다.

아이가 모두에게 물었다. "만일 내가 내 어머니를 이 사람의 심판에서 구해낸다면, 다른 사람들은 아무 이의 없겠지요?"

다들 대답했다. "만일 재판장 앞에서 무죄라면, 더 이상 그녀를 추궁할 이가 없겠지."

그들은 어느 집으로 갔다. 재판관은 어머니와 자신이 아는 가장 덕망 있는 친구 두 명을 불렀고, 아이는 어머니의 고해사인 사제를 불렀다. 모두 모이자, 재판장이 말했다.

"이제 내 어머니에 대해, 네 어머니를 무죄 방면할 만한 사실을 말해 보아라."

그가 대답했다. "나는 내 어머니의 무죄 방면을 얻어내기 위해 당신 어머니가 아무 잘못도 하지 않았는데 죄 있는 것처럼 말하지는 않겠어요. 왜냐하면 나는 내 어머니의 잘못을 변호하려는 게 아니라, 하느님의 정의와 내 어머니의 무죄함을 밝히려는 것이니까요. 내 어머니가 당신이 부과하려는 형벌을 받을 짓을 하지 않았다는 것을 알아두어요. 내 말을 믿는다면 내 어머니를 풀어 주고, 당신 어머니에 대한 조사도 그만두어요."

재판장이 대답했다. "그런 식으로 나를 우롱하지 말아라. 너는 그런 말로 빠져나갈 수 없다. 사실대로 말해야 한다."

아이가 말했다. "당신은 내가 내 어머니를 변호할 수 있다면 나와 내 어머니를 풀어 주겠다고 약속했어요."

재판장이 대답했다. "확실히 그렇다. 하지만 우리가 여기 모인 것은 네가 내 어머니에 대해 말하는 것을 듣기 위해서이다."

아이가 말했다. "당신은 내 어머니를 체포했고, 태워 죽이려 해요. 그녀가 나를 낳았는데 누가 나를 잉태시켰는지 모른다는 이유로 말이에요. 하지만 그녀는 정말로 몰랐고, 지금도 누가 나를 잉태시켰는지 알 수도 말할 수도 없어요. 하지만 나는 원한다면 당신보다 더 확실히 누가 당신 아버지인지 말할 수 있어요. 그리고 당신 어머니는 내 어머니보다 더 확실히 당신이 누구의 아들인지 말할 수 있을 거예요."

재판장이 말했다. "어머니, 저는 당신의 정식 남편의 아들이 아닙니까?"

어머니가 대답했다. "세상에, 아들아, 네가 세상 떠난 내 남편의 아들이 아니라면 대체 누구의 아들이겠느냐?"

아이가 말했다. "이보세요, 부인, 당신 아들이 나와 내 어머니를 풀어 주려면 당신이 진실을 말해야 해요. 하지만 그가 우리를 풀어준다면, 이 정도로 넘어가지요."

재판장이 말했다. "나는 그렇게 못 넘어간다."

아이가 말했다. "당신이 이 일에서 얻을 것은 당신 어머니의 증언 덕분에 당신 아버지가 아직 살아 있다는 것을 아는 것뿐이에요."

그 자리에 있던 모든 사람이 그 말을 듣고 크게 놀라 성호를 그었다.

아이가 부인에게 다시 말했다. "당신은 아들에게 그가 누구의 자식인지 말해야 해요."

부인은 성호를 그으며 말했다. "이런 악마 같으니. 이미 말하지 않았느냐?"

아이가 대답했다. "당신은 그가 아버지라고 믿는 사람의 자식이 아니라는 것을 분명히 알지요."

부인은 겁에 질려 물었다. "그럼 대체 누구 자식이라는 말이냐?"

아이가 말했다. "당신은 그가 당신 본당신부의 아들이라는 걸 잘 알지요. 그 증거로, 처음 그와 동침했을 때, 당신은 그에게 아이를 갖게 될까봐 두렵다고 말했어요. 그러자 그가 자기 때문에 임신하지는 않을 거라면서 당신과 동침할 때마다 기록해 두겠다고 말했어요. 실은 당신이 다른 남자와 잘까봐 우려했던 거지요. 그 무렵 당신은 남편과 불화한 상태였으니까요. 아이가 생기자 오래지 않아 당신은 그에게21 그의 아이를 가져 피곤하다고 말했어요. 내 말이 맞지요? 인정하고 싶지 않다면, 또 다른 일도 말하지요."

재판장은 격분하여 자기 어머니에게 물었다. "저 아이가 하는 말이 사실입니까?"

어머니는 겁에 질려 말했다. "아들아, 저 악마를 믿는 거냐?"

아이가 말했다. "사실대로 인정하지 않겠다면, 누가 진실인지 알 만한 다른 일을 말하지요."

부인은 입을 다물었고, 아이는 말했다. "나는 일어난 모든 일을 알아요. 당신은 임신한 것을 알자, 그것을 덮기 위해 신부에게 부탁하여 남편과 화해를 주선하게 했어요. 그가 노력한 덕분에 화해가 이루어졌고 당신은 남편과 동침했지요. 그렇게 해서 남편에게 그의 자식이라고 믿게 했던 거예요. 다른 많은 사람들도 그렇게 믿었고, 여기 있는 이 사람도 마찬가지고요. 그 후로도 당신은 줄곧 그런 생활을 해왔고 지금도 하고 있지요. 여기 오기 전날 밤에도 당신은 그와 동침했고, 아침에 그는 당신을 멀리까지 바래다주었어요. 그리고 헤어질 때는 웃으며 이렇게 말했지요. '모든 일을 내 아들의 뜻대로 하라'고 말이에요. 왜냐하면 그는 자기 기록 덕분에 그가 자기 아들이라는 것을 잘 알고 있으니까요."

---

21 Micha는 이 '그에게'를 '남편에게'로 보고 mal baillie를 '피곤하다' 즉 임신 때문에 몸 상태가 좋지 않다는 의미로 해석하고 있으나, 이는 메를랭의 다음 말에서 여자가 사제를 통해 남편과의 화해를 도모하여 동침함으로써 아이가 남편의 아이인 것처럼 믿게 했다는 내용과 어긋난다. 그보다는 사제에게 말한 것이라 보아야 할 것이고, 또는 모데나 사본에서처럼 혼잣말을 한 것이라 볼 수도 있다. 그럴 경우 mal baillie도 '피곤하다'보다는 '운이 나쁘다, 불행하다'는 탄식의 말이 될 것이다.

15

어머니는 그 말을 듣자 모든 것이 사실임을 알고 있었으므로, 맥없이 주저앉아 자백할 수밖에 없음을 깨달았다.

그녀의 아들이 그녀를 향해 말했다. "어머니, 내 아버지가 누구이든, 나는 어머니 아들입니다. 그리고 아들로서 부탁합니다. 내가 들은 말이 사실인지 말해 주십시오."

어머니가 대답했다. "아들아, 제발 불쌍히 여겨다오. 난 더 이상 숨길 수 없구나. 그가 말하고 내가 들은 모든 것이 사실이란다."

재판장은 그 말을 듣자 말했다. "내가 내 아버지를 아는 것보다 자기가 자기 아버지를 더 잘 안다던 이 아이의 말이 옳았구나. 내가 내 어머니를 정죄할 수 없다면, 자기 어머니를 정죄할 권리도 없다던 말이. 하지만 부탁이니, 네 명예를 구하기 위해, 그리고 내가 너와 네 어머니를 방면하기 위해, 네 아버지가 누구인지 말해 다오."

아이가 대답했다. "말해 드리지요. 강압에 의해서가 아니라 호의에서 알려드리는 거예요. 나는 내 어머니를 농락한 한 악마의 아들이라는 것을 알아두어요. 나를 잉태시킨 그런 종류의 악마는 인쿠부스라 하는데, 공중에 살지요. 하느님께서는 내게 그들처럼 과거에 행해지고 말해지고 오간 것을 아는 능력을 주셨고, 그래서 내가 당신 어머니의 행실을 아는 거예요. 그리고 내게 그런 지혜를 허락하신 우리 주님께서는 내 어머니의 선량함과 거룩하고 진실한 회개, 그리고 사제가 명한 보속을 신실하게 행하고 거룩한 교회의 계명들을 지키는 것을 보시고 내게 그분의 능력도 일부 베풀어 주셔서 나는 앞으로 일어날 일도 알 수 있어요. 내가 이제 당신에게 하는 말이 정말인지 보면 알게 될 거예요."

그는 재판관을 한옆으로 불러 말했다. "당신 어머니는 당신을 낳게 한 이에게 가서 내가 당신에게 한 말을 전할 거예요. 그는 당신이 진상을 알게 되었다는 소식을 듣게 되면 충격과 공포에 사로잡혀 견디지 못하고, 당신이 두려운 나머지 달아날 거예요. 그러면 그가 지금 껏 악행을 저지르며 섬겨 온 악마가 그를 강물에 빠뜨려, 그는 거기서 혼자 죽게 될 거예요. 이 일을 보면 내가 앞일도 안다는 것을 확인할 수 있을 거예요."

재판장이 대답했다. "만일 그런 일이 일어난다면, 나는 다시는 너를 의심하지 않겠다."

그들은 의논을 끝내고 사람들 앞으로 돌아왔고, 재판장은 말했다. "이 아이는 자기 어머니를 변호하여 화형에서 구했습니다. 여기 있는 모든 사람이 이보다 더 현명한 자를 볼 수 없으리라고 생각합니다."

사람들은 대답했다. "그녀가 죽음을 면하게 해 주신 하느님께 감사합니다!"

그렇게 해서 메를랭의 어머니는 죽음을 면했고, 재판장의 어머니는 죄가 밝혀졌다. 메를랭은 재판관들과 잠시 더 머물렀다. 재판장은 자기 어머니에게 두 사람을 딸려 보내 아이의 말을 확인하게 했다. 재판장의 어머니는 돌아가자마자 신부에게 가서, 자신이 들은 놀라운 일을 알렸다. 신부는 그 말을 듣자 너무나 겁에 질려서 한마디도 대답하지 못하고 달아났다. 재판장이 돌아오면 자기를 죽이리라고 생각했던 것이다. 그런 생각을 하며 시내를 벗어나 강가를 따라가다가, 재판을 받고 온 세상 앞에서 치욕과 불명예를 당하며 죽느니 스스로 죽는 것이 낫겠다고 생각했다. 그가 섬기던 악마가 그를 물속으로 뛰어들게 했고, 그는 물에 빠져 죽었다. 부인과 함께 갔던 사람들이 이 일을 보았다. 그러므로 이 이야기는 분노에 사로잡힌 채 사람들을 피하지 말 것을 충고한다. 악마는 혼자 있는 사람들을 더 쉽게 공격하기 때문이다.

그 놀라운 일을 본 자들은 재판관에게로 돌아가, 자신들이 본 대로 보고했다. 죄 많은 신부가 죽은 후 사흘 만의 일이었다. 재판장은 그 소식을 듣고 크게 놀라서 메를랭을 찾아가 소식을 알렸다. 메를랭은 그 말을 듣자 말했다.

"이제 내가 사실을 말했다는 걸 확실히 알겠군요. 부탁이니 내 말을 블레즈22에게 전해 주세요."

블레즈란 그의 어머니의 고해사인 사제였다. 재판장은 그에게 신부의 놀라운 운명에 대해 들려주었다.

16

메를랭은 어머니와 블레즈와 함께 가고, 재판관들도 각기 제 갈 길로 갔다. 블레즈는 덕망 높고 지혜로운 사제였다. 그는 메를랭이 어린 나이에 — 그는 겨우 두 살 반밖에 되지 않았으니까 — 그토록 지혜롭게 말하는 것을 듣고는, 대체 그런 총기가 어디서 오는 걸까 의아해했다. 그는 그것을 알아내기로 하고, 여러 가지로 메를랭을 시험해

---

22 이 이름은 12세기 웨일스의 이야기꾼으로 알려진 Bleheris에서 유래한 것으로 추정된다.

보았다. 마침내 메를랭이 말했다.

"블레즈, 나를 시험하지 말아요. 그러면 그럴수록, 당신은 더 놀라게 될 테니까요. 그 대신 내가 부탁하는 일을 하고 내가 하는 말을 믿어요. 그러면 예수 그리스도의 사랑과 영원한 복락에 대해 쉽게 가르쳐 드리지요."

블레즈가 대답했다. "나는 네가 하는 말을 들었고, 너를 잉태시킨 것이 악마라고 믿는다만, 네가 나를 속일까봐 두렵구나."

메를랭이 말했다. "악한 마음은 모든 일에서 선보다는 악을 보기 마련이지요. 당신은 내가 악마의 자식이라고 말하는 것을 들었다면, 우리 주님께서 내게 앞일을 아는 능력도 주셨다는 말도 들었을 텐데요. 그러니 당신이 현명하다면, 내가 어느 쪽에 서야 하는지 잘 알았으리라는 것도 확실히 알 거예요. 우리 주님께서 내게 이 능력을 주셨을 때, 악마는 나를 잃어버렸다는 것을 알아두어요. 하지만 나는 그들의 간계와 재주도 잃어버리지 않았어요.[23] 나는 그들에게서 내 몫을 받았지만, 그게 그들에게 득이 되지 않을 거예요. 그들이 나를 내 어머니에게 잉태시킨 것은 그들의 실수였어요. 그들은 자기들 것이 될 수 없는 그릇에 나를 심었으니, 내 어머니의 선한 삶이 그들에게 큰 손실이 되었지요.

만일 그들이 내 외할머니에게 잉태시켰더라면, 나는 그들의 것이

---

[23] 그러니까 메를랭은 악마들로부터 "이미 행해지고 말해지고 오간 모든 것을 아는 능력"뿐 아니라 그들의 간계(enging)와 재주(art)도 받았다는 말이 된다. 메를랭에게서 보게 되는 변신의 능력이나 먼 데 있는 것을 옮겨오는 능력 같은, 말하자면 '마법사'로서의 능력의 출처를 여기서 찾아볼 수 있다.

되고 말아 하느님이 누구신지 알지도 못했을 거예요. 그녀는 아주 행실이 나쁜 여자였으니까요. 내 어머니와 그녀의 아버지에게 닥친 고통과 그 밖에도 당신이 들은 그 모든 불행은 그녀 탓이었어요. 하지만 하느님에 대한 신앙에 관해 내가 말하는 것을 믿으세요. 그러면 하느님과 나 말고는 아무도 알지 못하는 것을 말해 드리지요. 그걸로 책을 만들어요. 그러면 그 책을 듣는24 많은 사람이 더 나은 사람이 되어 죄를 멀리하게 될 거예요. 그렇게 해서 당신은 선하고 유익한 일을 하게 되는 거지요."

블레즈가 대답했다. "기꺼이 그 책을 쓰마. 하지만 성부와 성자와 성령의 이름으로 네게 간청하노니, 그 세 분이 하느님 안에서 동일한 한 분이심을 내가 알고 믿는 것만큼이나 진실되게, 하느님의 아들을 아버지이자 아들로서 품으셨던 복되신 성모님의 이름으로, 그리고 모든 거룩한 사도와 천사와 대천사, 성인 성녀, 거룩한 교회의 높으신 분들, 모든 선한 남녀, 하느님을 사랑하고 섬기는 모든 존재의 이름을 걸고, 나를 속이지 말고, 나를 미혹하거나 우리 주님께 합당하지 않은 일을 하게 하지 말아다오."

메를랭이 대답했다. "만일 내가 내 구주이신 예수 그리스도의 뜻을 거슬러 당신에게 행한다면, 당신이 말한 그 모든 사람들이 하느님 앞에서 나를 비난하기를!"

블레즈가 대답했다. "그렇다면 네가 하려는 말을 해다오. 네가 내게 권하는 모든 선한 일을 하겠다."

---

24 책이 사적 독서의 대상이 되기 전에는 낭독하여 듣는 것이 관행이었다.

메를랭이 말했다. "그럼 이제 잉크와 양피지를 가져오세요. 당신이 어떤 사람한테서도 들으리라 생각지 못했을 많은 일들을 말해 드릴 테니까요."

그래서 블레즈는 필요한 것들을 가지러 갔고, 모든 것이 준비되자, 메를랭은 그에게 예수 그리스도와 아리마대 요셉의 사랑과, 요셉의 계보와 그라알이라는 그릇을 이어받은 자들, 그들의 모든 이야기, 아버지의 집을 떠난 알랭과 그 일행의 이야기, 페트뤼스가 그들을 떠난 사연, 그리고 요셉이 어떻게 그라알을 다른 사람에게 건네고 어떻게 죽었는지를 이야기해 주었다. 25 그리고 그 모든 일이 있은 후에, 악마들이 모여 인간들에 대한 영향력을 잃어버린 데 대해 어떤 의논을 했는지, 선지자들이 자기들을 힘들게 했다고 생각한 악마들이 어떻게 함께 한 인간을 창조하기로 했는지에 대해서도 이야기했다.

"그들은 나를 만들기로 만장일치로 결정했어요. 그들이 어떤 수를 썼는지는 내 어머니한테서 들어 알고 있겠지요. 하지만 그들은 어리석은 나머지 나를 잃었고, 다른 유익들도 잃었지요."

그렇게 메를랭은 이 작품을 불러주었고, 블레즈에게 받아쓰게 했다. 블레즈는 메를랭이 들려주는 이야기에 거듭 놀랐으며, 그럼에도 그 놀라운 일들이 아름답고 선하게 여겨졌으므로 기꺼이 귀 기울였다. 그가 그 일을 하기에 진력하던 중, 어느 날 메를랭이 그에게 말했다.

---

25 이는 《요셉》의 줄거리를 대강 요약하여 짚은 것인데, 이 문면만으로 보자면 요셉의 이야기도 메를랭의 과거를 아는 능력 덕분에 전해지는 셈이며 그것을 최초로 기록한 이는 블레즈라는 말이 된다.

"당신이 쓰는 책 때문에 당신은 큰 괴로움을 겪게 될 거예요. 나는 한층 더 그럴 테고요."

블레즈가 왜 그러냐고 묻자, 그는 말했다.

"서방에서부터26 날 찾으러 올 거예요. 그 사람들은 자신들의 주군에게 내 피를 가져가겠다고 약속했고, 그래서 날 죽이려 할 거예요. 하지만 나를 보고 내가 하는 말을 들으면 더 이상 그럴 생각이 없어지겠지요. 내가 그들과 함께 갈 때, 당신은 그라알이라는 그릇을 지키는 이들이 있는 곳으로 갈 거예요. 당신의 수고와 당신의 책은 만방에서 읽히고 들리게 될 거예요. 하지만 당신은 사도가 아니었고 될 수도 없기 때문에, 당신 책은 완전한 권위를 갖지는 못할 거예요. 사도들은 예수 그리스도에 대해 자신들이 보고 들은 것밖에는 쓰지 않았지요. 하지만 당신은 아무것도 보지도 듣지도 못했고, 내가 당신에게 들려준 것밖에는 알지 못해요.27 내가 나를 알리고자 하는 사람들에게밖에는 알려지지 않을 것처럼, 당신 책도 감추어져 있어서 당신에게 감사하는 이들은 적을 거예요. 내가 날 데리러 오는 사람들과 떠날

---

26 메를랭의 출생지가 어디인지는 명시되지 않았지만, 브리튼을 가리켜 '서방'이라고 하는 것으로 보아 그보다 동쪽의 어딘가라고 짐작할 수 있다.

27 작품의 허구성에 대한 해명이다. 요셉의 이야기에 대해 메를랭은 사건을 직접 목도한 것이 아니라 과거에 대한 전지적 능력으로 아는 것이고, 블레즈는 메를랭의 구술을 받아쓸 뿐이다. 즉, 사건에 대해 이중적 간격이 생기는 것이다. 물론, 메를랭이 직접 겪은, 또 겪게 될 일의 경우에는 발화의 근원이 한층 가까워진다. 하지만 크게 보면 그런 작중의 해명 이전에, 화자는 이야기의 진정성을 블레즈의 '책'에 의거하는데, 그 책이 근거한 메를랭의 전지 능력이란 이야기 속에 있는 것이니, 일종의 순환 논리가 되는 셈이다.

때, 당신도 그 책을 가지고 떠나요. 요셉의 책과 브롱의 책이 당신의 책과 합쳐질 거예요. 당신이 당신 수고를 마치면 그들과 함께 살 자격이 생길 거예요. 28 그러면 당신은 당신 책을 그들의 책과 합치는 거예요. 당신과 내 노력의 좋은 증거가 되겠지요. 그 책이 사람들의 마음에 든다면, 그들은 우리에게 감사할 테고, 우리 주님께 우리를 위해 기도해 주겠지요. 이 두 책이 합쳐지면 아름다운 책 한 권이 될 거예요. 그리고 그 두 책은 동일한 것이 될 거예요. 29 나로서는 요셉과 예수 그리스도 사이에 오간 비밀한 말을 전할 수 없고 그래서도 안 된다는 점만 빼고는요."

이 이야기를 전하는 기사 로베르 드 보롱은 그렇게 하여 이야기가 배가 된다 하고, 메를랭도 그렇게 말했다. 왜냐하면 그도 그라알 이야기는 알지 못했기 때문이다. 30

---

28 《페르스발》에서 블레즈는 그라알의 모험이 완수되고 불수의 어부왕이 치유되자, 그라알 성으로 가서 새로운 어부왕 페르스발과 함께 머물게 된다(449쪽).

29 이 대목은 전후 맥락상 다소 모순된 것으로 보이기도 한다. 앞서 메를랭이 블레즈에게 구술해 쓰게 한 내용에 요셉과 그 일행의 이야기가 들어 있는데, 다시 '요셉의 책과 브롱의 책'(le Joseph et le Bron)〔사본에 따라서는 그냥 '요셉의 책'(li livres Joseph)〕내지 '그들의 책'(le lor)이 '당신 책'(le tuen)에 합쳐지리라는 말은 어폐가 있기 때문이다. 이는 마치 요셉이나 브롱에 관한 다른 책이 있다는 말로도 들리지만, 《요셉》에는 그런 책이 언급된 적이 없다(로베르가 찾고 있다는 '그라알의 큰 이야기'가 적힌 책이란 그 모든 이야기를 포함하는 것이다). 그보다는 지금까지 메를랭이 받아쓰게 한 요셉의 이야기와 브롱의 이야기에 더하여, 이제부터 쓰게 할 이야기(즉, 아더 왕국의 이야기)가 합쳐지리라는 말로 이해해야 할 것이다.

30 이 문장은 애매하여 여러 가지로 해석된다. 우선, "이야기가 배가된다"(cest conte se redouble)라는 것은 앞 문단에서 말한 대로 (이미 쓴) "요셉의 책과 브

17

내가 말한, 그리고 좀 더 말하게 될 그 시절에는, 그리스도교가 잉글랜드31에 전파된 지 얼마 되지 않아서, 아직 그리스도인 왕이 없었다. 이전에 있었던 왕들에 대해서는 내 이야기가 요구하는 데 따라서만 이야기하게 될 것이다. 32 잉글랜드에는 콘스탄스33라는 왕이 있었

롱의 책"과 (앞으로 쓰게 될) "블레즈의 책"이 합쳐진다는 뜻이겠으나, 그라알 이야기를 알지 못했다는 'il'(그)는 누구인지? 문장의 흐름으로는 바로 앞의 메를랭을 가리키는 것 같지만(본문에서는 일단 그렇게 옮겼다), 그렇다면 메를랭의 전지 능력에 어긋나게 된다. Micha의 해석(*Etude sur le 《Merlin》 de Robert de Boron*, Droz, 1980, p. 27)처럼 'il'(그것)을 '이야기'로 보아, 앞의 이야기에는 그라알 이야기가 들어 있지 않다는 정도로 느슨하게 읽어야 할는지? 로베르의 3부작 의도를 전제한다면, "이 이야기를 전하는 기사 로베르 드 보롱은 뒤이어 다른 이야기가 있다고 하고, 메를랭도 그렇게 말한다. 왜냐하면 이 이야기에는 그라알 이야기가 들어 있지 않기 때문이다" 정도로 의역할 수 있을 것이다.

한편, 이때 메를랭이 알지 못했다는 '그라알 이야기'란 그라알의 내력에 해당하는 《요셉》의 이야기가 아니라, 크레티앵 드 트루아 이래의 '그라알 이야기', 즉 그라알의 탐색에 관한 이야기를 가리킬 터인데, 23절에서는 메를랭이 다시 블레즈에게 그가 써야 할 책에 대해 말하며 "아더 왕과 그 시대에 살았던 이들"의 삶에 대해 쓰게 할 것이고 그것을 완성하고 나면 그라알의 은혜를 누리게 될 것이라니, 메를랭-블레즈의 책에는 세 번째 이야기인 〈페르스발〉, 곧 '그라알 이야기'도 포함됨을 알 수 있다.

31 브리튼이 아니라 '잉글랜드'(Angleterre)라는 말을 쓰고 있다.

32 "이전에 있었던 왕들에 대한 이야기"는 《브리튼 왕들의 역사》 및 《브뤼트 이야기》에 나오는데, 이 문전들에 따르면 브리튼에 그리스도교가 전파된 것은 루키우스 왕 때였다고 한다. 〔이 허구의 이름은 — 보티건이라는 이름과 함께 — 비드의 《잉글랜드인들의 교회사》(731)에 처음 나오는 것으로, 길다스의 《브리튼의 파괴와 정복에 대하여》(6세기 중엽)에 따르면 브리튼에 그리스도교가 전파된 것은 티베리우스 황제 치세 말년, 즉 1세기 초의 일이다.〕이후 로마 황제 디오클레티아누스 때 일어난 대대적인 그리스도교 박해가 로마의 속주였던 브리타니아에까지

다. 이 콘스탄스는 오랫동안 나라를 다스렸으며, 세 아들이 있었는데, 첫째는 모인, 둘째는 판드라곤, 셋째는 우터라는 이름이었다. 콘스탄스의 영토에는 보티건34이라는 이름의 봉신이 있었다. 이 보티

_____

파급되어 교회와 성경이 다 파괴되었다고 한다. 루키우스 사후에 왕위를 놓고 싸우는 통치자들은 딱히 그리스도인으로 그려지지 않았으니, 로베르(또는 《메를랭》의 작가)가 이야기하는 시절에 "아직 그리스도인 왕이 없었다"고 하는 것도 무리가 아니다. 하지만, 《브리튼 왕들의 역사》에 따르면 백성들 사이에는 박해에도 불구하고 그리스도교 신앙이 남아 있었다고 하며, 로베르도 색슨족과의 싸움에서 브리튼족을 줄곧 '그리스도인들'로 지칭하는 것을 볼 수 있다. 뒤이어 보티건이 색슨족의 우두머리인 헨기스트의 딸과 결혼한 후 신앙을 버렸다는 대목에서 보듯, 로베르는 브리튼을 기본적으로 그리스도교 국가로 간주하는 것으로 보인다.

33 《브리튼 왕들의 역사》에 따르면, 이 왕의 이름은 콘스탄틴, 그의 세 아들의 이름이 콘스탄스, 아우렐리우스 암브로시우스, 우터펜드라곤('펜드라곤'이라는 이름은 '용의 머리'라는 뜻으로, 아우렐리우스 암브로시우스가 죽을 때 하늘에 나타났던 이상(異象)에서 우터의 별명으로 붙여진 것이지만, 작가는 처음부터 그를 '우터펜드라곤'이라고 소개하되, 때로 '우터'라 부르기도 한다), 《브뤼트 이야기》에 따르면 왕의 이름은 같고 세 아들의 이름은 콘스탄트, 아우렐리우스 일명 암브로시우스, 그리고 우터이다(이하 잉글랜드 이름들은 대체로 영어 발음으로 적는다).
　《메를랭》에서는 왕의 이름이 콘스탄스, 아들들의 이름은 모인, 판드라곤, 우터로 바뀐다. 우선, 맏이인 '모인'(Moine)의 경우 콘스탄틴-콘스탄스의 혼동을 피할 겸, 그가 수도사(프랑스어로 'moine')로 키워졌다는 데서 나온 이름일 터이고, 둘째 '아우렐리우스 (일명) 암브로시우스'는 브리튼 설화 관련 초기 문헌들에서 메를랭 본인의 이름이라는 점에서 피하는 대신, 셋째인 '우터펜드라곤'이 《브뤼트 이야기》에서 '우터'로 간략화되는 것을 보아 '판(펜) 드라곤'을 둘째의 이름으로 삼았을 것이다. 둘째 아들 판드라곤이 죽은 후에는 셋째가 '우터판드라곤'의 이름을 모두 쓰게 된다.

34 Vortigern이라는 이름은 '보티전'으로도 읽는다. Vortimer, Vertigier로도 쓴다. 이 인물은 비드의 《잉글랜드인들의 교회사》에 등장하기는 하나 실존 인물일 가능성은 희박하다.

건이라는 자는 아주 영리한 자로, 당시에는 수완 있고 훌륭한 기사로 알려져 있었다. 콘스탄스는 나이가 많아 죽었다. 그가 죽은 후 사람들은 누구를 주군이자 왕으로 모실지 의논했다. 대다수는 주군의 아들 모인을 왕으로 삼는 데 합의했다. 비록 그는 어렸지만 그렇다고 그를 놔두고 다른 사람을 왕위에 앉힌다면 부당한 처사가 될 터였다. 그가 맏아들이었으니까.

보티건 자신도 적극 찬성했다. 의논을 마친 후 모인이 왕이 되고, 보티건이 집사가 되었다. 그때 전쟁이 일어났다.[35] 모인의 적인 색슨족과 로마 제국에 속하는 자들이 여러 차례 그리스도인들[36]을 공격하러 왔다. 왕국의 집사로 나라를 자기 뜻대로 하던 보티건은 왕이자 주군인 아이가 필요한 능력도 지혜도 용기도 없음을 보았다. 보티건은 왕국의 재물을 사용해서 사람들의 마음을 자기한테 끌었다. 사람들이 자기를 용감하고 지혜롭다고 여기는 것을 안 그는 오만해져서, 자신이 하는 일을 할 수 있는 자가 달리 없음을 알자, 왕의 일에 더 이상 나서지 않겠다고 선언하고 물러났다.

색슨족은 보티건이 지휘권을 내놓았다는 사실을 알고는 다시금 집결하여 막강한 병력으로 그리스도인들을 쳐들어왔다. 왕은 보티건에게 가서 말했다.

"경이여, 부디 나라를 지키도록 도와주시오. 나도 백성도 당신 명

---

35 원문의 순서로는 "모인이 왕이 된 후 전쟁이 일어났고, 보티건이 그의 집사가 되었다"지만, 뒤이어 전쟁이 났을 때 "집사였던 보티건"이라고 하는 것으로 보아 순서를 바꿔 옮긴다.

36 '브리튼족'(les Bretons)이라는 말 대신 계속 '그리스도인들'이라 쓰고 있다.

령을 따르려 하오."

보티건이 대답했다.

"전하, 다른 사람들이 가게 하소서. 저는 그럴 수 없습니다. 왜냐하면 전하의 왕국에는 제가 전하를 섬긴 일로 저를 미워하는 사람들이 있으니까요. 그들이 이 싸움에 나가기 바랍니다. 저는 더 이상 끼어들고 싶지 않습니다."

왕도 왕과 함께 있던 자들도 그에게서 더 이상의 답을 얻을 수 없음을 알고는, 돌아가 색슨족과 싸우러 나갔다. 색슨족은 그들과 싸워 이기고 패주시켰다. 그렇게 패하고 돌아온 왕과 그의 사람들은 너무나 큰 손실이었다고, 만일 보티건이 함께 있었다면 그런 손실을 겪지 않았으리라고 말했다.

사태가 그쯤 되었다. 어린 왕은 필요한 사람들을 자기 곁에 두는 법을 잘 몰랐고, 많은 사람들이 그를 미워하기 시작했다. 세월이 흘렀고, 그들은 왕을 못마땅하게 여겨 더 이상 그를 지지하기를 거부했다. 그들은 보티건을 찾아가 말했다.

"경이여, 우리는 더 이상 왕도 주군도 없습니다. 저 왕은 그럴 만한 가치가 없습니다. 부디 우리 왕이 되어 우리를 다스리고 지켜주시오. 이 나라에서는 당신만큼 그럴 수 있고 또 그래야 할 사람이 없습니다."

그가 대답했다. "내 주군이 살아 계신 한 나는 그럴 수 없고 그래서도 안 되오."

"그렇다면 그가 죽는 것이 낫겠습니다."

보티건이 대답했다. "만일 그가 죽고 여러분과 또 다른 사람들이 나를 왕으로 원한다면 기꺼이 받아들이리다. 하지만 그가 살아 있는 한은 그럴 수 없고 그래서도 안 되오."

그들은 보티건의 말을 듣고 자기들이 원하는 식으로 생각했다. 그들은 그와 헤어져 자기 고장으로 돌아가서 주위 사람들을 불렀다. 모두 모이자 함께 의논하며, 자신들이 보티건에게 했던 제안과 그가 한 대답을 전했다.

사람들은 그 말을 듣자 말했다.

"제일 좋은 것은 모인을 없애는 거요. 그러면 보티건이 왕이 될 테고, 자기가 왕이 된 것이 모인을 죽인 우리 덕분이라는 걸 알 거요. 그러면 그를 우리 뜻대로 할 수 있을 테고, 우리가 그의 주군이 될 거요."

18

그래서 그들은 자기들 중 누가 그를 죽일까 의논한 끝에 열두 명을 골랐고, 이 열두 명은 왕의 거처로 가서 기습하여 검과 단검으로 그를 죽였다. 그 일은 단번에 이루어졌으니, 왕은 어린 아이였기 때문이다. 그들이 왕을 죽였는데도, 크게 나서서 말하는 이가 없었다. 그들은 다시 보티건을 찾아가 말했다.

"우리가 모인 왕을 죽였으니, 이제 왕이 되어 주시오."

보티건은 그들이 왕을 죽였다는 말에, 크게 애통해하는 척하며 말했다.

"주군을 죽이다니 여러분은 못할 짓을 했소. 달아나시오. 왕국의 덕인들이 여러분을 죽일 테고, 나도 여러분을 지켜드릴 수 없소. 여러분이 이곳을 찾아오다니 곤란한 일이오."

그래서 그들은 떠났다. 모인 왕이 죽은 후 왕국의 사람들이 모여 다음 왕에 대해 의논했다. 앞에서도 말했듯이 보티건은 많은 사람들의 호의를 얻고 있었으므로, 그들은 그가 왕이 되는 데 만장일치로 찬성했다. 그래서 보티건이 왕이 되기로 결정되었다. 그 모임에는 남은 두 아이, 즉 콘스탄스의 아들이자 모인 왕의 동생들인 판드라곤과 우터를 돌보던 두 명의 충신도 참석했다. 그들은 보티건이 왕이 되리라는 말을 듣자, 그가 모인 왕을 암살케 했다고 알아차리고는 의논했다.

"보티건은 우리 주군을 죽이게 했으니, 왕이 되는 즉시 우리가 맡고 있는 두 아이를 죽이려 할 거요. 우리에게 은혜를 베풀어 우리가 오늘날 가진 모든 것을 이루게 한 것은 아이들의 아버지요. 만일 우리가 우리에게 맡겨진 아이들이 그렇게 죽도록 내버려둔다면 수치스러운 일이 될 거요. 보티건이 왕이 되면 아이들을 없앨 것이 확실하오. 그도 왕국이 마땅히 그들의 것임을 잘 아니 말이오. 그러니 그들이 성년이 되어 왕위를 요구하기 전에 그들을 죽일 거요."

두 충신은 그래서 두 아이를 데리고 외국 땅으로, 자신들의 선조가 떠나온 고향인 동쪽 땅으로[37] 달아나기로 결정했다. 그러면 그들은 보티건이 아이들을 죽이지 못하도록 지켜낼 수 있을 테고, 아이들이 장성하여 어른이 되면 자신들의 유산을 요구할 수 있게 될 것이었다.

"그렇게 아이들의 목숨을 구하면 그들의 아버지가 우리에게 베풀어

---

[37] 막연히 "동쪽으로"라고 하나, 《브리튼 왕들의 역사》나 《브뤼트 이야기》에서는 소(小) 브리튼, 즉 브르타뉴 반도(아르모리카)로 간 것으로 되어 있으므로, '동방'이 아니라 '동쪽 땅'으로 옮긴다.

준 은혜를 갚을 수 있을 거요."

그들은 그렇게 의논하고 실행에 옮겼다. 그리하여 두 아이를 데리고 왕국을 떠났다. 이 두 아이에 대해서는, 이야기가 다시 그들에게 이르기까지 더 말하지 않겠다. 하여간 이 이야기로, 선행은 항상 보상받는 법이라는 점을 입증할 수 있을 것이다.

이미 말했듯이, 보티건은 왕이 되었고 그 나라 사람들은 그를 왕으로 인정했다. 그가 즉위식을 치르고 나라의 주인이 되자, 모인 왕을 죽인 자들이 그 앞에 나타났다. 보티건은 그들을 보자 전에 본 적이 없는 척했다. 그들은 그에게 비난을 퍼부으며 그가 왕이 된 것은 모인 왕을 죽인 자기들 덕분이라고 말했다. 그들이 주군을 죽였다는 말을 듣자, 보티건은 그들을 체포하라고 명령했다.

"너희는 주군을 죽였다고 스스로 인정했으니 벌 받아 마땅하다. 너희는 그를 죽일 권리가 없었다. 너희는 할 수만 있다면 내게도 같은 일을 할 터이니, 내가 그 일을 미리 막겠다."

그 말을 듣자 그들은 겁에 질려서 말했다.

"저희는 당신을 위해 하는 일이라고 생각했고, 당신이 우리에게 은혜를 베풀 줄 알았습니다."

보티건은 그 말을 듣자 이렇게 말했다.

"너희 같은 인간들에게 어떤 은혜를 베푸는 것이 마땅한지 보여주마."

그는 그 열두 명을 붙잡아다가 말 열두 마리에 묶어 갈가리 찢어 죽였다. 그들이 죽은 후, 많은 귀족 가문들이 보티건을 찾아와 말했다.

"전하께서는 우리 친족과 친구들을 그렇게 처참하게 죽임으로써 저회에게 치욕을 가하셨습니다. 우리는 더 이상 좋은 마음으로 당신을 섬길 수 없습니다."

보티건은 그들이 자기를 위협하는 말을 듣자 성이 나서 만일 그들이 한마디라도 더 하면 그들도 똑같이 대접하겠다고 대답했다. 그가 자기들도 똑같이 죽이겠다고 위협하는 말을 듣자, 그들은 분한 마음으로 가족과 친구와 친척들에게 돌아가 보티건이 자기들의 친구들에 대해 말한 바를 전했다. 그 말을 들은 모두 크게 분통해하며, 그대로 참느니 차라리 죽는 게 낫겠다고들 말했다. 그렇게 해서 적대감이 생겨났고, 그들은 기회만 있으면 보티건에게 위해를 가하게 되었다.

19

보티건은 오랫동안 왕국을 다스렸고, 색슨족에 맞서 여러 차례 전쟁을 치른 후에 마침내 그들을 나라에서 내쫓기에 이르렀다. 그들을 내쫓은 후 그는 백성들을 하도 혹독하게 대해서 다들 그를 더 이상 참지 못하고 그에게 반란을 일으켰다. 왕국에서 쫓겨날 것을 우려한 보티건은 색슨족에게 밀사를 보내 화친을 청했다. 그들은 그가 화친을 청한다는 말을 듣고 크게 기뻐했다. 38

---

38 본문의 전개에 따르면, 모인 왕 때부터 색슨족과의 전쟁이 있었고 보티건이 모인 왕의 무력함을 기화로 민심을 자기에게로 유도하여 왕을 암살하고 암살자들을 처형한 후, 색슨족과 여러 차례 전쟁을 치렀으나 민심을 잃어 반란이 나자 색슨족을 다시 끌어들인 것으로 되어 있다. 《브리튼 왕들의 역사》 및 《브뤼트 이야기》에서는 이야기가 좀 다르다. 애초에 색슨족과의 전쟁이 있었던 것이 아니라, 보티건이 픽트족 용병들을 끌어들이고 그들을 조종하여 모인 왕을 암살한 후 암살자들을 처

헨기스트39라는 이름의 색슨인이 있어 다른 사람들을 휘두르고 있었다. 이 헨기스트는 오랫동안 보티건을 섬겼으며, 반란 진압을 도왔다. 반란이 모두 진압되자, 헨기스트는 보티건에게 속을 터놓았고, 자기 족속이 자기를 싫어한다고 털어놓았다. 그는 일련의 계획들을 내놓았는데, 그것들을 여기서 이야기할 필요는 없을 것이다. 그가 보티건과 자기 딸들 중 하나를 결혼시키는 데 성공했다는 것만 말해 둔다. 이 이야기를 듣는 모든 사람은 이 나라에서 '게르실'(건배)이라는 말을 처음으로 한 것이 그녀였다는 것을 알아 두기를. 헨기스트와 그의 다른 일들에 대해서는 더 길게 이야기하지 않겠으나, 그리스도인들이 보티건과 그 여자의 결혼을 마땅치 않게 여겼다는 것만 말하겠다. 그가 그녀와 결혼함으로써 자기 신앙을 저버렸다는 의혹이 있었으니, 그녀는 예수 그리스도를 믿지 않았기 때문이다.

곧 보티건은 자신이 백성의 사랑을 받지 못한다는 것을 알아차렸고, 콘스탄스의 아들들이 외국 땅에 피신해 있으며 그들이 할 수 있는 한 속히 돌아오리라는 것, 그리고 그들이 돌아오면 자신에게 큰 위협이 되리라는 것을 알고 있었다. 그래서 그는 아무도 두려울 것 없는

형하며, 이 일로 인해 픽트족과 분란이 나서 전쟁을 하던 중에 헨기스트와 호르사가 이끄는 색슨족이 나타나자 그들의 도움을 받아 픽트족을 물리친다. 이후 색슨족과의 동맹과 반목의 역사가 소상히 이야기되는데, 《메를랭》은 이런 사정을 대폭 단순화하고 있다.

39 헨기스트와 호르사는 5세기에 브리튼섬을 침략했던 앵글족, 색슨족, 주트족의 우두머리로 알려진 전설적 인물들이다. 원문에는 Engis/Engys로 표기되어 있으나, 통상 알려진 대로 '헨기스트'로 적는다.

크고 든든한 탑을 하나 짓기로 했다. 돌을 뜨게 하고 석회를 만들 화덕을 지어 지체 없이 탑을 짓기 시작했다. 40

일하기 시작한 지 20일 또는 3주가 지났을 때, 어느 날 밤인지 낮인지 모든 것이 무너졌고, 그런 일이 몇 번이나 되풀이되었다. 자기 탑이 서지 못하리라는 것을 안 그는 역정이 나서 도대체 왜 그것이 무너지는지 알아내고야 말겠다고 선언했다. 그는 나라 안의 모든 지혜로운 자들을 소집했고, 그들이 다 모이자 탑이 그처럼 이상하게 무너지는 것에 대해 말했다. 아무리 애를 써 봐도 무너진다며 그들의 조언을 구했다. 그들은 그 희한한 일에 대해 듣고 탑이 무너진 현장에 가보고는 놀라움을 금치 못하며 말했다.

"전하, 왜 이것이 무너지는지는 학승41들 말고는 알 사람이 없습니

---

40 《브리튼 왕들의 역사》 및 《브뤼트 이야기》에서는 탑을 짓게 된 경위가 좀 다르게 이야기된다. 즉, 헨기스트가 보티건을 속이고 평화 회담을 빙자하여 솔즈베리 인근에서 브리튼족 대표들을 학살한 후, 궁지에 몰린 보티건이 마법사들에게 지혜를 구해 든든한 요새가 되어줄 탑을 짓기 시작하는 것이다. 《메를랭》은 이를 단순화하여 보티건과 헨기스트의 갈등을 생략하고, 보티건이 탑을 짓는 이유를 콘스탄스의 아들들에 대한 방어를 위해서라고 이야기한다. 하여간 보티건의 무너지는 탑과 '아비 없는 자식'에 관한 거짓 예언, 그 아이를 찾아내는 과정 등은 일찍이 넨니우스의 《브리튼인들의 역사》를 비롯하여, 《브리튼 왕들의 역사》 및 《브뤼트 이야기》로 전해지는 이야기이다.

41 《브리튼 왕들의 역사》에서는 보티건이 마법사(magus)들을 불렀다고 하며, 《브뤼트 이야기》에서는 이 말을 clerc로 옮긴 것을 《메를랭》도 그대로 따르고 있다. 중세의 clerc는 성직자, 문사 등으로 번역되는데, 이들은 기본적으로 교회나 수도원 학교에서 교육받지만 실제로 '성직'에 있지 않았던 이들도 많고, 그렇다 하더라도 기본적인 서품은 받아야 했으므로 '문사'나 '학자'라는 말이 연상시키는 것처럼 자유로운 속인도 아니었다. 그래서 그 애매한 신분을 '학승'이라는 말로 옮기기도

다. 학승들은 학문의 힘으로 우리 다른 사람들은 알지 못하는 것들을 많이 압니다. 그들이 아니고는 알 수 없을 테니, 알고 싶으시다면, 그들에게 말씀해 보십시오."

"그대들 말이 옳은 것 같소."

그래서 그는 온 나라의 학승들을 소집했고, 그들이 모이자 그 이상한 일에 대해 말했다. 그들도 크게 놀라 감탄하며 서로들 말했다.

"참으로 희한한 일이군요."

왕은 나라 안에서 가장 부유한 사람들을 따로 불러 말했다.

"그대들의 지식이든 다른 사람의 지식을 빌려서든, 내 탑이 왜 무너지는지 말해 주겠소? 내 아무리 애를 써도 그걸 서게 할 수가 없구려. 그대들이 그 이유를 찾아내주면 좋겠소. 여기 있는 학승들이나 여러분에게서가 아니고는 답을 듣지 못할 거라니 말이오."

그들은 왕이 묻는 말을 듣자 이렇게 대답했다.

"전하, 저희로서도 알 길이 없습니다. 하지만 이 학승들 중에는 아는 이가 있을 것입니다. 그것은 점성술42이라는 기술인데, 그 기술을 가진 학승이 아니면 알 수 없을 것입니다. 저희도 알 만한 사람들에게 알아보고 그들이 전하께 조언을 드리도록 하겠습니다. 전하께서도 왕으로서 그들에게 청하신다면, 그들도 감사히 여길 것입니다."

왕이 대답했다.

하는데, 불교에서 말하는 '학승'과는 전혀 다른 의미이므로 망설여지기는 하나, 더 나은 역어를 찾지 못해 그대로 쓰기로 한다.
42 원문에는 astronomie(천문학)이지만, 중세에는 사실상 astrologie(점성술)와 같은 의미로 쓰였다.

"그들이 내게 그걸 알려만 준다면, 그들의 어떤 소청도 거절하지 않겠소."

20

그래서 학승들은 따로 물러가, 그 기술에 능한 이가 있는지 서로서로 물었다. 그러자 두 사람이 앞으로 나서며 말했다.

"저희는 어떤 문제들을 밝히는 데는 꽤 능합니다만, 이 방면에 아주 능한 이들이 더 있는 것을 압니다."

"그렇다면 그들을 불러다 함께 의논합시다."

"기꺼이 그러지요."

두 학승이 찾아다닌 끝에 일행은 일곱 명이 되었다. 이 일곱 명 중 자신이 다른 사람보다 낫다고 여기지 않는 이가 없었다. 그들이 왕 앞에 가니, 왕은 그들에게 자기 탑이 왜 무너지는지 아느냐고 물었다. 그들은 대답했다.

"만일 인간이 행한 일이라면 압니다."

그러자 왕은 그들이 말해 주기만 한다면, 원하는 것은 무엇이든지 주겠다고 말했다. 그래서 왕은 학승들의 모임을 해산시켰고, 일곱 명만이 그의 곁에 남아 탑이 왜 무너지는지, 어떻게 하면 서게 할 수 있을지 의논했다. 이 일곱 명은 그 기술에 아주 경험이 많았고, 저마다 지혜를 짜냈다. 그처럼 궁리한 끝에 그들은 단 한 가지 사실을 발견했는데, 그것은 탑과는 아무 관계가 없는 일이라고 생각되었다. 그래서 당혹해 하던 중, 왕이 그들을 재촉하여 불러다놓고 물었다.

"내 탑에 대해 어떻게 생각하시오? 감추지 말고 말하시오."

"전하, 어려운 질문을 하십니다. 저희는 아흐레의 말미가 더 필요합니다."

"말미를 주겠소. 하지만 아흐레 뒤에는 내게 답을 가져와야 하오."

그들은 모여서 의논했다.

"왕이 물은 일에 대해 어떻게 생각하오?"

서로서로 물었지만, 아무도 자신이 아는 것을 내놓으려 하지 않았다. 그러자 그중 가장 현명한 자가 말했다.

"이보게들! 이러다 다들 죽은 목숨이네. 각자 돌아가며 내게 따로 말해 보게. 이 일에 대해 어떻게 생각하는지. 그러면 내가 모두의 허락을 받아 그걸 밝히겠네."

그들은 모두 찬성했다. 그래서 그는 각 사람을 따로 불러 탑에 대한 의견을 물었다. 그런데 하나같이 탑에 대해서는 아무것도 알 수 없고 보이지도 않는데, 이상한 일을 보았다고들 했다. 그들은 인간 아버지 없이 여자에게서 잉태된 아이가 태어나 일곱 살이 된 것을 보았다는 것이었다. 여섯 명 모두 같은 것을 말했다. 그들의 고백을 다 들은 후, 그가 말했다.

"모두 내 앞에 모이게. 자네들은 내게 모두 같은 것을 말했네. 하지만 다른 한 가지는 내게 숨기고 있지."

"우리가 무슨 말을 했고 무엇을 숨기고 있다는 건가?"

"자네들은 모두 내게 이 탑에 대해서는 아무것도 모르지만, 인간 아버지 없이 여자에게서 태어난 일곱 살짜리 아이를 보았다고 말했네. 자네들 중 아무도 그 이상은 말하지 않았지. 하지만 내가 말하겠네. 자네들 모두 이 아이 때문에 죽으리라는 것도 보았지. 나 역시 자네들처럼 그걸 보았다네. 이것이 자네들이 내게 말한 것과 숨긴 것일세. 자네들은 그걸 보고서도 각자 숨기고 결코 내게 말하지 않았을 테니까. 하지만 이 문제에 대해 우리는 죽음에 처하기 전에 의논을 해야 하네. 만일 내 말을 믿는다면, 우리는 목숨을 구할 수 있을 걸세. 내 말대로가 아닌가?"

"우리가 본 바로 그대로일세. 부탁이니, 어떻게 하면 목숨을 구할 수 있을지 알려 주게나."

"그 궁리를 하지 않는다면 어리석은 짓이지. 어떻게 해야 할지 알겠나? 우리 모두 말을 맞추어, 이 탑은 그 기초의 회반죽에 아비 없이 태어난 아이의 피를 섞지 않으면 서 있지 못할 거라고 하는 걸세. 그의 피를 얻어 기초에 넣으면 탑이 든든히 서서 무너지지 않을 거라고 말일세. 저마다 왕에게 같은 걸 말하면 그는 우리가 본 것을 의심하지 않겠지. 그러면 우리에게 죽음을 가져다줄 자를 피할 수 있을 게야. 왕이 그 아이와 만나지도 말하지도 못하도록, 그를 찾는 자들에게 아이를 발견하면 당장 죽여 피를 가져오라고 하세."

그들은 그렇게 말을 맞추었다. 그리고 왕 앞으로 돌아가 모두 함께 대답하는 대신 각자 따로 대답하겠노라고, 그러면 어느 것이 가장 나은 대답인지 알 수 있으리라고 말했다. 그들은 각자 다른 사람의 대답은 모르는 척했다. 그리하여 제각기 왕과 그를 보좌하는 다섯 명의 신하에게 대답을 했다. 그들은 그 희한한 말을 듣자 크게 놀랐고, 만일 어떤 사람이 아비 없이 태어날 수만 있다면 그 모든 것이 사실일 수도 있겠다고 믿었다. 왕은 자기 학승들이 아주 현명하다고 보아 그들을 모두 함께 불러 모으고 말했다.

"그대들은 내게 제각기 같은 대답을 했소."

"전하, 저희에게 들려주소서."

왕은 그들이 한 말을 낱낱이 들려주었고, 그들은 말했다.

"만일 저희가 전하께 드린 말씀이 사실이 아니라면, 저희를 처분대로 하소서."

왕이 그들에게 물었다.

"사람이 아비 없이 태어난다는 게 가능한 일인가?"

"전하, 저희는 이 경우에 대해서밖에 들은 적이 없지만, 그 아이는 분명 그렇게 태어났으며 이미 일곱 살이 되었다고 말씀드릴 수 있습니다."

왕은 그들을 잘 보호해 줄 터이며 아이의 피를 가지러 사람을 보내겠다고 말했다.

"전하, 저희는 가두어두셔도 좋습니다. 하지만 아이는 만나셔도 안 되고, 함께 이야기를 하셔도 안 됩니다. 그를 죽여 피를 가져오라고만 하십시오. 그렇게 하면 전하의 탑이 든든히 설 것입니다."

왕은 그들을 요새에 가두고 먹고 마실 것과 필요한 것을 주었다. 그는 사자들을 택해 그들을 온 땅에 보냈다. 둘씩 둘씩 모두 열두 명이었다. 이 열두 명에게 왕은 아이를 발견하는 즉시 죽여서 그의 피를 가져오겠다고, 그를 찾아내기 전에는 돌아오지 않겠다고 성유물에 맹세하게 했다.

21

그렇게 보티건은 그 아이를 찾기 위해 사람들을 보냈고, 사자들은 둘씩 둘씩 떠나 수많은 고장 수많은 나라를 돌아다녔다. 그러다 그중 두 사람이 다른 두 사람을 만나 한동안 함께 다니기로 했다. 네 사람이 말을 타고 가다가 어느 날 한 도시 어구에 있는 너른 들판을 지나게 되었다. 거기서 아이들이 많이 모여 공놀이43를 하고 있었다. 모든 일을 아는 메를랭은 자기를 찾는 자들이 온 것을 알고는, 가장 부잣집 아이 중 하나에게 다가갔다. 그 아이가 자기를 멸시하는 것을 알고 있었기 때문이다. 그는 막대기를 들어 아이의 다리를 때렸고, 아이는 울기 시작하며 메를랭에게 아비 없는 자식이라고 욕을 했다.

아비 없는 자식을 찾아다니던 사자들은 그 광경을 보자 곧장 우는 아이에게 다가가서 물었다.

"널 때린 저 애는 누구냐?"

"저 애 엄마는 자기 아들의 아버지가 누군지도 모른대요. 아버지가 없는 것이나 마찬가지예요."

메를랭은 그 말을 듣고 웃으며 사자들에게 다가가 말했다.

"당신들이 찾는 건 나예요. 당신들은 보티건 왕에게 나를 죽이고 내 피를 가져가겠다고 맹세했지요."

그 말을 들은 사자들은 놀라서 물었다.

"누가 네게 그런 말을 하더냐?"

---

43 çoule/choule가 정확히 어떤 놀이인지는 알 수 없으나, 공차기 아니면 뒤에서 '막대기'(la croce)에 대한 언급이 나오는 것으로 보아 '(막대기로) 공치기'일 것이다.

"당신들이 그 맹세를 한 순간부터, 난 다 알고 있어요."

"우리가 널 데려가겠다면, 함께 가겠느냐?"

"당신들은 날 죽이려 할 걸요."

그는 그들이 그럴 마음이 없다는 것을 잘 알고 있었지만, 그들에게 좀 더 다가가느라 짐짓 그렇게 말했다.

"만일 당신들이 날 죽이지 않겠다고 약속하면 함께 가지요. 왜 탑이 서지 못하는지도 알려드리지요. 그 때문에 날 죽이려는 거잖아요."

그들은 아이가 하는 말에 놀라서 말했다.

"이 아이는 희한한 말을 하는군. 이 아이를 죽인다면 큰 실수가 될 거야."

그러면서 저마다 말했다.

"이 아이를 죽이느니 차라리 맹세를 어기고 말겠어."

메를랭이 그들에게 말했다.

"내 어머니의 집에 가서 묵으세요. 어머니 허락 없이는, 그리고 그 집에 있는 사제의 허락 없이는 당신들을 따라갈 수 없으니까요."

"네가 가자는 곳으로 가마."

메를랭은 사자들을 어머니가 살고 있는 수도원으로 데려갔다. 44

---

44 《브리튼 왕들의 역사》에서 메를랭은 '아비 없는 자식'을 찾으러 나선 사자들과 만나는 이 대목에서 처음 등장하며, 그의 어머니는 데메티아 왕의 딸로 그 도시의 세인트 피터 교회에서 몇 명의 수녀와 함께 살고 있었다고 이야기된다. 메를랭은 어머니와 함께 보티건에게 가며, 보티건 앞에서 어머니가 메를랭의 출생 내력을 간단히 고한다. 《브뤼트 이야기》에서도 메를랭이 처음 등장하는 대목은 같은데, 그 도시가 웨일스의 카마르텐이었다고 이야기되며, 어머니는 역시 시내 수도원에 사

22

수도원에 당도하자 메를랭은 그곳 사람들에게 사자들을 잘 맞이해 달라고 청했다. 그들이 말에서 내리자, 그는 그들을 블레즈에게 데려가 말했다.

"전에 내가 날 죽이러 찾아올 거라고 말했던 사람들이 여기 왔어요."

그러고는 사자들을 향해 말했다.

"이제 이 사제 앞에서 내가 당신들의 의도에 대해 말할 테니, 사실 대로 인정하기 바라요. 행여 거짓말을 한다 해도 내가 다 안다는 걸 명심하기 바라요."

"거짓말하지 않겠다."

"거짓말하지 않도록 모두 조심해요!"

메를랭은 블레즈에게 말했다.

"이제 이 사람들이 뭐라고 할지 들어봐요."

그러고는 그들을 향해 말했다.

"당신들은 보티건이라는 왕의 수하에 있지요. 이 왕은 탑을 하나 지으려 하는데, 탑이 서너 길45쯤 올라가면 버티지 못하고 순식간에

는 수녀로 메를랭과 함께 보티건에게 가서 아들의 출생에 관해 고한다. 그러니까 지금까지 로베르가 한 이야기는 이전 책들에서 메를랭의 어머니가 보티건에게 한 이야기를 확대한 것이라 할 수 있다. 하지만 뒤이어 메를랭이 블레즈에게 하는 이야기, 어머니와의 작별, 그리고 사자들이 메를랭을 데리고 가는 길에 일어난 일 등은 이전 책들에는 없는 것이다.

45 '길'로 번역한 단위는 toise인데, '투아즈'란 양팔을 벌린 길이, 곧 사람의 키 정도 의 길이로, 1투아즈는 약 1.9미터로 본다.

모든 게 무너지고 말아요. 왕은 그 때문에 아주 고민이 되어서 학승들을 불러오게 했어요. 그중 점을 칠 줄 안다는 일곱 명이 왜 탑이 서지 못하는지, 어떻게 하면 든든히 서게 할지 알려 주겠다고 나섰지요. 그래서 그들은 점을 쳤지만, 탑에 대해서는 아무것도 보지 못했고 알아내지 못했어요. 하지만 내가 태어난 것을 알게 되었지요. 내가 자기들에게 해가 되리라고 생각한 그들은 나를 죽이기로 합의했고, 그래서 탑은 아비 없이 태어난 아이의 피가 있으면 서게 되리라고 둘러 댔어요. 보티건은 그 말을 듣자 희한하게 여겨 진실이라 믿었지요. 그들은 왕에게 나를 찾으러 보내되, 사자들에게는 나를 왕 앞에 데리고 가지 말고 발견하는 즉시 죽이라고, 그리고 내 피를 가져다 탑의 회반죽에 섞으라고 명령하게 했어요. 그러면 탑이 서리라고 말했지만, 거짓말이에요. 탑은 그런다고 서지 않아요. 보티건은 그들이 제안하는 대로 열두 명의 사자를 택해 나를 죽이고 내 피를 가져오겠다고 성유물에 걸고 맹세하게 했어요. 그리고 둘씩 둘씩 열두 명을 내보냈고, 이 네 사람은 만나서 함께 들판을 지나다가 아이들이 공놀이를 하는 걸 보았어요. 나는 그들이 날 찾으러 온 것을 알았기 때문에, 아이들 중 하나를 때렸어요. 그러면 그 애는 자기가 아는 한 나를 욕하며 아비 없는 자식이라고 할 테니까요. 나는 이 사람들이 나를 찾아내게 하려고 일부러 그렇게 했고, 그래서 그들은 날 찾아냈지요. 블레즈, 그들에게 내 말이 맞는지 물어봐줘요."

블레즈는 그 희한한 이야기가 사실이냐고 물었고 그들은 대답했다.

"이 모든 이야기를 잘 들으셨습니까? 부디 하느님께서 저희를 무사히 고국에 돌아갈 수 있게 해 주시고, 창검에 죽지 않게 해 주시기를!

그는 당신에게 단 한마디도 거짓말을 하지 않았습니다."

사제는 성호를 긋고 말했다.

"이 아이는 살기만 한다면 대단한 지혜를 지니게 될 것입니다. 그를 죽인다면 큰 불행이 될 거요."

"사제님, 차라리 맹세를 어기고 왕에게 목숨과 재산을 빼앗기고 말겠습니다. 하지만 이 아이는 다른 모든 것을 알듯이 우리가 자기를 죽일 의도가 없다는 것도 알 것입니다."

"그렇군요. 내가 그에게 물어보겠소. 당신들 앞에서 다른 것도 물어보지요. 그러면 그가 말하는 것에 놀라지 않을 수 없을 것입니다."

그들은 그를 불렀다. 그는 그들 사이에 이야기가 오가는 동안 나가 있었기 때문이다. 그가 왔다.

사제가 말했다.

"이분들은 네가 말한 그대로 사실이라고 한다. 하지만 이분들이 말한 다른 것도 네게 묻고 싶구나. 그들이 너를 죽일 생각이 있느냐?"

메를랭이 웃으며 대답했다.

"그들은 전혀 그럴 마음이 없다는 것을 난 확실히 알아요."

그러자 그들이 말했다.

"정말로 그렇단다. 그러니 우리와 함께 가겠느냐?"

"그래요. 당신들이 나를 왕 앞에 데리고 가고 내가 그와 이야기하기 전에 내게 어떤 재난도 닥치지 않게 하겠다고 진심으로 약속한다면요."

23

그들은 그에게 그렇게 약속했고, 블레즈가 말했다.

"이제 네가 떠날 때가 되었구나. 네가 내게 쓰라고 하여 시작한 책은 어떻게 하면 좋을지 알려다오."

"물으시니 사실대로 말할게요. 우리 주님께서 내게 지식과 지혜를 주셔서 나를 다스리려던 악마에게서 벗어나게 하셨고, 하느님께서 내가 그분을 섬기게 하셔서 내가 아니면 아무도 할 수 없는 일을 하게 하셨어요. 왜냐하면 아무도 내가 아는 만큼 알 수 없으니까요. 그래서 나는 날 찾으러 온 이 사람들의 나라에 가야 한다는 것을 알아요. 내가 말하고 행하는 것으로 인해 나는 하느님 말고는 이 세상 누구보다 더 신뢰받는 사람이 될 거예요. 당신도 그곳으로 와서 당신이 시작한 책을 완성하세요. 하지만 나와 함께 가지는 못할 거예요. 당신은 당신대로 가서 노섬벌랜드라는 곳을 찾으세요. 그곳에는 울창한 숲이 있어서 거기 사는 사람들도 잘 모르는, 아직 사람의 발길이 닿지 않은 곳이 많이 있어요. 당신은 그곳에 살고, 내가 당신을 찾아가서 당신 책을 쓰는 데 필요한 것들을 말해 드릴게요.

당신 일은 쉽지 않겠지만, 큰 보상을 받을 거예요. 어떤 보상이냐고요? 당신은 평생 마음의 충족감을 누리고 죽은 후에는 영원한 복락을 얻게 될 거예요. 사람들은 당신 책을 즐겨 읽고 들으며 세상 끝 날까지 그러할 거예요. 그런 은혜가 어디서 오는지 아나요? 그것은 우리 주님께서 요셉에게 허락하신 은혜에서 오는 거지요. 그분의 몸을 십자가에서 내려드린 요셉 말이에요. 당신이 요셉과 그의 가계에서 태어난 선조와 후손들을 위해 충분히 일하고 나면, 그로써 공덕이 쌓여 그들과 함께 있게 될 거예요. 그 때가 되면, 그들이 어디 있는지 말해드리지요. 그러면 당신도 요셉이 자기 급료 대신 얻은 예수의 몸으로 인해 받은 아름답고 영광스러운 보상을 보게 될 거예요. 당신이 확신을 가질 수 있도록 알아두기 바라요. 하느님께서 내게 지식과 지혜를 주시어 내가 가는 그 나라에서 사람들을 움직여 하느님께서 그토록 사랑하시는 그 가계에 속한 한 사람의 도래를 준비하리라는 것을. 그 위대한 일은 네 번째 왕[46]이 오기 전에는 이루어지지 않을 텐데, 그 시대에 험한 투쟁을 치러낼 그 왕의 이름은 아더랍니다.

당신은 내가 말한 곳으로 가세요. 내가 당신을 종종 찾아가 당신이 책에 적어 주기 바라는 것을 알려드릴게요. 그 책은 그것을 본 적이 없는 사람들에게까지 크게 사랑받고 존경받을 거예요. 그 책을 완성하면, 당신은 내가 말한 그 영광스러운 보상을 받은 선한 사람들에게 가져가세요. 내가 가는 나라에 사는 선남선녀들의 삶에 대해 내가 당신에게 쓰게 하겠어요. 어떤 인간의 삶의 이야기도 아더 왕과 그 시대에 살았던 이들의 삶만큼 바보에게나 현자에게나 즐겨 들려지지 않으리라는 걸 알아두세요. 당신이 이 모든 것을 완성하고 그들의 삶에 대해 쓰고 나면, 당신은 그라알이라 불리는 그릇과 함께하는 자들이 누리는 은혜를 받게 될 거예요. 당신의 책은 지금까지 써온 것과 앞으로 쓸 것으로 인해, 그들이 예수 그리스도의 뜻에 따라 이 세상을 떠난 후, 그리고 당신도 떠난 후, 세상 끝 날까지 내내 《그라알의 책》이라 불리며, 많은

---

46 아더(Artus) 왕은 굳이 꼽자면 보티건/판드라곤/우터에 이은 네 번째 왕이지만, 이 "네 번째"라는 말에 별다른 뜻이 있는 것 같지는 않다.

사람이 그 이야기에 귀 기울이게 될 거예요. 아름답고 선한 일 치고 그 책에 기록되지 않은 일이라고는 없을 테니까요."

메를랭은 자기 스승에게 그렇게 말했고, 그가 해야 할 일을 일러주었다. 메를랭은 그를 스승이라 불렀으니, 그는 자기 어머니의 스승이었기 때문이다. 사제는 그가 그렇게 말하는 것을 듣고 기뻐하며 말했다.

"네가 내가 하라고 한 모든 것을 내 힘닿는 대로 하마."

메를랭은 그렇게 채비를 마친 후, 자기를 찾으러 온 사자들을 향했다.

"나를 따라오세요. 내가 어머니에게 작별하는 것을 보세요."

그는 그들을 어머니 있는 데로 데려가 말했다.

"어머니, 먼 나라에서 나를 데리러 왔어요. 허락해 주신다면 가고 싶어요. 나는 예수 그리스도께서 내게 베풀어 주신 능력으로 그분을 섬겨야만 해요. 이 사람들이 나를 데려가려는 그 나라에 가지 않고는 그렇게 할 수가 없어요. 어머니의 스승님인 블레즈도 갈 거예요. 어머니는 우리 두 사람과 헤어져야 해요."

어머니는 말했다.

"사랑하는 아들아, 부디 하느님께서 지켜주시기를. 나는 너를 붙들 만한 지혜가 없구나. 하지만 블레즈는 남으면 좋으련만."

메를랭이 말했다.

"그럴 수가 없어요."

메를랭은 그렇게 어머니에게 작별을 고하고 사자들과 함께 출발했다. 블레즈도 길을 떠나 메를랭이 말해 준 대로 노섬벌랜드에 도착했다.

24

메를랭은 사자들과 함께 말을 타고 가다가, 한 도시를 지나게 되었다.[47] 그 도시에서는 장이 열리고 있었다. 시내를 지나가던 그들은 한 농부가 순례를 떠나려고 아주 튼튼한 신발을 사고 신발이 떨어지면 기울 가죽을 가지고 가는 것을 보았다. 메를랭은 그 농부를 보았고 그가 가까워지자 소리 내어 웃었다. 함께 가던 사자들이 그에게 왜 웃었는지 묻자, 그는 말했다.[48]

"저기 저 농부 때문에요. 그에게 물어보세요. 가지고 가는 그 가죽으로 뭘 할 건지. 그러면 신발을 기우려 한다고 대답할 거예요. 따라가 보세요. 그는 집에 돌아가기도 전에 죽을 걸요."

그 말을 들은 그들은 놀랍게 여기며 대답했다.

"어디 정말인지 보자꾸나."

그들은 농부에게 다가가 그에게 그 신발과 가죽으로 뭘 하려느냐고 물었다. 그는 그들에게 자기는 순례를 떠나려 하며, 그 가죽은 신발을 기워 신기 위한 것이라고 대답했다. 그가 메를랭이 말한 것과 똑같은 대답을 하는 것을 듣자, 그들은 기이히 여기며 이구동성으로 말했다.

---

47 메를랭이 사자들과 함께 길을 가다가 일어난 일들에 대한 이야기는 《브리튼 왕들의 역사》나 《브뤼트 이야기》가 아니라 민담들에서 온 것이다. 신발과 그것을 기울 가죽을 산 사내의 이야기는 탈무드에 나오는 것으로, 제프리 오브 몬머스의 《메를랭의 생애》에도 실려 있다. 뒤이어, 아이의 장례식을 치르는 사제와 아이 아버지의 이야기는 여러 기원의 민담에서 찾아볼 수 있으며, 앞서 나왔던 재판장과 그 어머니의 이야기도 그 한 변형이라 볼 수 있다.

48 메를랭은 사태의 부조리한 이면을 보게 되면 '웃음'을 터뜨린다.

"이 남자는 멀쩡하고 튼튼해 보이는데. 우리 중 둘이 그를 따라가 보세나. 다른 둘은 가던 대로 가서 오늘 밤[49] 묵을 곳에서 기다리기로 하고. 이 일이 어떻게 되는지 궁금하네."

그래서 그들 중 두 사람이 농부를 따라갔는데, 반 마장[50]도 채 못 가서 그가 신발을 끌어안은 채 쓰러져 죽는 것을 보았다. 그들은 그를 지켜본 후 동료들에게 돌아가서 자신들이 목도한 이 희한한 일을 보고했다. 그 말을 듣자 그들은 말했다.

"이렇게 현명한 아이를 죽이라고 하다니, 학승들이 제정신이 아니군!"

그중에는 아이를 죽이느니 차라리 자기 목숨을 내놓겠다는 이들도 있었다. 그들은 그 모든 이야기를 자기들끼리 했고, 메를랭이 알리라고는 생각지 못했다. 하지만 그들이 나타나자, 메를랭은 그들이 한 말에 대해 고맙다고 했다.

"우리가 감사를 받을 만한 무슨 말을 했기에?"

그는 그들에게 그들이 했던 말을 그대로 들려주었다. 그 말을 듣자 그들은 놀라서 말했다.

"우리는 이 아이 모르게 아무것도 할 수가 없겠군."

---

49 Micha 판본의 ennevois(당장)보다 모데나 사본의 ancui(오늘 밤)를 따른다.

50 '마장'으로 옮긴 lieue(영어로는 league)는 성인남자가 걸어서 한 시간 가는 거리, 약 4.5킬로미터에 해당한다. 우리말의 '마장'은 5리나 10리가 채 못 되는 거리를 말하니 얼추 비슷할 것이다. Micha 판본은 '한 마장 이상을 못 가서', 모데나 사본은 '반 마장도 채 못 가서'이다.

25

그들은 보티건의 왕국과 영토에 도착하기까지 여러 날 동안 말을 타고 갔다. 길을 가던 중 어느 날 한 도시를 지나게 되었는데, 사람들이 한 죽은 아이를 매장하려 싣고 가고, 슬퍼하는 남자들과 여자들이 시신의 뒤를 따르고 있었다. 메를랭은 그들이 슬퍼하는 것과, 곧 아이를 묻으려고 찬가를 부르는 사제들과 학승들을 보자 걸음을 멈추고 웃기 시작했다. 그를 데리고 가던 이들이 그에게 왜 웃는지 묻자, 그가 말했다.

"방금 본 희한한 일 때문에 웃는 거예요."

그들은 말해달라고 청했다.

"저기 몹시 슬퍼하는 남자가 보이나요?"

"그래, 보이는구나."

"다른 사람들 앞에서 노래하는 저 사제도 보이나요? 실은 저 남자 대신 슬퍼해야 하는 건 저 사제예요. 죽은 아이는 그의 아들이니까요. 아이와 생판 남인 사람은 울고, 아이 아버지는 노래하고 있어요."

"어떻게 그걸 확인할 수 있지?"

"말씀드리지요. 아이 어머니를 찾아가서 왜 그녀의 남편이 그토록 슬퍼하느냐고 물어보세요. 그녀는 아들이 죽었기 때문이라고 대답하겠지요. 그러면 이렇게 말해 보세요. '아이가 그의 자식이 아니라는 걸 우리도 당신만큼은 압니다. 우리는 그 애가 누구 자식인지 압니다. 오늘 그토록 노래한 사제의 아들이지요. 사제도 그 사실을 알고 있고요. 그 자신이 당신에게 그렇게 말했고, 아이가 언제 태어날지 꼽아보기까지 했어요'라고요."

사자들은 메를랭이 하는 이야기를 들었고, 그중 두 사람이 여자에게 가서 메를랭이 시킨 대로 그녀에게 질문을 했다. 여자는 그 말을 듣자 경악하여 말했다.

"나리님들, 부디 불쌍히 여겨주세요. 당신들 앞에서는 아무것도 감출 수 없다는 걸 알겠어요. 당신들이 말한 대로예요. 하지만 부디, 제 남편에게는 아무 말도 말아주세요. 저를 죽일 거예요."

그들은 그 희한한 일을 듣고 다른 두 사람에게 돌아가 말했고, 네 사람 모두 그처럼 훌륭한 예언자는 세상에 없다고 말했다.

26

그들은 계속 길을 가다가 보티건이 있는 곳에서 하룻길쯤 되는 곳에 이르렀다. 사자들이 메를랭에게 말했다.

"우리가 전하께 뭐라고 말하면 좋을지 가르쳐다오. 우리 중 두 사람이 앞서 가서 우리가 너를 찾았다고 알리려 하는데, 너에 대해 뭐라고 말하면 좋을지 가르쳐다오. 아마 그는 너를 죽이지 않았다고 야단일 거야."

그 말을 들은 메를랭은 그들이 자기를 해할 뜻이 없음을 한층 더 분명히 알 수 있었다.

"내가 가르쳐드리는 대로 하면 어떤 비난도 당하지 않을 거예요."

"시키는 대로 하마."

"보티건에게 가서 나를 찾았다고 하고, 내게서 들은 것을 그대로 전해요. 그리고 내가 그의 탑이 왜 서지 못하는지 알려 주겠다고 해요. 단, 그에게 나를 죽이라고 말했던 자들에게 그들이 내게 하려던 일을 그대로 당하게 한다면 말이에요. 그들이 왜 나를 죽이라고 했었는지도 알려 주겠다고 해요. 그런 다음 그가 당신들에게 하라는 대로 하면 돼요."

사자들은 계속 길을 가서 밤에 보티건에게 당도했다. 그는 그들을 보자 기뻐하며 물었다.

"내 일을 어떻게 처리했는가?"

"더없이 잘되었습니다."

그들은 그를 따로 불러 자기들이 어떻게 메를랭을 찾았는지 들려주었다. 만일 그가 원하기만 했다면 자기들은 결코 그를 찾을 수 없었으리라고 말이다.

"하지만 그는 자진해서 우리에게 왔습니다."

왕이 물었다.

"자네들이 말하는 그 메를랭이라는 게 누군가? 자네들은 아비 없는 자식을 찾으러 갔어야 하지 않나? 내게 그의 피를 가져왔어야 하지 않나?"

"전하, 그게 바로 저희가 말씀드리는 이 메를랭입니다. 그는 하느님만을 제외하고는 세상에서 가장 현명하고 뛰어난 예언자입니다. 그는 전하께서 저희에게 맹세케 하신 것, 명하신 것을 전부 알고서, 저희에게 말했습니다. 그는 저희에게 왜 학승들이 탑이 무너지는 이유를 모르는지도 말했고, 전하께서 원하신다면 전하께나 그들에게나 그 이유를 설명하겠다고 합니다. 그는 저희에게 그 밖에도 많은 놀라운 일들을 알려 주었으며, 전하께서 자기와 만나 이야기하시려는지 물으러 저희를 보냈습니다. 전하께서 굳이 원하신다면 그가 있는 곳에서 그를 죽이겠습니다. 저희 중 두 사람은 그를 지키고 있으니까요."

왕은 그들이 하는 말을 듣자 말했다.

"내 탑이 왜 무너지는지 그가 확실히 설명하리라고 자네들이 목숨을 걸고 보증한다면, 그를 죽이는 것을 원치 않네."

"저희가 보증합니다."

"그렇다면 그를 만나러 가세. 나도 그와 이야기해 보고 싶네."

사자들은 길을 떠났고, 왕도 말을 타고 그들을 따라갔다. 메를랭은 그들의 모습이 보이자 웃으며 말했다.

"당신들은 나를 위해 목숨을 걸고 보증했군요."

"그렇단다. 우리는 너를 죽이느니 우리 목숨을 거는 편이 낫다."

"그 약속 때문에라도 나는 당신들을 지키겠어요."

그들은 함께 말을 타고 왕을 맞이하러 나갔다.

27

메를랭은 보티건 앞에 가서 인사를 하고 말했다.

"보티건, 와서 내 말을 들으세요."

그는 그를 따로 데려가며 자기를 데려온 자들을 불렀다. 그들이 모두 모이자 메를랭이 말했다.

"전하, 당신은 탑이 서지 못하기 때문에 나를 찾으러 보냈고, 탑이 내 피로 서리라는 학승들의 말을 듣고 나를 죽이라고 명령했지요. 51

---

51 메를랭이 보티건에게 인사할 때는 경어(vouvoyer)로 말하다가 여기서는 평어
    (tutoyer)가 된다. 이렇듯 중세 프랑스어에서는 경어와 평어가 딱히 구분 없이 뒤

하지만 그들은 거짓말을 했어요. 만일 그들이 내 지혜로 탑이 설 수 있으리라고 말했더라면, 사실이었겠지만요.[52] 그들이 내게 하려던 일을 도리어 당하게 하겠다고 약속하신다면, 탑이 무너지는 이유도 알려드리고, 원하신다면, 어떻게 설 수 있을지도 알려드리지요."

"네가 말한 대로 알려준다면, 그 학승들에 대해서는 네 말대로 하겠다."

"내가 그 일에 대해 조금이라도 거짓말을 한다면, 내가 하는 말을 전혀 안 믿어도 돼요. 자, 학승들을 불러옵시다. 내가 그들에게 탑이 왜 무너지는지 물어볼 테니까, 그들이 그 이유를 모른다는 것을 직접 들어 보세요."

왕은 메를랭을 탑이 무너진 데로 데려갔다. 불려온 학승들도 나타났다. 메를랭은 자기를 데려온 사자 중 한 명을 시켜 그들에게 질문을 하게 했다.

"학승 여러분, 여러분 생각에는 탑이 왜 무너진다고 보십니까?"

"왜 무너지는지는 모릅니다만, 어떻게 서게 할지는 전하께 말씀드렸습니다."

왕이 말했다.

"그대들은 내게 희한한 일을 말했소. 아비 없는 자식을 찾아오라는데, 나로서는 어떻게 찾을지 알 수 없구려."

섞여 쓰이는데, 대개 상식적인 어법으로(가령 신하가 왕에게 말할 때는 경어로) 옮기되, 메를랭의 경우 처음에는 아직 아이인 메를랭의 말투를 살려 평어로 하고 차츰 경어로 바꾸어 장성한 메를랭의 말투로 무리 없이 넘어가게 했다.

52 피(sanc)와 지혜(san)의 동음을 이용한 대구(對句)이다.

메를랭이 학승들에게 말했다.

"학승 여러분, 당신들은 왕을 바보 취급하는군요. 그에게 아비 없는 자식을 찾아오라는 건 그의 이익이 아니라 당신들 자신의 이익을 위해 한 말이지요. 당신들은 점술을 써서 아비 없는 아이 때문에 당신들이 죽게 되리라는 걸 알아냈고, 그래서 그가 당신들을 죽일까봐 겁이 나서 왕에게 대답하기를 만일 그 아이를 죽여 그 피를 탑의 기초에 섞어 넣으면 탑이 더 이상 무너지지 않을 거라고 말한 거예요. 당신들은 그렇게 해서 당신들에게 죽음을 가져다주리라고 점친 그 아이를 피할 수 있다고 생각했지요."

아이가 그런 놀라운 일, 자기들밖에는 알지 못하리라고 생각했던 비밀을 말하는 것을 듣자, 학승들은 겁에 질려 죽음을 피할 수 없음을 깨달았다. 메를랭은 왕에게 말했다.

"전하, 이 학승들이 나를 죽이려 한 것이 당신의 탑을 위해서가 아니라 자신들의 점괘를 보고 나로 인해 죽을 것을 두려워했기 때문임을 보셨지요. 그들에게 물어보세요. 그들도 감히 내 앞에서 전하께 거짓말을 하지는 못할 거예요."

왕이 물었다. "이 말이 사실이오?"

그들이 대답했다. "전하, 부디 하느님께서 저희 죄를 용서해 주시기를 빕니다. 그 말대로입니다. 하지만 저희는 그렇게 놀라운 지식이 어디서 왔는지 모르겠습니다. 간청하오니, 그가 이 탑에 대해 말하는 것이 사실인지, 그가 탑을 서게 할 수 있을지 볼 때까지만이라도 살려 주십시오."

메를랭이 말했다. "안심해요. 탑이 왜 무너지는지 알기 전에는 죽지 않을 테니까."

그들은 그에게 감사했다.

28

메를랭이 보티건에게 말했다.

"전하, 탑이 왜 무너지는지, 무엇이 그것을 쓰러뜨리는지 알고 싶으신가요? 분명히 설명해드리지요. 이 땅 밑에 무엇이 있는지 아십니까? 드넓은 지하수 층이 있고, 그 물 밑에는 눈 먼 용 두 마리가 삽니다. 한 마리는 적갈색이고, **53** 다른 한 마리는 흰색인데, 두 개의 바위 밑에 각기 숨어 있는 이 거대한 용들은 서로 상대방을 느끼고 있어요. 놈들은 물이 자신들을 짓누르는 것을 느끼면 돌아눕기 때문에 물이 요동치고 그 위에 있는 모든 것이 흔들리는 것이지요. 탑은 이 두 마리 용 때문에 무너지는 것입니다. 확인해 보세요. 만일 내가 말한 것이 발견되지 않는다면, 나를 말에 매어 찢어 죽여도 좋아요. 하지만 그것이 내 말에 틀림이 없다면, 내 보증인들을 자유롭게 해 주고, 이 일에 대해 아무것도 몰랐던 학승들은 처벌해야 합니다."

보티건이 대답했다.

"만일 네 말이 사실이라면, 너는 세상에서 가장 현명한 자이다. 내게 흙을 치울 방도도 알려다오."

"말과 수레와 사람들을 동원하여 지어 나르게 하세요."

---

53 구어로는 '붉은 용'(le dragon roux)이라 해도 좋겠지만 뒤에 나올 판드라곤의 '붉은 용'(le dragon vermeil)과 구별하기 위해 '적갈색 용'으로 옮긴다.

왕은 일꾼들을 동원하고 그 일에 필요한 것들을 구해 오게 했다. 그 나라 사람들은 보티건에게 감히 내색은 못 해도 그 일이 어리석은 짓이라 여겼다. 메를랭은 학승들을 잘 지키게 했다. 오랫동안 흙을 파낸 후에야 물이 드러났고, 사람들은 왕에게 자신들이 발견한 것을 알렸다. 왕은 기뻐하며 메를랭을 데리고 그 놀라운 광경을 구경하러 갔다. 그곳에 당도한 그는 드넓고 깊은 물을 바라보며 신하 중 두 사람을 불러 말했다.

"땅 밑에 이런 물이 있다는 것을 아는 자는 대단히 지혜로운 자이다. 그런데 그는 저 밑에 두 마리 용이 있다고 한다. 나는 용들을 찾아내기까지 그가 하라는 대로 하는 데 비용을 아끼지 않겠다."

왕은 메를랭을 불러 물었다.

"너는 이 물에 대해 틀리지 않았다만, 용들에 대해서도 진실을 말했는지는 모르겠구나."

"보기 전에는 믿지 못할 겁니다."

"하지만 이 물을 어떻게 비워내지?"

"여기서 멀리까지 들판 한가운데 큰 도랑을 파면 됩니다."

사람들은 도랑을 파기 시작했고 물이 흘러나갔다.

메를랭이 보티건에게 말했다.

"물 밑에 사는 두 마리 용은 서로 냄새를 맡기만 하면 싸움을 벌여 서로 죽일 겁니다. 왕국의 유력자들을 불러 그 싸움을 구경하게 하십시오. 이 두 마리 용의 싸움에는 큰 의미가 있으니까요."

보티건은 기꺼이 그렇게 하겠다고 말했다. 그는 유력자들뿐 아니라 학승들과 일반인들에 이르기까지 왕국 전역의 백성을 소집했다.

그들이 모두 모이자 보티건은 메를랭이 말한 놀라운 일과 두 마리 용이 곧 싸우리라는 것을 알렸다. 사람들은 서로 말했다.

"굉장한 구경이 되겠는걸."

그들은 메를랭이 어느 쪽 용이 이길지 말했느냐고 물었다. 왕은 그가 그것은 아직 말하지 않았다고 대답했다.

29

물이 다 빠져나가자, 바닥에 있는 바위 두 개가 보였다. 메를랭은 그것을 보자 말했다.

"저 바위 두 개가 보입니까?"

왕이 대답했다.

"그렇다."

"저 바위들 아래 두 마리 용이 있습니다."

왕이 물었다.

"어떻게 놈들을 끌어내지?"

"어렵지 않습니다. 그들은 서로 냄새 맡기 전에는 꼼짝하지 않을 겁니다. 하지만 어디선가 서로의 냄새를 맡는 순간 둘 중 하나가 죽기까지 싸울 것입니다."

보티건이 물었다.

"어느 쪽이 질지 말해 주겠느냐?"

"그들의 싸움과 승리에는 중대한 의미가 있습니다. 전하와 가까운 신하 두 명 앞에서 따로 말씀 드리겠습니다."

보티건은 가장 신임하는 신하 네 명을 불러 그들에게 메를랭의 말을 전했다. **54** 그들은 그에게 싸움을 보기 전에 둘 중 어느 편이 질지 물어보라고 권했다. 보티건이 대답했다.

"자네들 말이 옳네. 나도 찬성일세. 싸움이 끝난 후에는 아무 말이나 할 수도 있으니까."

그래서 그들은 메를랭을 불렀고, 보티건은 그에게 두 마리 용 중에 어느 쪽이 질지 말해달라고 청했다.

"이 네 사람은 당신이 믿는 신하들인가요?"

"그렇다. 다른 누구보다 가깝지."

"그렇다면 그들 앞에서 당신의 질문에 대답해도 됩니까?"

"물론이지."

"알아두십시오. 흰 용이 적갈색 용을 죽일 것입니다. 하지만 처음에는 큰 해를 입을 것입니다. 그의 승리에는 그것을 해석할 줄 아는 자에게는 큰 의미가 있습니다. 하지만 싸움이 끝나기 전까지는 더 말하지 않겠습니다."

사람들은 두 개의 바위 앞에 모여서 그것들을 들추었고 흰 용을 끌어냈다. 그것이 얼마나 크고 사납고 무시무시한지 보자, 그들은 겁에 질려 뒷걸음질 쳤다. 그들은 또 다른 바위로 가서 그 밑에 있는 것도 끌어냈다. 그것을 보자 그들은 한층 더 겁에 질렸다. 그것은 아까 것보다 훨씬 더 당당하고 사납고 무시무시했기 때문이다. 보티건은 그것이 이길 것이라고 생각했다.

---

54 바로 위에서 메를랭은 "두 명"을 불러오라고 했는데 보티건이 "네 명"을 불러온 것으로 되어 있다. 모데나 사본에서는 "서너 명"을 불러오라 하고, "네 명"이 불려온다.

메를랭이 말했다.

"이제 내 보증인들을 풀어 주십시오."

보티건은 그들이 자유라고 선언했다.

용들은 서로 궁둥이 쪽으로 다가가 냄새를 맡자마자 이빨과 발톱으로 달려들었다. 두 마리 짐승이 하루 밤낮 그리고 이튿날 정오까지 그렇게 사납게 싸우는 것은 들어본 적도 없을 것이다. 싸움을 구경하는 모든 이가 적갈색 용이 흰 용을 죽이리라고 생각했지만, 흰 용의 콧구멍에서 불길이 뿜어져 나와 적갈색 용을 태웠다. 적갈색 용이 죽자, 흰 용은 물러나 누워서 사흘밖에 더 살지 못했다.

그 놀라운 일을 구경한 이들은 일찍이 그런 것은 아무도 본 적이 없다고들 말했다.

메를랭이 보티건에게 말했다.

"이제는 짓고 싶은 만큼 높은 탑을 지어도 됩니다. 아무리 높아도 무너지지 않을 것입니다."

보티건은 일꾼들에게 공사를 재개하라고 명했고, 할 수 있는 한 가장 높고 튼튼한 탑을 짓게 했다. 그는 메를랭에게 두 마리 용이 무엇을 뜻하는지, 적갈색 용이 그렇게 오래 우세했는데, 어떻게 흰 용이 적갈색 용을 죽일 수 있었는지 말해달라고 여러 차례 청했다.

메를랭이 대답했다.

"그건 지나간 일과 다가올 일의 상징입니다. 만일 당신이 내가 묻는 것에 사실대로 대답한다면, 55 그리고 당신이 내게 어떤 해도 끼치

---

55 이어지는 내용 가운데 메를랭이 보티건에게 뭔가 물어서 대답을 얻는 장면은 없

지 않고 당신 나라에서 내가 어떤 해도 입지 못하게 하겠다고 진심으로 약속한다면, 그 의미를 알려드리지요. 하지만 유력자들과 당신의 가장 가까운 신하들과 그 밖에 당신의 질문에 대해 알리고 싶은 모든 사람 앞에서 내게 그 약속을 하십시오."

보티건은 그에게 그가 원하는 모든 보증을 하겠다고 약속했다.

"자, 그럼 신하들을 모으고, 탑에 대해 점을 쳐서 나를 죽이려 했던 그 학승들도 불러오세요."

보티건은 그가 말한 대로 했고, 신하들과 학승들이 다 모이자 메를랭은 학승들에게 말했다.

"당신들은 점술에 의지하다니 어리석었어요. 배운 사람으로서 마땅히 그래야 하는 바대로 선하지도 정직하지도 충성되지도 못했고요. 당신들은 지각없고 무지하여 점술56을 써서 물어보는 일에 실패했어요. 당신들은 받은 질문에 대해 아무것도 보지 못했고, 마땅히 보았어야 할 것을 볼 만한 능력도 없었지요. 하지만 당신들은 내가 태어난 것은 훨씬 더 쉽게 알아냈으니, 그걸 당신들에게 알려 주고 당신들이 나 때문에 죽을 것처럼 보이게 한 자는, 나를 잃어버렸기 때문에 분해서 당신들이 나를 죽이게 하려고 그런 거요. 하지만 내 주님께서 그분의 선하신 뜻대로 나를 그 간계로부터 지켜주셨으니, 나는 악마의 거짓을 고발하고, 여러분이 한 가지 약속한다면 목숨을 살려드리지요."

고, 사실 메를랭으로서는 그럴 필요도 없다. 모데나 사본의 "만일 내가 당신이 묻는 것에 사실대로 대답한다면"이 옳을 것이다.

56 직역하면 "원소들의 기술"(art des elemanz).

그들은 죽음을 모면할 수 있다는 말에 안도하며 말했다.

"명하시는 대로 따르겠습니다. 당신은 세상에서 가장 현명한 사람이라는 것을 잘 알겠습니다."

메를랭이 대답했다.

"당신들은 내게 더 이상 점술을 쓰지 않겠다고 약속했으니, 점술을 쓴 데 대해 고해할 것을 명합니다. 고해는 진정으로 죄를 버리고 뉘우치지 않으면 아무 효력이 없다는 것을 잘 알겠지요. 육신을 잘 다스려 더 이상 영혼을 휘두르지 못하게 해요. 이 점을 약속한다면, 여러분을 놓아드리지요."

그들은 그에게 감사하며 그가 명한 대로 행하고 지키겠다고 맹세했다.

30

그렇게 하여 메를랭은 자기를 찾으러 보냈던 학승들을 풀어 주었다. 이 사실을 듣고 그가 그렇게 일을 현명하게 처리하는 것을 본 사람들은 그에게 감사했다. 보티건과 그의 신하들이 다시 그를 찾아와 말했다.

"이제 용들이 무엇을 의미하는지 말해야 한다. 너는 우리에게 모든 일에 진실을 말했고, 우리는 너를 일찍이 본 가장 현명한 자로 여기고 있다. 그러니 그 용들의 의미에 대해 말해다오."[57]

---

57 《브리튼 왕들의 역사》에서는 두 마리 용을 찾아내는 데서 탑에 관한 이야기가 끝나고 "메를랭의 예언"이라는 장으로 넘어가 용들이 싸우는 장면과 그에 대한 간략

메를랭이 대답했다.

"적갈색 용은 당신, 보티건을 뜻하고, 흰 용은 콘스탄스의 후손을 뜻합니다."

보티건은 그 말을 듣자 수치를 느꼈고, 메를랭은 그 점을 알아차리고 말했다.

"원하신다면, 나는 이 점에 대해 더 말씀드릴 수 있습니다. 성내지 않으신다면."

"여기 있는 자들은 모두 내 심복들이다. 나는 그것이 무슨 뜻인지 분명히 알기 원한다. 아무것도 숨기지 말고 말하라."

"나는 적갈색 용이 당신을 뜻한다고 말했는데, 왜 그런지 말씀드리지요. 당신은 콘스탄스가 죽은 후 그의 어린 아들들이 아버지 없이 남은 것을 알고 있었으니, 마땅히 해야 할 바대로 했다면 당신은 그들을 보호하고 권고하고 모든 사람으로부터 지켜야 했습니다. 당신은 자신이 그들의 영토와 막대한 부를 이용하여 백성의 환심을 샀다는 것도 모르지 않겠지요. 당신은 사람들이 당신을 좋아하는 것을 알자, 더 이상 그들을 섬기기를 거부했습니다. 그러면 그들이 곤경에 처할

─────

한 해석에 더해 난삽한 예언들이 한참 이어진 후, 보티건이 자신의 죽음에 대해 묻는 장면으로 넘어간다. 이 책의 메를랭에 따르면, 흰 용은 색슨족을, 붉은 용은 색슨족에 패해 온 땅을 피로 물들일 브리튼족을 나타내며, 보티건은 색슨족 또는 콘스탄틴(《메를랭》의 '콘스탄스')의 아들들의 손에 죽게 될 것이다. 《브뤼트 이야기》에서는 용들이 싸우는 장면과 보티건이 그 의미를 묻고 메를랭이 답했다는 사실은 기술되나, "메를랭의 예언"이라는 장 전체가 생략되어 실제 해석은 말해지지 않는다. 그렇게 볼 때, 용들의 싸움이나 그 의미에 대해 소상한 해석을 싣고 그 것을 보티건의 죽음과 직접 연결시킨 것은 《메를랭》의 작가이다.

것을 알고 있었으니까요. 사람들이 당신에게 와서 모인 왕은 필요 없다며 당신에게 왕이 되어 달라고 하자, 당신은 간악하게도 모인 왕이 살아 있는 한 그럴 수 없다고 대답했습니다. 그 말을 들은 자들은 당신이 그의 죽음을 원한다는 것을 십분 알아들었고, 그래서 그를 죽였습니다. 그가 죽자 콘스탄스의 남은 두 아들은 당신을 두려워하여 피신했습니다. 당신은 왕이 되었고, 그들의 분깃을 차지했습니다. 모인 왕을 죽인 자들이 당신 앞에 나타나자, 당신은 그의 죽음을 얼마나 슬퍼하는지 보이려고 그들을 찢어 죽였지만, 실은 거짓으로 꾸민 것이지요. 이후로 당신은 왕국을 손에 넣었고 지금도 다스리고 있습니다. 당신이 탑을 짓는 것은 적들로부터 당신 자신을 지키기 위해서입니다. 하지만 당신 자신이 스스로 구하기를 원치 않는 이상, 그 탑은 당신을 구하지 못할 것입니다."

메를랭의 말을 들은 보티건은 그가 진실을 말하는 것을 알고, 이렇게 대답했다.

"보아하니 확실히 너는 세상에서 가장 현명한 자로구나. 그러니 이 상황에서 내게 조언을 해다오. 네가 보기에 나는 어떤 죽음을 맞게 되겠느냐?"

"당신이 어떤 죽음을 맞게 될지 말하지 않을 작정이었다면, 두 마리 용의 의미에 대해서도 말하지 않았겠지요."

보티건은 아무것도 숨기지 말고 말해 주면 고맙겠다고 부탁했다.

"그렇다면, 적갈색 용은 당신의 악한 마음과 어리석은 생각을 나타낸다는 것을 아십시오. 그가 크고 튼튼한 것은 당신의 권력을 나타냅니다. 흰 용은 왕좌의 후계자들인 왕자들, 당신을 두려워하여 피신한 그들을 나타냅니다. 용들이 그토록 오래 싸운 것은 당신이 너무나 오래 왕국을 차지했음을 보여줍니다. 당신은 흰 용이 적갈색 용을 불태우는 것을 보았습니다. 그것은 왕자들이 당신을 불로 죽일 것을 나타냅니다. 당신이 지은 저 탑이나 다른 어떤 요새도 당신이 그렇게 죽는 것을 막아주지 못하리라는 것을 아십시오."

그 말을 들은 보티건은 두려움에 사로잡혀 메를랭에게 왕자들이 어디 있는지 물었다.

"바다에 있습니다. 큰 병력을 모으고 필요한 장비를 갖추어 자기들의 땅으로 돌아와서 당신을 응징하고 당신이 그들의 형을 죽이게 했다고 사실대로 말할 것입니다. 그들은 앞으로 석 달 후 윈체스터 항구58에 도착할 것을 아십시오."

그 소식을 듣고 그들이 오는 것을 안 보티건은 크게 낙심하여 메를랭에게 물었다.

"달리 될 수는 없겠느냐?"

"아니오. 당신은 콘스탄스의 아들들 손에 불타 죽을 수밖에 없습니다. 흰 용이 적갈색 용을 불태워 죽인 것을 보신 그대로입니다."

그렇게 메를랭은 보티건에게 두 마리 용의 의미를 설명해 주었다.

---

58 실제 윈체스터는 바다에 면해 있지 않으니 '항구'라 하기 어렵다. 《브리튼 왕들의 역사》에서 윈체스터는 콘스탄틴(《메를랭》의 콘스탄스) 이후 왕이 주로 머무는 곳으로 언급되며, 콘스탄틴의 두 왕자가 상륙하는 곳은 토트네스(Totnes), 《브뤼트 이야기》에서는 다트머스의 토트네스로 되어 있다(다트머스가 바다에 면한 항구이고, 토트네스는 거기서 조금 내륙의 성 이름이다). 프랑스 작가들이 쓴 아더 왕 이야기에서 영국 지명들은 종종 이렇게 실제 지형과 일치하지 않는다.

31

콘스탄스의 아들들이 큰 군대를 이끌고 다가오고 있다는 것을 안 보티건은 해안에서 그들을 맞받아치려고 메를랭이 말한 날짜까지 자기도 군사를 모았다. 그리하여 그는 군대를 이끌고 그들이 상륙할 윈체스터로 갔다. 59 보티건의 부하들은, 메를랭이 참석한 어전회의에 함께 있던 자들을 제외하고는, 자기들이 왜 그곳에 가는지 알지 못했다. 메를랭 자신은 가지 않았으니, 탑이 왜 무너지는지, 그리고 두 마리 용의 의미에 대해 밝힌 즉시, 그는 할 일을 다했다면서 왕에게서 떠나갔기 때문이다. 그는 노섬벌랜드로 블레즈를 찾아가서 그에게 그 모든 일에 대해 들려주었다. 블레즈는 자기 책에 그것을 기록했으며, 그 덕분에 오늘 우리도 그 일을 아는 것이다. 메를랭은 콘스탄스의 아들들이 자기를 찾으러 오기까지 오래 그곳에 머물렀다.

보티건은 모든 병력을 이끌고 항구로 가서 메를랭이 말해준 날을 기다렸다. 그날이 되자 윈체스터 사람들은 바다 위에 돛들과 배들이, 그리고 콘스탄스의 아들들이 이끄는 큰 선단이 나타나는 것을 보았다. 보티건은 그것들을 보자 군사들에게 무장하고 항구를 방어하라고 명했다. 뭍에 있던 자들은 콘스탄스의 왕기(王旗)들을 보자 크게 놀라서 콘스탄스의 아들들이 탄 첫 번째 배가 뭍에 닿자 다가가서 물었다.

---

59 《브리튼 왕들의 역사》및 《브뤼트 이야기》에서 보티건은 왕자들과 싸우러 나가는 대신 메를랭의 조언에 따라 웨일즈의 한 성에 숨으며, 백성의 환영을 받으며 상륙한 왕자들이 그를 찾아내어 죽이는 것으로 이야기된다.

"이 선단은 누구 것이오?"

"콘스탄스의 두 아들 판드라곤과 우터의 것이라오. 반역자 보티건이 오래전에 그들의 형을 죽이고 그들로부터 빼앗아간 왕국으로 돌아오는 것이오. 그들이 와서 복수할 것이오."

항구에 있던 이들은 그 대군을 이끄는 것이 주군의 아들들이라는 것을 알았고, 또 그들이 우세한 것도 보았다. 만일 그들에게 맞서 싸움을 벌였다가는 큰 해를 입게 될 것이었다. 그들은 보티건에게 그렇게 말했고, 보티건은 자기 부하들 대다수가 자기를 버리고 판드라곤의 편에 설 것을 깨닫고는 두려워서, 미처 떠나지 못한 부하들에게 요새를 강화하라고 명령했다. 명령대로 되었다.

배들이 다가와 뭍에 닿자, 무장한 기사들과 그 밖의 사람들이 내렸다. 배에서 내린 그들은 요새를 향해 갔고, 주군의 아들들을 본 많은 사람들이 그들을 맞이하러 나가 주군으로 환영했다. 보티건 편에 있던 자들은 요새를 방어했지만, 공격군은 힘차게 공격해왔다. 마침내 판드라곤은 대대적인 공성전 가운데 요새에 불을 놓았다. 불길에 기습당한 자들은 대부분 타 죽었고, 보티건도 그 불에 타죽었다.

그리하여 왕자들은 영토를 되찾았고, 자기들이 돌아온 것을 온 나라에 알렸다. 주군들이 돌아온 것을 안 백성은 기뻐했고, 모두 그들을 맞이하러 나와 주군으로 받아들였다. 그리하여 두 형제는 분깃을 되찾았고, 백성은 판드라곤을 왕으로 삼았다. 그는 선하고 신실한 군주였다.

보티건이 끌어들였던 색슨족은 자기 성들을 지켰다. 방어가 잘 되어 있는 성들이라 판드라곤과 그리스도인들을 계속 괴롭혔다. 그리스도인들은 때로는 이기고 때로는 졌다. 마침내 판드라곤은 헨기스트의 성을 포위했고, 그 포위는 1년 이상 계속되었다. 판드라곤은 많은 영주들을 불러 회의를 열고 적을 이길 수단을 강구했다. 그중 몇몇은 보티건의 회의에도 가담했던 자들이라 메를랭이 그의 죽음과 왕자들에 대해 예언하는 것을 들은 적이 있었다. 그들은 판드라곤과 그의 동생 우터를 따로 불러 그 놀라운 예언에 대해 알려 주었다. 그 사람이야말로 세상에서 가장 훌륭한 예언자이며, 만일 그가 원한다면 그 성이 함락될지 여부를 가르쳐주리라고 말했다. 그 말을 들은 판드라곤이 놀라서 물었다.

"그 예언자를 어디 가서 찾지요?"

"그가 어디 있는지는 모릅니다만, 그는 우리가 그의 이야기를 하는 것을 분명 알 것입니다. 그는 이 나라 안에 있고, 원한다면 올 것입니다."

"그가 이 나라 안에 있다면 찾아보리다." 판드라곤이 말했다.

그는 사자들을 사방으로 보내어 메를랭을 찾게 했다. 60

---

60 《브리튼 왕들의 역사》와 《브뤼트 이야기》에서는 콘스탄틴(《메를랭》의 '콘스탄스')의 두 아들과 헨기스트의 전투가 소상히 그려지고(헨기스트는 전투 중 생포되어 처형당하고, 그의 아들 옥타는 항복한다), 솔즈베리 학살의 희생자들을 위한 기념비를 세우기 위해 지혜를 모으다가 메를랭을 부르는 것으로 되어 있다. 《메를랭》의 작가는 콘스탄스의 아들들이 보티건을 죽인 후 헨기스트를 공격하기 위해 메를랭을 부르는 것으로 한 다음, 헨기스트가 우터의 손에 죽었다는 소식을 전함으로써 전투에 관한 대목들을 과감히 생략한다. 뒤이어 메를랭이 그들 형제와 친해지기 위해 변신술을 쓰는 이야기는 앞의 책들에는 없는 것이다.

32

메를랭은 왕이 자기를 찾으러 서둘러 사자들을 보낸 것을 알고는 블레즈와 이야기를 마치자마자, 사자들이 자기를 찾으러 와 있는 한 도시로 갔다. 메를랭은 나무꾼 행색으로, 목에 큼직한 도끼를 걸고 투박한 신발을 신고 누더기가 된 짤막한 웃옷을 걸친 데다, 머리칼은 길고 헝클어지고, 수염도 더부룩한 것이 완전히 야인으로 보였다. 그는 사자들이 있는 집으로 들어갔다. 그들은 그를 보자 놀라서 서로 수군거렸다.

"웬 험상궂은 사람이 들어왔군!"

메를랭이 다가가서 말했다.

"당신들은 주인이 명한 일을 제대로 하고 있지 않구려. 메를랭이라는 예언자를 찾으라고 보낸 거잖소."

그 말을 듣자 그들은 서로 말했다.

"대체 누가 이 촌사람에게 그걸 알려 주었기에 우리 일에 끼어드는 거지?"

메를랭이 말했다.

"내게 그를 찾는 일을 맡긴다면, 나는 당신들보다 훨씬 속히 그를 찾아낼 텐데."

그 말에 그들은 그를 둘러싸고 그가 어디 있는지 아느냐, 혹시 보았느냐고 물었다.

"보다마다. 어디 사는지도 안다오. 그도 당신들이 자기를 찾아 나선 것을 알지만, 그가 원하기 전에는 당신들은 그를 만나지 못할 거요. 그가 당신들에게 전하라고 했소. 자기를 찾느라 애쓰지 말라고.

설령 당신들이 그를 찾아낸다 해도 그는 당신들을 따라가지 않을 테니 말이오. 그 예언자가 이 고장에 있다고 당신들의 주군에게 말한 자들에게 가서 그 말이 틀리지 않았다고 하시오. 그리고 돌아가거든 당신들 주군에게 말하시오. 그가 포위하고 있는 요새는 헹기스트가 죽기 전에는 함락되지 않으리라고. 당신들에게 메를랭을 찾으라고 명한 자들로 말하자면, 총 다섯 명이었는데, 당신들이 그곳에 도착할 때에는 세 명밖에 남아 있지 않을 거요. 그 세 명과 당신들의 주군에게 말하시오. 만일 이 도시에 와서 숲을 뒤진다면 메를랭을 찾으리라고. 하지만 왕이 직접 오지 않는다면, 아무도 그를 이곳에서 데려갈 수 없을 거요."

사자들은 그가 하는 말을 귀담아 들었다. 메를랭은 돌아섰고, 돌아서는 즉시 보이지 않게 되었다. 그들은 성호를 긋고 말했다.

"악마와 말한 것 같군. 그가 말한 것을 어떻게 할까?"

그러고는 이구동성으로 말했다.

"가서 주군에게, 그리고 이 놀라운 일을 알고 있던 이들에게 모두 말합시다. 그들 중 두 명이 정말로 죽었는지 보게 될 테니, 왕에게 우리가 보고 들은 놀라운 일을 알립시다."

그들은 귀로에 올라, 왕이 있는 진지로 돌아갔다.

왕은 그들을 보자 물었다.

"찾으러 갔던 사람을 찾았소?"

"전하, 저희에게 일어난 일을 말씀드리러 왔습니다. 회의를 소집하여 전하께 그 예언자에 대해 고했던 자들을 부르십시오."

왕은 그들을 부르게 했고, 그들이 오자 따로 자리를 마련했다. 사자들은 그들에게 자신들에게 일어났던 놀라운 일에 대해 말했고, 그 촌사람이 하던 말을 전하며, 자기들이 돌아오기 전에 두 사람이 죽으리라고 했던 예언도 고했다. 그래서 알아보니, 실제로 그 두 사람이 죽은 것을 알게 되었다. 메를랭을 찾으러 보내라고 했던 이들은 그 말을 듣자 사자들이 말하는 그 험상궂은 노인이 대체 누구일까 의아해했다. 그들은 메를랭이 본 모습과 다른 모습을 취할 수 있다는 것을[61] 몰랐기 때문이다. 그러면서도 그들은 메를랭 자신이 아니고서야 아무도 그런 일들을 알려줄 수 없으리라고 생각했다. 그들은 왕에게 말했다.

"아무래도 메를랭이 전하의 사자들에게 직접 나타나 말한 것 같습니다. 저희 중 두 사람이 죽을 것에 대해 알릴 수 있는 것도 그뿐이고, 헨기스트의 죽음에 대해 말할 수 있는 것도 메를랭뿐입니다. 사자들에게 그 촌사람을 어느 도시에서 만났는지 물어봅시다."

"저희는 그를 노섬벌랜드에서 만났습니다. 그가 직접 저희 숙소를 찾아왔습니다."

다들 그것이 메를랭이었다는 데 의견이 일치했다. 사자들은 그가 왕에게 직접 찾아오라고 했다는 말을 전했다. 왕은 농성을 동생 우터에게 맡기고 노섬벌랜드에 가서 사람들이 말하는 숲을 뒤져보기로 했다.

33

그는 여행 채비를 해서 노섬벌랜드를 향해 길을 떠났다. 메를랭에

---

61 이런 변신 능력은 메를랭이 단순히 과거와 미래를 통찰하는 '앎'을 지닌 예언자일 뿐 아니라 초자연적인 '힘'을 지닌 마법사이도 하다는 것을 보여준다. 주 23 참조.

대해 물어보았지만, 그에 대해 알려 주는 사람을 만나지 못했다. 그래서 그는 숲을 돌아다니며 그를 찾아보기로 했다. 그래서 말을 타고 숲을 돌아다니던 중, 일행 중 한 사람이 큰 짐승 떼를 거느리고 있는 아주 추하고 무섭게 생긴 사람을 만나게 되었다. 그는 그에게 어디서 왔느냐고 물었다.

"노섬벌랜드에서 왔소." 낯선 이가 대답했다.

"혹시 메를랭에 대해 아십니까?"

"아니오. 하지만 어제 어떤 사람이 말하기를 왕이 오늘 자기를 찾으러 이 숲에 올 거라고 하더이다. 그가 왔소? 당신도 그 일을 아시오?"

"사실입니다. 왕이 메를랭을 찾아다니고 있어요. 그 사람이 어디 있는지 알려줄 수 있습니까?"

"당신이 아니라 왕에게 직접 말하겠소."

"좋습니다. 저와 함께 왕에게 갑시다."

"그러면 내 짐승들을 지킬 자가 없는데! 게다가 나는 딱히 왕을 만나야 하는 것도 아니오. 하지만 왕이 내 쪽으로 온다면, 그가 찾는 자에 대해 알려드리겠소."

"그러면 이쪽으로 모시고 오리다."

그는 목동과 헤어진 다음 왕을 찾아내어 그 만난 일을 이야기했다. 왕이 말했다.

"나를 그 사람에게 안내하라."

그는 왕을 그 낯선 이를 만났던 데로 안내했다.

"여기 전하를 모셔왔습니다. 전하께 하겠다던 말을 해 보시오."

낯선 이가 말했다.

"전하, 메를랭을 찾고 계시다는 것을 압니다. 하지만 그가 원하기 전에는 만나지 못하실 겁니다. 이 근처 전하의 도시 중 하나로 가십시오. 전하께서 기다리는 것을 그가 알면 찾아갈 것입니다."

"자네가 내게 진실을 말한다는 걸 어떻게 알 수 있나?"

"저를 믿지 않으신다면, 제 말대로 하지 마십시오. 잘못된 조언을 믿는 것도 어리석은 일이니까요."

"그렇다면 자네는 자네 조언이 잘못이라는 걸 인정한다는 건가?"

"아니오. 전하께서 그렇게 말했지요. 이 일에서 제 조언은 전하께서 스스로 생각하시는 것보다 낫다는 것을 알아두십시오."

"자네를 믿겠네."

그래서 왕은 숲에서 가까운 자기 도시들 중 하나로 갔다. 그가 그곳에 머무는 동안, 잘 차려 입은 한 남자가 왕의 숙소로 찾아와 말했다.

"나를 왕에게 안내해 주시오."

왕에게 데려가자 그가 말했다.

"전하, 메를랭이 저를 전하께 보내어 말을 전하라 했습니다. 짐승들을 지키던 자가 바로 그 자신이었다고 말입니다. 그 일에서 보셨듯이, 그는 아무 때나 내킬 때 전하 앞에 나타나겠다고 합니다. 그의 말대로입니다. 하지만 전하께는 아직 그가 필요 없습니다. 전하께 필요할 때면, 그가 자진해서 전하를 찾아올 것입니다."

왕이 대답했다.

"하지만 난 항상 그가 필요한데! 그보다 더 만나보고 싶은 사람이 없어."

"그렇게 말씀하시니, 좋은 소식을 하나 알려드리겠습니다. 헨기스트가 죽었습니다. 동생 되시는 우터 전하께서 그를 죽였습니다."

"그게 정말인가?" 왕은 크게 놀라 되물었다.

"그 이상은 말씀드리지 않겠습니다. 하지만 알아보지도 않고 안 믿는다면 어리석지요. 사자를 보내 확인해 보십시오. 그러면 믿으실 것입니다."

"자네 말이 옳네." 왕이 말했다.

그래서 그는 사자 두 명을 자신이 가진 가장 좋은 말 두 필에 태워 보내며 헨기스트가 정말로 죽었는지 급히 가서 알아보고 오라고 명했다. 그들은 전속력으로 달렸고, 하루 밤낮을 달린 끝에 왕에게 헨기스트의 죽음을 알리러 오는 우터의 사자들을 만났다. 사자들은 만나 서로 소식을 주고받은 후, 함께 왕에게로 돌아갔다. 왕에게 메를랭의 말을 전하러 왔던 이는 이미 떠난 후였다. 중간에 돌아온 왕의 사자들과 우터의 사자들은 왕과 중신들에게 우터가 어떻게 헨기스트를 죽였는지 들려주었다. 왕은 그들에게 그 소식을 퍼뜨리는 것을 금했다. 사태는 그쯤에 머물러 있었고, 왕은 메를랭이 어떻게 헨기스트의 죽음을 알 수 있었을지 신기하게 여겼다.

34

그는 그 도시에 머물면서 메를랭이 오기를 기다렸다. 헨기스트가 어떻게 죽었는지 물어볼 작정이었다. 왜냐하면 그 죽음에 대해서는 아는 이가 거의 없었기 때문이다. 그렇게 기다리던 어느 날 그가 교회62

---

62 지금까지 '교회'라는 말은 "거룩한 교회"(la Sainte Eglise) 라고 쓰여 지상 교회 전

에서 돌아오노라니, 잘 차려 입은 준수한 인물이 다가와 인사를 했다.

"전하, 이 도시에서 무엇을 기다리고 계십니까?"

"메를랭이 오면 이야기하려고 기다리고 있소."

"전하, 그가 나타나 전하께 말을 걸어도 전하로서는 알아보기 어려우실 겁니다. 전하와 함께 온 자들, 메를랭을 안다는 자들을 불러 그들에게 혹시 제가 메를랭이 아닌지 물어보십시오."

왕은 크게 놀라서 메를랭을 안다던 자들을 불러오게 하여 물었다.

"여러분, 우리는 메를랭을 기다리고 있지만, 내 생각에는 그대들 중 아무도 그를 아는 것 같지 않구려. 안다면, 내게 말해 주시오."

그들이 대답했다.

"그럴 리가 있습니까. 그를 보면 알 수 있습니다."

그러자 왕 앞에 서 있던 남자가 말했다.

"여러분, 자기 자신도 잘 모르는 사람이 다른 사람을 알 수 있을까요?"

그들이 대답했다.

"저희는 그에 관해 다 알지는 못합니다만, 그를 보면 어떻게 생겼

체를 가리켰지만, 여기서처럼 예배 장소로서의 교회를 가리키는 말로는 moutier/mostier(수도원 또는 교구 교회)가 쓰이고, 드물게 eglise de l'arcevesque(대주교 교회), maistre eglise(주主 교회)라는 말도 쓰이고 있다. Micha의 현대어 역에서는 mostier와 eglise de l'arcevesque가 모두 église로, maistre eglise만이 cathédrale(대성당)로 옮겨져 있는데, 사실상 대주교 교회가 대성당이니 특별히 용어를 구분하여 쓴 것 같지 않다. 모두 '교회'로 옮긴다. 간혹 '예배당'으로 옮긴 말은 capele이다.

는지는 알 수 있습니다."

그러자 낯선 이가 대꾸했다.

"사람을 그저 생김새만 보아 안다면 제대로 아는 게 아니지요. 그 점을 입증해 보이겠습니다."

그는 왕에게 자기와 단둘이 다른 방으로 가자고 권했다.

"전하, 저는 전하와 동생 되시는 우터 전하의 벗이 되고 싶습니다. 제가 전하께서 찾으러 오신 메를랭입니다. 저를 안다고 믿는 저 사람들은 저에 대해 아무것도 모릅니다. 그 점을 보여드리겠습니다. 나가셔서 그 안다는 자들을 오게 하십시오. 그들은 저를 보자마자 당신이 저를 찾았다고 할 것입니다. 하지만 제가 달리 마음먹으면 그들은 저를 알아보지 못할 것입니다."

"뭐든 당신이 하라는 대로 하리다." 왕은 유쾌하게 대답했다.

그는 지체 없이 방에서 나가 메를랭을 안다고 하던 사람들을 오게 했다. 그들이 들어오자 메를랭은 그들이 전에 그를 보았던 모습을 취했다. 그들은 그를 보자 왕에게 말했다.

"전하, 분명 저 사람이 메를랭입니다."

"분명히 그라고 확신하시오?" 왕이 웃으며 말했다.

"확실히 메를랭입니다."

그러자 메를랭이 말했다.

"전하, 사실입니다. 이제 전하께서 원하시는 바를 말씀하십시오."

왕이 대답했다.

"가능하다면 나를 당신 벗으로 여겨 가까이 지내주기 바라오. 여기 이 사람들이 내게 말하길 당신은 대단히 지혜로운 사람이라니 말이오."

"전하께서 청하기만 하신다면, 할 수 있는 대로 조언해 드리겠습니다."

"그렇다면 부디 말해 주기 바라오. 내가 당신을 찾아 이 고장에 온 후로, 이미 당신과 이야기한 적이 있는지."

"전하께서 만나신 목동이 저입니다."

왕과 곁에 있던 신하들은 크게 놀랐고, 왕은 메를랭을 안다던 자들에게 말했다.

"당신들은 이 사람에 대해 잘 모르는구려. 그가 눈앞에 나타나도 알아보지 못하니."

그들이 대답했다.

"전하, 저희는 그가 이런 놀라운 일을 하는 것은 본 적이 없습니다. 하지만 그는 세상 아무도 말할 수도 행할 수도 없는 것을 말하고 행할 수 있으리라 확신합니다."

35

왕이 다시 메를랭에게 물었다.

"당신은 어떻게 헨기스트의 죽음을 알았소?"

"전하, 전하께서 이곳에 오신 후, 저는 헨기스트가 동생 분을 죽이려 한다는 것을 알고, 찾아가서 그 사실을 말씀드렸습니다. 감사하게도 우터 전하는 저를 믿고 방비를 갖추셨지요. 저는 헨기스트가 대담하게 단신으로 진지를 뚫고 우터 전하의 막사까지 와서 그를 죽이려 한다는 것을 알려드렸습니다. 동생 분께서는 제 말을 선뜻 믿지 못하셨지만, 그래도 그날 밤 아무에게도 말하지 않고 아무도 모르게 무장을 갖추고 혼자 깨어 계셨습니다. 밤새 막사에서 지킨 끝에 헨기스트가 단검을 들고 들어오는 것을 본 동생 분은 그가 들어오게 놔두었습니다. 헨기스트는 막사 안에서 그를 찾았지만 허사였습니다. 찾지 못하고 돌아나가려는 순간, 동생 분이 그에게 달려들어 잠시 싸움을 벌인 끝에 그를 죽였습니다. 동생 분은 무장을 하고 있었고 헨기스트는 몰래 들어와 죽이고 나갈 작정이라 가벼운 차림이었으니까요."

왕은 그 소식을 듣자 물었다.

"내 동생에게는 어떤 모습으로 나타났소? 그가 당신을 믿었다니 놀라워서 말이오."

"늙은 현자의 모습을 했습니다. 그에게만 은밀히 말했고, 만일 그날 밤 경계 태세를 취하지 않으면 죽으리라고 말했습니다."

"당신이 누구인지도 말했소?"

"동생 분께서는 지금까지도 누가 자기에게 말했는지 모르고, 전하께서 친히 알려 주시기 전에는 알지 못할 것입니다. 그래서 전하의 사람들을 통해 전하께 알려드린 것입니다. 헨기스트가 살아 있는 한 성을 함락시키지 못하리라고."

왕이 말했다.

"친애하는 벗이여, 나와 함께 가겠소? 나는 당신의 조언과 도움이 절실히 필요하오."

"전하, 제가 전하와 함께 다니면 다닐수록, 전하의 사람들은 전하께서 저를 신뢰하시는 데 대해 기분이 상할 것입니다. 이미 그러합니다. 하지만 제가 전하의 유익과 명예에 도움이 된다고 생각하신다면, 그들 때문에 저를 신뢰하기를 그만두지는 마십시오."

"당신은 이미 나를 위해 큰일을 해 주었고, 실로 내 동생을 구해 주었으니, 당신을 의심하거나 불신할 리가 없소."

"전하, 동생 분께 가서 제가 방금 전하께 말씀드린 일을 누가 동생 분께 말했는지 물어보십시오. 만일 동생 분이 그게 누구였는지 대답할 수 있다면, 더 이상 제 말을 믿지 마십시오. 제가 동생 분 앞에 나타날 때는 죽음을 경고하던 때와 같은 모습을 할 테니, 전하도 저를 알아봐 주십시오."

"그럼 언제 내 동생에게 와서 말할 작정인지 알려 주시오."

"알려 드리지요. 하지만 주의하십시오. 저를 진정 아끼신다면 다른 아무에게도 말씀하지 마십시오. 만일 전하께서 약속을 깨뜨리는 것을 알게 되면, 저는 다시는 전하를 믿지 않을 테고, 전하께 큰 손실이 될 것입니다."

"만일 내가 단 한 번이라도 약속을 어긴다면, 나를 믿지 마시오. 얼마든지 나를 시험해 보기 바라오."[63]

"전하께서도 저를 여러 가지로 시험해 보시기 바랍니다. 하여간 알아두십시오. 전하께서 동생 분께 말씀하신 후 열하루째 되는 날 동생 분께 말하겠습니다."

---

63 원문은 "내가 당신을 여러 가지 방식으로 시험해 볼 거요"인데, 그래서는 뜻이 통하지 않는다. 모데나 사본처럼 "메를랭, 당신이 나를 얼마든지 시험해 보기 바라오"일 것이다.

36

그렇게 메를랭은 판드라곤과 친분을 맺고 헤어진 다음, 스승 블레즈에게 돌아가 그 모든 일에 대해 들려주었다. 블레즈는 그 일들을 글로 썼고, 그 덕분에 오늘날 우리도 그 일을 아는 것이다. 판드라곤은 귀로에 올라 동생 곁으로 돌아갔고, 우터는 그를 보자 기뻐하며 반갑게 맞이했다. 인사를 교환한 다음, 판드라곤은 그를 따로 불러 헹기스트의 죽음에 대해 메를랭이 들려준 대로 이야기하고 그 이야기가 맞느냐고 물었다.

"전하, 바로 그대로입니다! 하지만, 전하께서 방금 제게 하신 이야기는 하느님과 한 노인 말고는 아무도 알 수가 없는 것인데요. 아주 나이든 노인이 제게 은밀히 알려 주었을 뿐, 달리 아는 이가 있을 수 없다고 생각합니다."

우터는 웃으며 형에게 물었다.

"전하, 전하께서 방금 말씀하신 일을 대체 누가 알려 주었습니까? 대체 어떻게 아시는지, 정말 놀랐습니다."

"하지만 보다시피 나는 알고 있네. 그런데 말해 보게. 자네 목숨을 구해준 그 노인이 누구였나? 내가 들은 바로는, 그가 아니었다면 헹기스트가 자네를 죽였을 거라던데."

"전하, 제 주군이요 형님이신 전하께 신의를 걸고 말씀드립니다만, 저는 그가 누구였는지 모릅니다. 하지만 아주 점잖고 지혜로운 분으로 보였습니다. 그렇게 보이니 믿었지요. 도저히 믿을 수 없는 이야기를 하니 말입니다. 헹기스트가 진영 한복판으로 제 막사까지 찾아와 저를 죽이려 한다고 말하다니, 대담하지 않습니까."

"그를 다시 본다면 알아보겠나?"

"전하, 당연히 알아보지요."

그러자 판드라곤이 말했다.

"단언하네만, 오늘부터 열하루째 되는 날 그가 자네를 찾아올 걸세. 하지만, 부디 나를 생각하여, 그날은 종일토록 내 앞에 머물러 있게. 자네에게 와서 말을 거는 모든 사람을 지켜볼 수 있게 말일세. 나도 자네처럼 그를 알아볼 수 있을지 보고 싶네."

우터는 그 사람이 오는 것을 보기까지 그의 곁을 한 발짝도 떠나지 않겠다고 약속했다.

37

그날 두 형제는 내내 함께 지냈다. 그들과 친분을 맺고 그들의 충실한 동지가 되기 위해 그 모든 것을 아는 메를랭은 그 두 형제가 자기에 대해 말하는 것과 왕이 어떻게 자기를 시험하려 하는지를 블레즈에게 들려주었다.

블레즈가 물었다. "이제 어떻게 할 셈인가?"

메를랭이 대답했다. "그들은 원기 왕성한 젊은이들입니다. 그들의 호의를 얻으려면 그들이 원하는 대로 신기하고 재미난 일들을 해 주어야지요. 우터가 사랑하는 한 여자를 아는데, 그에게 그 여자 편에서 보내는 편지를 가져가려 합니다. 당신이 그 편지를 써주어요. 내가 그에게 하는 말을 듣고 나를 믿도록 말이에요. 나는 그들 사이에 오간 다정한 말들을 아니까, 내가 그에게 말하면64 놀랄 거예요. 그 열한 번째 날, 그들은 둘 다 나를 보면서도 나를 알아보지 못할 테고, 이튿날

218

내가 누구인지 말하면 그들은 나를 보고 한층 더 기뻐하겠지요."

메를랭은 그렇게 말했고, 말한 대로 했다. 그는 그 귀부인의 사환의 모습을 하고서 우터가 형과 함께 있는 곳을 찾아가 말했다.

"전하, 아씨께서 전하께 안부 전하시며 이 편지를 보내셨습니다."

우터는 그 편지가 정말로 그녀에게서 온 줄로만 알고 기뻐하며 그것을 읽게 했다. 65 편지는 그가 하는 말을 믿으라고 말했다. 메를랭은 우터에게 그가 가장 듣고 싶어 하는 말을 들려주었고, 그날 저녁까지 왕 앞에 있었다. 우터는 그의 말에 크게 기뻐하며 온종일 즐거워했다. 날이 저물어가자 판드라곤은 그날 우터를 만나러 오겠다던 메를랭이 오지 않는 것을 이상히 여겼다. 그래서 늦도록 기다렸고, 어두워지자 우터도 그 일을 생각했고 형제는 함께 이야기했다. 메를랭은

---

64 "내가 그에게 말하면"이라는 것은 메를랭이 편지를 가지고 가서 읽어준다(말해준다) 는 뜻인가도 싶지만, 이 대목에서는 확실치 않다. Micha의 현대어 역본은 "내 입으로 그런 말을 들으면"이라고 하여 메를랭이 직접 읽어 주리라는 뜻을 비친다.

65 중세에 세속 기사들은 글을 읽지 못해 다른 사람에게 읽게 하는 것이 보통이었다. 그런데 이 대목에서는 누구를 시켜 읽게 했다는 것인지 명시되어 있지 않으므로, 다소 혼선이 생긴다. Micha의 현대어 역본은 (위에서 메를랭이 읽어 주리라는 뜻을 비친 것과는 달리) "한 서생에게"(à un clerc) 라는 어구를 추가하여 가상의 제 3자를 불러오고 있으나, 다음 문장의 "그가 하는 말을 믿으라고"는 "편지를 가져온 사람을 믿으라고"로 옮기고 있으며, 38절 중간과 끝에서는 "연인들 사이의 다정한 말을 말해준 사람"을 거듭 "써준 사람"으로 옮겨 메를랭은 편지를 쓰기만 했을 뿐 다른 사람이 읽어준 것이라는 입장을 확인하고 있다. 이렇게 복잡하게 말을 바꾼 것은 아마도 일개 사환이 글을 읽는다는 것이 이상하다고 본 때문인 듯한데, 원문은 그런 세부까지 의식한 것 같지 않다. 메를랭이 블레즈에게 쓰게 한 편지를, 사환의 모습을 하고 가지고 가서 읽어 주었다고 보는 편이 간단하고 38절의 전개에도 자연스러울 것이다.

물러갔다가, 처음 우터를 찾아갔을 때와 같은 모습을 취하고 우터의 막사로 가서 한 기사에게 그를 불러 달라고 청했다. 이 사람이 우터에게 가서 한 노인이 막사에서 그를 기다리고 있다고 전했다.

우터는 왕에게 소식을 전했고, 판드라곤은 동생에게 만일 그의 목숨을 구해준 노인이라면 반드시 자기한테 알리라고 말했다. 우터는 반드시 그렇게 하겠노라고 대답했다. 그러고는 막사로 가서 노인을 보자 첫눈에 알아보았고 반갑게 맞이했다. 이런저런 이야기를 하다가 이렇게 말했다.

"어르신께서 제 목숨을 구해 주셨는데, 그 때 제게 말씀하신 것이며 어르신이 떠나신 후 제가 한 일들을 형님이 그대로 말하는 데 놀랐습니다. 더구나 어르신께서 오늘 저를 찾아오리라면서, 만일 어르신이라면 반드시 알려달라고, 그리고 자기도 불러달라고 하는 겁니다. 하지만 어르신께서 제게 하신 말씀을 어떻게 그가 아는지 희한한 일입니다."

그러자 메를랭이 대답했다. "누군가가 그에게 말하지 않았다면 알수가 없겠지요. 그를 불러다 제 앞에서 누가 그에게 알려 주었는지 물어보십시오."

우터는 왕을 찾으러 나가면서, 막사 밖에 있던 자들에게 아무도 들어가지 못하게 하라고 명했다. 그가 나가자마자 메를랭은 편지를 가져왔던 사환의 모습을 취했다. 막사로 돌아온 두 형제는 사환을 만나게 되었다. 어리둥절한 우터는 왕에게 말했다.

"전하, 희한한 일입니다. 분명 조금 전에 나갈 때는 아까 말한 그 노인을 두고 갔는데, 이제 이 소년밖에 없다니. 잠시 여기 계십시오.

220

제가 밖에 있는 부하들에게 노인이 나가는 것과 이 소년이 들어오는 것을 보았는지 물어보겠습니다."

38

우터는 밖으로 나갔고, 왕은 한바탕 웃었다. 우터는 밖에서 지키던 자들에게 물었다.

"자네들은 내가 형님을 부르러 나간 후에 누가 들어오거나 나가는 것을 보았는가?"

"두 분 말고는 아무도 들어오고 나간 이가 없습니다."

우터는 왕 곁으로 돌아오며 말했다. "전하, 정말이지 영문을 모르겠습니다."

왕이 사환에게 물었다. "자네는 언제 들어왔나?"

그가 대답했다. "우터 전하께서 노인과 말씀하실 때 이미 여기 있었습니다."

우터는 손을 들어 성호를 그으며 말했다. "전하, 부디 하느님께서 도와주시기를. 저는 마법에 걸린[66] 모양입니다. 이런 일은 일찍이 아무에게도 일어난 적이 없습니다."

왕은 그 모든 일이 메를랭이 벌인 것임을 내심 짐작하고 유쾌하게 말했다. "이보게, 난 자네가 내게 거짓말을 할 줄은 몰랐는데!"

---

66 원어는 touz enchantez. 언뜻 magique를 생각하게 하는 '마법'이라는 말을 쓰기보다 "뭔가에 홀린" 정도로 옮기고 싶지만, 뒤에서 enchantement에 대한 역어를 '마법' 말고는 찾을 수밖에 없었으므로, 여기서도 '마법'으로 한다.

우터가 대답했다. "너무 어이가 없어서 무슨 말을 해야 할지 모르겠습니다."

왕이 물었다. "그런데 저 소년은 대체 누군가?"

우터가 대답했다. "전하도 보시는 앞에서 제게 편지를 가져온 사환 아닙니까."

소년이 대답했다. "바로 그렇습니다."

왕이 말했다. "자네는 이 사람을 보라고 날 불러온 건가?"

우터가 말했다. "절대로 아니지요."

왕이 말했다. "그렇다면 나가세. 그가 우리를 만나려 한다면 곧 만나게 되겠지."

그들은 밖으로 나갔고, 한참 후에, 왕은 기사들 중 한 사람에게 말했다. "이제 가서 막사 안에 누가 있는지 보고 오게."

기사는 가서 한 노인이 침대 위에 누워 있는 것을 보고 왕에게 와서 보고했다. 우터는 그 말을 듣자 한층 더 놀라며 말했다. [67]

"전하, 이건 있을 수 없는 일입니다. 분명 이 노인이 헨기스트가 저를 죽이는 것을 막아준 분입니다."

왕은 그 말을 듣자 크게 기뻐하며 그에게 잘 오셨다고 말했다. 그러면서 물었다.

"어르신, 제가 동생에게 당신이 누구인지, 이름을 말해도 되겠습니까?"

---

67 모데나 사본은 기사가 보고한 후 "왕과 우터는 〔막사로〕 돌아갔다"고 하여 장면 전환을 분명히 한다.

메를랭이 대답했다. "그러십시오."

메를랭의 기발한 장난을 아는 왕은 말했다. "이보게, 동생, 자네에게 편지를 가져온 소년은 어디 갔나?"

우터는 말했다. "방금 여기 있었는데요. 왜 그러십니까?"

왕과 메를랭은 웃음을 터뜨렸고, 메를랭은 왕을 한옆으로 데려가 자기가 우터에게 연인으로부터 전한다며 해준 말을 고하고, 그에게 동생 앞에서 그 말을 해달라고 부탁했다. 두 사람은 웃으며 우터를 불렀고, 왕이 말했다.

"친애하는 아우님, 편지 가져온 소년은 또 사라졌구먼."

우터가 놀라서 대답했다. "그 소년 얘기는 왜 또 하시는데요?"

왕이 말했다. "그가 자네 연인에게서 좋은 소식을 가져왔으니 말이지."

우터가 말했다. "그걸 어떻게 아십니까?"

왕이 대답했다. "원한다면 내가 아는 것을 이 노인장 앞에서 자네한테 말해 주지."

우터는 자기한테 편지를 읽어준 이 말고는 아무도 편지의 내용을 모르리라고 믿으며 대답했다. "그러십시오."

왕은 편지의 내용을 낱낱이 들려주었다. 그 말을 들은 우터는 극도로 놀라며 말했다. "전하, 전에 말씀하셨던 것이나 지금 말씀하신 것이나 대체 어떻게 그 모든 걸 아시는지 제발 말해 주십시오."

왕이 대답했다. "기꺼이 그러지. 여기 이 노인장이 허락한다면 말일세."

우터가 물었다. "그와 무슨 관계가 있습니까?"

왕이 대답했다. "그가 허락하지 않으면 말할 수 없네."

우터는 놀란 눈길로 노인 쪽을 바라보며 말했다. "어르신, 부디 제 형님이 제게 이 수수께끼를 좀 설명하게 해 주십시오."

메를랭이 대답했다. "그러지요."

왕이 말했다. "이보게 아우님, 자네는 이분이 누군지 모르는구먼. 알아두게. 이분은 세상에서 가장 현명한, 그리고 우리에게 가장 필요한 분이라네. 그의 놀라운 능력을 보게나. 그가 바로 오늘 자네에게 편지를 가져와 자네와 연인 사이의 다정한 말을 전한 소년이라네."

39

우터는 그 말을 듣자 한층 더 놀라 말했다.

"전하, 어떻게 그걸 믿으라는 겁니까? 세상에 그런 희한한 일이 있습니까?"

"친애하는 아우님, 세상에서 가장 잘 아는 일만큼이나 믿어도 된다네."

"믿을 수 없습니다. 형님 말씀 말고는 달리 알 수가 없잖습니까."

그러자 왕은 메를랭에게 동생 앞에서 다른 모습을 보여 달라고 청했고, 메를랭은 이를 수락하며 말했다.

"의심할 수 없는 증거를 드리지요. 그를 몹시 아끼니까요. 잠시 나가 계십시오. 그러면 제가 사환의 모습으로 나타나 보겠습니다."

두 형제는 밖으로 나갔고, 잠시 밖에 있노라니 그가 뒤따라 나와 우터를 불렀다. 사환의 모습을 하고서, 이제 가야 하니 우터가 전할 말이 있으면 알려달라는 것이었다.

왕이 그들의 대화에 끼어들어 말했다.

"아우님, 이 소년을 어떻게 생각하나? 방금 막사 안에서 말하던 사람이라고는 믿기 어렵지 않나?"

우터가 대답했다.

"전하, 너무 놀라서 대답할 말이 없습니다."

"아우님, 헹기스트가 자네를 죽이려 했을 때 자네한테 알려준 게 바로 이 사람이라네. 막사 안에서 자네와 말한 것도, 노섬벌랜드로 내가 찾아 갔던 것도 모두 이 사람이야. 그는 과거에 행해지고 말해진 모든 일과 장차 일어날 일의 대부분을 아는 힘이 있어. 그러니 그에게 부탁하고 싶네. 그만 허락한다면, 우리 벗이 되어 모든 일에 우리를 권고해 달라고 말일세."

"전하, 그가 그렇게 해준다면, 우리에게는 큰 도움이 되겠지요."

두 형제는 그래서 메를랭에게 그를 믿으며 무엇이든 그의 뜻을 따를 테니 부디 자기들 곁에 있어달라고 청했다.

메를랭이 대답했다. "이제 두 분 다 제가 알고자 하는 모든 것을 안다는 사실을 납득하셨군요." 그러고는 왕을 향해 말했다. "전하께서 제게 물으신 모든 일에 대해 제가 진실을 말씀드렸다는 것을 아시겠지요."

왕이 대답했다. "실로 추호의 거짓말을 찾아볼 수 없었소."

"그리고 우터 전하, 전하께도 진실을 말씀드리지 않았던가요? 목숨의 위협에 대해, 당신의 사랑에 대해, 아무도 알지 못하리라고 생각하셨던 것들을?"

우터가 대답했다. "당신 말을 들으니 평생 의심할 수 없겠습니다. 그토록 현명하시니 저도 부디 당신이 제 형님 곁에 있어 주시기를 바랍니다."

메를랭이 대답했다. "저도 기꺼이 그러고 싶습니다만, 두 분은 제 본성과 성격에 대해 알아주시면 좋겠습니다. 제 본성상 저는 때로 세상에서 떨어져 지내야만 합니다. 하지만 제가 어디에 있든지, 다른 어떤 사람보다도 두 분의 일을 우선하겠다고 약속합니다. 두 분이 곤경에 처한 것을 알면 반드시 도우러 와서 조언해 드리리라는 것을 알아주십시오. 저와 계속 왕래하고 싶으시다면, 제가 곁에 없다고 해도 염려하지 마시고 제가 돌아올 때는 언제든지 반갑게 맞아주십시오. 그러면 선한 사람들은 저를 더욱 사랑할 테고, 악한 사람들, 당신들을 미워하는 자들은 저를 미워할 것입니다. 하지만 두 분이 제게 좋은 얼굴을 하시면 그들도 감히 적대감을 드러내지는 못하겠지요. 당분간 저는 두 분만 계신 데서가 아니면 더 이상 모습을 바꾸지 않겠습니다. 전에 저를 본 이들은 두 분께 제가 왔다고 말할 것입니다. 그러면 기뻐하는 척하십시오. 그러면 그들은 제가 훌륭한 예언자라고 말할 것입니다. 두 분이 의논하시는 일에 대해서는 언제든 자유롭게 의논해 주십시오. 그러면 모든 일에 제 조언을 드리겠습니다."

메를랭은 판드라곤과 우터와 함께 잠시 머물며 친해진 후, 나라 안 다른 사람들이 그를 아는 모습[68]으로 돌아오겠다며 작별을 고했다.

---

[68] "나라 안 다른 사람들이 그를 아는 모습"이 노인인지 소년인지는 명시되지 않았다. 전에 그를 보았던 사람들, 즉 보티건 시절에 보았던 사람들이 아는 모습이라면 보티건의 사자들이 데리고 왔던 어린 소년의 모습일 테지만, 앞뒤 내용으로 보아 이제 더 이상 바꾸지 않겠다는 모습이 어린 소년의 모습이라고 보기는 어렵다. 메를랭이 사람들에게 알려진 어떤 '예언자'의 모습을 상상하면 될 것이다.

다시 나타난 그는 전에 보티건의 신하였던 자들에게 갔다. 그들은 그를 다시 보자 크게 기뻐하며 왕에게 달려가 메를랭이 왔다고 알렸다. 왕은 기쁜 마음으로 그를 맞으러 나갔고, 왕을 데려온 자들은 메를랭에게 말했다.

"여기 왕이 맞으러 나오십니다."

40

왕은 메를랭을 크게 반기며 자기 처소로 데려갔다. 그들이 들어가자마자,[69] 왕의 신하들이 그를 따로 불러 말했다.

"전하, 여기 온 메를랭은 저희가 알기에 세상에서 가장 훌륭한 예언자입니다. 어떻게 하면 성을 함락시킬지, 또 전하와 색슨족과의 전쟁이 어떻게 끝날지, 그에게 물어보십시오. 만일 그가 원한다면 알려 줄 것입니다."

왕은 기꺼이 물어보겠노라고 대답했다. 하지만 그 일은 그쯤 해두고, 메를랭을 환영하는 일이 먼저였다. 사흘째 되던 날, 왕의 신하들이 다 모이자, 왕은 그들이 말했던 것을 물었다.

"메를랭, 당신이 대단히 현명하고 뛰어난 예언자라는 말을 들었소. 청하노니, 원한다면 말해 주시오. 언제쯤이면 내가 저 성을 차지하고 또 우리 땅에 들어와 있는 색슨족을 다 내쫓을 수 있겠소?"

---

69 Micha 판본에는 단수(si tot com il fu laienz), 모데나 사본에는 복수(quand il furent entré ens), Micha 현대어역에는 복수(A peine étaient-ils entrés)로 되어 있어, 왕과 메를랭, 신하들 중 누가 들어갔을 때를 말하는 것인지 명확하지 않다. 문맥상으로는 다 함께 왕의 처소로 갔으리라 짐작할 수 있다.

메를랭이 대답했다.

"이것으로 제가 현명한지 아시게 될 것입니다. 그들은 헨기스트를 잃은 후로 이 나라를 떠날 궁리만 하고 있습니다. 내일 사자들을 보내 화친을 청하고, 전하의 선친께 속했던 땅을 내놓고 떠나라고 전하십시오. 그들의 목숨을 보장하여 나라 밖으로 보내고, 그들이 떠날 배를 마련해 주겠다고 말입니다."

"좋소이다. 일단 사자를 보내 그들의 의향을 들어 보겠소."

왕은 메를랭의 조언에 따라 신하 중에서 월팽70을 골라 보냈다. 사자들이 성에 다가가자, 그들이 오는 것을 본 색슨족이 마주 나와 물었다.

"이 기사들은 뭘 원하는가?"

월팽이 대답했다. "전하께서 여러분에게 석 달간의 휴전을 제안하셨다."

색슨족이 말했다. "생각해 보리다."

그들은 물러가서 자기들끼리 의논을 했다.

"헨기스트의 죽음으로 우리는 아주 곤경에 처해 있소. 왕이 요구하는 휴전 기간 동안 버틸 만한 식량도 모자라오. 먹을 것이라고는 없소. 그러니 포위를 풀고 우리를 성에서 내보내 주면, 성을 그에게서 봉으로 받고 매년 무장한 기사 열 명과 젊은 여자 열 명, 매 다섯 마리, 사냥개 백 마리, 전투마 백 필과 의장마 백 필을 공물로 바치겠다고 제안합시다."

---

70 《브리튼 왕들의 역사》와 《브뤼트 이야기》에서 월팽(Ulfin Ridcaradoch)은 나중에 우터가 이그렌에게 구애하는 대목에서 처음 등장한다.

그들은 그렇게 의논에 합의했고, 사자들에게 알렸다. 사자들은 돌아와 왕과 메를랭과 신하들에게 이를 전했다. 왕은 그 말을 들은 후, 메를랭에게 어떻게 할까 물었다.

"제 조언을 따르신다면 이런 조건은 받아들이지 마십시오. 그로 인해 이 땅과 나라에 큰 불행이 닥칠 것입니다. 그 대신 그들에게 당장 성에서 나가라 하십시오. 그들은 먹을 것이 없으니, 기꺼이 그렇게 할 것입니다. 성에서 나가지 않는다면 휴전도 없습니다. 그들이 떠날 배를 마련해 주겠다고 하십시오. 만일 거부한다면, 붙잡히는 모든 자에게 극형을 가하겠다고 하십시오. 장담컨대, 전하께서 자기들을 무사히 놓아줄 것을 알게 되면, 그들은 너무나 기뻐할 것입니다. 그들은 모두 죽음만 기다리고 있으니까요."

메를랭이 권한 대로, 왕은 아침이 되자 사자들을 보내 요구사항을 제시했다. 성 사람들은 자기들이 무사히 떠날 수 있다는 말을 듣자 크게 안도했다. 그들은 헨기스트를 잃은 후로 그렇게 기뻐해본 적이 없었으니, 어떻게 하면 목숨을 건질 수 있을지 알지 못하던 터였기 때문이다. 그 소식은 온 나라에 퍼졌다. 왕은 그들을 항구까지 호송하게 했고, 그들에게 선척을 제공했다. 색슨족의 속마음을 꿰뚫어보고 있던 메를랭이 판드라곤에게 이를 알렸고, 왕은 예언자의 선견 덕분에 그들을 나라 밖으로 내쫓을 수 있었던 것이다.[71] 이후로 메를랭은 왕

---

71 《브리튼 왕들의 역사》와 《브뤼트 이야기》에서는 헨기스트가 죽은 후 그의 아들 옥타가 무리를 이끌고 요크로 달아났다가 자진하여 투항하며, 스코틀랜드 인근 지방에 살도록 허락받는다.

의 주요한 조언자가 되었다.

41

오랜 후, 메를랭이 왕과 함께 중요한 안건에 대해 의논하던 어느 날, 신하 중 한 사람이 그에게 시기심을 품고 왕을 찾아왔다.

"전하께서 그 사람을 그토록 신뢰하시다니 놀랍습니다. 하느님과 모든 성인께 맹세코, 그가 전하께 고하는, 그리고 전하께서 믿으시는 모든 일은 악마에게서 오는 것임을 알아두십시오. 허락하신다면 제가 그를 시험해 보이겠습니다. 그러면 전하께서도 분명히 납득하실 것입니다."

"그를 다치게 하지만 않는다면, 얼마든지 해 보시오."

"전하, 절대로 그를 다치게 하지도 않고 거스를 말도 하지 않겠습니다."

왕은 허락했다.

그 신하는 왕 앞을 물러나오며 크게 기뻐했다. 그는 세상 사람들 눈에는 아주 지혜로운 사람으로 보였지만, 실제로는 술수와 간계가 가득한 인물로, 아주 부유하고 막강한 권세와 인맥을 지닌 터였다. 어느 날 그는 궁정에서 메를랭을 찾아가 크게 반색하고 호의를 보이며 왕과 중신들이 모여 있는 데로 데려갔다. 그 모임에는 25명밖에 없었다. [72]

---

[72] 모데나 사본에는 "메를랭이 궁정에 가자 왕이 크게 기뻐했다. 기사들이 메를랭을 중신회의로 불렀다. 이 회의에는 다섯 명밖에 없었다"고 되어 있다.

"전하, 여기 있는 메를랭은 세상에서 가장 지혜롭고 지략이 풍부한 사람 중 하나입니다. 제가 듣자 하니, 그는 보티건에게 그의 죽음을 예언했다고 합니다. 전하께서 놓은 불에 타서 죽으리라고요. 그리고 그 말대로 되었지요. 그래서 전하와 여기 있는 여러분께 권하오니, 그에게 물어보십시오. 잘 아시는 대로 제게는 병이 있으니, 제가 어떻게 죽을지 안다면 말해 보라고요. 만일 그가 맘만 먹는다면 얼마든지 말해줄 수 있으리라고 확신합니다."73

그래서 모두들 메를랭에게 그렇게 해달라고 청했다. 하지만, 그는 신하의 말에서 자신을 향한 시기심과 적의를 간파하고는, 그 일이라면 잘 안다고 대답했다.

"경께서 어떤 죽음을 맞이할지 물으시니, 알려드리지요. 말에서 떨어져 목이 부러져 죽을 것입니다."

그 말을 듣자 신하가 왕에게 말했다. "전하, 그가 하는 말을 들으셨지요! 하느님께서 부디 저를 지켜주시기 바랍니다!"

그러고는 왕을 따로 데려가 이렇게 덧붙였다. "전하, 그가 한 말을 잘 기억해 두십시오. 제가 변장을 하고 나타나 다시 그를 시험하겠습니다."

그는 자기 영지로 가서 전혀 다른 모습으로 변장을 하고는 가능한 한 속히 왕이 있는 도성으로 돌아와 병이 든 척하면서 왕에게 메를랭

---

73 동일인의 죽음에 관해 세 가지 다른 예언을 얻어냄으로써 예언자를 불신케 하려 하지만 그 세 가지 예언이 동시에 성취됨으로써 오히려 예언자에 대한 신뢰도가 높아진다는 이야기는 여러 중세 문전에서 다양한 형태로 전해지며, 《메를랭의 생애》에서도 같은 이야기를 찾아볼 수 있다.

을 데려오되, 자기가 누구인지 알리지 말아달라고 청했다. 왕은 메를 랭에게 아무것도 알리지 않고 가겠노라고 약속해 주었다. 그러고는 메를랭에게 가서 말했다.

"나와 함께 한 병자에게 가봅시다. 원한다면 다른 사람들을 데려가 도 좋소."

"전하, 왕은 절대로 호위 없이 혼자 다니지 않는 법입니다. 아주 은 밀히 다닐 때라도 20명은 데리고 가셔야 합니다." 메를랭이 웃으며 말했다.

그래서 왕은 함께 갈 사람들을 고른 다음 병자를 보러 갔다. 그들 이 나타나자 신하가 미리 귀띔해둔대로 그의 아내가 왕의 발치에 무 릎 꿇고 말했다.

"전하, 부디 전하의 예언자에게 물어 주세요. 여기 제가 돌보고 있 는 제 남편의 병이 낫겠는지요."

왕은 슬픈 기색을 띠며 메를랭을 향해 말했다.

"이 여자가 자기 남편의 운명에 대해 묻는 질문에 대답해줄 수 있겠 소? 그가 낫겠소?"

"전하, 여기 누워 있는 병인은 이 병으로는 죽지 않겠고, 침상에서 죽지도 않을 것입니다."

병자는 힘들게 말하는 척했다.

"제가 이 병에서 살아난다면, 어떤 죽음을 맞이하게 되겠습니까?"

"당신이 죽은 날, 사람들은 당신이 목 매달린 것을 발견하게 될 거 요. 바로 그날 매달린 것을."

메를랭은 돌아 나오며 성난 척했다. 그는 왕이 그 집 안에서 신하와 단둘이 이야기하도록 남겨두었다.

42

신하는 메를랭이 가버린 것을 알자 왕에게 말했다.

"전하, 생각해 보시면 저 사람이 미쳤다는 걸 아실 겁니다. 그가 제게 말한 것은 거짓이에요. 제가 이렇게 죽고 또 저렇게 죽을 거라니 말이 안 되지요. 이제 세 번째로 전하 앞에서 그를 시험해 보겠습니다. 내일은 수도원에 가서 병자 노릇을 하면서, 수도원장을 시켜 전하를 청하겠습니다. 원장은 제가 자기 수도사 중 하나라고, 그런데 제 목숨이 위태로워서 걱정이라고 말씀 드릴 겁니다. 부디 전하의 유익과 수도원장의 명예를 위해 전하의 예언자를 데리고 와주시기를 부탁드립니다. 이번이 마지막 시험입니다."

왕은 그에게 메를랭을 데리고 가겠노라고 약속한 다음 자기 처소로 돌아갔다. 신하는 왕과 의논한 대로 한 수도원에 가서 수도원장을 보내 왕에게 와달라고 청했다. 왕은 메를랭을 데리고 출발하여, 말을 달린 끝에 아침 일찍 수도원에 도착했다. 아직 미사 전이라 왕도 미사에 참석했다. 미사가 끝나자, 수도원장이 여러 수도사를 데리고 왕에게 다가가 부디 예언자를 데리고 병든 수도사를 찾아가 봐달라고 간청했다. 왕의 예언자가 힘을 쓰면 혹시 차도가 있을지 모른다는 것이었다. 왕은 메를랭에게 함께 가주겠느냐고 물었다.

"기꺼이 그러지요."

하지만 그는 먼저 왕 앞에서 그의 동생 우터에게 말하기를 원했다. 그는 두 사람을 제단 앞으로 데리고 갔다.

"제가 두 분과 지내보니, 두 분은 정말 지혜가 없으십니다. 제가 저를 시험하는 저 얼간이가 어떤 죽음을 맞이할지 모를 거라고 생각하십니까? 알고말고요. 제가 그에게 대답할 테니, 이번 대답을 들으시면 먼젓번 두 차례 질문 때보다 훨씬 더 놀라실 겁니다."

"그가 그렇게 죽을 수 있다는 게 사실이오?" 왕이 물었다.

"만일 그가 제 말대로 죽지 않는다면, 더 이상 제 말을 믿지 마십시오. 저는 그의 죽음에 대해서나 전하의 죽음에 대해서나 잘 알고 있습니다. 그가 어떻게 죽는지 보신 후에, 전하의 죽음에 대해 제게 물어보십시오. 저는 우터 님에 대해 예언하는바, 제가 그와 헤어지기 전에 그는 왕이 되어 있을 것입니다."**74**

그들은 수도원장이 안내하는 대로 따라갔고, 수도원장이 왕에게 말했다.

"전하, 이 선량한 수도사가 나을 수 있을지, 전하의 예언자에게 부디 물어 주십시오."

메를랭은 성난 척하며 말했다. "그는 일어날 수 있습니다. 그는 전혀 아프지 않아요. 나를 시험하려 해봤자 헛일이오. 어떻든 그는 내

---

74 이 마지막 예언은 앞뒤가 맞지 않는다. 메를랭은 자기가 우터와 헤어지기 전에 그가 왕이 되어 있으리라고 하지만, 실제로는 메를랭이 왕과 우터를 떠나 노섬벌랜드에 다녀온 후 다시 그들에게 나타나 판드라곤의 죽음과 우터의 등극을 예언하게 되니 말이다. 뿐만 아니라 솔즈베리 전투를 앞두고는 판드라곤과 우터 두 사람 중 한 사람이 죽으리라고 예언하면서 둘 중 누구인지는 말하지 않는다(우터에게만 따로 말한다)고 하는데, 이 또한 "우터가 왕이 되어 있을 것"이라는 예언과 상충되는 대목이다.

가 이미 예언한 두 가지 방식으로 죽을 테니까. 그리고 세 번째 방식도 알려줄 텐데, 그건 앞의 두 방식보다 더 기이하다오. 그가 죽는 날, 그는 목이 부러지고, 목 매달리고, 물에 빠져 죽을 거요. 그날까지 살아 있는 자들은 그가 이 세 가지 방식으로 죽는 것을 보게 될 거요. 나는 그에게 진실밖에는 말하지 않았으니, 더 이상 거짓으로 꾸미지 마시오. 나는 그의 속셈과 악한 마음으로 생각하는 것들을 환히 알고 있으니."

그러자 신하가 몸을 일으키며 왕에게 말했다.

"전하, 저자가 미친 것을 이제 아시겠습니까? 그는 자기가 무슨 말을 하는지도 모릅니다. 어떻게 제가 죽는 날 목이 부러지고 목이 매달리고 그러면서 또 물에 빠질 거라고 주장하면서 진실을 말한다고 할 수 있습니까? 그런 일은 제게도 다른 누구에게도 일어나지 않을 것이 확실합니다. 그런 자를 신임하고 전하와 중신회의의 고문으로 삼는 것이 현명한 일인지 생각해 보십시오."

왕이 대답했다.

"나는 그대가 어떻게 죽는지 보기까지 그를 신임할 거요."

신하는 자기가 죽기 전까지는 왕이 메를랭을 중신회의에서 내치지 않으리라는 말을 듣자 격분했다. 사태는 일단 그 정도에 머물렀고, 모든 사람이 그 신하의 죽음에 대한 메를랭의 예언을 알게 되었다. 그래서 다들 그 예언이 어떻게 실현될지 알게 되기를 기다렸다.

43

한참 후에, 그렇게 죽으리라고 예언된 그 사람이 여러 사람과 함께 말을 타고 가다가 어느 강에 이르게 되었다. 강에는 목교(木橋)가 하나 놓여 있었고, 다리 건너편에는 큰 도시가 있었다. 그가 말을 타고 다리를 건너가던 중에, 말이 잘못 넘어지며 무릎이 꺾였고, 그 바람에 말 탄 자의 몸은 앞쪽으로 나가떨어지고 말았다. 떨어지면서 그는 목이 부러졌는데, 몸은 한 바퀴 돌아 옷자락이 다리의 낡은 말뚝 하나에 걸려서 허리춤까지는 공중에 매달리고, 어깨와 머리는 물속에 잠겼다. 그와 함께 말을 타고 가던 두 사람이 그가 그렇게 낙상하는 것을 보고 비명을 지르며 도움을 청했고, 시내 사람들이 급히 다리 가운데로 달려왔다. 그들이 이르러 물에 잠긴 자를 끌어내고 그를 달아맨 옷자락을 말뚝에서 벗겨내자, 그의 동행이었던 두 사람이 그들에게 말했다.

"그가 목이 부러졌는지 잘 봐요!"

확인해 보니 정말로 목이 부러져 있었다. 두 동행은 그 말을 듣자 탄복하며 서로 말했다.

"이 사람이 목이 부러지고 목 매달리고 물에 빠져 죽으리라고 한 메를랭의 예언이 틀리지 않았군. 그의 말을 믿지 않는 자는 얼마나 어리석은지. 그의 말은 하나같이 틀림이 없어."

그들이 예를 갖추어 장례를 치렀고, 그 일을 안 메를랭은 자신이 무척 아끼는 우터를 찾아가, 그 신하가 어떤 식으로 죽었는지 들려준 다음, 왕에게 전해달라고 부탁했다. 우터는 왕을 찾아가 그가 어떻게 죽었는지 들려주었다. 왕은 그 이야기를 듣자 크게 탄복하며 말했다.

"메를랭이 자네한테 그 얘길 하던가?"

우터가 그렇다고 하자, 왕은 그에게 그게 언제 일어난 일인지 물어보라고 말했다.

우터가 메를랭에게 가서 묻자, 그가 대답했다.

"어제 일이에요. 그리고 엿새 후에는 왕에게 그 일을 보고하러 사람들이 올 겁니다. 저는 이만 떠나겠습니다. 그들이 올 때 여기 있고 싶지 않으니까요. 그들은 제게 온갖 질문을 할 텐데, 저는 대답할 수 없습니다. 더는 궁정에서나 사람들 앞에서 비유적으로가 아니면 말하지 않겠습니다. 일이 실제로 이루어지기 전까지는 아무도 알 수 없게 말입니다."

메를랭은 우터에게 그렇게 말했고, 우터는 왕에게 그 말을 전했다. 왕은 그가 화가 난 줄로 생각하고 걱정이 되어 말했다.

"그는 어디로 갔나?"

우터가 대답했다.

"전하, 저도 모릅니다만, 그는 소식을 전하는 자들이 올 때 이곳에 있고 싶지 않다고 합니다."

44

메를랭은 노섬벌랜드에 있는 스승 블레즈에게로 가서, 그에게 이 모든 일들과 또 다른 일들을 들려주어 그의 책을 쓸 재료를 제공해 주었다. 신하의 죽음을 목도한 이들이 엿새 만에 도착하여, 왕에게 자기들이 본 놀라운 일을 이야기해 주었다. 왕과 그 이야기를 들은 모든 이는 살아 있는 사람 중 메를랭보다 더 지혜로운 이가 없다고 말했다.

그리고 저마다 메를랭이 장래 일어날 일에 대해 말하는 것을 들은 바를 빠짐없이 글로 적어두기로 했다. 모두 함께 그것을 정리했고, 그리하여 메를랭의 《예언의 서》가 시작되었다. 이 책에는 그가 잉글랜드 왕들에 대해서나 그 이후에 말한 그 밖의 모든 것이 적혀 있다. 그러므로 이 책은 메를랭이 누구인지는 설명하지 않으며, 다만 그가 하는 말만을 기록하고 있다. 75

그렇게 오랜 시간이 지났고 메를랭은 판드라곤과 우터의 확고한 지주가 되어 있었다. 그는 사람들이 자기에 대해 그렇게 말하고 자기가 한 말을 글로 기록해두려는 것을 알고, 블레즈에게 그 사실을 알렸다. 그러자 블레즈가 물었다.

"그들도 나와 똑같은 책을 쓴다는 말인가?"

"아니오. 그들은 일이 이루어진 다음에야 알게 될 일들을 적을 것입니다."

메를랭은 궁정으로 돌아갔고, 그가 오자 사람들은 마치 그가 아무것도 모르기나 할 것처럼 그 소식을 알려 주었다. 그리하여 그는 자신의 《예언의 서》를 이루게 될 애매한 말들, 일이 이루어진 다음에야 사람들이 이해하게 될 일들을 예언하기 시작했다. 그런 다음 그는 판드라곤과 우터를 찾아가 아주 겸허한 태도로 자신이 그들을 무척 아끼며 그들의 유익과 명예를 바란다고 말했다. 그가 그처럼 자신을 낮추는 것을 보고 놀란 그들은 자신들에 관한 한 아무것도 숨기지 말고

---

75 《브리튼 왕들의 역사》 중 "메를랭의 예언들"이라는 장이 대체로 위와 같은 내용을 싣고 있지만, 그것을 여기서 말하는 《예언의 서》와 동일시할 수는 없을 것이다.

하고 싶은 말을 하라고 권했다. 그러자 메를랭이 대답했다.

"두 분께는 제가 마땅히 알려드려야 할 일을 결코 숨기지 않겠습니다. 아마도 놀라실 것입니다. 두 분께서는 헹기스트가 죽은 후 왕국에서 쫓아내셨던 색슨족을 기억하시는지요?"

"물론이오."

"자기 나라로 돌아간 자들은 헹기스트의 죽음에 관한 소식을 전했습니다. 헹기스트는 명문가 출신이었지요. 그들이 그렇게 추방되었다는 소식을 듣자, 그 가문에서는 친족인 수많은 가문들에 호소했고, 이들은 헹기스트의 죽음에 보복하기 전에는 쉬지 않겠다고 맹세하고 이 땅을 다시 정복하려 한답니다."[76]

그 말을 듣자 두 형제는 크게 놀라며 물었다.

"하지만 그들이 우리에게 맞설 만큼 그렇게 큰 무리요?"

"두 분이 방어에 동원할 군대에 비해 그들은 수가 배나 되므로, 두 분께서 아주 현명하게 대처하지 않는다면, 그들이 두 분을 쳐부수고 왕국을 탈취할 것입니다."

"우리는 당신이 조언하는 대로 하고, 당신의 모든 명령을 시행하겠

---

76 《브리튼 왕들의 역사》와 《브뤼트 이야기》에서는 헹기스트가 죽은 후 그의 아들 옥타는 항복하며, 달아나 색슨족의 재침공을 이끄는 자는 보티건의 아들 파스첸트이다. 파스첸트의 침공 당시 아우렐리우스 암브로시우스(《메를랭》의 '판드라곤') 왕은 병중이라 윈체스터에 머물고 동생 우터펜드라곤(《메를랭》의 '우터', 나중의 '우터판드라곤')이 웨일즈로 가서 싸우며, 그 전쟁 동안 왕은 파스첸트의 첩자에 의해 독살당해 죽는다. 《메를랭》은 이런 우여곡절을 생략하고 헹기스트의 잔당이 다시금 색슨족을 이끌고 침공해오는 것으로 이야기한다.

소. 그들이 언제쯤 도착하리라고 보시오?"

"6월 11일77인데, 만일 우리가 비밀을 지킨다면, 이 나라의 아무도 알 수 없을 것입니다. 절대로 소문 내지 말고, 제가 말씀 드리는 대로만 하십시오. 모든 신하를, 가난하건 부하건 간에 모든 기사를 불러모아, 그들에게 가능한 한 최고의 대접을 하고, 재물을 나눠 주고 그들에게 좋은 말과 무기를 갖추게 하십시오. 그리하여 최대한 그들의 충성을 얻어내십시오. 사람들의 마음을 얻어 그들을 주위에 붙들어두고, 6월 마지막 주에 솔즈베리 평원 입구에 총동원하여 모이게 하십시오. 그런 다음 강변을 따라 전열을 벌이고 적군이 상륙하도록 내버려 두십시오. 78

"뭐라고! 그들이 상륙하도록 두란 말이오!" 왕이 말했다.

"그렇습니다. 제 말을 믿으신다면 그리 하십시오. 그리고 전하께서 그렇게 전열을 갖춘 것을 그들이 알지 못하도록 물가에서 조금 물러

---

77 원문은 "6월 11일". Micha의 현대어 역본이 이를 '7월'로 고친 것은 아마도 솔즈베리 소집이 "6월 마지막 주"라고 명시되어 있기 때문인 듯한데(45절 마지막의 6월 11일은 고치지 않고 그대로 두었다), 솔즈베리 소집 후 성령강림절을 지켰다는 것을 보면 솔즈베리 소집이 "5월 마지막 주"가 되어야 할 것이다(주 80 참조). 모데나 사본에는 "6월 9일"로 되어 있다.

78 《브리튼 왕들의 역사》와 《브뤼트 이야기》에서 솔즈베리는 헹기스트가 학살한 브리튼족 용사들을 위해 아우렐리우스 암브로시우스(《메를랭》의 '판드라곤') 가 기념비를 세운 곳이고, 우터펜드라곤(《메를랭》의 '우터', 나중의 '우터판드라곤')과 파스첸트 일당과의 전투가 벌어지는 곳은 아일랜드 내지 웨일즈이다. 《메를랭》은 그 두 장소를 모두 솔즈베리로 통일하여 솔즈베리의 기념비 즉 스톤헨지가 판드라곤을 위한 기념비가 되게 한다. 그럼으로써 메를랭이 솔즈베리 전투를 처음부터 끝까지 주관하게 되는 것이다.

나 계십시오. 그들이 물가에서 멀어지거든, 전하의 부대 중 일부를 그들의 배 쪽으로 보내 그들의 퇴로를 차단하는 것을 보이십시오. 그들이 그것을 보면 불안해질 겁니다. 그러고서 두 분 중 한 분은 군대를 이끌고 적군을 바짝 추격하여 강이 없는 평원으로 몰아넣는 겁니다. 그곳에 가면 그들은 물이 부족해서 가장 용맹한 자라도 용기를 잃을 겁니다. 그런 다음 그들을 이틀 꼬박 붙들어 두었다가 사흘째 되는 날 전투를 벌이십시오. 그렇게 하면 단언컨대 전하의 군대와 왕국이 승리를 거둘 것입니다."

그러자 두 형제가 말했다.

"메를랭, 이 전투에서 우리도 죽게 될지 말해 주시오."

"시작이 있는 것 치고 끝나지 않을 것이 없습니다. 죽음을 마땅히 닥칠 것으로 받아들인다면 죽음을 두려워할 사람이 없습니다. 살아 있는 모든 자는 죽을 것을 알아야지요. 두 분께서도 자신들이 죽을 것을 아셔야 합니다. 어떤 부귀로도 죽음을 면할 수는 없으니까요."

판드라곤이 말했다.

"얼마 전에 당신이 말했소. 당신을 시험한 자의 죽음에 대해 알듯이 내 죽음에 대해서도 안다고. 그의 죽음에 대해서는 당신 말에 틀림이 없었소. 그러니 청컨대 내 죽음에 대해서도 진실을 말해 주시오."

"두 분 모두 간직하신 가장 소중한 성유물을 가져오게 하시고, 두 분 모두 성유물에 걸고 서로 맹세하십시오. 제가 두 분의 유익과 명예를 위해 권해드리는 대로 행하시겠다고 말입니다. 그러면 두 분께 도움이 될 것을 분명히 말씀드리겠습니다."

45

그들은 메를랭이 시키는 대로 했다. 성유물에 맹세를 한 다음, 그들은 물었다.

"당신이 하라는 대로 했소. 이제 우리에게 왜 이런 일을 시켰는지 말해 주시오."

메를랭이 왕에게 대답했다.

"전하께서는 자신의 죽음에 대해, 또 이 전투의 결말에 대해 제게 물으셨습니다. 이 두 질문에 대답할 터이니, 그 이상은 물으시면 안 됩니다. 두 분께서는 서로 맹세하신 바를 아십니까? 제가 말씀 드리지요. 두 분께서는 전투에서 용맹하고, 두 분 자신에게 또 하느님께 충성하기로 맹세하셨습니다. 왜냐하면 사람은 하느님 앞에서 성실할 때 자신에게 성실할 수 있으니까요. 어떻게 하면 충성되고 자비롭고 선한 재판관이 될지 알려드리겠습니다. 고해를 하십시오. 어느 때보다도 지금 그래야 하는 것이, 이제 두 분께서는 적과 싸우셔야 하기 때문입니다. 제가 권고하는 대로 하신다면, 두 분께서는 반드시 적을 물리치실 것입니다. 적들은 성삼위 하느님도 예수 그리스도께서 이 세상에서 이루신 은혜의 역사도 믿지 않으니까요. 법과 신앙에 의해 두 분께 속한 합법적인 분깃을 지키십시오. 거룩한 교회의 가르침에 따라 예수 그리스도의 덕에 의지하여 자신의 권리를 지키다가 죽는 자는 죽음을 두려워할 것이 없습니다.

또한 아십시오. 그리스도교가 이 섬에 온 이래로, 이번 전투만큼 대대적인 전투는 이전에도 없었고 이후로도 없을 것입니다. 두 분은 자신의 유익과 명예를 위해 행동하기로 서로 맹세하셨습니다. 이제 좀 더 분명한 말로 알려드리겠습니다. 두 분 중 한 분은 이 전투 중에 전사하실 것입니다. 그리고 살아남는 분은 전투가 일어났던 곳에 제 권고를 따라 가장 아름답고 위엄 있는 무덤을 만들기로 맹세하셨습니다. 저도 그 일을 도와 제가 그곳에 만드는 것이 그리스도교가 지속하는 한 길이 남게 하겠습니다. 다시 말씀드리지만, 두 분 중 한 분은 전사하실 것입니다. 몸도 마음도 용감하십시오. 각 사람은 우리 주님 앞에 가장 떳떳하게 나타날 준비를 해야 하니까요. 두 분 중 한 분은 그분 앞에 가실 것입니다. 두 분 모두 용기를 내실 필요가 있으므로, 어느 분인지는 말씀 드리지 않겠습니다. 두 분 모두 기쁘고 즐거운 얼굴을 하고, 예수 그리스도의 사랑에 값하도록 서로를 구하기 위해 힘써야 합니다."

이런 말로 메를랭은 자신의 권고를 매듭지었고, 그들은 그가 진심으로 자신들에게 권고한 것을 귀담아 듣고 기꺼이 실행에 옮겼다. 그리하여 온 나라의 영주들과 전사들을 불러 모았고, 그들이 모이자, 자신들이 가진 재물을 아낌없이 나눠 주며 반갑게 맞이했다. 그렇게 최대한 그들을 환대한 후, 모든 봉신에게 무장과 말을 갖추라고 명했고, 왕국을 지키기 위해 6월 마지막 주에 템즈강 변의 솔즈베리 평원79에 모이라고 소집령을 내렸다. 소식을 들은 자 치고 기꺼이 그곳에 가겠다고 하지 않는 자가 없었다.

소집일이 다가왔고 두 형제는 메를랭의 지시를 엄중히 따랐다. 성

---

79 솔즈베리는 템즈강 변에 있지 않다. 주 58에서도 보듯이, 작중의 지명이나 지형은 다분히 상상적인 것이다.

령강림절80에 그들은 템즈강 변에서 궁정을 열었고, 많은 사람들이 몰려왔으며 풍성한 재물이 나누어졌다. 축제는 적함들이 당도했다는 소식이 전해지기까지 계속되었다. 정확히 6월 11일에 그 소식을 접한 우터는 메를랭의 예언이 정확했음을 깨달았다. 그는 고위 성직자들과 거룩한 교회의 사제들에게 군대에 고해하지 않은 사람이 없게 하라는 명령을 내렸다. 그들 서로서로 악행을 용서하고 부당하게 얻은 재물을 돌려주라고 명했다. 온 군대에 명령이 시행되었다.

46

색슨족은 하선하여 뭍에 오른 후, 여드레가량 그곳에 머물다가 아흐레째 되던 날 말을 타고 이동을 시작했다. 판드라곤 왕은 적진에 첩자를 가지고 있던 터라 그 소식을 들었다. 그들이 진군을 시작한 것을 안 그는 메를랭을 찾아가 그 소식을 고했고, 메를랭은 그것이 사실이라고 확인해 주었다. 왕은 어떻게 할지 조언을 구했고, 메를랭은 이렇게 대답했다.

"내일 우터 님께 막강한 군대를 주어 내보내십시오.81 그들이 강과 바다에서 충분히 멀리 떨어져 평원 한복판에 이른 것을 보게 되면, 우터 님이 그들을 바짝 몰아붙여 그곳에 진을 치게 할 겁니다. 그들이 진을 치고 나면, 뒤로 물러났다가, 아침에 그들이 행군하려 하면 공

---

80 부활절부터 50일째 되는 날이 '성령강림절'이다. 대개 부활절이 3월 하순~4월 하순이므로, 성령강림절은 5월 하순~6월 초순이다.

81 《브리튼 왕들의 역사》 및 《브뤼트 이야기》에서는 색슨족과의 전투 때 아우렐리우스 암브로시우스(《메를랭》의 판드라곤)는 병중이라 뒤에 남고 우터만 출정한다.

격에 나서서 바짝 몰아붙여 옴짝달싹할 수 없게 하는 겁니다. 그러면 아무리 용감한 자라도 왔던 곳으로 돌아가고 싶지 않을 자가 없을 것입니다. 이틀 동안 이런 전략으로 나가면, 사흘째 되는 날에는 승리를 알리는 깃발을 보시게 될 겁니다. 날씨가 맑고 화창할 테니 그 깃발을 전군이 보게 하십시오. 전하께서는 하늘과 땅 사이에 붉은 용[82]이 나는 것을 보시게 될 겁니다. 그것은 전하 이름의 상징이니, [83] 전하께서는 두려움 없이 전투에 나아가실 수 있을 겁니다. 전하의 군대가 승리를 거둘 테니까요."

이 조언은 판드라곤과 우터, 두 사람만이 들었고, 그들은 그 말을 듣고 크게 기뻐했다.

메를랭이 말했다. "저는 이만 가보겠습니다. 하지만 제가 말씀 드린 것을 확신하시고 두 분 모두 용감하게 처신하시도록 명심하십시오."

세 사람은 그렇게 헤어졌고, 우터는 자기 부하들을 이끌고 가서 색슨족 진영과 바다 사이에 진을 쳤다. 그가 왕과 헤어지자 메를랭이 찾아와 말했다.

"마음껏 용맹을 발휘하십시오. 이 전투에서 전하는 죽음을 두려워하지 않아도 되니까요."

이 말에 우터는 크게 안심이 되었다. 메를랭은 노섬벌랜드에 있는 블레즈에게 가서 이 모든 일에 대해 들려주었다. 두 형제는 메를랭이

---

82 앞서 보티건의 탑 밑에 있던 두 마리 용 중에서는 적갈색 용(le dragon roux)이 보티건, 흰 용이 콘스탄스의 아들들을 나타낸다고 해석되었다. 여기서 붉은 용은 le dragon vermeil이다.

83 판드라곤(Pandragon)은 '용의 머리'라는 뜻이다.

자신들에게 권고한 대로 행했다. 우터는 부하들을 데리고 적군과 그들의 선단 사이로 들어가, 그의 형이 있는 강 말고는 모든 강에서 멀리 떨어진 드넓은 평원 한복판에 있는 그들을 발견했다. 그와 그의 부하들은 그들을 맹렬히 공격하여 물 없는 평원에 진 치게 만들었다. 우터가 그렇게 이틀을 버티면서 일체의 행군을 차단한 다음, 사흘째 되던 날 판드라곤 왕은 군대를 이끌고 전진했다. 적군이 우터를 공격하기 위해 온 들판에 전열을 벌인 것을 보자, 왕은 자기 전열을 정비하라 명했고, 즉시 시행되었으니 각자 자신이 속한 위치를 잘 알고 있었기 때문이다. 그리하여 서로서로 진격했으나, 색슨족은 적의 두 군대 사이에 끼여, 싸우지 않고는 물러설 수 없음을 깨닫고는 두려움에 사로잡혔다. 그 때 공중에 메를랭이 말하던 괴물이 나타났다. 지켜보는 이들에게 그것은 공중을 날며 코와 입으로 불길을 뿜는 것이 붉은 용이라고 여겨졌다. 색슨족 군대는 그것을 보자 두려움과 공황에 사로잡혔다.[84]

그것을 보자 우터와 판드라곤은 자기 군대를 향해 외쳤다.

"공격하라! 적은 달아나고 있다. 우리는 메를랭이 예언한 모든 표지를 보았다."

---

[84] 《브리튼 왕들의 역사》와 《브뤼트 이야기》에서는 아우렐리우스 암브로시우스(《메를랭》의 '판드라곤') 왕이 세상을 떠나자, 전쟁터의 하늘에 거대한 밝은 별이 나타나고 별에서 나온 빛줄기로부터 불덩어리가 나와 용의 형태로 퍼져나가며, 그 입에서 나온 두 빛줄기가 골(갈리아)과 아일랜드로 펼쳐진다. 그 뜻을 묻는 우터에게 메를랭은 왕의 죽음을 알리며 우터펜드라곤(《메를랭》의 '우터', 나중의 '우터판드라곤')의 후손들이 골과 아일랜드까지 세력을 확장하게 되리라고 예언한다.

그러자 판드라곤의 앞쪽에 있던 자들은 전력으로 말을 달려 돌격했다. 우터는 왕의 부하들이 적군과 싸움이 붙은 것을 보자 자기 부하들을 이끌고 뛰어들어 그 이상의 맹공을 가했다. 솔즈베리 평원에서 일어난 대대적인 전투의 시작은 그러했다. 나는 누가 잘 싸우고 못 싸웠는지 일일이 말하지 않겠다. 다만 다른 많은 용사들과 함께 판드라곤이 전사했다는 말만 하겠다.[85] 책은 말하기를, 우터가 승리를 거두었고, 가난하건 부유하건 간에 수많은 부하들이 목숨을 잃었다고 한다. 색슨족으로 말하자면, 죽든지 물에 빠지든지 할 수밖에 없었는데, 한 명도 빠져나가지 못했다. 솔즈베리 전투는 그렇게 끝이 났다.

　　우터가 판드라곤의 뒤를 이어 왕국의 주인이 되었다. 그는 그리스도인들의 시신을 한 장소에 모으게 했고, 제각기 자기 동료의 시신을 날라다 부대 별로 나란히 누였다. 우터는 형의 시신도 날라와 그의 부하들과 함께하게 했다. 모두가 무덤에 벗의 이름을 새겼고, 우터는 형을 위해 다른 모든 무덤보다 더 높은 무덤을 세웠지만 그의 이름은 새기지 않겠다고 말했다. 그 모든 무덤 중에 그것이 왕의 무덤이라는 것은 누구나 알 수 있으리라고 생각했던 것이다. 우터는 그렇게 왕으로 즉위하기도 전부터 온 나라를 다스렸다. 그런 다음 런던으로 가서 백성과 거룩한 교회의 성직자들을 소집했다.

85　《브리튼 왕들의 역사》 및 《브뤼트 이야기》에서 아우렐리우스 암브로시우스(《메를랭》의 '판드라곤')는 파스첸트의 첩자에게 독살 당한다. 훗날 우터(《메를랭》의 '우터', 나중의 '우터판드라곤') 역시 옥타의 첩자에게 독살 당하는데, 《메를랭》은 이런 세부를 생략하고 판드라곤은 전사, 우터는 마지막 승전을 거둔 후 선종하는 것으로 이야기한다.

47

대영주들과 고위 성직자들이 모두 모이자, 그는 자신의 대관식을 치르고 축성을 받은 다음 왕관을 썼다. 그렇게 그는 형의 뒤를 이어 왕이 되었다. 축성과 대관식이 있은 후 보름 만에 메를랭이 궁정에 나타나 우터의 환영을 받았다. 그리고 다시 보름 후에, 그는 새로운 왕을 찾아와 말했다.[86]

"제가 예언해 드린 모든 일을 백성에게 말씀하시기 바랍니다. 즉, 색슨족의 침공, 두 분 형제와 저 사이에 이루어진 합의, 두 분 전하께서 서로 하신 맹세 등에 대해서 말입니다."

우터는 백성에게 형과 자신이 메를랭의 지시에 따라 행했던 바를 설명했다. 하지만 용에 대해서는 말하지 않았으니, 그 역시 다른 사람들이나 마찬가지로 아는 바가 없었기 때문이다. 우터의 설명에 뒤이어, 메를랭이 용의 의미를 설명했다. 그것은 왕의 죽음과 우터의 즉위, 그리고 그의 형을 위한 불멸의 영예의 표시였다고 말이다. 공중을 날던 기적적인 용 때문에, 우터는 자신의 이름을 우터판드라곤으로 부르게 했다. 그리하여 신하들은 메를랭이 두 형제에게 충성스럽고 유익하게 조언했던 것을 알게 되었고, 메를랭은 오랫동안 우터와 그의 중신회의가 신뢰하는 지도자가 되었다.

우터가 왕국을 평화롭게 다스린 지 한참 되었을 때, 메를랭이 찾아와 말했다.

---

86 이렇게 "보름 후에 찾아왔다"가 불필요하게 겹치는 것은 필사상의 실수일 것이다. 모데나 사본에는 한 번으로 되어 있다.

"이런! 솔즈베리에 묻힌 판드라곤 형님을 위해 기껏 한다는 게 이 겁니까?"

"그럼 어떻게 하면 좋겠소? 당신이 원하는 것, 내게 제안하는 것이 라면 무엇이든 하겠소."

"전하께서는 형님께 맹세하셨고, 저도 그분께 약속했습니다. 그리스도교 세계가 존속하는 한 남을 기념비를 만들겠노라고요. 그 맹세를 지키십시오. 그러면 저도 제 약속을 저버리지 않을 것입니다."

"내가 무슨 일을 할 수 있을지 말해 주시오. 기꺼이 행하리다."

"결코 닳아 없어지지 않을, 영구히 남을 기념비를 만드십시오."

"좋소, 기꺼이 그리 하리다."

"그렇다면 아일랜드에 있는 거대한 돌들을 실어오게 하십시오. 배들을 보내 가져오게 하는 겁니다. 그 돌들이 아무리 크다 해도 제가 세울 수 있습니다. 어떤 돌들을 실어 와야 할지 제가 직접 보여 주겠습니다."[87]

우터는 기꺼이 그렇게 하겠노라 말하고 많은 사람과 배를 보냈다. 아일랜드에 도착하자, 메를랭은 그들에게 길이로나 폭으로나 엄청난 돌들을 보여 주며 말했다.

---

[87] 주 60에서 설명했듯이, 《브리튼 왕들의 역사》 및 《브뤼트 이야기》에서는 헨기스트와의 전투 후에 아우렐리우스 암브로시우스가 솔즈베리 학살의 희생자들을 추모하기 위해 불러온 메를랭이 아일랜드에서 거석들을 가져다 기념비를 세운다. 《메를랭》에서도 메를랭이 아일랜드의 거석들을 가져다 솔즈베리 평원에 기념비를 세우는 것은 같으나, 이번에는 색슨족과의 전투 후에 판드라곤을 포함하는 전사자들을 위한 기념비가 된다.

"여기 여러분이 찾으러 온, 실어 가야 할 돌들이 있소이다."

사람들은 그 돌들을 보자 미친 짓이라고, 세상 그 누구도 그 돌 하나도 움직일 수 없으리라고 선언하며, 그런 돌을 바다 위 배에 싣지 않겠다고 말했다. 메를랭은 그렇다면 그들이 온 것도 허사라고 대답했다. 그래서 그들은 왕에게로 돌아가 메를랭이 자기들에게 명한 듣도 보도 못한 일에 대해 고하고 자기들 생각에는 인간의 힘으로는 할 수 없는 일이라고 말했다.

"그가 돌아오는 것을 기다려 보게나." 왕이 말했다.

메를랭이 돌아오자, 우터는 그에게 부하들의 말을 전했고, 그러자 메를랭이 대답했다.

"그들이 제 말을 듣지 않으니, 제가 약속을 지키겠습니다."

그는 자신의 마법을 사용하여[88] 아일랜드의 돌들을 날라왔고, 그것들은 오늘날도 솔즈베리 묘지에 있다. 그 돌들이 오자, 그는 우터 판드라곤과 많은 사람을 불러 그 놀라운 돌들을 보여 주었다. 현장에 도착하여 그 광경을 본 그들은 어떤 인간도 그 돌 하나라도 들어 올릴 만큼 힘이 세지는 못하리라고, 그런 돌들을 바다 위 배에 실을 엄두를

---

88 《브리튼 왕들의 역사》에서는 우터가 1만 5천 명을 이끌고 아일랜드로 가서 아일랜드 왕 길로마니우스와 전쟁을 벌인 끝에 승리하여 칼라라우스 산에 이르지만, 돌들의 크기가 엄청나서 온갖 수단과 장비로도 움직이지 못하다가 메를랭이 "필요하다고 생각하는 장비들을 설치해" 돌들을 떼내어서 배에 싣고 무사히 돌아온다. 《브뤼트 이야기》에서 메를랭은 장비들을 동원하는 대신 주문을 외워("그의 입술은 마치 기도하는 사람처럼 움직였지만, 기도를 했는지 아닌지는 알 수 없다" 8148~8150 행) 돌들을 떼낼 수 있게 한다. 《메를랭》은 이 모든 과정을 간단히 생략하고, 메를랭이 "자신의 마법을 사용하여" 돌들을 날라 왔다고 이야기한다.

내지 못하리라고 말했다. 그들은 대체 메를랭은 무슨 수로 아무도 모르게 그 돌들을 날라 올 수 있었을지 기이하게 여겼다. 메를랭은 그들에게 돌을 들어 세우라고 명했다. 그것들은 땅바닥에 뉘는 것보다 세우는 편이 훨씬 더 아름다울 테니까.

"당신이 하지 않으면, 하느님 말고는 어떤 인간도 그런 일을 할 수 없을 거요." 우터가 말했다.

그러자 메를랭이 말했다.

"자, 물러들 서십시오. 제가 해 보겠습니다. 그래야 판드라곤에게 한 약속을 지킬 수 있을 테니까요. 그를 위해 아무도 이루지 못한 일을 이루어내겠습니다."

그리하여 메를랭은 아일랜드의 돌들을 세웠으니, 그것들은 솔즈베리 묘지에 있고, 그리스도교 세계가 지속하는 한 그곳에 있을 것이다. 89

---

89 솔즈베리 평원의 스톤헨지를 말한다. 3~7미터에 이르는 선돌(menhir)들이 지름 30미터의 동심원을 이루며 서 있는 이 거석 기념물은 세계 7대 불가사의 중 하나로 꼽힌다. 《브리튼 왕들의 역사》에서 메를랭은 아일랜드의 칼라라우스 산에 있는 "거인들의 원(무)"(Chorea Gigantum)을 가져와야 한다며, 이렇게 설명한다. "이 돌들은 비밀한 종교적 예식과 연관되어 있으며, 병을 고치는 여러 가지 효험이 있습니다. 아주 오래전 거인들이 아일랜드에 살던 무렵에, 아프리카의 아주 먼 곳에서 그것들을 가져다 세웠지요. 그들은 병이 나면 그 돌들 아래서 목욕을 할 생각이었습니다. 돌 위에 물을 끼얹어 그 흘러내린 물에 목욕을 하면 병이 낫는 것이었습니다. 뿐만 아니라 그 물을 약초 달인 물에 섞어 상처를 낫게도 했습니다. 이 돌들 중에는 그런 효험이 없는 것이 하나도 없습니다." 스톤헨지의 거석들은 실제로 고대의 종교적 예식과 관련된 것으로 추정되며, 그 인근에는 그 비슷한 영험을 지닌 것으로 알려졌던 유적들이 남아 있다.

48

메를랭은 우터판드라곤을 몹시 아껴 오랫동안 그를 섬겼다. 우터의 애정을 얻고 그가 자신이 하는 말이라면 무엇이든 믿으리라는 것을 안 다음, 메를랭은 왕을 따로 불러 말했다.

"전하, 이제 온 나라가 평화로워졌고 전하의 치세가 확고해졌으니, 더없이 고상한 일을 한 가지 제안하려 합니다. 헨기스트가 전하를 죽이려 했을 때 제가 전하를 구해드린 것은 전하께 대한 애정 때문이지만, 또한 전하께 이 일을 말씀드리기 위해서였습니다. 저는 항상 전하의 신임과 우정을 받을 만하다고 생각해 왔습니다."

왕이 대답했다.

"신임하다마다요. 당신이 원하는 일이라면 무엇이든 믿고 힘닿는 한 시행할 거요."

"전하, 만일 이 일을 행하신다면, 그 유익은 전하께 돌아갈 것입니다. 제가 제안하는 일은 전하께 전혀 폐가 되지 않으며, 이 일로 전하께서는 하느님의 총애를 얻으실 것입니다."

"주저 말고 말해 보시오. 당신이 말하는 것은 무엇이든, 가능하기만 하다면 기꺼이 하겠소."

"이제 말씀드리는 것은 아주 이상한 비밀이니, 전하께서만 간직하십시오. 백성에게도 기사들에게도 말씀하시면 안 됩니다. 저는 그로 인한 유익과 명예와 우리 주님의 총애가 전하께 있기를 바랍니다."

왕은 한마디도 발설하지 않겠다고 맹세했다. 그러자 메를랭이 말했다.

"전하, 아시다시피, 저는 과거에 행해지고 오간 일들을 압니다. 이

252

능력은 악마의 본성에서 난 것입니다. 하지만 전능하신 우리 주님께서는 제게 미래를 아는 능력도 주셨고, 이 지고한 능력 때문에 악마들은 저를 잃고 말았습니다. 하느님이 보우하사, 저는 결코 그들의 뜻에 굴하지 않을 것입니다. 전하께서도 이제 제가 여러 가지 일들에 대해 알고 말하는 능력이 어디서 나는지 아시겠지요. 우리 주님께서 전하께 보이시려는 바를 말씀 드리겠습니다. 전하께서 그것을 아신다면, 반드시 그분 뜻대로 행하도록 주의하십시오. 전하, 전하께서는 우리 주님께서 인류를 구원하기 위해 이 땅에 오셨다는 것을 믿으셔야 합니다. 그분은 마지막 만찬 자리에 앉으사 제자들에게 그들 중 한 사람이 그분을 배반하리라고 말씀하셨지요. 그 일이 실제로 일어났고, 그런 악행을 저지른 자는 주님께서 예언하신 대로 무리를 떠났습니다. 그 후 우리 주님께서는 죽임당하셨고, 한 기사90가 그분의 시신을 달라고 하여 형틀에서 내려드렸습니다. 그가 그동안 행한 수고에 대한 보상으로 허락받았던 것이지요. 우리 주님께서는 자신의 시신을 돌보았던 그 기사를 어여삐 여기셨지만, 그는 유대인들로부터 수많은 고통을 당해야 했습니다.

우리 주님께서 부활하시고 그분의 죽음에 대한 보복이 이루어진 뒤 오랜 후에, 그 기사는 자기 일족의 대부분과 수많은 사람들을 데리고 광야에 거처하게 되었습니다. 큰 기근이 닥쳤고, 사람들은 자신들의 우두머리인 그 기사를 원망했지요. 그는 우리 주님께 자신들이 왜 그런 고통을 겪는지 보여 주십사고 기도했습니다. 우리 주님께서는 그

---

90 《요셉》의 주인공인 아리마대 요셉을 가리킨다.

에게 마지막 만찬 때의 식탁을 기리는 탁자를 하나 만들고 흰 보로 덮으라고, 그리고 그가 갖고 있는 그릇을 그 위에 놓고 그릇 또한 그 자신의 쪽을 제외하고는 흰 수건으로 덮으라고 명하셨습니다. 이 그릇은 예수 그리스도께서 그에게 주신 것으로, 그는 그 그릇으로 선인과 악인을 구별할 수 있었습니다. 이 식탁에 앉을 수 있는 자는 마음이 모든 면에서 충족되는 복을 누리게 됩니다. 이 식탁에는 빈자리가 하나 있는데, 이는 마지막 만찬 때 유다가 앉았던 자리를 나타내는 것입니다. 그는 우리 주님께서 자신을 가리켜 말씀하시는 것을 알고는 예수 그리스도의 무리를 떠났으며, 그의 자리는 우리 주님과 사도들이 또 다른 사도를 택해 다시 열둘이라는 수를 충족시키기까지 비어 있었습니다. 이 자리가 그 자리를 다시 나타내는 것입니다. 두 개의 식탁은 그렇게 제정되었고, 우리 주님께서는 새로운 식탁에 앉는 자의 마음을 은혜로 채워주셨습니다. 사람들은 그들이 보는, 그리고 그 은혜를 누리는 그 그릇을 '그라알'이라고 불렀습니다.

제 말을 믿으신다면, 성삼위의 이름으로 세 번째 식탁을 만드십시다. 성삼위는 항상 셋이라는 수로 나타내지니까요. 그렇게 하신다면 영육 간에 크나큰 복락과 영예가 오리라고 약속드립니다. 이 식탁을 통해 전하의 시대에 크게 탄복하실 일들이 일어날 것입니다. 만일 이 일을 행하고자 하신다면, 제가 도와드리겠습니다. 이 일은 온 세상에 널리 이야기될 사건이 될 것입니다. 우리 주님께서는 그 식탁에 대해 제대로 말할 줄 아는 모든 자들에게 큰 총기를 주셨으니까요. 그릇과 그것을 지키는 자들이 예수 그리스도의 뜻에 따라 서방으로 향하여 이 땅에 와 있습니다. 그릇이 어디 있는지 알지 못하는 자들도, 모든 선한 일을 목표에 이르도록 이끄시는 우리 주님께서 이끄시는 대로 따라왔지요. 만일 전하께서 제 말을 믿으시고 이 일을 행하신다면, 크나큰 칭송을 얻으실 것입니다."⁹¹

49

우터판드라곤은 그렇게 메를랭이 하는 말을 들었고, 그 계획을 좋게 생각하여 이렇게 대답했다.

"우리 주님께서 그분 뜻에 합당한 일을 이루시는 데 나 때문에 조금이라도 지장이 생기는 것은 원치 않소. 모두 당신에게 맡기고 내가 할 수 있는 한 당신이 하라는 대로 하겠소."

그렇게 왕은 메를랭에게 일을 맡겼고, 메를랭은 크게 기뻐하며 말했다.

----

91 《브리튼 왕들의 역사》에 없는 이 '식탁'은 《브뤼트 이야기》에서 처음 등장하는데, 그렇다고 그가 전적으로 그것을 '발명'했다고 단정할 수는 없다. 웨이스에 따르면, "아더는 원탁을 만들게 했고, 이에 대해 브리튼인들은 많은 이야기를 한다"니, 이미 브리튼 설화에 원탁이 있었다는 주장이다. 하여간 《브뤼트 이야기》에서 메를랭이 이 식탁을 제안하는 것은 우터판드라곤이 아니라 아더 왕 시대의 일이다. "제후들은 저마다 자신이 최고라고 생각했고 또 아무도 누가 다른 사람보다 못하다고 말할 수 없었으므로, 아더는 원탁을 만들게 했으니, 모든 봉신이 대등하게 식탁을 둘러싸고 앉아서 대등한 대접을 받았다. 그중 아무도 동료보다 더 낫다고 말할 수 없었고, 아무도 말석에 앉지 않았다." 즉, 기사들 간의 우열을 따지지 않기 위해 모두 대등하게 앉을 수 있는 '원탁'을 만들었다는 것으로, 《메를랭》에서 말하는 바, 그리스도 최후의 만찬 식탁, 아리마대 요셉의 식탁에 이어지는 세 번째 식탁과는 의미가 다르다. 참고로, 《브뤼트 이야기》(1155) 이후 크레티앵 드 트루아의 소설들(1170~1190경)에서도 '원탁'과 '원탁의 기사들'이 등장하지만, 원탁의 창설에 관해서는 따로 설명되지 않는다.

"전하, 이 식탁을 어디에 만들면 좋으실지 생각해 두십시오."

"당신이 좋은 곳에, 당신이 생각하기에 예수 그리스도의 뜻에 가장 합당한 곳에 만드시오."

"그렇다면 웨일스의 카르두엘92에 만들겠습니다. 그곳에 전하 주위의 모든 사람을, 왕국 내의 기사들과 귀부인들을 소집하시고, 그들을 환대하고 선물을 줄 준비를 하십시오. 제가 먼저 가서 식탁을 만들겠습니다. 제가 시키는 대로 시행할 인력을 주십시오. 전하께서 오시고 사람들이 모아지면, 제가 거기 앉을 자격이 있는 자들을 선택하겠습니다."

메를랭이 계획한 대로, 왕은 성령강림절에 웨일스의 카르두엘에서 궁정을 열기로 했으니93 온 나라의 기사들과 귀부인들은 빠짐없이 참석하라고 포고령을 내렸다. 왕은 이를 도처에 알렸고, 메를랭은 식탁을 만들기 위해 출발했다. 성령강림절 전 주에 왕은 귀부인과 기사들을 대거 대동하고 카르두엘로 갔다.

왕이 메를랭에게 물었다. "식탁에 앉을 자로 누구를 고르겠나?"

---

92 웨일스의 카르두엘은 카말로트(카멜롯), 카에를레옹(컬리언)과 함께 아더 왕이 궁정을 열던 세 도시 중 한 곳이다. 《그라알 이야기》의 페르스발이 기사가 되기 위해 가는 곳도 카르두엘이다. 잉글랜드 북부 칼라일에 해당하리라고 추정하는 이들도 있지만, 아더 왕 이야기의 주요 배경은 웨일스이므로, 웨일스 동남부 어딘가이리라고 추정하기도 한다. 뒤에서 이야기될 틴타젤과의 거리를 감안하면 후자 쪽일 가능성이 높아 보인다(하지만 물론 작가는 그쪽 지리를 모르니, 상상 속의 지명들일 뿐이다).

93 중세의 왕들은 한곳에 머물지 않고 왕국 내를 두루 순회하면서 궁정을 열고 통치하는 것이 상례였다.

메를랭이 대답했다. "내일은 보리라고 기대하시지 않았던 일을 보시게 될 것입니다. 전하의 왕국에서 가장 용맹한 기사 50명을 앉힐 텐데, 그들은 그 자리에 앉는 순간부터 다시는 이곳을 떠나 자기 고장을 돌아갈 생각이 없어질 것입니다. 전하께서는 나라 안에서 가장 용맹한 자들을 보시게 될 겁니다."

왕이 대답했다. "기쁘게 그 광경을 지켜보리다."

메를랭은 자신의 계획을 실행에 옮겼다. 성령강림절에 그는 50명의 기사를 택했고, 왕의 허락을 받아 그들에게 식탁에 앉아 식사하도록 청했으며, 그들은 기꺼이 그 초대에 응했다. 강한 마법의 소유자였던 메를랭은 기사들이 자리에 앉자 그들을 한 바퀴 둘러본 다음, 왕을 불러 빈자리[94]를 보여 주었다. 많은 사람들이 그 자리에 주목했지만, 그것이 무엇을 뜻하는지, 왜 비어 있는지 알지 못했다. 그런 다음 메를랭은 왕에게 그도 가서 앉으라고 말했지만, 왕은 기사들에게 음식이 차려지는 것을 보기 전에는 앉지 않겠다고 말했다. 기사들 앞에 음식이 나오는 것을 본 뒤에야 왕은 가서 앉았다.[95]

---

[94] 앞서 메를랭은 왕에게, 그리스도의 최후의 만찬 식탁에서 유다가 앉았던 자리를 본떠 그라알 식탁의 '빈자리'가 만들어졌다고 이야기한 바 있다. 이제 세 번째 식탁에 그에 대응하는 '빈자리'가 만들어지는 것도 《요셉》과의 연결을 확보하며 3부작 의도를 드러내준다. 주 98 참조.

[95] 이 대목에서 아더 왕은 어디에 앉는지 명시되지 않으나, "음식이 차려지는 것을 보고" 가서 앉았다는 정황으로 미루어보아 왕의 상석은 따로 있었던 것 같다. 모데나 사본에는 "메를랭은 왕에게 가서 앉으라고 했으나, 왕은 식탁의 모든 사람 앞에 음식이 차려진 것을 보기 전에는 그러지 않겠다고 말했다. 그리고 자신이 거기서 움직이기 전에〔즉, 그 자리를 떠나기 전에〕음식을 내올 것을 명했다. 그렇게 모

이 축제가 열리는 여드레 동안, 왕은 귀하고 아름다운 선물들을 아낌없이 베풀었다. 귀부인들과 영양들은 훌륭한 보석들을 많이 받았다. 헤어질 때가 되자, 왕은 친히 그 기사들을 찾아가 그들의 생각을 물었고, 그들은 이렇게 대답했다.

"전하, 저희는 이 자리를 떠나고 싶지도 않고, 날마다 제 3시96에 이 식탁에 앉는 것 말고는 다른 곳에 있고 싶지 않습니다. 저희는 아내와 자녀와 집을 이 도시로 옮겨와 우리 주님께서 기뻐하시는 대로 살고 싶습니다. 저희 마음이 그러합니다."

"경들 모두 뜻이 그러하오?" 왕이 물었다.

"그렇습니다, 전하. 저희도 대체 무슨 영문인가 싶습니다. 우리 중 어떤 이들은 전에 서로 만난 적도 없고, 전부터 아는 이들은 얼마 되지 않습니다. 그런데도 저희는 마치 아들이 아버지를 사랑하듯 서로 사랑하며, 죽음이 갈라놓지 않는 한 결코 서로 헤어지지 않겠습니다."

왕은 이 말을 듣고 크게 신기하게 여겼으며, 그 말을 들은 모든 사람이 그러했다. 왕은 크게 기뻐하며 그들을 자기 자신처럼 사랑하고 존중하고 영예롭게 하라고 명했다. 그렇게 하여 우터판드라곤은 자기 시대에 이 식탁을 만들었다. 모임이 파한 뒤 그는 메를랭에게 가서 말했다.

두 음식을 받은 다음에야 왕은 가서 앉았다'라고 되어 있다. 중세 삽화 중에는 아더 왕이 원탁에 함께 앉은 모습으로 그려진 예도 있지만, 대부분의 아더 왕 소설에서 아더 왕은 따로 상석에 앉은 것으로 이야기되며, 《페르스발》에도 아더 왕이 로트 왕과 함께 상석에 앉았다고 이야기되는 대목이 있다.

96 오늘날의 오전 9시경.

"당신 말대로였소. 이제 나도 우리 주님께서 이 식탁이 제정되는 것을 원하셨다고 믿소. 하지만 빈자리에 대해 궁금하니, 누가 그 자리를 차지할지, 안다면 말해 주기 바라오."

"제가 지금 말씀드릴 수 있는 것은 그 자리가 전하의 생전에는 채워지지 않으리라는 것뿐입니다. 그 자리의 임자를 낳을 자는 아직 아내를 취하지 않았고, 자기가 그를 낳으리라는 것도 알지 못합니다.[97] 그 자리에 앉을 자는 먼저 그라알 식탁의 빈자리에 앉아야 합니다.[98] 그라알을 지키는 자들도 아직 그 일이 이루어지는 것은 보지 못했지요. 그 일은 전하의 시대가 아니라 전하의 뒤를 이을 왕의 시대에야 나타날 것입니다. 하지만 청하오니 항상 이 도시에서 전하의 궁정을 열고 모임을 소집하십시오. 자주 이곳에 머물고, 연중 적어도 세 번은 큰 축일에 이곳에서 궁정을 여십시오."

"기꺼이 그리 하리다."

---

97 모데나 사본에는 이 문장의 앞부분이 좀 더 소상하다. "그 자리에 앉을 자는 지금 이 나라에 있는 알랭 르 그로에게서 태어날 것입니다. 이 알랭은 요셉의 귀중한 식탁에 앉았던 자입니다. 하지만 그는 아직 아내를 취하지 않았고, 자기가 그를 낳으리라는 것도 알지 못합니다."

98 예언을 성취할 주인공이 먼저 그라알 식탁의 빈자리에 앉은 다음에 원탁의 빈자리에 앉게 되리라는 말은 영적인 자격을 갖춘 자가 아더 왕 궁정에서 최종 승리를 거두게 되리라는 뜻이다. 이 대목은 모데나 사본에서도 같은데, 모데나 사본의 결말 부분에서는 그 반대를 말하고 있다. 즉, 원탁에 앉을 기사가 나타나 세상에서 가장 훌륭한 기사로서 영광을 얻은 다음에 어부왕의 궁정에 가서 그라알에 관한 질문을 하고 어부왕에게 회복을 가져다줌으로써 모든 예언을 성취하리라는 것이다. 어느 경우에나 원탁에서 지상의 기사도를 성취하는 것과 그라알 모험을 완수하는 것은 상호 연관된다는 점이 중요하다.

"이제 가보겠습니다. 한동안 저를 보시지 못할 겁니다."

"어디로 가는 거요?" 왕이 물었다. "내가 이 도시에서 여는 축제에 더 이상 오지 않을 셈이오?"

"오지 않겠습니다. 여기 있고 싶지 않습니다. 사람들이 장차 일어날 일들을 믿기 바라지만, 제가 그 일들을 일어나게 했다고 말하는 것은 원치 않으니까요."

50

메를랭은 우터판드라곤을 떠나 노섬벌랜드의 블레즈에게로 가서 식탁을 만든 것과 또 여러분이 그의 책에서 듣게 될 다른 많은 일들에 대해 들려주었다. 99 메를랭은 1년 이상 궁정에 나타나지 않았다. 그를 좋아하지 않는 자들, 왕을 좋아하지 않으면서 겉으로만 그런 척하는 자들이 성탄절에 우터판드라곤이 카르두엘에 연 궁정에 왔다. 그들은 그에게 식탁의 빈자리는 무엇이냐, 왜 용맹한 기사를 그 자리에 앉혀 식탁을 채우지 않느냐고 물었다. 왕이 대답했다.

"메를랭이 이 자리에 대해 내게 놀라운 일을 말해 주었소. 내 생전에는 아무도 이 자리에 앉지 못할 것이고, 이 자리의 임자는 아직 태어나지도 않았다고 말이오."

거짓된 자들은 거짓된 웃음을 터뜨리며 말했다.

"그런 헛소리를 믿으신다는 말입니까? 저희 다음에 저희보다 나은

---

99 여기서부터 52절이 시작되기 전까지, 이른바 '위험한 좌석'의 모험에 대한 이야기가 모데나 사본에는 없다.

자가 나올 거라고요? 지금 전하의 왕국에는 이곳에 있는 기사들만큼 용맹한 기사가 더는 없다는 말입니까?"

"나로서는 알 수 없소. 하여간 그가 내게 말한 바로는 그렇소."

"시험해 보시지 않다니, 용기가 없으십니다."

"시험하지 않겠소. 잘못했다가 메를랭을 노하게 할까 두렵소."

"지금 당장 시험해 보시라는 말이 아닙니다. 하지만 전하 말씀으로는 메를랭이 이곳에서 하는 말과 행동을 다 안다고 하니, 우리가 그와 그가 한 일에 대해 말하는 것도 알겠지요. 그러니, 만일 그가 살아 있다면, 이곳에 나타나 자기가 그렇게 어이없는 거짓말을 한 이 자리에 앉는 것을 금하겠지요. 성령강림절에 그가 이곳에 나타나지 않는다면, 저희가 시험해 볼 테니 그리 아십시오. 저희 가문에도 기꺼이 그 자리에 앉으려 할 용맹한 자들이 많이 있습니다. 그들이 무사할지 어떨지 두고 보십시오."

"메를랭을 거스를 우려만 없다면, 그 광경을 기꺼이 지켜보리다." 왕이 대답했다.

"만일 메를랭이 살아 있다면, 그리고 이 일에 대해 안다면, 저희가 시험해 보기 전에 이곳에 나타나겠지요. 하지만 성령강림절에 그가 나타나지 않는다면, 저희가 시험해 보게 두십시오."

왕은 이를 허락했고, 그들은 자신들의 뜻대로 되었다고 기뻐했다. 그래서 성령강림절까지 기다리기로 되었고, 왕은 성탄절부터 온 나라에 영을 내려 성령강림절에 모두 모일 것을 명했다. 사태가 돌아가는 것을 항상 알고 있는 메를랭은 블레즈에게 이를 알리고 이런 모의를 한 자들의 악한 생각에 대해서도 귀띔해 주었다. 그는 가지 않을 터이니, 그 자리가 시험될 것이 뻔하고, 선한 자들보다는 거짓된 자들과 그들의 악한 의도로 인해 시험되리라는 것을 알기 때문이었다. 만일 그가 간다면, 그가 시험을 방해하러 왔다고 말할 테고, 시험에 나서는 다른 사람들도 필요한 자신감을 잃어버릴 수 있었다. 그래서 메를랭은 가지 않겠다고 말했다.

성령강림절 후 보름이 지나기까지 그는 참고 기다렸다. 성령강림절에 왕은 많은 사람을 데리고 카르두엘로 갔다. 식탁의 빈자리를 시험해 보려는 자들은 메를랭이 죽었다는 소문을 도처에 퍼뜨렸다. 그가 숲속에서 야인의 모습으로 발견되어[100] 촌사람들의 손에 죽었다는 것이었다. 그들이 하도 그렇게 말했으므로, 왕 자신도 거의 믿기에 이르렀다. 메를랭이 좀처럼 나타나지 않는 데다가, 메를랭이 살아 있다면 그 자리를 시험하는 것을 그대로 두지 않으리라고 생각했기 때문이다.

성령강림절 전날, 그는 그 자리를 시험하기로 한 자들에게 누가 먼저 앉아 보겠느냐고 물었다. 왕에게 가장 잘 보인 자, 이 모든 일을 주동한 자가 대답했다.

"여러분, 그리고 다른 모든 분도, 제가 저 아닌 다른 사람을 이 자리에 앉게 하지 않으리라는 것을 알아두시기 바랍니다."

그는 고귀한 가문의 강력한 대영주였다. 그는 자기 대신 그 자리에 앉아 보는 데 동의하는 사람들, 기사와 사제와 평민들을 잔뜩 모았다.

---

100 메를랭이 숲속에서 야인의 모습으로 발견되었다는 언급은, 《메를랭의 생애》에서 이야기되는 바와 같은 '미친 예언자'의 이미지를 환기한다.

그는 메를랭이 나타날 경우에 대비하여 그들을 오게 했으니, 만일 메를랭이 오면 하느님이 지상에 두신 세 위계101 가운데서 자신이 고른 자들에게 그 시험을 통과시켜 보려는 것이었다. 메를랭이 나타나지 않자, 그는 자신이 직접 시험해 보겠다며 50명의 기사가 앉아 있는 식탁으로 다가가 그들에게 말했다.

"여러분과 함께 앉아 여러분의 모임을 완전케 하고자 제가 왔습니다."

그들은 아무 말도 하지 않고 그저 잠잠히 그가 하려는 일을 지켜보았다. 왕과 수많은 사람들이 모여 있는 가운데 그는 앞으로 나서서 빈자리를 살피더니 두 기사 사이로 들어가 앉았다. 하지만 자리에 엉덩이를 붙이기가 무섭게 그는 마치 물 위에 올려놓은 납덩이처럼 가라앉아 모든 사람의 눈앞에서 사라졌고, 그가 어떻게 되었는지 아무도 알지 못했다.102 그 광경을 본 왕과 신하들은 경악한 나머지 아무 말도 하지 못했다. 그 사람은 유력한 가문 출신이었고, 그가 그렇게 사라지는 것을 보자 저마다 앞다퉈 그 자리에 앉아보고 싶어 했다. 하지만 왕은 그 자리가 어디인지 정확히 알 수 없게끔 모든 기사에게 자리에서 일어나라고 명했고, 그들은 즉시 일어났다. 그 기이한 일로 인해 온 궁정이 애도하고 슬퍼했다. 왕은 누구보다 크게 놀라며 자신이 속은 것을 깨달았고, 모든 사람 앞에서 자기가 아무도 그 자리에 앉아

---

101 서양 중세의 세 위계, 즉 기사, 성직자, 평민을 말한다.
102 이것은 《요셉》에서 자신의 의로움을 자신했던 모이즈(모세)가 빈자리에 앉으려다 화를 입었던 전철을 상기시킨다.

서는 안 된다고 말했던 것을 상기시켰다. 그런데도 그자는 그것을 믿으려 하지 않았던 것이다.

51

왕은 그렇게 하여 책임을 벗었다. 보름이 지나자 메를랭이 나타났다. 그가 왔다는 소식을 듣자, 왕은 기뻐하며 나가서 맞이했다. 메를랭은 왕을 보자마자, 그런 시험을 하도록 내버려둔 것을 비난했다. 왕이 말했다.

"어쩔 수 없었소. 그자가 날 속인 거요!"

"다른 사람들을 속인다고 생각하는 많은 자가 스스로 속는 법이지요. 이번 일이 그 증거입니다. 전하께서는 제가 촌사람들 손에 죽었다는 소문이 퍼진 것을 모르시지 않겠지요."

"그자가 그렇게 주장한 것이 사실이오."

"그렇다면 거기서 교훈을 얻어 더 이상 그 자리를 시험하지 마십시오. 그 일로 인해 불행과 수치가 닥칠 것임을 경고합니다. 식탁의 그 자리에는 큰 의미가 있고, 전하의 뒤를 이어 이 왕국을 다스릴 자들에게 고귀하고 지대한 유익이 될 것입니다."

왕은 그에게 그 자리에 앉았던 자가 어떻게 되었는지 혹시 안다면 말해달라고 청했다. 그것은 실로 놀라운 일이었기 때문이다. 메를랭이 대답했다.

"그 일에 관해서는 묻지 마십시오. 알아서 득 될 것이 없습니다. 그보다는 식탁에 앉은 자들에게 애정과 존경을 기울이고, 전하께서 더없이 명예롭게 시작하신 일을 유지하기에 힘쓰십시오. 이 식탁의 명예를 위해 중요한 축일마다 이 도시에서 궁정을 열고 잔치를 벌이십시오. 이번 시험을 친히 지켜보셨으니, 그 식탁이 얼마나 고상한 것인지 아무리 높여도 지나치지 않음을 잘 아실 것입니다. 저는 이만 가보겠습니다. 제 조언을 따르도록 주의하십시오."

"방금 들은 충고들을 진심으로 따르겠소."

왕과 메를랭은 헤어졌다. 메를랭은 갔고, 왕은 남아서 성내에 큰 집과 아름다운 처소들을 준비하게 했다. 이제 그곳에서 궁정을 열 작정이었기 때문이다. 그러고는 자기도 떠나면서, 모든 백성에게 연중 큰 축일인 성탄절, 부활절, 성령강림절, 만성절에 카르두엘에서 잔치를 하겠노라고 알렸다. 한참 전부터 고지를 할 터이니, 참석하고 싶은 모든 사람은 고지가 나는 즉시 거역하지 말고 오라는 것이었다. 그리하여 왕이 으레 카르두엘에서 축일을 지내게 된 지도 오래되었다. 103

52

어느 날 그는 모든 제후를 부르기로 하고, 모두 아내를 데리고 와서 자신의 궁정을 빛내 달라고 청했다. 기사들에게도 같은 청을 했다. 그렇게 그는 성탄절에 그들을 초대하는 편지를 냈다. 왕이 편지로 청하고 명한 대로 수많은 기사들과 부인들, 영양들이 궁정으로 모여들었다. 궁정에 온 사람들을 모두 거명할 능력도 없고 또 그것이 내

---

103 여기까지는 Micha의 판본과 모데나 사본의 내용이 대동소이하나, 우터의 사랑 이야기에서부터 차이가 나기 시작한다. 전자가 후자를 길게 부연한 것인지, 후자가 전자를 간략히 줄인 것인지는 알 수가 없다.

목표도 아니므로, 나는 내 이야기와 관련된 사람들에 대해서만 말하겠다.

틴타젤104 공작도 아내 이그렌105과 함께 왔다. 우터판드라곤은 그녀를 보자 열렬한 사랑에 빠졌지만 차마 드러내지 못하고, 다른 여자들보다 좀 더 자주 바라볼 뿐이었다. 그녀도 왕이 자신을 즐겨 바라보는 것을 눈치챘고, 남편에게 충실한 아름답고 정숙한 여자였던지라 스스로 삼가며 왕의 면전을 피했다. 왕은 그녀를 사랑한 나머지 다른 사람들이 눈치채지 못하도록 잔치에 온 모든 귀부인에게 보석을 보내면서, 이그렌에게는 가장 마음에 들 만한 것들을 보냈다. 그녀는 모든 부인이 선물을 받은 것을 보고는 자기 선물을 거절하지 못했다. 마음속으로는 우터가 다른 부인들에게 선물을 나눠준 것이 자기에게 선물을 받아들이게 하려는 것이라고 알면서도 어쩔 수 없이 받아들였고, 아무 내색도 하지 않으려 했다.

우터는 그 궁정을 열 당시 아직 결혼하기 전이었다. 이그렌에 대한

---

104 Tintagel의 발음은 영어식으로는 '틴타질', 프랑스어식으로는 '틴타젤, 탱타젤' 등이다. 무난하게 '틴타젤'로 적는다. 틴타젤은 콘월 반도에 있는 실제 지명으로, 작중에서 묘사된 것과 일치하는 지형에 성의 유적이 남아 있다. 《메를랭》에서는 틴타젤 공작이 이 대목에서 처음 등장하며 이름이 명시되지 않지만, 《브리튼 왕들의 역사》나 《브뤼트 이야기》에서는 헹기스트를 생포하는 공을 세운 장수로 등장하며 그의 이름은 '골로이스'(Gorlois)이다. 틴타젤 공작은 콘월 공작이라고도 하는 것으로 보아 콘월 지방 전체의 영주일 것이다.

105 Igerne의 발음은 프랑스어식으로는 '이게른, 이제른' 등이고, 영어식으로는 '이간, 이건, 아이건, 이전, 아이전' 등으로 읽지만, Ygraine, Igraine이라는 형태로 더 잘 알려져 있으므로, '이그렌'으로 적는다.

열정으로 가득 차서, 그는 어찌할 바를 몰랐다. 궁정이 해산되자, 그녀가 떠나기에 앞서, 왕은 모든 제후에게 성령강림절에도 이번처럼 다시 아내들을 데리고 오라고 청했다. 그들 모두 그러겠노라고 약속했고, 사태는 그쯤에 머물렀다. 틴타젤 공작이 궁정을 떠날 때는 왕이 극진히 배웅했다. 떠나려는 순간, 왕은 이그렌에게 자기 마음을 앗아가는 것임을 알아달라고 남모르게 속삭였지만, 그녀는 못 들은 척했다. 공작은 작별을 고하고 아내와 함께 출발했다. 왕은 카르두엘에 남아 기사들에게 잔치를 베풀어 주고 호의에 호의를 더하며 그들을 북돋운 다음, 자신도 길을 떠났다. 무슨 일을 하든 그의 생각과 마음은 이그렌만을 향해 있었으며, 그는 그런 상태로 성령강림절을 맞이했다.

성령강림절에 모든 제후가 다시금 아내를 데리고 궁정에 모였다. 왕은 이그렌도 왔다는 소식을 듣고는 더없이 기뻤다. 그는 기쁨에 못이겨 귀부인들과 기사들에게 아낌없이 선물을 나눠 주었다. 식탁에서 그는 공작과 이그렌을 자기 맞은편에 앉히고, 어찌나 호의와 선물을 베풀었던지, 그녀는 더 이상 왕이 자기를 사랑하는 것을 모르는 척할 수가 없었다. 그녀는 당황했고 난감함을 숨길 수 없었지만, 견뎌내는 수밖에 없었다.

53

그리하여 그 성령강림절에 이그렌은 왕이 자기를 사랑하는 것을 알게 되었다. 그날 잔치에는 즐거운 여흥이 넘쳤고, 왕은 제후들을 기쁘게 하느라 갖은 영예를 베풀었다. 잔치가 끝나가고, 저마다 자기

고장으로 돌아가려고 작별을 고하자, 왕은 그들에게 다음 소집 때도 와달라고 청했고, 그들도 기꺼이 그러겠노라고 약속했다. 우터는 이 그렌에 대한 사랑 때문에 1년 내내 괴로워했다. 연말이 다가올 무렵 그는 가까운 신하 두 명에게 속내를 털어놓고 그녀에 대한 사랑 때문에 어떤 괴로움에 빠져 있는지 말했다.

"저희가 어떻게 하면 좋겠습니까? 말씀만 하시면 시행하겠습니다."

"내게 조언해 주게. 사람들에게 비난당할 우려 없이 그녀를 좀 더 자주 보려면 어떻게 해야겠나?"

그들은 만일 그가 그녀를 찾아간다면 사람들이 알아채고 비난하는 것을 피할 수 없으리라고 대답했다.

"그렇다면 내가 어찌 하면 좋겠나?" 왕이 물었다.

"가장 좋은 것은 카르두엘에 궁정을 열고 그곳에 오는 이들에게 보름은 머물러야 한다고, 각자 아내를 데리고 오되 보름은 머물 준비를 하고 오라고 정식으로 희망사항을 알리시는 것입니다. 그러면 이그 렌을 오래 곁에 두시고 그녀의 사랑을 얻으실 수 있을 것입니다."

왕은 그 조언을 좋게 생각하여 제후들에게 아내를 데리고 카르두엘 에 오되, 보름쯤 머물 준비를 하고 오라고 청했다. 그들은 왕의 청에 응했다. 성령강림절에 왕은 왕관을 쓰고, 제후들과 기사들, 귀부인 들, 그 밖에 받을 만하다고 생각되는 모든 남녀에게 값진 선물을 베풀 었다. 그는 잔치 내내 기뻐하고 흥겨워했으며, 가장 신임하는 신하 한 사람에게 속내를 터놓았다. 이 신하의 이름은 월팽[106]으로, 왕은

---

[106] 앞서 40절에서 헨기스트가 죽은 후 판드라곤이 색슨족에게 보내는 사자로 선택했

그와 머리를 맞대고 자신이 어떻게 하면 좋을지 의논했다. 이그렌에 대한 사랑이 그를 죽이고 있었으니, 그는 잠도 쉼도 잊은 채 그녀를 볼 수 없을 때면 죽을 생각뿐이었다. 그녀를 볼 때면 다소 괴로움이 가라앉았지만, 만일 그 정열을 만족시킬 수 없다면 오래 살지 못할 것 같고 차라리 죽는 게 나을 것 같다고 말했다.

월팽이 말했다.

"전하, 여자 하나 때문에 죽음을 생각하다니 비겁하십니다. 저는 하찮은 놈이지만, 그래도 제가 전하처럼 그녀를 사랑한다면 죽을 생각은 안 할 겁니다. 사랑을 고백하고 보석을 갖다 바치고 주위 사람들한테까지 애정을 베풀며 비위를 맞춰주고 듣기 좋은 말을 하는데도 넘어가지 않는 여자가 있다고는 들어 보지 못했습니다. 그런데 전하는 왕이시면서 이렇게 낙심하시다니! 그건 가난하고 비겁한 자에게나 어울리는 일이지요."

"월팽, 자네 말이 옳네. 자넨 이런 경우 어떻게 하면 좋을지 잘 알겠지. 그러니 자네가 할 수 있는 모든 방법으로 날 좀 도와주게. 내 보물 중에서 마음대로 가져다가 자네 뜻대로 해도 좋으니, 이그렌에게 가서 내게 유리하게 말 좀 해 주게."

"그렇다면 이제 그만 괴로워하십시오. 제가 알아서 해 보겠습니다."

그들은 그렇게 이야기를 마쳤고, 월팽이 말했다.

"사랑은 이성이 자기 뜻에 거스르는 것을 금한답니다. 공작의 호의를 얻어 보세요. 되도록 그나 그의 벗들과 가까이 지내고, 항상 그를

―――――

던 인물이다.

전하의 식탁에 부르고, 할 수 있는 대로 그와 친하게 지내십시오. 저도 이그렌에게 말해 보겠습니다."

"그런 거라면 나도 할 수 있지." 왕이 대답했다.

그들은 그렇게 의논을 했다.

54

왕은 여드레 동안 공작을 자기 곁에 두며 큰 호의를 보였다. 그가 원하리라 생각되는 일은 무엇이든 하고, 그와 그의 수행에게 숱한 보석을 선물했다. 윌팽도 이그렌에게 말을 걸어, 그녀에게 기꺼운 일이라면 무엇이든 하겠다는 뜻을 밝히며, 여러 차례 값진 보석을 선물했다. 그녀는 그중 하나도 받지 않았고, 마침내 어느 날 윌팽을 따로 불러 물었다.

"당신은 왜 제게 이 모든 보석과 값진 선물을 하는 건가요?"

"당신의 탁월한 지혜와 빼어난 아름다움과 순박한 태도에 경의를 표하기 위해서입니다. 게다가 저는 당신에게 아무것도 드릴 수가 없습니다. 왜냐하면 로그르[107] 왕국의 모든 재보가 이미 당신 것이고, 온 백성이 당신의 뜻에 달려 있으니까요."

"그게 무슨 말이에요?"

"당신이 모든 마음의 주인인 사람의 마음을 가졌다는 말입니다. 그 마음이 당신 것이고 당신에게 복종하는 터이니, 모든 마음이 당신 것

---

[107] 로그르(Logres) 왕국이란 아더 왕의 왕국을 가리키는 이름이다. 로그르의 어원인 '로에기르'(lloegyr)는 브리튼섬 내지 잉글랜드를 가리키는 웨일스어이다.

이고 당신 뜻에 달려 있지요."

"대체 무슨 마음 말인가요?"

"전하의 마음 말입니다."

"맙소사!" 그녀는 손을 들어 성호를 그으며 말했다. "대체 언제부터 왕들이 그렇게 음흉해졌나요? 겉으로는 제 남편을 총애하는 척하면서 제 명예를 더럽히려 하다니요? 월팽, 이런 얘긴 그만해 주세요. 제가 남편에게 말하겠어요. 그가 사실을 알면 당신도 죽을 날이 멀지 않아요. 하지만 이번 한 번만 덮어두지요."

"제 주인의 사랑을 위해 죽는다면, 영광스러운 일이 될 겁니다. 어떤 귀부인도 왕의 애인이 되는 데 당신처럼 몸을 사리지는 않아요. 전하께서는 당신을 세상 그 누구보다 사랑하십니다! 아마 당신도 괜히 해 보는 소리겠지요. 부인, 부디 전하의 마음을, 또 당신 자신이나 남편을 소중히 여기십시오. 그러지 않으면 큰 불행이 닥치는 것을 보게 될 겁니다. 당신도 당신 남편인 공작도 전하의 뜻을 거역할 수는 없어요."

이그렌은 울며 대답했다.

"할 수 있고말고요! 저는 스스로 삼가 전하의 눈에 뜨일 만한 곳에 나타나지 않겠습니다."

55

월팽과 이그렌은 그렇게 헤어졌다. 월팽은 왕에게 가서 이그렌의 대답을 전했다. 우터는 정숙한 여자라면 의당 그렇게 대답해야 한다는 것을 인정했지만, 그렇다고 구애를 단념하지는 않을 결심이었다. 정숙한 여자라면 그렇게 쉽게 굴복하지는 않을 테니까. 성령강림절 후 열하루 되던 날, 왕은 공작을 자기 식탁에 앉혔고, 왕의 앞에는 훌륭한 황금 잔이 놓여 있었다. 월팽이 그의 발치에 무릎 끓고서 말했다.

"이 잔을 이그렌에게 보내십시오. 그리고 공작에게 그녀가 잔을 받도록 명하라고 하십시오."

"좋은 생각일세."

월팽은 몸을 일으켰고, 왕은 고개를 들고서 기쁜 얼굴로 공작에게 말했다.

"여기 이 아름다운 잔이 있으니, 경의 아내 이그렌에게 이 잔으로 나를 위해 건배해달라고 청해 주시오. 경의 기사 중 한 사람을 시켜 이 맛좋은 술을 따라 보내리다."

공작은 왕의 저의를 꿈에도 의심치 않고 대답했다.

"감사합니다, 전하! 그녀도 기쁘게 받을 것입니다."

공작은 자신이 아끼는 기사 한 사람을 불러 말했다.

"브르텔, 전하께서 보내시는 이 잔을 마님께 가져가게. 내 부탁이니 전하를 위해 건배해 달라고 하게."

브르텔은 잔을 받아 이그렌이 식사하고 있던 방으로 가서 그녀 앞에 무릎을 끓었다.

"마님, 전하께서 이 잔을 보내셨습니다. 주군108께서도 마님이 이 잔을 받아 전하를 위해 건배해달라고 하십니다."

그 말에 당황한 그녀는 얼굴을 붉혔지만, 공작의 명을 감히 물리치

---

108 '전하'는 우터 왕, '주군'은 브르텔의 주군인 공작을 가리킨다.

지 못했다. 그녀는 잔을 받아 마시고 같은 인편에 왕에게 돌려보내려 했다. 그러자 브르텔이 말했다.

"마님, 전하께서 원하시는바, 주군께서도 그 잔은 그냥 가지라 하셨습니다."

그 말을 들은 그녀는 자신이 그것을 거절할 수 없음을 깨달았다. 브르텔은 왕에게 가서 이그렌이 하지도 않은 감사의 말을 전했다. 이그렌이 잔을 받아준 데 대해 왕이 기뻐하는 동안, 윌팽은 이그렌의 반응을 알아보려고 그녀가 식사하는 방으로 갔다. 그녀는 언짢은 얼굴로 생각에 잠겨 있었고, 식탁이 치워지자 윌팽을 불러 말했다.

"당신 주인은 음흉하게도 내게 잔을 보냈더군요. 하지만 그래봤자 얻을 게 없다고 알아두세요. 내일 날 새기 전에, 나는 당신과 전하, 두 사람이 꾸미고 있는 음모를 남편에게 말하겠어요."

"설마 그렇게 어리석지는 않겠지요! 여자가 남편에게 그런 고백을 하면, 그는 더 이상 여자를 믿지 않게 돼요. 부디 그런 짓은 하지 말아요."

"그따위 조심성은 집어치워요!"

윌팽은 이그렌을 두고 나왔다. 왕은 식사를 끝내고 손을 씻은 뒤였다. 그는 기쁜 얼굴로 공작의 손을 잡으며 권했다.

"부인들에게 가봅시다."

공작은 흔쾌히 동의했고, 그들은 이그렌과 다른 부인들이 식사를 마친 방으로 갔다. 왕은 기사들을 대동하고서 부인들을 찾아갔지만, 이그렌은 그가 온 것이 오로지 자기 때문임을 알고 있었다.

56

그녀는 종일 왕과 함께 있어야 했고, 밤이 되어서야 자기 숙소로 돌아갔다. 공작이 돌아가 보니 그녀는 방에서 눈물에 젖어 탄식하고 있었다. 그는 놀라서 그녀를 다정히 안고 무슨 일이냐고 물었고, 그녀는 죽고 싶다고 대답했다. 그는 한층 더 놀라서, 이유를 물었다. 그러자 그녀가 대답했다.

"당신에게 숨기지 않겠어요. 나는 세상 그 무엇보다도 당신을 사랑하니까요. 왕이 나를 사랑한다면서, 그가 이렇게 궁정을 열고 귀부인들을 초대하는 것은 단지 나를 사랑해서, 당신이 나를 이곳에 데려오게 하기 위한 구실을 만들기 위해서라고 하는군요. 지난번 축제 때부터도 나는 눈치를 챘어요. 그래서 그와 그의 선물을 줄곧 피해왔는데, 이번에는 당신이 브르텔을 시켜 내게 그 잔으로 왕을 위해 건배하라니 어쩔 수 없었어요. 나로서는 그의 집요함에도 그의 신하 월팽의 제안들에도 맞설 수가 없으니, 죽고만 싶어요. 당신에게 이렇게 다 말했으니, 불행이 닥칠 것만 같네요. 당신이 내 남편이니 부디 나를 틴타젤로 데려가 주세요. 난 이 성내에 더 이상 머물고 싶지 않아요."

공작은 아내를 열렬히 사랑하는 터라 그녀의 고백을 듣고 격노하여 곧바로 성내에 있던 자기 기사들을 불러 모았다. 그들은 첫눈에 공작이 노한 것을 알아보았다. 그가 말했다.

"아무도 모르게 안장을 얹고 말에 오를 준비를 하게. 떠나야겠네. 이유는 묻지 말게나. 나중에 말해줌세."

"분부대로 하겠습니다."

"무장과 말을 제외한 다른 소지품은 다 놔두게. 내일 뒤따라오게 하면 되니까. 왕도 다른 누구도 우리가 떠나는 걸 알아서는 안 되네."

공작은 그렇게 명했고, 그들은 명대로 시행했다. 공작은 자기 말과 이그렌의 의장마를 가져오게 하여, 아내를 데리고 가능한 한 은밀하게 자기 영지를 향해 출발했다.

57

아침이 되자, 성내에 남아 있던 공작의 사람들이 소동했다. 왕은 공작이 가버린 것을 알자 몹시 기분이 상했고 이그렌을 데려가 버린 데 낙심하여, 제후들을 불러 모아 대대적인 회의를 열고 공작이 자신에게 가한 수치와 모욕에 대해 알렸다. 그들은 크게 놀라며, 공작의 행동은 만회할 길이 없을 만큼 중대한 실수라고들 서로 말했다. 그들은 그가 떠난 이유를 알지 못했으므로, 그렇게 말했던 것이다. 사태를 어떻게 시정하면 좋을지, 왕이 그들의 조언을 구하자 그들이 말했다.

"좋으신 대로 하십시오."

왕은 그들에게 자신이 공작을 다른 어떤 제후보다도 융숭하게 대접하는 것을 그들도 보지 않았느냐고 상기시켰다. 그들도 그 점에는 이의가 없었으므로, 공작이 그처럼 무례를 행한 데 대해 놀라움을 표했다. 왕이 말했다.

"경들이 찬성한다면, 나는 그에게 그렇게 가버린 것처럼 다시 궁정으로 돌아와 자신의 입장을 말함으로써 명예로운 보상을 하도록 요구하겠소."

모두 찬성했고, 두 명의 기사가 왕의 전갈을 가지고 틴타젤로 찾아가 공작을 만나서 이를 전달했다.

자신들과 함께 돌아가 달라는 말을 듣자, 공작은 이그렌도 함께 데려가야 함을 깨달았다. 그래서 그는 사자들에게 말했다.

"궁정에는 돌아가지 않겠소. 전하께서 나와 내 사람들에게 말로나 행동으로나 잘못 처신하셨으므로, 더 이상 그를 믿고 궁정에 가서 그의 수중에 나를 맡길 수가 없소. 다른 말은 하지 않겠소만 하느님께서 내 증인이 되어 주실 것이오. 하느님께서는 내 주군이신 전하께서 나에 대하여 얼마나 많은 잘못을 했는지 알고 계시오. 나는 더 이상 그를 신뢰할 수 없소."

58

사자들은 지체 없이 출발했다. 사자들이 틴타젤을 떠나자, 공작은 자기 사람들을 불러 모으고 자신이 왜 카르두엘을 떠나왔는지, 왕이 자신에게 행한 악과 수치에 대해, 그리고 자신의 아내에게 행한 비열한 언행에 대해 고했다. 그들은 그의 말을 듣고 경악하여, 그런 행동은 용인될 수 없는 것이고, 봉신을 그런 식으로 대접하는 자는 응징당해 마땅하다고 말했다. 이에 공작이 말했다.

"하느님의 이름으로, 여러분의 명예와 의무에 걸고, 왕이 내게 전쟁을 걸어올 경우, 부디 내가 내 땅을 지키도록 도와주시오."

공작의 사람들은 그들 자신과 그들이 동원할 수 있는 병력 모두가 목숨을 내놓더라도 반드시 그리 하겠다고 외쳤다.

공작은 그렇게 자기 사람들과 의논했고, 사자들은 카르두엘의 왕과 제후들에게로 돌아가 공작의 대답을 전했다. 그러자 모두들 전에는 공작을 현명한 사람이라 여겼건만 이제 그의 어리석음이 놀랍다고 말했다. 왕은 자기 봉신들에게 그의 결례가 궁정에 가한 모욕에 대해 보복하고 보상을 받아낼 것을 요청했다. 그들은 그 책무를 피할 뜻이 없다고 대답하며, 죄인을 공격하되 40일간의 유예를 주자고 제안했다. 왕은 그들에게 40일 후에 모두 자기 곁으로 돌아와 공격을 개시하자고 말했다. 그들은 기꺼이 그렇게 하겠노라고 대답했다. 왕은 사자를 보내 공작에게 전쟁을 선포했고, 공작은 40일간의 유예가 있다는 말을 듣자, 만일 공격을 당한다면 총력으로 방어하겠노라고 대답했다. 사자들은 카르두엘로 돌아갔고, 공작은 자기 사람들을 불러 모아 왕의 선전포고에 대해 알리고 그들의 도움이 절실하다고 호소했다. 그들은 기꺼이 그를 돕겠노라고 말했다.

공작은 궁리했다. 그에게는 왕의 공격을 막아낼 만한 성이 두 개밖에 없었다. 하지만 그가 살아 있는 한 이 두 성은 왕도 빼앗을 수 없을 것이었다. 그는 아내를 열 명의 기사와 함께 틴타젤에 두기로 했다. 틴타젤은 어떤 공격에도 끄떡없는 요새였으니, 열 명의 기사와 성내 사람들만으로도 입구를 잘 방어할 수 있을 것이었다. 109 그는 그 계획을 밀고 나가, 자신은 부하들을 데리고 덜 견고한 다른 성110으로 가서 성을 강화하기로 했다. 자기 땅의 나머지는 방어할 수 없음을 깨

---

109 《브리튼 왕들의 역사》와 《브뤼트 이야기》에는 천혜의 요새가 될 만한 그 지형이 잘 묘사되어 있다. "그 성은 바닷가 높은 절벽 위에 있는데 온통 바다로 둘러싸여서 좁다란 지협을 통해서밖에 드나들 수가 없었다."

110 《브리튼 왕들의 역사》에 따르면, 이 성의 이름은 디밀로크(Dimiloc)이다. 틴타젤에서 남서쪽으로 9킬로미터가량 되는 곳에 데임리오크성(Castle Dameliock)로 알려진 성터가 남아 있다.

달았기 때문이다.

59

공작은 그렇게 방어 준비를 했고, 그에게 선전포고한 사자들은 궁정에 돌아가 왕에게 공작이 공격당할 경우에 대비해 방어 준비를 하고 있다고 알렸다. 그 소식에 왕은 격노하여 편지를 쓰게 하고, 사자들을 왕국 전역에 보내 공작의 땅 경계, 넓은 강물이 흐르는 초원에 부대들을 집결시켰다.111 부대들과 제후들이 모인 앞에서, 왕은 공작이 궁정에 가한 수치와 모욕을 다시금 상기시켰고, 제후들은 그가 보상하는 것이 마땅하다고들 말했다. 그리하여 왕은 공작의 영지를 침공해 성들과 마을들을 점령하고, 땅을 파괴했다. 공작이 한 성으로 피신했으며 그의 아내는 또 다른 성에 피신해 있다는 소식을 들은 그는 어느 성부터 공략할지 신하들과 의논했다. 제후들은 그에게 공작이 있는 곳부터 공격할 것을 권했다.112 만일 공작을 사로잡는다면, 왕이 그 고장의 주인이 되리라는 것이었다. 그렇게 의견이 일치하여, 왕도 이를 허락했다.

말을 타고 공작의 요새를 향해 가는 동안, 왕은 월팽에게 물었다.

"어떻게 하지? 이그렌을 볼 수 없겠나?"

"가질 수 없는 것은 없는 채로 지닐 줄 알아야 합니다. 일단 공작을

---

111 《브리튼 왕들의 역사》에는 이 강에 대한 언급이 없다. 《브뤼트 이야기》는 왕이 군대를 이끌고 탕블(Tambre) 강을 건넜다고 하는데, 이것은 아마도 콘월과 데본의 경계를 이루는 타마르(Tamar) 강에 해당할 것이다.

112 여기서부터 59절 나머지, 월팽과 왕의 대화가 모데나 사본에는 없다.

사로잡는 데 전력을 기울이십시오. 그를 잡으면 나머지도 얻어질 겁니다. 공작을 공격하라고 조언한 이들은 좋은 조언을 한 것입니다. 이그렌이 있는 성으로 가는 것은 신중치 못한 일이 될 겁니다. 전하의 의도가 너무 드러날 테니까요."

그래서 왕은 공작이 있는 성을 포위했고, 맹공을 가했으며, 공작도 아주 잘 방어했다.

60

왕은 오랫동안 성을 포위했지만 요새를 탈취하지 못한 채, 이그렌에 대한 욕망에 시달려 괴로워하고 있었다. 어느 날은 막사 안에 있다가 울기까지 했다. 그 모습을 본 부하들은 물러가 그를 혼자 내버려 두었다. 월팽이 그 사실을 알고는 찾아왔다. 울고 있는 왕을 본 그는 경악하여 왜 우는지 물었다.

"자네도 알지 않나. 내가 이그렌에 대한 사랑 때문에 죽을 지경이라는 걸. 이러다 죽을 것만 같네. 먹지도 마시지도 못하고 잠도 휴식도 달아나버렸으니 말일세. 그러니 죽을 게 분명하고 약도 없어서 내 자신이 불쌍해 그러네."

월팽은 왕의 말을 차근히 들은 후 대답했다.

"여자에 대한 사랑 때문에 죽을 거라고 생각하다니 마음도 약하고 비겁합니다. 하지만 제가 좋은 수를 알려드리지요. 메를랭을 불러오게 하십시오. 그 사람이라면 반드시 좋은 해결책을 낼 터이니, 그의 모든 요구에 후하게 답하고 그에게 아무것도 아끼지 마십시오."[113]

"내가 할 수 있는 모든 일을 하겠네. 하지만 메를랭은 이미 내 사정을 알리라 믿네. 식탁의 빈자리를 시험한 일로 그를 성나게 했을까 걱정이네. 벌써 오래전부터 내게 나타나지 않으니, 어쩌면 그는 내가 내 봉신의 아내를 사랑하는 것을 못마땅하게 여기는지도 모르지. 하지만 어쩌겠나! 나도 어쩔 수 없는 걸. 내가 내 마음을 지킬 수 없는 걸. 게다가 그는 내게 자기를 찾으러 보내지 말라고 했다네."

"한 가지는 확신하셔도 됩니다. 만일 그가 무사하고 여전히 전하를 아낀다면, 그리고 전하의 곤경을 안다면, 그는 곧 나타날 것입니다."

월팽은 열심히 왕을 위로하며 그에게 슬픔을 다스리고 좋은 낯으로 봉신들을 소집하라고 권했다. 신하들과 함께 있다 보면, 괴로움도 다소 잊을 수 있을 터였다.

왕은 기꺼이 그렇게 하겠지만 고통도 사랑도 잊을 수는 없다고 대답했다. 그렇게 왕은 한동안 마음을 다지고 재차 성을 공격했지만, 여전히 성을 빼앗지 못했다.

61

어느 날 월팽은 말을 타고 진영을 가로질러 가다가, 낯선 사람을 만났다.

"월팽 경, 잠시 따로 이야기 좀 하고 싶소이다." 그 남자가 말했다.

---

113 월팽이 우터 왕에게 메를랭과 의논하도록 권하는 것은 《브리튼 왕들의 역사》나 《브뤼트 이야기》에서도 마찬가지지만, 이 책들에서는 메를랭이 소환 즉시 나타나며 《메를랭》에서처럼 변신술을 쓰거나 하지 않는다. 《메를랭》의 저자는 역사책들에 나오는 전투의 과정을 과감히 생략하는 반면, 이야기의 재미는 한껏 부풀리고 있다.

"기꺼이 그러지요." 윌팽이 대답했다.

그들은 진영을 떠나 멀찌감치 갔다. 윌팽은 말을 타고, 남자는 걸어서였다. 남자는 무척 나이가 들었으므로, 윌팽은 그의 앞에서 말을 내린 다음 누구시냐고 물었다.

"보시다시피 파파노인이올시다. 젊었을 때는 제법 현명하다 소리를 들었지요. 지금이야 내가 말하는 많은 것이 헛소리라고들 하지만 말이오. 하지만 한 가지 비밀을 알려드리리다. 최근 틴타젤에 갔었는데, 거기서 알게 된 공작의 신하 중 한 사람이 내게 말하길, 당신네왕 우터가 공작의 아내 이그렌을 사랑해서, 그 때문에 공작의 땅을 약탈하고 있는 거라고 하더이다. 만일 왕이나 경께서 제게 후한 상을 약속하신다면, 이그렌과 만남을 주선하고 왕의 사랑을 이루도록 조언해줄 만한 사람을 알려드리겠소."

노인의 말을 들은 윌팽은 도대체 그가 어디서 그런 사정을 알았을지 의아해하며, 왕의 사랑을 이루도록 조언해줄 그 사람을 알려달라고 간곡히 청했다. 그러자 노인이 말했다.

"하지만 우선, 왕이 내게 어떤 상을 줄지 내 귀로 듣고 싶소이다."

"그럼 제가 전하와 의논한 후에 어디서 어르신을 찾으면 되겠습니까?"

"내일 이곳과 진영 사이 길에서 나든 내 심부름꾼이든 만나게 되실거외다."

노인은 윌팽에게 작별을 고하고 가면서, 반드시 오겠다고, 그가 기뻐할 만한 것을 말해 주겠다고 단언했다. 윌팽은 급히 왕에게로 가서 노인과 했던 이야기를 전했다. 왕은 그 이야기를 듣자 웃으며 기쁜 낯으로 윌팽에게 물었다.

"자네를 찾아왔던 노인이 누군지 알겠나?"

"예, 아주 늙어 꼬부라진 노인이었습니다."

"언제 다시 오겠다고 하던가?"

"내일 아침이오. 그런데 어떤 상을 주실지부터 알아야겠답니다."

"내일 나도 자네와 함께 가겠네."

윌팽은 기꺼이 그러겠노라고 대답했다.

"그리고 혹시 내가 없는 데서 그를 만나 이야기하게 되거들랑, 원하는 것은 무엇이든 주겠다고 전하게."

그들은 아침이 되기를 기다렸다. 하지만 그날 저녁 왕은 오랜만에 즐거운 기분이 되었다.

62

아침에 미사를 마친 후, 윌팽이 정한 시각에 왕은 말을 타고 그를 따라 진영을 가로질러 갔다. 진지를 벗어나자 앞을 보지 못하는 듯 더듬거리는 한 걸인[114]이 눈에 들어왔다. 왕이 그 앞을 지나려 하자 그는 외쳤다.

"전하! 부디 하느님께서 전하의 소원을 들어주시고 제게도 상을 베풀어 주시기를!"

왕은 그를 찬찬이 바라본 후 윌팽을 불러 웃으며 말했다.

"윌팽, 날 위해 내가 시키는 대로 해 주겠나?"

---

114 '걸인'으로 옮긴 contrait는 '기형이거나 마비된 자'를 가리킨다.

"사람이 할 수만 있는 일이라면 기꺼이 그러지요."

"저 걸인이 내 가장 소중한 소원에 대해 말하는 것을 들었나? 저 사람 곁에 가서 앉아 말하게. 그를 감동시키기 위해서 내 가장 소중한 보물인 자네를 주겠노라고."

윌팽은 잠자코 걸인 곁에 가서 앉았다.

"여긴 왜 왔소?" 걸인이 물었다.

"전하께서 보내셨소. 나를 당신에게 주겠다고 하셨소."

그 말을 듣자 걸인은 웃으며 말했다.

"윌팽, 전하께서는 경보다 나를 더 잘 알아보시는구려. 어제 경이 만난 노인이 나를 이리로 보냈다오. 그가 내게 한 말을 다시 전할 필요는 없겠지. 전하께 돌아가서 이런 식으로 자기 뜻을 이루고자 하는 것은 중대한 잘못이라고, 그런데 나를 그렇게 금방 알아보다니 잘한 일이라고 전하시오."

"대체 누구신지 물어도 되겠소이까?"

"그건 전하께 물어보면 말씀해 주실 거요."

윌팽은 다시 말에 올라 왕에게로 돌아갔다. 왕은 그를 한옆으로 데려가 물었다.

"왜 돌아왔나? 난 자네를 저 걸인에게 주었는데?"

"그가 전하께 전하라고 했습니다. 그는 전하께서 다 알아보셨다고, 자기가 누구인지는 전하께 여쭤보라 하더군요."

왕은 그 말을 듣자 기수를 돌려 전속력으로 돌아갔지만, 걸인을 두고 온 자리에는 아무 흔적도 없었다. 왕이 윌팽에게 말했다.

"어제 노인의 모습을 하고 경에게 말을 건 사람이 누구였는지 알겠나? 그게 바로 오늘 본 그 걸인이라네!"

"사람이 그렇게 겉모습을 바꾸는 것이 가능하다는 말씀입니까? 그렇게 변신을 한 자가 대체 누굴까요?"

"그야 틀림없이 메를랭이지. 그렇게 우리를 놀리며 재미있어 하는 거라네. 그는 자기 마음이 동하면 진짜 모습을 보여줄 걸세."

63

그들은 그쯤에서 진지로 돌아왔다. 메를랭은 사람들이 아는 평소 모습을 하고 왕의 막사에 나타나, 자신이 왔다고 알렸다. 사동이 왕에게 가서 메를랭이 알현을 청한다고 보고하자, 왕은 기쁜 나머지 아무 대답도 못한 채 뒤돌아가서 급히 월팽을 불러 말했다.[115]

"메를랭이 왔다네! 내가 말한 대로지! 그는 찾으러 다녀봐야 소용없다는 걸 난 잘 알거든."

"정녕, 전하께서 원하시는 것이 있다면, 그리고 그의 뜻대로 행하고 말하기만 한다면, 전하께서 이그렌의 사랑을 얻도록 그보다 더 잘 도울 수 있는 사람은 없을 겁니다."

"그 말대로일세. 뭐든 그가 하라는 대로 할 작정일세."

그들은 왕의 막사까지 말을 타고 갔고, 왕은 막사 안에서 메를랭을 발견했다. 왕은 크게 기뻐하며 그를 환영하고 팔 벌려 그의 목을 얼싸

---

115 진지로 돌아온 왕과 월팽이 채 막사에 이르기 전에 사동이 달려와 알현을 청하는 자가 있다고 알리고, 앞서 가던 왕이 뒤돌아 월팽에게로 가서 소식을 전하는 장면이다.

안으며 말했다.

"내 곤경을 나 못지않게 알 터이니, 내가 뭐라고 호소하겠소? 당신이 오기를 애타게 기다렸다오. 부디 내 마음이 원하는 바가 이루어지도록 도와주시오."

메를랭이 대답했다.

"월팽이 있는 데서가 아니면 그 일에 대해 아무 말도 하지 않겠습니다."

왕은 월팽을 불러오게 했고, 그들은 따로 모여 의논했다.

왕이 메를랭에게 말했다. "난 월팽에게 당신이 하라는 대로 시켰다오. 그가 만난 노인도 병자도 모두 당신이었으니 말이오."

그러자 월팽이 메를랭을 뚫어져라 바라보며 물었다. "전하의 말씀이 정말입니까?"

메를랭이 대답했다. "그렇소. 다 나였소. 전하께서 경을 내게 보내신 것을 보고, 전하께서 다 아신다는 것을 알았소."

월팽이 왕에게 말했다. "전하, 그렇다면 혼자서 눈물 흘리지 마시고 메를랭에게 다 털어놓으시지요."

왕이 대답했다. "내가 무슨 말을 하겠나? 그는 내 마음속을 다 알고 있으니 아무것도 그에게 감출 수 없는 터에. 하지만 내가 하느님과 또 그가 나에 대해 갖고 있는 애정에 의지하여 간청하는 것은 부디 내가 이그렌의 사랑을 얻도록 도와달라는 걸세. 그러면 무슨 일이든 그가 하라는 대로 하겠네."

메를랭이 대답했다. "전하께서 제 청을 들어주신다면, 이그렌의 사랑을 얻고 그녀의 침실에서 동침하시도록 도와 드리겠습니다."

월팽은 그 말을 듣자 웃으며 말했다. "남자의 마음이 얼마나 값나가는지 보게 되겠군요."

왕이 메를랭에게 말했다. "당신이 청하는 것이라면 무엇이든 기꺼이 주겠소."[116]

메를랭이 대답했다. "어떻게 보증하시렵니까?"

왕이 말했다. "당신이 원하는 대로 하리다."

메를랭이 대답했다. "그렇다면 성유물에 걸고 맹세하시고, 월팽에게도 맹세하게 하십시오. 전하께서 그녀와 동침하고 원하는 바를 다 얻으신 이튿날 제가 청하는 것을 반드시 들어주시겠다고 말입니다."

왕은 이를 수락했고, 메를랭은 월팽에게 같은 맹세를 하겠는지 물었다. 월팽은 진즉에 그렇게 하지 않은 것이 애석할 정도라고 답했다.

메를랭은 그 말을 듣자 웃으며 말했다. "맹세를 하고 나면, 어떻게 할지 말씀드리겠습니다."

왕은 왕국에서 가장 귀한 성유물을 가져오게 했고, 메를랭이 시키는 대로, 그가 불러주는 말대로 책을 두고 맹세했다.[117] 즉, 그의 도움을 받은 후에는 그가 요구하는 것을 신실하게 이행하겠노라고. 뒤이어 월팽도, 하느님과 성인들이 보우하사, 왕이 맹세하고 약속한 바를 성실히 지키게 하겠노라고 맹세했다. 그들은 그렇게 맹세를 했고,

---

116 Micha 판본 224쪽 46~47행과 48~49행은 같은 내용이 중복된 것으로 보아 한 번만 옮긴다.

117 《브리튼 왕들의 역사》나 《브뤼트 이야기》에는 이런 소상한 절차 없이, 메를랭이 나타나 우터의 딱한 처지를 보고 그를 골로이스와 똑같은 모습으로 만들어 주겠다고 말한다.

메를랭이 이를 적어두었다.

64

"이제 내 일을 그대 손에 맡기겠소." 왕은 어서 소원을 이루고 싶어 조바심하며 메를랭에게 말했다. 그러자 메를랭이 말했다.

"아주 잘 처신하셔야 합니다. 그녀는 아주 현명하고 하느님과 남편에게 신실한 여자니까요. 하지만 이제 제가 그녀를 속여 넘기는 솜씨를 두고 보십시오. 전하께 공작의 모습을 드리겠습니다. 전하는 공작과 무엇 하나 다르지 않게 보일 것입니다. 그와 이그렌이 신임하는 기사 둘 중 한 사람은 브르텔, 다른 한 사람은 조르댕이라고 하는데,[118] 월팽에게 조르댕의 모습을 주고, 제가 브르텔의 모습을 취하겠습니다. 그렇게 하고 저희가 전하와 함께 틴타젤로 가는 겁니다. 제가 문을 열어드리면, 전하께서는 이런 모습을 한 월팽과 저를 데리고 안에 들어가 주무십시오. 하지만 아주 이른 아침에 나오셔야 합니다. 그곳을 나설 때 아주 이상한 소식을 듣게 될 테니까요. 진지를 지키는 일은 제후들에게 맡기시고, 전하께서 돌아오시기 전에는 절대로 성[119]에 다가가지 말라고 이르십시오. 그리고 어디에 가시는지 아무에게도 말씀하시면 안 됩니다."

왕은 그가 말한 대로 하겠노라고 대답하고는 자기 일이 어찌 되는

---

118 《브리튼 왕들의 역사》에서는 브리타일리스(Bretaelis)와 조던(Jordan), 《브뤼트 이야기》에서는 브르텔과 조던이다.

119 왕의 군대가 진 치고 있는 틴타젤 공작의 성 디밀로크를 말한다. 주 110 참조.

지 채근했다. **120**

"저는 다 준비되었습니다. 길을 가는 도중에 새로운 모습을 드리기로 하지요." 메를랭이 말했다.

왕은 메를랭이 시킨 일들을 서둘러 처리한 뒤 그에게로 돌아왔다.

"자, 내 준비를 마쳤으니, 그대도 그리하시오."

"저는 말에 오르기만 하면 됩니다. 제 걱정은 마십시오." 메를랭이 대꾸했다.

그들은 밤에 길 떠날 준비를 했다.

65

그날 밤 그들은 출행하여 말을 타고 틴타젤까지 갔다.

메를랭이 말했다. "잠시 여기 계십시오. 월팽과 저는 저쪽으로 가 보겠습니다."

잠시 후 메를랭은 혼자 왕에게로 돌아와 풀을 내밀었다. **121**

"이 풀로 얼굴과 손을 문지르십시오."

---

120 직역하면 "자기 일이 어찌 되었는지 준비했다"인데 말 자체가 요령부득일 뿐 아니라, 뒤이어 "메를랭이 대답했다"는 말과도 잘 이어지지 않는다. 그저 준비했다는 뜻이 아니라 메를랭에게 자기 일이 어찌 되는지(어떻게 변신을 시키려는지) 채근했다는 의미로 보인다.

121 《브리튼 왕들의 역사》와 《브뤼트 이야기》에서 메를랭은 모종의 '약'을 써서 일행을 변신시킨다. 메를랭은 이미 자유자재로 변신하는 능력을 보여 주었으니 굳이 '풀'이라는 수단이 필요할까도 싶지만, 약초의 효능에 통달해 있다는 것 자체가 마법의 한 요소라 보면 될 것이다. 나중에 메를랭은 우터에게 이때 일을 상기시키며 아더의 잉태가 "나와 내 마법에 의한 것"이라고 말한다(68절).

왕은 그렇게 했고, 그러자 즉시 공작과 완연히 똑같은 모습이 되었다.

"조르댕의 생김새를 떠올려 보십시오."

"그야 확실히 알지." 왕이 대답했다.

메를랭은 윌팽 곁으로 돌아가 그를 조르댕으로 변모시킨 다음 그의 말고삐를 끌고 왕 앞에 나타났다.

윌팽은 왕을 보자 성호를 그으며 말했다. "오 맙소사! 어떻게 한 사람이 다른 사람과 이토록 똑같을 수 있지요!"

"내가 자네 눈에 어떻게 보이나?" 왕이 물었다.

"영락없는 공작입니다!"

왕은 윌팽도 영락없이 조르댕으로 보인다고 말했다. 잠시 후 메를랭 쪽을 돌아보니 정말이지 브르텔로 보였다. 그들은 이야기를 나누며 밤이 이슥하기를 기다렸고, 이윽고 틴타젤 성문을 향해 갔다. 브르텔의 모습을 한 메를랭이 소리쳐 부르자, 문을 지키던 자들이 달려왔다.

그가 말했다. "문을 열어라! 공작께서 오셨다!"

그들은 브르텔과 공작과 조르댕인 줄로만 알고 문을 열고 그들을 들여보냈다. 문 안에 들어선 브르텔은 공작이 왔다는 말을 성내에 퍼뜨리지 말라고 엄중히 금지했지만, 몇몇 사람은 공작부인에게 알리러 갔다. 그들은 성관으로 가서 말에서 내렸다. 메를랭은 왕을 따로 불러 영주 노릇을 잘 하라고 일렀다. 세 사람이 침실에 가보니 이그렌은 이미 잠자리에 들어 있었다. 그들은 지체 없이 주군의 신을 벗긴 다음 침대로 들여보냈고, 그런 다음 아침까지 문간을 지켰다. 그렇게 하여 우터판드라곤은 이그렌과 동침했고, 그날 밤 훗날 아더 왕이라 불리게 될 선한 왕을 잉태시켰다. 부인은 자기 주군인 공작인 줄로만 알고 우터를 기뻐했던 것이다. 그렇게 그들은 아침까지 함께 있었다.

66

날이 샐 무렵, 성내에는 공작이 죽었고 그가 지키던 성이 함락되었다는 소식이 퍼졌다. 소문은 은밀히 안으로 스며들었다. 문간에 있던 자들은 그 소식을 듣자 벌떡 일어나 주군이 누워 있는 곳으로 뛰어 들어갔다. [122]

"일어나십시오! 어서 성으로 가야 합니다. 다들 주군께서 돌아가신 줄 압니다!"

"그야 놀랄 일도 아니지." 그는 침대에서 뛰어 일어나며 말했다. "나는 아무도 모르게 성을 빠져나왔으니까."

그는 이그렌에게 작별을 고하고 그가 떠나는 것을 지켜보는 이들 앞에서 포옹을 했다. 그들은 사람들 눈에 띄지 않게 서둘러 성관에서 빠져나왔다. 밖으로 나온 그들은 크게 기뻐했다. 메를랭이 왕에게 말했다.

"자, 저는 약속을 지켰습니다. 이제 전하의 약속도 지키십시오."

"물론이오. 당신은 내게 최고의 행복을 얻어 주었고, 어떤 인간도

---

[122] 《브리튼 왕들의 역사》와 《브뤼트 이야기》에서는 디밀로크 성에서 온 사자들이 이그렌에게 공작의 죽음과 성의 함락을 알리며, 이에 우터는 공작 행세를 하며 그 것이 거짓 소문이라고 일축한다.

다른 인간에게 해준 적 없는 가장 큰 봉사를 해 주었소. 내가 당신에게 한 약속은 틀림없이 지키겠소."

"반드시 지키시기를 바랍니다. 전하께서는 간밤에 이그렌에게 남자 후계자를 잉태시키셨다는 것을 알아두십시오. 전하께서는 그 아이를 제게 주신 겁니다. 그 아이는 더 이상 전하의 자식이 아니니, 그에 대한 일체의 권리를 제게 주십시오. 이그렌과 동침하신 날짜와 시각을 기록해두십시오. 그러면 제가 진실을 말했다는 것을 아시게 될 것입니다."

"맹세를 했으니, 당신 말대로 하겠소. 당신에게 아이를 주리다."[123]

그들은 말을 타고 가다가 강에 이르렀고, 메를랭은 그들에게 그 물에서 씻게 했다. 그러자 그들은 본래의 모습을 되찾았다. 왕은 전속력으로 말을 달려 자기 진영으로 돌아갔다. 그가 도착하자마자, 제후

---

[123] 모데나 사본에서는 이 대목에서 메를랭이 왕에게 "이그렌에게는 전하께서 동침하여 이 아이를 잉태시켰다는 것을 절대 알리지 말라"고 조언한다. 그래야 그녀가 왕에게 더 의지할 것이고 아이를 내주기가 쉬우리라는 것이다(Micha 판본에서는 68절 마지막에 그 내용이 나온다). 그런 다음 메를랭은 노섬벌랜드로 돌아가고 왕은 진지로 돌아가며, 공작의 죽음에 대해 애도하는 장면 없이 곧바로 사태의 수습에 나선다.

특히 이 대목에서부터 모데나 사본과 Micha 판본은 진행 속도가 크게 달라지는데, 전자에서는 우터가 이그렌을 만나 사랑에 빠지는 것, 틴타젤 공작과 전쟁이 벌어진 가운데 메를랭의 도움으로 동침에 성공하는 것, 공작이 죽은 후 정식으로 결혼하는 것, 아더가 태어나 메를랭에게 맡겨지는 것 등이 3:4:2:2 정도의 비율로 이야기되는 반면, 후자에서는 3:6:4:3 정도로, 메를랭의 개입과 아더의 출생도 모데나 사본에서보다 좀 더 자세히 이야기되고, 특히 왕과 공작 가문 간의 교섭이 지루할 만큼 길어진다.

들과 사람들이 그의 주위에 몰려들었고, 그는 그들에게 공작의 죽음에 대해 물었다. 그들은 왕이 떠난 그날 저녁 모든 것이 조용하고 평화로웠다고 대답했다.

"공작은 전하께서 진지에 안 계신 것을 알고 자기 부하들을 무장시켜서 이쪽 문으로는 보병을, 다른 쪽 문으로는 기병을 내보냈습니다. 그렇게 해서 우리 진영을 공격해 큰 타격을 입혔지요. 전하의 사람들이 미처 무장하기도 전에, 전쟁의 함성과 소동이 시작되었습니다. 전하의 사람들은 무장을 갖추고 그들에게 공격을 가해 문 앞까지 몰아냈습니다. 공작은 반쯤 돌아서 싸우며 드문 용맹함을 보였지만, 그의 말이 죽자 그도 말에서 떨어져, 그를 알지 못하는 우리 편의 발길에 밟혀 죽었습니다. 그런 다음 우리는 문 안에 있는 나머지 사람들을 진압했는데, 공작이 죽은 뒤라 그들은 제대로 방어하지도 못했고, 우리는 성을 탈취했습니다."[124]

왕은 공작이 죽다니 애석한 일이라고 대답했다. 틴타젤 공작은 그렇게 죽었고 그의 성은 함락되었다.

---

[124] 《브리튼 왕들의 역사》와 《브뤼트 이야기》에는 사건의 경위가 다르게 기술되어 있다. 즉, 왕이 진영에 없는 것을 안 그의 군대가 왕의 허가 없이 공격에 나섰고, 공작은 성을 방어하려다 죽었다는 것이다. 《메를랭》은 거꾸로 공작이 왕의 부재를 틈타 공격에 나섰다고 이야기하며, 그것이 뒤에서 '공작의 죽음은 그 자신의 만용 탓'이지 왕의 책임이 아니라는 변론의 근거가 된다(모데나 사본에서는 사건의 경위가 설명되지 않은 채, "공작이 자신의 과오로 인해 죽었다"고만 이야기된다).

67

왕은 자기 제후들을 향해 공작에게 닥친 불행을 크게 애도한다면서, 공작의 사람들[125]에게 비난당하지 않도록 어떤 보상을 할 수 있을지 조언을 구했다. 공작의 죽음을 바랄만큼 미워한 적이 없고 그에게 닥친 일로 슬퍼하고 있으며, 자신이 할 수 있는 한 그 손실을 보상하겠다는 것이었다. 그러자 왕의 측근인 윌팽이 말했다.

"이미 불행은 일어났으니 가능한 한 속히 보상에 나서는 것이 좋겠습니다."

윌팽은 많은 제후를 따로 불러 물었다.

"여러분은 전하께서 이 죽음에 대해 공작의 아내와 친족에게 어떻게 보상하기를 권하시겠습니까? 전하께서 여러분의 의견을 물으시니, 주군의 신하로서 최선을 다해 답변을 드려야 합니다."

"기꺼이 그렇게 하리다. 하지만 경이 전하와 가까우니, 어떤 제안을 하면 좋을지, 전하께서 물리치지 않으실지, 우리에게 좀 귀띔해 주기 바랍니다."

"제가 전하와 가까울진대, 여러분은 제가 여러분 모두 보는 앞에서 전하께 감히 말씀드리지 못할 것을 그의 등 뒤에서 여러분께 권하리

---

125 "공작의 사람들"을 가리키는 말로는 amis(친지)와 parents(친족)이 별 구분 없이 섞여 쓰이고 있으므로, 문맥에 따라 적당히 옮긴다. 69절 중간 이후에는 공작부인의 consoil이라는 말도 나오는데, 같은 말이 왕에 대해 쓰인 경우에는 '중신회의'지만, 공작부인의 경우에는 친족/친지들이 모여 의논하는 '가신회의'가 될 것이다. 69절 마지막 문단에서 공작부인과 함께하는 사람들은 amis, consoil 등으로 일컬어지는데, 사실상 같은 사람들을 가리키는 것이겠으나 각기 '친지' '가신'으로 옮긴다.

라고 생각하십니까? 제가 만일 그렇다면, 저를 위선자로 여기십시오. 공작의 친족이나 아내와 평화를 이루는 것이 제 생각에만 달렸다면, 저는 여러분이 생각지도 못하실 제안을 드리겠습니다."

그들은 한목소리로 대답했다. "우리는 경을 믿습니다. 경이 현명하고 충성되고 지략이 깊다는 것은 우리도 잘 아는 터입니다. 이 문제에 관해 우리에게 권고해 주시오."

월팽이 대답했다.

"제 생각을 말씀드리지요. 만일 여러분께 더 나은 생각이 있다면, 그렇게 하십시오. 저는 전하께 각처에 있는 공작의 친지들을 소집하시라고 권하려 합니다. 그들을 모두 틴타젤로 불러 모으고, 전하께서도 친히 틴타젤로 가서서 공작의 아내와 친지들을 나오라 하고, 그들이 모두 모인 앞에서 공작이 죽은 경위를 밝히고 평화 협상을 하는 겁니다. 만일 이를 거부하는 자들이 있다면 모인 모두가 그들을 어리석다 여길 것이고, 전하께서는 공정하고 현명하고 신실한 분이심이 드러날 것입니다. 전하께서 제공하실 수 있는 조건을 정하시는 것은 여러분의 일입니다. 평화를 원하는 자는 이렇게 해야 할 것입니다."

"경의 결정에 맡기겠소. 다른 방도가 없소."

그들은 왕 앞으로 돌아가, 월팽의 제안을 내놓았다. 하지만 월팽이 제안한 것이라는 말은 하지 않았으니, 그가 그렇게 부탁했기 때문이다.

왕은 그들의 말을 경청한 후 말했다.

"나도 같은 생각이오. 여러분이 권고한 대로 되기 바라오."

68

우터는 공작의 친족들에게 화친을 청하며 틴타젤로 오라고 불렀다. 그들의 불만을 직접 듣고 보상하고 싶다는 것이었다. 그리하여 그는 말을 타고 틴타젤 성 앞으로 갔고 메를랭이 그에게 은밀히 다가와 말했다.

"누가 이런 제안을 했는지 아십니까?"

"그야 내 제후들이 아니겠소."

"아닙니다. 그들로서는 감히 생각지 못했을 것입니다. 현명하고 충성스러운 윌팽이 최선의 명예로운 평화 협상을 위해 궁리한 것입니다. 그는 아무도 모르리라 여기고 있고 사실 아무도 모르지만, 저는 알고, 이제 제가 드린 말씀으로 전하도 아시게 되었습니다."

왕은 메를랭에게 윌팽이 궁리한 바에 대해 설명해 달라고 청했고, 메를랭은 윌팽의 생각을 자세히 설명해 주었다. 왕은 그 설명을 듣고 만족하여 물었다.

"그럼 메를랭, 당신은 이 일을 어떻게 생각하시오?"

"그것은 가장 선량하고 명예롭고 자비로운 제안이며, 이로써 전하의 마음의 소원을 이루게 되실 것입니다. 이제 저는 가보겠습니다만, 그러기 전에 윌팽 앞에서 전하께 말씀드리려 합니다. 제가 떠난 후에는 어떻게 그런 평화 협상을 생각해 냈는지 물어보십시오."

왕은 이에 찬성하고 윌팽을 부르러 보냈다. 그가 오자 두 사람 앞에서, 메를랭은 왕에게 말했다.

"전하, 잉태시키신 아이는 제게 주시기로 약속하셨습니다. 어차피 전하의 자식으로 두시는 것은 온당치 못합니다. 그가 잉태된 날짜와 시각을 기록해두셨지요. 그 모든 것은 저와 제 마법으로 인해 된 일이니, 제가 그를 돕지 않는다면 죄가 될 것입니다. 아이는 모친에게 수치가 될 터이니, 세상의 이목에서 수치를 가릴 방도에 맞서는 여자는 어리석지요. 아이가 잉태된 날짜와 시각을 기록한 것을 월팽이 베껴두면 좋겠습니다. 그가 태어나는 밤 이전에는 저를 만나실 수 없을 것입니다. 제 주군이신 전하께 권하는바, 월팽과 그가 하는 말을 믿으십시오. 이 사람은 전하를 사랑하니 전하의 유익과 명예가 되지 않는 일은 권하지 않을 것입니다. 이제는 전하께도 그에게도 더는 말하지 않겠습니다. 앞으로 6개월 후 월팽을 만나기 전에는 말입니다. 그 때가 되면 월팽에게 말할 텐데, 제가 그를 통해 전하께 고하는 모든 말을 믿고 그대로 행하십시오. 저나 또 모든 사람의 애정을 간직하고 충성을 받기를 원하신다면 말입니다."

월팽은 아이의 잉태 일시를 적어두었고, 메를랭은 왕을 따로 데려가 말했다.

"전하, 이그렌과 결혼하시되, 전하께서 그녀와 동침하여 자식을 잉태시키셨다는 사실은 모르게 하셔야 합니다. 그렇게 하면 그녀를 전하 뜻대로 하실 수 있을 것입니다. 전하께서 그녀의 임신에 대해 누구 자식이냐고 물으시면, 그녀는 아비 이름을 대지 못해 당황할 테니까요. 그렇게 하시면 좀 더 쉽게 아이를 제게 넘겨주실 수 있을 것입니다."[126]

---

126 《브리튼 왕들의 역사》와 《브뤼트 이야기》에서도 아더는 우터가 변장을 하고 이그렌과 동침한 밤에 잉태된 것으로 이야기되지만, 그럼에도 우터와 이그렌이 결

그렇게 메를랭은 왕과 월팽에게 작별을 했다. 왕은 말을 타고 틴타젤로 갔고, 메를랭은 블레즈에게 돌아가서 이 모든 일에 대해 이야기했으며, 그에게 그것들을 기록하게 했다. 덕분에 오늘날 우리도 이 이야기를 아는 것이다. 틴타젤에 당도한 왕은 중신들을 불러 모으고, 그들에게 이 일을 어떻게 하면 좋을지 물었다. 그들이 말했다.

"전하, 저희는 전하께서 공작부인이나 공작의 친지들과 평화를 수립하실 것을 권합니다. 그러면 전하께도 득이 되실 것입니다."

그는 그들에게 틴타젤에 가서[127] 공작부인을 비롯한 사람들과 협상을 하고 그에게 맞설 수 없음을 보여 주라고 말했다. 만일 그녀가 평화를 원하고 그의 제안을 받아들이겠다면, 그도 그들이 원하는 방식으로 평화를 수립하겠다고 말이다.

제후들은 틴타젤로 갔고, 뒤에 남은 왕은 월팽을 따로 불러서 그 협상에 대해 어떻게 생각하느냐고 물으며, 그가 궁리해낸 제안임을 알고 있음을 비쳤다.

"그 제안을 제가 한 것은 알고 계시지요. 마음에 드시는지는 전하

혼한 후 "아더라는 아들과 안나라는 딸을 낳았다"고만 할 뿐, 아더가 혼전 관계에서 잉태된 데 대한 별다른 언급이나 메를랭에게 맡겨져 양부모에게서 자란다거나 하는 이야기는 없다. 그에 비해, 《메를랭》은 아더가 잉태된 방식과 메를랭이 잉태된 방식 사이에 뚜렷한 유비 관계를 만들어낸다.

127 왕은 틴타젤에(a Tintagel) 갔고, 뒤이어 제후들에게 틴타젤에(en Tintagel) 가서 협상을 하라고 한다. 즉, 왕은 틴타젤 성 부근까지 갔고, 제후들은 성내에 들어가 협상을 하는 것이라 보면 될 것이다.

께 달렸지만요."

"물론이네. 나는 자네가 생각한 대로 평화가 수립되기를 바라고 있네."

"찬성해 주시는 것으로 족합니다. 나머지 일은 제가 알아서 하겠습니다."

왕은 그에게 일을 일임했다.

틴타젤 성에 들어간 사자들은 공작부인과 공작의 친족들을 만나 공작이 자신의 만용 때문에 죽은 것임을 설명하고, 왕도 그로 인해 깊이 애도하고 있으며 공작의 부인과 친족들과 평화를 수립하기를 바라고 있다고 전했다. 그러자 자신들이 왕에게 저항할 수 없음을 아는 현명한 신하들은 부인과 친족들에게 화친을 권했다. 부인과 친족들은 자기들끼리 의논해 보겠다고 말하고는, 한 방으로 갔다. 공작부인의 친족들과 공작의 친족들이 그녀에게 말했다.

"부인, 공작이 자신의 만용 때문에 죽임을 당했다는 이 사자들의 말은 사실이며, 부인께서 왕에게 맞설 수 없다는 것도 맞는 말입니다. 그들의 말을 들으시고, 왕이 우리와 또 당신에게 어떤 평화 조건을 제시하는지 물어보십시오. 그가 제시하는 바를 거절하지 않는 편이 좋을 것입니다. 두 가지 불운 사이에서 그나마 나은 쪽을 택해야 하리라고 조언 드리는 바입니다."

부인이 대답했다.

"나는 내 선량한 남편의 조언을 거절해본 적이 없고, 여러분의 조언도 거절하지 않을 것입니다. 나로서는 여러분보다 더 믿을 만한 이가 없습니다."

그렇게 의논이 된 후, 가장 현명하고 영향력 있는 신하 중 한 사람이 공작부인의 결정을 사자들에게 전했다.

"여러분, 저희 마님께서 가신들과 의논하셨는데, 가신들은 마님께 여러분을 신뢰하라고 권했습니다. 그래서 고인의 죽음에 대해 왕이 어떤 보상을 하시려는지 듣고 싶어 하십니다."

사자들이 대답했다.

"친애하는 경이여, 저희도 전하의 의중은 알지 못합니다. 하지만 전하께서는 중신회의와 제후들이 권하는 대로 믿고 따르겠다고 하십니다."

"그 말이 사실이라면, 제대로 보상하시겠지요. 더 이상 요구할 것이 없습니다. 여러분은 덕망 있는 분들이니, 부디 전하께서 그의 명예에 걸맞은 보상을 하시도록 권해 주십시오."

보름 후에 다시 만날 약속을 했고, 부인과 그녀의 친족들은 왕 앞에 나와 그의 대답을 듣기로 했다. 만일 그가 그녀와 친족들이 바라는 바를 하고자 하지 않는다면, 그녀와 가신들은 틴타젤로 돌아갈 것이었다.

70

그리하여 날이 잡혔고 사자들은 돌아가 왕에게 자신들이 얻어낸 성과와 공작부인과 그녀의 가신들이 의논한 바에 대해 보고했다. 왕은 그녀에게 안전하게 오갈 것을 보증했고, 그들의 제안이 합리적인 한 받아들이겠다고 약속했다. 그는 그 보름을 지내며 월팽과 함께 여러 가지 문제를 의논했다. 보름이 지나자 그는 제후들이 권한 대로 공작부인을 호위할 자들을 보냈다. 그녀가 진영에 도착하자, 왕은 제후들과 중신들을 소집한 후, 부인과 그녀의 가신들에게 평화의 조건으로 무엇을 요구하는지 알아보게 했다.

부인의 가신들을 대표하여 한 사람이 대답했다.

"여러분, 부인께서는 소청을 드리러 온 것이 아니라, 주군의 죽음에 대해 어떤 보상이 제공되려는지 들으러 온 것이오."

이 말이 왕에게 전해지자, 왕은 그 말에 일리가 있다고 생각하여 중신들과 제후들을 불러 어떻게 할지 물었다. 그들이 대답했다.

"전하, 하느님 말고는 아무도 전하께서 원하시는 바를 알 수 없습니다. 전하께서 공작부인과 어떤 평화를 맺기를 원하시는지, 무엇을 제공하고자 하시는지 말입니다."

왕이 대답했다. "내가 생각하는 것이 있다면 여러분에게 이미 말했을 거요. 여러분은 내 중신들이니, 여러분에게 맡기겠소. 주군에게 마땅히 해야 하는 대로 권고해 주시오. 여러분이 권하는 대로 하겠소."

"지당하신 말씀입니다. 하지만 이것은 중대한 일이라 저희로서도 선뜻 맡기 어렵습니다. 전하께서 저희를 원망하지 않으신다는 보장이 없는 한 말입니다."

그러자 윌팽이 나섰다. "보아하니 여러분은 전하를 바보로 취급하시고 전하의 말씀을 믿지 않으시는 것 같습니다."

"믿고말고요. 하지만 전하께서 명하사 경이 저희의 회의에 오셔서 저희가 의논한 바를 전하께 전하도록 해 주시면 좋겠습니다. 경이 아시는 대로 우리에게 최선의 권고를 해 주시기 바랍니다."

왕은 그들이 윌팽에게 청하는 바를 듣고 기쁜 내색을 하며 말했다.

"윌팽, 내가 그대를 키웠고 부유하게 만들었으며, 그대의 현명함을 아는 바요. 명하노니 그들과 함께 가서 그들에게 할 수 있는 한 최선의 의견을 제시하시오."

윌팽이 대답했다. "전하, 저를 보내주시니, 소임을 다하겠습니다. 하지만 세상의 어떤 왕도 왕자도 백성의 사랑은 아무리 받아도 지나치지 않는다는 점을 기억하십시오. 왕이 덕인이라면, 그는 백성의 마음을 얻기 위해 스스로 겸비해야 합니다."

71

윌팽은 제후들의 회의에 갔다. 모두 모이자, 그들은 그의 의견을 물었다. 윌팽이 대답했다.

"여러분도 들으셨다시피, 전하께서는 이 일을 여러분께 일임하셨습니다. 그러니 공작부인과 그 친지들을 찾아가서, 그녀도 그렇게 하겠는지 알아봅시다."

제후들은 그 현명한 말에 동의하고, 부인과 그 가신들과 의논하러 갔다. 그들은 자신들이 의논했던 바를 설명하고, 왕이 모든 것을 자신들에게 일임했으며 그들의 결정을 따르고 그들이 제안하는 화친 조건을 받아들이기로 했다는 점을 알렸다. 그러고는 공작부인과 그녀의 가신들도 그렇게 하겠는지 물었다. 그들은 대답했다.

"그 점에 대해 부인과 잘 의논해 보겠습니다."

가신들은 자기들끼리 모여 의논하며 왕이 제후들에게 일임하는 것 이상의 제안은 할 수 없으리라고 말했다. 공작부인과 그녀의 가신들, 또 고인의 모든 친족은 제후들의 제안에 따르기로 합의했다. 이

옥고 양편이 다시 모여서 의견을 나누었고, 모든 점을 검토하고 제각기 의견을 말한 끝에, 다시 윌팽에게 그의 생각을 물었다. 윌팽이 대답했다.

"제 생각은 이렇습니다. 제가 여기서 말씀 드리는 바를 어디서나 말할 수 있습니다. 아시다시피 공작은 왕의 군대와 싸우다 죽었습니다. 그가 왕에게 무슨 잘못을 했든 간에, 죽을 만한 과오를 저지른 것은 아니지요. 그렇지 않습니까? 그런데 여러분도 아시다시피, 공작 부인에게는 자식이 여럿 있고, 왕은 그녀의 영지를 황폐하게 만들었습니다. 또한 아시다시피, 그녀는 온 나라에서 가장 아름답고 현명한 여인이고, 공작의 친족들은 그가 죽은 후 큰 상실을 겪었습니다. 그러니 왕은 그들의 우의를 회복하기 위해 그들의 손해를 정당하게 보상해 주는 것이 옳습니다. 그런데 여러분도 아시다시피 왕에게는 아내가 없으니, 제 생각에는 부인이 당한 손해를 보상하는 유일한 방도는 전하께서 그녀와 결혼하는 것입니다. 그것은 부인에게 보상하기 위해서나 여러분과 또 이 보상에 대해 듣게 될 온 백성의 경애를 얻기 위해서나 그의 의무라고 생각합니다. 그런 다음 그가 공작의 맏딸을 여기 있는 오크니 왕 로트와 결혼시키고[128] 다른 친지들에게도 누구

---

[128] 《브리튼 왕들의 역사》는 우터펜드라곤이 이그렌과 결혼하여 아더와 안나를 낳은 후, 탈옥한 옥타의 무리가 재침공했을 때 브리튼족을 이끌고 공을 세운 '로트'(Loth of Lodonesia)라는 현명하고 나이 든 장수를 딸 안나와 결혼시켜 자신이 병들었을 때 왕국을 맡아 다스리게 했다고 전한다. 《브뤼트 이야기》도 이 대목에서 비슷하지만, 안나와 로트(Loth de Loeneis)의 결혼이 옥타의 침공보다 먼저라는 점이 다르다. 반면 《메를랭》에서 우터가 틴타젤 공작의 맏딸 — 우터 자신의 딸이 아니라 —

나 그를 덕인이요 신의 있는 자라고 여길 만하게 행하는 겁니다. 이것이 제 생각입니다만, 여러분에게 다른 생각이 있다면, 자유롭게 말씀해 주십시오."

그들은 이구동성으로 대답했다. "그건 너무나 대담한 제안이라 우리로서는 감히 생각할 수도 없었던 것이오. 만일 경이 지금 우리에게 말한 것처럼 전하께 말씀드릴 수 있다면, 그리고 전하께서 동의하신다면, 우리도 기꺼이 지지하리다."

윌팽이 대답했다. "그 정도로는 충분치 않습니다. 지금 이 자리에서 여러분이 전면 지지를 해 주셔야 제가 전하께 말씀드릴 수 있습니다. 여기 오크니 왕이 계시니, 화친의 가능성은 그에게 달려 있습니다. 직접 의견을 말해 보십시오."

오크니 왕이 대답했다. "경께서 나에 대해 뭐라 하든 간에, 나로서는 화친이 늦어지는 것을 바라지 않소."

이 말을 들은 모두가 만장일치로 찬성했고, 모두 함께 왕의 막사를 찾아갔다. 부인과 그녀의 가신들이 불려왔고, 모두 모이자 윌팽이 일어나 자신이 내놓았던 화친 조건을 설명한 다음 제후들에게 물었다.

"이런 제안을 받아들이시겠습니까? 찬성하십니까?"

을 로트 왕과 결혼시키는 것은 공작의 죽음에 대한 보상 차원에서이다. 로트의 땅인 '로도네시아'는 픽트족이 살던 스코틀랜드 저지대를 말하는데, 《메를랭》에서 로트는 오크니(Orcanie; Orkney) 왕으로 불린다. 오크니란 스코틀랜드 북부의 섬들을 말한다. 틴타젤 공작의 맏딸을 오크니 왕과 결혼시키는 것이 우터 왕 편에서 공작 편에 제안하는 보상의 일환이라는 것은 아마도 오크니 왕이 강성한 왕이기 때문에 공작의 친족이 그 결혼을 통해 세력의 균형을 얻을 수 있으리라는 뜻일 터이다.

"그렇소." 모두 일제히 대답했다.

윌팽은 왕을 향해 물었다. "전하, 전하께서는 뭐라고 하시겠습니까? 전하의 제후들이 모두 합의한 바를 받아들이시겠습니까?"

왕이 윌팽에게 대답했다. "그렇소, 전면 동의하겠소. 부인과 그녀의 친지들이 그 조건으로 화친하겠다면, 그리고 로트 왕이 나를 위해 공작의 딸을 받아들이겠다면 말이오."

그러자 로트 왕이 대답했다. "전하, 저는 전하의 명예와 전하의 왕국의 유익을 위해 어떤 일을 명하시든 거역하지 않겠습니다."

그러자 윌팽이 모든 사람 앞에서 공작부인의 대변인에게 물었다.

"이런 화친 조건을 받아들이시겠습니까?"

대변인은 현명하고 신중하게 부인과 그녀의 가신들을 돌아보았다. 그들은 너무나 숙연하고 감동한 나머지 마음속에서부터 눈물이 솟아나 그의 등 뒤에서 울고 있었다. 윌팽에게 대답해야 할 대변인 자신도 눈물을 흘리며 일찍이 어떤 군주도 자신의 봉신에게 그처럼 명예로운 보상은 한 적이 없다고 대답했다.

"이 화친을 받아들이겠습니까?" 그는 공작부인과 공작의 친족들에게 물었다.

그녀는 침묵을 지켰지만, 친족들은 이구동성으로 대답했다.

"하느님을 믿는 사람이라면 의당 받아들여야겠지요. 저희는 받아들입니다. 전하께서는 워낙 덕망 높고 신의 있는 분이시니 향후로는 전적으로 그분의 결정에 맡기겠습니다."

그리하여 쌍방 간에 화친이 이루어졌다.

72

우터판드라곤은 이그렌과, 오크니의 로트 왕은 그녀의 딸129과 결혼했다. 왕과 이그렌의 혼례는 그가 그녀의 침실에서 그녀와 동침한 지 30일 만에 치러졌다. 그가 로트 왕과 결혼시킨 딸로부터는 모르드레드, 고뱅 경, 가레스, 가에리에트가 태어났다.130 가를로의 뇌트르 왕은 모르간이라는 이름의 서출 딸과 결혼했는데,131 친족들의 요청으로 왕은 그녀에게 수도원에서 글을 배우게 했다. 그녀는 그곳에서 학예를 배우고 점성술132에 특출한 재능을 얻었으며 평생 그것을

---

129 앞서 71절에서 "공작의 맏딸"로 언급된 이 딸은 전작들에서는 '안나'로 불리지만, 《메를랭》에서는 이름이 명시되지 않는다.

130 과거형으로 말하고 있지만, 이들의 출생은 물론 한참 후의 일이다. 아더 왕의 조카로는 흔히 이 4형제가 거명되는데, 때로는 이그렌과 공작의 딸로 안나 외에 모르고즈(처음에는 '안나'와, 나중에는 '요정 모르간'과 혼동되기도 함)라는 인물이 언급되고, 모르드레드는 아더 왕과 이 이복누이의 근친상간에서 태어난 아들로 이야기되기도 한다.

131 《브리튼 왕들의 역사》와 《브뤼트 이야기》에서도 로트 왕과 결혼한 맏딸 안나 이외에 틴타젤 공작의 또 다른 딸이 언급되기는 한다. 즉, 아더 왕 치세 초기에 거명되는 '호엘'이라는 인물이 아르모리카(브르타뉴) 왕과 결혼한 '아더의 누이'의 아들이라는데, 이 '아더의 누이'는 이름이 명시되지 않는다. 반면, 《메를랭》의 저자는 공작의 맏딸 외에 또 다른 딸로 서출인 모르간, 즉 '요정 모르간'을 등장시킨다. 이 인물의 기원에 대해서는 다양한 설이 있는데, 《메를랭의 생애》에서는 아발롱섬을 다스리는 아홉 요정 자매 중 맏이가 모르간으로, 치명상을 입은 아더 왕을 치유해주었다고 이야기된다. 일설에 따르면 모르간이 메를랭에게 마법을 배웠다는데, 그의 연인은 아니라는 점에서, 《메를랭 후편》에서 등장하게 될 메를랭의 제자요 연인인 비비안(니니안)과는 구별된다.

132 '학예'로 옮긴 말은 des arz, 즉 중세의 3학 4과를 가리킬 터인데, 천문학도 4과 중 하나이다. 여기서는 '천문학/점성술'이라 불리는 학문/기술(un art que l'en apele astronomie)을 줄여 그냥 '점성술'로 옮긴다. 주 42 참조.

행했다. 그녀는 물리학에 통달했으며, 그런 지식 덕분에 요정 모르간이라는 별명을 얻었다. 왕은 다른 자식들[133]도 모두 키웠고, 공작의 친족들을 극진히 대했다.

왕은 그렇게 이그렌과 결혼했고, 이윽고 이그렌의 임신이 눈에 띄게 되었다. 어느 날 밤 그녀의 곁에 누운 왕은 그녀의 배에 손을 얹고 누구의 자식을 밴 것인지 물었다. 그 자신의 자식일 수는 없으니, 그는 그녀와 결혼한 후로 그녀와 동침할 때마다 기록해두었기 때문이라는 것이었다. 그렇다고 공작의 자식일 수도 없는 것이, 그가 죽기 전에 오랫동안 만나지 못했을 터이니 말이다.

이그렌은 왕의 추궁을 알아차리고, 당황하여 울며 말했다.

"전하, 모든 것을 알고 계시니 거짓말을 하지 않겠습니다. 하지만 하느님의 이름으로, 불쌍히 여겨주소서. 저를 내치지 않으시겠다고 보증하신다면, 믿기지 않을 진실을 말씀드리겠습니다."

"말해 보시오. 무슨 말을 하든지, 내치지 않으리다."

그녀는 그 말을 듣자 크게 안심하며, 말했다.

"전하, 정말로 기이한 일을 말씀드리겠습니다."

그녀는 그에게 어떻게 남편과 똑같이 닮은 사람이 자신과 동침했는지 말했다. 그는 남편의 심복들과 똑같이 닮은 두 사람을 데리고 당당히 성으로 들어와 자신과 동침했다는 것이었다. 그녀는 그가 자기 남편인 줄로만 알았다고, 그 사람이 지금 배고 있는 아이를 잉태시켰다

---

133 공작의 다른 자식들을 말하는데, 공작에게는 맏딸과 서출딸 모르간 외에 엘렌, 모르고즈(모르간과 종종 혼동된다) 등의 자식이 더 있었다고 이야기되기도 한다.

고, 이 아이는 남편이 죽던 그날 밤에 잉태된 것이 분명하다고 말했다. 공작이 죽었다는 소식이 보고되었을 때까지도 그 남자는 그녀와 침대에 있었다는 것이었다.

"그 남자는 제 남편 행세를 했지만, 그가 제게 왔다는 것은 아무도 모릅니다."[134]

그녀가 이야기를 마치자 왕이 말했다.

"아이 밴 것이 아무의 눈에도 띄지 않게 하시오. 만일 누가 알았다가는 치욕을 당할 것이오. 태어날 아기는 당신 자식도 내 자식도 아니라는 것을 알아두시오. 당신도 나도 이 아이를 키우지 않을 거요. 그가 태어나는 즉시 내가 명령한 자에게 맡기시오. 더 이상 그 아이 소식은 듣지 못할 거요."

"전하, 저는 전하의 것이니, 저나 저와 관련된 모든 것을 처분대로 하소서."

73

왕은 월팽을 만나 자신이 왕비와 나눈 말을 들려주었다. 월팽은 이를 듣고 말했다.

"부인은 참으로 정숙하고 정직한 분이십니다. 그렇게 난처한 일에

---

134 아더의 잉태에 관한 이그렌의 이야기는 메를랭의 잉태에 관한 그의 모친의 이야기를 상기시킨다. 이전의 전승에서는 보티건에게 불려간 '아비 없는 자식'에 관한 이야기 중에 짧게 언급되던 몽마(인쿠부스)에 관한 이야기를 《메를랭》의 저자는 메를랭 출생에 관한 악마들의 모의로 확대한 데 이어, 이전의 전승에서 별 문제 없이 우터의 아들로 등장하던 아더를 또 다른 '아비 없는 자식'으로 만드는 것이다.

대해 전하께 아무것도 숨기려 하지 않았으니 말입니다. 또한 전하께서는 메를랭의 계획을 훌륭하게 이루셨으니, 다른 방법으로는 할 수 없는 일입니다."

그럭저럭 메를랭이 다시 오겠다고 했던 여섯 번째 달이 되었다. 그는 정말로 왔고, 월팽을 따로 만나 자신이 듣고 싶은 소식을 물었으며, 월팽은 자신이 아는 바를 모두 말했다. 그렇게 이야기를 나눈 후, 메를랭은 월팽에게 왕을 불러달라고 청했다. 왕과 메를랭과 월팽이 모이자, 왕은 메를랭에게 자신이 아내에게 어떻게 말해 두었는지, 또 월팽이 어떻게 화친을 협상하여 그녀와 결혼할 수 있었는지 말했다. 메를랭이 대답했다.

"월팽은 과연 전하의 사랑을 성사시킨 죄를 청산했군요. 하지만 저는 부인과 부인이 누구의 자식인지도 모르는 채 배고 있는 자식에 대한 제 죄를 청산하지 못했습니다."

"당신은 워낙 현명하니 그 방도를 알지 않소." 왕이 말했다.

"하지만 전하의 도움이 필요합니다."

왕은 어떤 식으로든 기꺼이 그를 돕겠다고 말했고, 반드시 그에게 아이를 주겠다고 약속했다. 그러자 메를랭이 말했다.

"이 나라에 아주 정직하고 충성스러운 사람 중 한 사람이 있는데, 그의 아내도 아주 어질고 충성되고 훌륭한 여자입니다. 그녀가 최근에 아들을 낳았는데, 남편은 형편이 별로 넉넉지 못합니다. 그를 불러다가 후히 사례하고, 두 사람 다 성유물에 맹세하게 한 다음, 그들에게 맡길 아기에게 젖을 먹이게 하십시오. 그들은 자기 자식은 다른 여자에게 맡기고 자신들에게 맡겨진 아이를 친자식처럼 키울 것입니다."[135]

"당신이 하라는 대로 하리다." 왕이 말했다.

74

메를랭은 왕과 헤어져 스승 블레즈 곁으로 돌아갔고, 우터는 메를랭이 말했던 사람을 불러오게 했다. 그는 왕이 자기를 어찌나 기쁘게 맞이하는지, 크게 놀랐다.

왕이 말했다.

"이보게, 내게 일어난 아주 이상한 일에 대해 들어 보게나. 자네는 내 봉신이 아닌가. 자네가 내게 바쳐야 할 충성에 걸고, 이제부터 하는 말을 잘 듣고 힘닿는 대로 나를 도와주기 바라네. 단, 비밀로 해 주게."

"전하, 분부만 하십시오. 제가 할 수만 있는 일이라면 무슨 일이든 분부대로 하겠습니다. 만일 제가 할 수 없는 일이라 해도, 반드시 비밀을 지키겠습니다."

왕이 말했다.

"내가 아주 이상한 꿈을 꾸었다네. 한 사람이 내게 나타나서, 자네야말로 이 나라에서 가장 건실하고 내게 가장 충성된 자라고 하는 걸세. 그런데 자네는 아내한테서 아들을 낳았다면서. 꿈속의 그 사람이 내게 명하기를 자네한테 부탁하라더군. 자네 아들은 젖을 떼어 유모에게 맡기고, 자네 아내는 맡겨질 아이를 젖 먹여 키우라고 말일세."

---

135 75절에서 '안토르'(Antor)로 거명되는 이 사람은 Hector, Ector 등으로도 불리는데, 《메를랭》에서 처음 등장하는 인물이다. 《브리튼 왕들의 역사》나 《브뤼트 이야기》에서는 우터의 뒤를 이어 바로 아더가 즉위하므로 '양아버지'라는 인물이 필요치 않았다.

"전하, 그건 좀 지나치십니다. 제 자식을 젖 떼어 근본을 버리고 다른 여자의 젖으로 자라게 하라니요. 136 아내와 의논은 해 보겠습니다만, 일단 누가 그 아이를 제게 데려올 건지 알려 주십시오."

"그건 나도 모르겠네!"

"하여간 분부대로 하겠습니다."

왕이 그에게 엄청난 선물들을 주었으므로 그는 얼떨떨했다. 그는 집에 돌아가서 아내에게 왕으로부터 들은 말을 전했다. 그의 말을 들은 아내는 너무나 이상한 일이라고 생각했다.

"어떻게 남의 자식에게 젖을 먹이려고 내 자식을 버린단 말이에요?"

"전하께서 우리를 위해 이토록 많은 것을 주셨고 또 주기로 하셨으니, 전하를 위해서라면 무슨 일이든 해야지. 아무것도 거절할 수 없어. 꼭 그렇게 하겠다고 약속해줘야겠어."

"아이도 나도 당신 거니까, 당신 뜻대로 해요. 당신이 원하는 것에 거스를 수 없으니까요."

자기가 원하는 일은 무엇이든 하겠다는 아내의 대답에 기뻐하며, 그는 언제 다른 아이가 올지 모르니 자기 아들을 위해 유모를 구하라고 했다.

---

136 중세에는 아이가 자신에게 젖 먹이는 여자의 성질을 그대로 받는다고 믿어졌다. 아더의 의형제인 쾨(Keu)의 성품이 나쁜 것은 덕망 있는 친모를 아더에게 빼앗긴 탓이므로 평생 아더가 그를 참아주어야 한다는 이야기가 그래서 성립하는 것이다.

75

  그 선량한 사람은 그렇게 아들을 떼어 보냈고, 왕비는 출산이 임박했다. 그녀가 출산하기 전날 밤 메를랭은 몰래 왕궁에 와서 월팽과 이야기를 나누었다.

  "월팽, 나는 전하께서 안토르를 잘 설득해 내 부탁을 듣게 해 주어서 기쁘다네. 전하께 말씀드리게. 왕비께 가서 내일 밤 자정 직후에 아기를 낳을 테니, 침실 문 앞으로 맨 먼저 찾아온 사람에게 아기를 넘기도록 일러두시라고 말일세."

  "직접 전하께 말씀드리지 않고요?" 월팽이 물었다.

  "아니, 이번에는 그러지 않겠네."

  월팽은 왕에게 가서 메를랭의 말을 전했고, 왕은 기뻐했다.

  "정말로 나를 만나지 않고 가겠다던가?"

  "그렇습니다. 하지만 그가 하라는 대로 하십시오."

  왕은 왕비를 찾아가 말했다.

  "부인, 한 가지 말할 게 있는데, 내 말을 믿어 주기 바라오."

  "전하께서 하시는 말씀은 다 믿지요. 명하시는 일이라면 무엇이든 하겠습니다."

  "부인, 내일 밤 자정이 지나 아기를 낳을 거요. 그가 태어나는 즉시 가장 믿을 만한 하녀를 시켜 침실 문 앞으로 맨 먼저 찾아오는 사람에게 맡기라고 이르시오. 그리고 해산을 돕는 여자들 모두에게 그 아기에 대해서는 일체 함구하게 하시오. 행여 발설했다가는 내게나 당신에게나 큰 수치가 될 거요. 만일 당신이 아기를 낳았다는 것이 알려지면, 많은 사람이 그 애는 내 자식이 아니라고 떠들 테고, 사실 내 자식이 될 수 없다고 보일 거요."

"전하, 일전에 말씀드렸듯이, 저도 누가 그 아이를 잉태시켰는지 알지 못합니다. 제게 일어난 일에 대해서는 저도 수치스러우니, 전하의 뜻대로 따르겠습니다. 하지만 전하께서 제 해산 시각을 알고 계시다니 놀랍습니다."

"부디 내가 시키는 대로 하시오."

"목숨이 붙어 있는 한 기꺼이 그리 하지요."

왕과 왕비의 대화는 그렇게 끝났고, 그녀는 하느님의 뜻대로 이튿날 저녁까지 기다렸으며, 첫 산통이 시작되었다.

76

부인은 왕이 말했던 시각까지 산고를 겪다가, 자정이 지나, 날 새기 전에 해산했다. 그녀는 즉시 신임하던 시녀 한 명을 불러 말했다.

"이 아이를 안고 문간으로 가보아요. 아이를 달라는 사람이 있거든, 그에게 아이를 건네고, 어떤 사람인지 좀 살펴보아요."

시녀는 왕비의 명에 순종하여, 아이를 가장 호화로운 강보에 싸서 안고 문간으로 갔다. 문을 열자 아주 늙고 쇠잔해 보이는 노인이 있었다.

"여기서 뭘 기다리고 있나요?" 시녀가 물었다.

"자네가 안고 오는 걸 기다리지."

"당신은 누구이며, 제가 아기를 누구한테 맡겼다고 제 주인마님께 말씀드릴까요?"

"쓸데없는 걸 다 물어보는구먼. 그저 시킨 대로만 하게."

그녀는 그에게 아이를 내주었고, 그는 아이를 받더니 온데간데없이 사라졌다. 그녀는 주인에게로 돌아갔다.

"아이는 웬 파파노인에게 건네주었는데, 누군지는 모르겠어요."

왕비는 어미 된 자로서 슬픔을 이기지 못해 울었다. 한편 아이를 건네받은 사람은 곧장 안토르의 집으로 갔다. 아침에 미사에 가던 안토르를 만난 그는 점잖은 노인의 모습을 하고서 그를 불렀다.

"안토르, 자네한테 할 말이 있네."

"기꺼이 듣겠습니다." 안토르가 노인을 보니 아주 점잖아 보였다.

"내가 자네한테 아이를 하나 데려왔는데, 자네 자식보다 더 정성들여 귀하게 키워주기 바라네. 만일 그렇게 한다면, 자네나 자네 후손들은 누가 말해도 믿지 못할 만한 유익을 얻게 될 걸세."

"이 아이가 왕께서 제 아내에게 친자식 대신 젖 먹여 키우라 하신 그 아이입니까?"

"그렇다네, 바로 이 아이일세. 왕은 물론이고 모든 선량한 이들이 자네에게 청하는 바일세. 나 또한 마찬가지이고. 내 소청은 막대한 부자의 소청만 한 가치가 있다는 걸 알아두게."

안토르는 갓난아기를 받아들고, 아이가 아주 어린 것을 보자 세례를 받았는지 물었다. 노인은 아직 안 받았지만 곧 받아야 하리라고 대답했다.

"이름은 뭐라고 할까요?" 안토르는 아기를 자기 품에 안겨준 노인에게 물었다.

"자네가 내 뜻과 권고에 따라 세례를 주겠다면, 아더라고 부르게. 자, 나는 여기서 더 할 일이 없으니 이만 가보겠네. 자네도 머지않아 이 아이가 자네한테 얼마나 큰 복덩이인지 알게 될 걸세. 자네나 자네

부인이나, 이 아이와 친자식 중에 누가 더 소중한지 알 수 없게 될 걸세.”

“그런데 누가 제게 이 아이를 맡겼다고 할까요? 어르신은 누구십니까?”

“나에 대해서는 더 알 것 없네.”

그들은 헤어졌고, 안토르는 즉시 아이를 아더라는 이름으로 세례받게 한 다음, 아내에게 데려가 말했다.

“여기 내가 당신한테 키워달라고 부탁했던 아이를 데려왔소.”

“잘 왔어요.”

그녀는 그를 품에 받아 안고 남편에게 세례는 받게 했느냐고 물었다. 그는 그렇다고, 이름은 아더라고 대답했다. 부인은 그에게 젖을 먹이고 자기 아이는 유모에게 맡겼다.

77

오랜 치세 끝에 우터는 손과 발에 통풍이 생겨 중병이 들었다. 그러자 왕국 여러 곳에서 반역이 일어나 그를 난국에 빠뜨렸으므로 그는 제후들에게 도움을 청해야만 했다. [137] 제후들은 그에게 반격에 나설 것을 권했다. 그러자 우터는 그들에게 부디 하느님의 이름으로, 또 왕을 위해, 봉신들이 주군에게 마땅히 행해야 할 의무를 다해 힘을

---

[137] 왕국 여러 곳에서 일어났다는 반역의 주체가 명시되지 않아 우터 왕이 도움을 청했다는 제후들은 누구이고 반역을 일으킨 자들은 누구인지 다소 혼동스럽다. 《브리튼 왕들의 역사》 및 《브뤼트 이야기》에서는 우터가 파스첸트를 물리치고 왕이 된 후, 이미 항복했던 옥타가 파스첸트의 잔당과 힘을 합쳐 반란을 일으켰다가 진압 투옥 당하지만, 우터의 말년에 또다시 탈출하여 반기를 들었다고 이야기된다.

합쳐 달라고 부탁했고, 그들도 어렵잖게 동의했다. 그들은 나라의 상당 부분을 차지하고 있는, 왕의 적이자 자신들의 적에 맞서 나갔다. 그러나 왕의 편에는 우두머리가 없었으므로 제대로 결집하지 못하고 패했으며, 왕은 많은 사람을 잃었다. 자기편이 패했다는 소식이 전해지자, 왕은 경악했다. 전투에서 살아남은 자들이 돌아왔다. 하지만 전투에 이긴 자들은 수가 늘어났으니, 나라 안에서 열세에 처해 있던 색슨족이 그들 편에 가담한 것이 큰 힘이 되었다.

이 모든 사정을 알고 있던 메를랭이 우터를 찾아왔다. 우터는 병 때문에 몹시 쇠약해진 데다 나이도 실로 많이 들어 있었다. 메를랭이 왔다는 소식에 기뻐하며, 왕은 그를 환대했다.

"전하께서는 완전히 궁지에 몰리셨군요." 메를랭이 말했다.

"어쩔 수 없소. 당신도 알다시피 내 봉신들과 내가 전혀 두려워할 것 없다고 여겼던 자들이 반란을 일으켜 내 왕국을 파괴하고 내 백성을 죽이고 흩었다오."

78

메를랭이 대답했다. "그러니 용감한 주군을 갖는 것만큼 중요한 일이 없음을 아시겠지요."

왕이 말했다. "메를랭, 내가 어떻게 할 수 있을지 부디 조언해 주시오."

메를랭이 대답했다. "한 가지 비밀을 말씀드릴 테니, 저를 믿어 주십시오. 전하의 군대들과 모든 부하를 소집하십시오. 다들 모이면, 전하를 들것에 싣게 하여 적진으로 나아가십시오. 반드시 승리하실 것입니다. 전하께서 승리를 거두시면, 주군이 없는 왕국이란 아무 가치도 없음이 입증될 것입니다. 그런 다음, 하느님의 사랑을 위하여, 전하의 명예와 영혼의 구원을 위하여, 모든 보물과 재산을 아낌없이 나눠 주십시오. 그러고 나면, 얼마 더 살지 못하실 것입니다. 부를 지니고 내놓지 않은 채 죽는 자들은 영혼을 위해 잘하는 것이 아님을 아시기 바랍니다. 그들의 재산은 그들 것이 아니라 어떤 선행도 이루어지도록 내버려두지 않는 자, 즉 악마의 것이 됩니다. 부자는 이 세상의 재보를 적절히 나눠 주지 않기보다는 아무것도 갖지 않는 편이 낫습니다. 왜냐하면 이생에서 갖는 부와 특권은, 마땅히 그래야 하는 바대로 나누지 않는다면, 영혼에 해가 될 뿐이니까요.

전하께서는 죽어야 한다는 것을 미리 아시니, 저 세상에서의 복락을 잃지 않도록 재산을 나눠 주셔야 합니다. 이 세상에서의 재산은 아무 가치가 없으니까요. 왜 그런지 한마디로 말씀드리자면, 이 세상에서의 모든 복락은 덧없지만, 저 세상에 쌓아두는 복락은 낡지도 상하지도 않기 때문입니다. 우리 주님께서 이 필멸의 삶에서 우리에게 재물을 허락하시는 것은 저 세상을 누리기 위한 시험으로서입니다. 그러니 현명하고자 한다면, 하느님께서 이 필멸의 삶에서 우리에게 주신 선물로 불멸의 삶을 추구하고 얻는 것이 옳습니다. 전하께서는 이 세상에서 그토록 많은 것을 누리셨는데, 전하께 그 모든 은혜를 넘치도록 채워주신 우리 주님을 위하여 무엇을 하셨습니까? 저는 전하를 무척 아꼈고 지금도 그러합니다만, 아무도 전하 자신만큼 자신을 사랑할 수도 없고 사랑할 의무도 없으며, 또한 전하 자신만큼 자신을 미워할 수도 없습니다.

분명히 말씀드리지만, 전하께서는 이 전투에서 승리를 거두신 후 얼마 살지 못하실 것입니다. 한 인간이 삶에서 행한 어떤 공적도 선한 마침만큼 중요하지는 않다는 것을 아시기 바랍니다. 전하께서 세상의 모든 선을 행했다 하더라도, 선하게 마치지 못한다면, 모든 것을 잃게 되실 것입니다. 만일 악한 일들을 했다 하더라도 선하게 마친다면, 용서를 받을 것입니다. 또한 이 세상에서는 명예보다 더 귀중한 것은 아무것도 가지고 가시지 못하리라는 것도 알아두십시오. 구제 없는 명예가 없고, 명예 없는 구제가 없기 때문입니다.

　전하께 대한 제 충정은 이미 보여 드렸고, 전하의 앞날도 보여 드렸습니다. 왕비 되신 이그렌 전하도 돌아가셨고 새로운 아내를 얻으실 수 없다는 것도 알고 계실 것입니다. 그러니 전하께서 돌아가시면 전하의 왕국은 후사 없이 남게 됩니다. 그러니 선행을 하도록 노력하셔야 합니다. 저는 이만 가보겠습니다. 더는 전하에게 볼 일이 없습니다. 하지만 월팽으로 하여금 필요할 때 저를 믿게 하시고, 진실을 증언하는 데 저를 돕게 하십시오."

　우터가 말했다. "엄청난 얘기로군! 내가 들것에 실려 적군을 이길 거라니. 이런 선하심에 대해 어떻게 주님께 감사드려야 하겠나?"

　"선종(善終) 하시면 됩니다. 저는 갑니다. 전투 후에 제가 드린 말씀들을 잘 새겨 보십시오."

　왕은 그에게 그가 데려간 아이에 대해 물어보았다.

　"그 일에 대해서는 묻지 마십시오. 단지 아이는 아름답게 잘 자랐다는 것만 알아두십시오."

　"당신을 또 만날 수 있겠소?"

"예, 한 번 더 만날 것입니다."

79

왕과 메를랭은 그렇게 헤어졌다. 왕은 군대들을 소집하여 친히 적진에 나아가겠다고 선언했다. 그는 들것에 실려 적진으로 나아갔고, 적들은 그에게 달려들어 싸움을 벌였다. 왕의 군대는 그가 함께한 것에 힘을 내어 적을 물리치고 크게 도륙했다. 왕은 그렇게 이 전투에서 승리하고 적을 멸절시켰으며, 왕국을 다시 평정했다. 그러고는 메를랭이 한 말을 기억하며 로그르로 돌아가서, 자신의 엄청난 재산과 보물들을 가져오게 하고 자신의 충성스러운 남녀 백성을 시켜 나라 안의 불쌍한 자들을 찾아 큰 보시를 베풀었으며, 그 나머지는 자신의 신하들에게, 그리고 거룩한 교회의 성직자들과 고해사들의 뜻에 따라 나눠 주었다. 하느님을 위하여, 또 메를랭의 권면에 따라, 그는 자신이 소유한 모든 것을 마지막 한 푼까지 다 나눠 주었다. 그는 하느님과 또 자신의 신하들 앞에서 어찌나 겸손히 자신을 낮추었던지 온 백성이 감동했다. 그는 한동안 더 병석에 있었으며, 그의 병세가 악화되자 백성이 로그르에 모여 그가 죽을 것을 알고는 연민에 사로잡혔다. 왕은 너무나 약해져서 사흘 동안 말 한마디 하지 못했다. 이윽고 이 모든 일을 아는 메를랭이 성내에 나타났다. 그가 돌아오자, 왕국의 제후들은 그를 불러 말했다.

"메를랭, 당신이 그토록 위하던 전하께서 돌아가셨다오."

메를랭이 대답했다.

"전하처럼 그렇게 훌륭하게 삶을 마치신다면 죽는 게 아닙니다. 게

다가, 전하께서는 아직 돌아가시지 않았습니다."

그러자 그들이 말했다.

"벌써 사흘째 아무 말씀도 못하신다오."

"말씀도 하실 것입니다. 가십시다. 제가 그분께 말을 시키겠습니다."

"그건 세상에서 가장 놀라운 기적이 될 거요."

"어쨌든 가보십시다." 메를랭이 말했다.

그들은 왕이 누워 있는 방에 들어가 모든 창문을 열게 했다. 왕은 메를랭을 보자 누군지 알겠다는 눈길을 보냈고, 메를랭은 그곳에 있던 제후들과 성직자들에게 왕의 마지막 말을 듣고 싶다고 말한 뒤 왕에게 다가갔다.

"전하께 어떻게 말을 시킬 셈이시오?" 모두가 물었다.

"두고 보십시오."

그는 왕의 머리맡에 몸을 굽히고 왕의 귓전에 나직이 속삭였다.

"전하의 모습만큼 마음도 평안하시다면 선종하실 것입니다. 예수 그리스도의 공덕으로 아드님이신 아더가 전하의 뒤를 이어 왕국의 주인이 되셔서, 전하께서 제정하신 식탁을 완성하실 것입니다."

왕은 그 말을 듣자 그를 향해 고개를 돌리며 말했다.

"부디 그에게 나를 위해 예수 그리스도께 기도해달라고 하게."

"자, 여러분이 불가능하다고 생각했던 말을 들으셨지요. 이것이 전하의 마지막 말씀이 될 것입니다." 메를랭이 좌중을 향해 말했다.

그는 일어섰고 왕이 다시 말하는 기적을 본 다른 사람들도 그리 했다. 하지만 아무도 그가 메를랭에게 무슨 말을 했는지는 알지 못했다. 우터는 그 밤에 세상을 떠났다. 제후들과 주교들, 대주교들이 그에게 최고의 명예를 돌리고 가장 아름다운 장례를 거행했다. 우터는 그렇게 삶을 마쳤고, 왕국은 후사 없이 남게 되었다.

80

왕의 장례를 치른 이튿날, 제후들과 거룩한 교회의 사제들이 왕궁에 모여 장차 왕국을 어떻게 다스릴지에 대해 의논했지만, 그들은 어느 한 사람으로 의견일치를 보지 못했다. 그래서 메를랭과 의논하자는 데 뜻이 모아졌다. 메를랭은 현명하고 일찍이 선한 권면밖에 한 적이 없었으므로, 그들은 그와 의논하기로 하고 그를 불러오게 했다. 그가 오자 그들은 말했다.

"메를랭, 우리는 당신이 현명하다는 것을 잘 압니다. 당신은 항상 이 나라의 왕들을 아꼈거니와, 이제 보다시피 이 나라에는 후사가 없고, 주인 없는 나라는 아무 가치가 없습니다. 그래서 우리는 하느님의 이름으로 당신에게 부탁합니다. 우리가 거룩한 교회의 명예와 백성의 안위를 위해 왕국을 다스릴 능력이 있는 사람을 선택하도록 도와주시오."

메를랭이 대답했다.

"저는 그처럼 중대한 일에 조언을 드려 나라를 다스릴 왕을 선택할 자격이 없습니다. 하지만 제 의견을 들으시겠다면 말씀 드릴 테니, 제 말이 옳지 않다면, 듣지 마십시오."

"하느님께서 부디 우리가 왕국의 유익과 안위를 위해 의견이 일치하게 해 주시기를!"

"저는 이 나라와 이 나라의 모든 사람을 무척 사랑해 왔습니다. 만일 제가 그중 어느 한 사람을 왕으로 삼으라고 제안한다면, 여러분은 제 말을 믿기 어려우실 테고 그럴 만도 합니다. 하지만 아주 멋진 모험138이 다가올 터이니, 여러분이 알아보고 믿으신다면 그러할 것입니다. 왕은 성 마르틴 축일139에서 닷새째 되던 날 돌아가셨고, 이제 곧 성탄절입니다. 제 말을 믿으신다면, 제가 하느님과 세상 앞에서 선하고 충성된 조언을 드리겠습니다."

"말해 보시오. 우리는 당신을 믿소." 그들은 이구동성으로 외쳤다.

"왕 중 왕으로서 모든 선한 것을 통치하시고 보전하시는 분의 탄신일이 다가왔습니다. 만일 여러분이 그분께 간구하고 또한 온 백성으로 하여금 간구하게 한다면, 그분께서는 긍휼과 위엄과 겸손으로 이 세상에 오신 성탄절에, 만왕의 왕이요 모든 선한 것의 주인이신 그분의 뜻대로 백성을 다스리며 그분의 뜻을 행할 왕을 택해 주실 것입니다. 그분은 인간들이 자기 자신을 아는 이상으로 모든 인간을 잘 아시므로 실로 우리의 필요를 아시니, 그날 그분의 뜻에 합한 왕을 보여 주시어, 왕은 다른 인간의 선택이 아니라 그분의 선택에 의한 것임을

---

138 아더 왕 이야기에서 '모험'(aventure)은 뜻밖에 찾아오는 경이로운 일을 말한다. 크레티앵 드 트루아의 소설들에서 모험의 근원은 주로 요정들의 세상이지만, 그 라알이 성배로 변모하면서부터 모험은 차츰 영적인 의미를 띠게 된다. 그 최종적 완성은 《성배 탐색》으로 나타나겠지만, 《메를랭》의 이 대목에서도―《브리튼 왕들의 역사》나 《브뤼트 이야기》에서와는 달리 ― 우터의 죽음을 최대한 그리스도인다운 죽음으로 만든 데 이어 아더가 등장하게 되는 모험을 하나님이 주실 표적으로 말하는 것을 볼 수 있다.

139 11월 11일.

백성이 알게 해 주시기를 바랍니다. 만일 여러분이 이곳에 왕국의 덕
인들과 선량한 사람들을 소집하여 그렇게 간구한다면, 예수 그리스
도께서 보내시는 표적을 보시게 될 것입니다."

그들은 일제히 대답했다.

"이는 하느님 아닌 인간이 해줄 수 있는 가장 선하고 충성된 최선의
조언이오."

"이 조언을 받아들이시겠습니까?"

"하느님을 믿는 사람이라면 의당 받아들이고말고요."

로그르 왕국의 제후들은 주교들과 대주교들에게 온 백성이 기도하
고 또 모든 교회의 사제들이 그리할 것을 명해 달라고 부탁했다.

"우리는 거룩한 교회의 명에 따라 하느님께서 우리에게 주실 표적
에 순종하겠다고 서로 약속합니다."

81

그리하여 모두 메를랭의 제안에 합의했다. 그가 떠나려 하자, 그들
은 그에게 성탄절에 와서 그가 한 말을 확증해줄 것을 청했다. 메를랭
이 대답했다.

"저는 오지 않겠습니다. 왕이 택정되기 전에는 저를 만나실 수 없
을 겁니다."

그는 블레즈 곁으로 돌아가 그에게 이 모든 일과 그로 인해 장차 일
어날 일에 대해 들려주었다. 그가 블레즈에게 말해준 덕분에 우리도
이 일에 대해 아는 것이다.

왕국의 덕인들과 거룩한 교회의 성직자들은 이 일과 기도에 대해

알리고, 모든 덕인이 성탄절에 왕의 택정을 보러 로그르에 올 것을 명했다. 소식이 퍼져나갔고, 모두 성탄절을 기다렸다.

아이를 맡았던 안토르는 그를 잘 키워, 아이는 어느덧 열여섯 살의 청년으로 장성했다. 그는 아이에게 자기 아내의 젖을 먹이며 충성되게 키웠고, 그러느라 친자식은 유모에게 맡겨야 했다. 안토르는 아비로서 두 아들 중에 누구를 더 사랑하는지 모를 만큼 아더를 자기 아들이라 여겼으며, 아더도 그런 줄로만 믿고 있었다. 성탄절이 오기 전 만성절에 안토르는 자기 아들 쾨140를 기사로 만들었고, 성탄절에는 온 나라의 영주들과 마찬가지로 두 아들을 데리고 로그르에 갔다. 성탄 전야에는 왕국의 모든 귀족과 대제후들, 유력자들이 다 모여, 메를랭의 명에 따랐다. 그들은 모두 모여 경건하게 지내며 성탄절을 기다렸다.

82

성탄 전야에는 관례대로 자정 미사를 드렸고, 우리 주님께 그리스

---

140 쾨(Keu)라는 이름은 Ké, Kès, Kex, Kou, Qex, Queux 등으로도 표기되며, 영어로는 케이(Kay) 이외에 Cai, Cei, Kei, Key, Kai로도 쓰는데, 아마도 라틴어 이름 Caius에서 비롯되었을 것으로 여겨진다. 웨일스 설화에서부터 등장하는 인물이지만, 《브리튼 왕들의 역사》나 《브뤼트 이야기》에서는 아더 왕의 갈리아(골; 프랑스) 원정 대목에서 아더의 집사장으로 처음 등장할 뿐, 아더의 젖형제라든가 하는 언급은 없다. 하지만 크레티앵 드 트루아의 소설들에서 이미 아더의 의형제요 신랄하고 허황되며 성내기 잘하는 성격의 소유자로 등장하는 것으로 보아, 쾨가 아더의 의형제라는 것은 로베르의 창작이 아니라 이전부터 있었던 설이리라고 짐작할 수 있다.

도교를 지킬 만한 지도자를 주십사고 간절히 기도했다. 그렇게 그날의 첫 미사를 드린 후, 어떤 이들은 교회를 나섰지만 또 어떤 이들은 교회에 남아 두 번째 미사를 기다렸다. 많은 사람들이 우리 주님께서 그들의 왕을 택정해 주시리라고 믿다니 어리석은 일이라고 말했다. 그렇게 말하는 동안, 미사 종이 울렸고, 다들 미사에 갔다. 모여서 미사를 드리려 할 때, 나라 안에서 가장 거룩한 사제 중 한 사람이 미사 준비를 마치고서 그에 앞서 회중에게 말했다.

"여러분이 이곳에 모인 것은 세 가지 목적을 위해서입니다. 우선 여러분의 영혼의 구원과 여러분 생애의 명예를 위해서, 그리고 만일 우리 주님께서 거룩한 교회를 보호하고 지키시며 백성을 안위하시기 위해 우리에게 왕이요 우두머리를 주시는 것이 그분 뜻이라면 우리 가운데 베푸실 아름다운 기적에 참여하기 위해서입니다. 우리는 여러분 중 한 사람을 택하기 위해 의논 중이지만, 여기 모이신 모든 분 중에 누가 최선일지 알 만한 지혜가 없습니다. 그러므로 우리는 우리 왕이요 하느님이시며 구원자이신 예수 그리스도께 그분이 태어나신 오늘 친히 그분의 선택으로 우리를 깨우쳐주시기를 기도해야 합니다. 그리고 각자 자기 의견을 분명히 말씀하십시오."

그들은 거룩한 사제의 권면을 따랐다. 모두 찬미가를 부르고 복음서를 낭독한 후 봉헌을 마치자, 어떤 이들은 자리를 떴다. 이 대주교 교회 앞에는 널따란 마당이 있었다.

83

그들이 교회에서 나오자 날이 밝았다. 그들은 교회 정문 앞마당 한복판에 뭔지 알 수 없는, 네모나게 다듬은 석단이 있는 것을 보았다. 무슨 돌인지는 알 수 없었으나, 대리석인 것 같다고들 말했다. 그 석단 한복판에 쇠로 된 모루가 적어도 반 피트 높이로 박혀 있고, 모루 한복판에는 검이 석단에까지 박혀 있었다.[141] 교회에서 맨 먼저 나온 이들이 그것을 보고는 크게 놀라 도로 교회로 들어가서 이를 알렸다. 미사를 드리던 사제, 곧 로그르 대주교는 그 소식을 듣자 성수와 교회 안에 있던 다른 성유물들을 들고 나왔고, 대주교를 뒤따라 다른 성직자들과 모든 사람이 석단까지 나아갔다. 그들은 그 돌과 검을 한참 바라보다가 달리 더 나은 방도를 알지 못해 주기도문을 외우고 성수를 뿌렸다.

대주교가 몸을 굽혀 검신에 금으로 새겨진 글자를 읽었다. 거기에는 그 검의 주인이 될 자, 그 검을 뽑을 만한 힘을 가진 자가 예수 그리스도께서 왕으로 택하신 자라고 적혀 있었다. 대주교는 그 글을 처

---

141 이 '돌 속의 검'은 아더 왕 이야기에서 그의 왕으로서의 정체성을 확인해 주는 것으로, 불가타 연작의 《성배 탐색》에도 다시 등장하여 성배의 모험을 완수할 선택된 기사 갈라아드의 정체성을 확인해준다. 하지만, 주 134, 135에서도 말했듯이, 《브리튼 왕들의 역사》나 《브뤼트 이야기》에서는 우터가 죽은 후 제후들이 아더를 당연히 왕으로 책봉하므로, 이런 이야기가 나오지 않는다. 이 역사책들에서는 '돌 속의 검'이 아니라 아더의 검, 즉 아발롱에서 벼렸다는 '캘리번'이 언급될 뿐이다. 다양한 아더 왕 이야기에서 아더의 명검으로 널리 알려진 '엑스칼리버'는 '캘리번'에서 유래한 이름으로, 이후로 작품에 따라 '돌 속의 검', 때로는 '아발롱의 검'으로 이야기된다.

음부터 끝까지 읽고 사람들에게 이를 알렸다. 그리하여 석단과 검을 지키라는 명령이 귀족 열 명, 성직자 다섯 명, 속인142 다섯 명에게 내려졌다. 사람들은 예수 그리스도께서 자신들에게 큰 표적을 주셨다고 말했고, 우리 주님께 감사드리기 위해 교회로 돌아가 미사를 마친 다음, '테 데움 라우다무스'143를 불렀다.

대주교는 제단에 이르자 회중을 향해 말했다.

"여러분은 이제 우리 가운데 주님께서 택하신 한 사람이 있는 것을 확신하게 되었습니다. 우리 기도와 탄원을 들으신 우리 주님께서 그 사실을 방금 보여 주셨습니다. 이 나라에서 우리 주님께서 행하신 모든 일에 걸고 부탁드리는바, 아무도, 재산이나 지위나 그 밖에 하느님께서 주신 다른 어떤 지상의 공덕이 있든 간에, 우리 주님의 이 선택을 거스르지 말기를 바랍니다. 왜냐하면 우리에게 이미 이 표적을 주신 주님께서 그분 뜻대로 또 다른 표적도 주실 터이니 말입니다."

미사를 드린 후, 석단 주위에 모두 모여 누가 먼저 검을 뽑아볼 것인지 서로 의논했다. 결국 교회의 성직자들이 권하는 대로가 아니고는 아무도 시험해 보지 않기로 합의가 되었다.

---

142 여기서 '속인'(lais)이라는 말은, 덕인(prodome, 기사 내지 귀족을 가리킴), 성직자 등에 대비되는 '평민'을 일컫는다. 84절에서 '부유한 속인들'(riche home lai)과 '왕국의 제후들'이라고 할 때도, 기사 계급과 대별되는 평민 계급을 가리키는 것으로 이해할 수 있다. 하지만 '속인들(la laie gent)을 다스리는 정의는 속인(ome lai)에 의해, 즉 검에 의해 베풀어진다'고 할 때는, 전자는 성직자가 아닌 귀족과 평민을 모두 가리키되 후자는 검을 가진 자 즉 귀족을 가리킨다고 보아야 할 것이다.
143 '하느님 당신을 찬미하나이다'라는 뜻의 찬미가.

84

그 말에 큰 분란이 일어났다. 지체 높은 자들, 부유한 자들, 권세 있는 자들, 그리고 힘 센 자들이 저마다 다른 사람보다 먼저 시험해 보기를 원했기 때문이다. 그 점에 관해 오간 수많은 말은 굳이 옮길 필요도 없을 것이다. 대주교는 다시 입을 열어 모두에게 들리도록 큰 소리로 말했다.

"여러분은 제가 바랐던 만큼 지혜롭지도 고상하지도 유덕하지도 못하군요! 여러분은 모든 것을 보시고 모든 것을 아시는 우리 주님께서 한 사람을 선택하셨다는 것을 아셔야 합니다. 하지만 우리는 그가 누구인지 모릅니다. 하여간, 하늘의 참된 주군이신 분의 뜻이 아니고는, 재산이나 권력, 담력은 아무 소용도 없다는 점은 말씀드릴 수 있습니다. 제가 그분 안에서 믿건대, 만일 이 검을 뽑을 자가 아직 태어나지 않았다면, 그가 태어나 이 검을 뽑기 전까지는 이 검은 결코 뽑히지 않을 것입니다."

그러자 모든 현명한 자들과 덕인들이 그 말이 옳다고 인정했다. 부유한 속인들과 왕국의 제후들은 서로 의논한 끝에 대주교가 원하는 대로 처신하기로 합의했고, 돌아가 모두 보는 앞에서 그렇게 말했다. 대주교는 그 말을 듣자 기쁨과 감동의 눈물을 흘리며 말했다.

"여러분이 보여 주신 겸손은 하느님께서 여러분의 마음에 주신 것입니다. 저도 예수 그리스도의 뜻에 따라, 그리스도교 세계의 유익을 위해, 양심적으로 행동하겠습니다. 하느님이 보우하사 어떤 비난도 받지 않도록 할 것입니다."

그 의논은 대미사 전에 있었고, 대주교는 미사가 드려지는 동안 한

숨 돌렸다. 대미사에서 그는 회중을 향하여 우리 주님께서 그들에게 베푸신 아름다운 기적에 대해 말했다.

"그분이 땅 위에 정의를 세우셨을 때, 그분은 그것을 칼날에 두셨습니다. 속인들을 다스리는 정의는 속인에 의해, 즉 검에 의해 베풀어져야 합니다. 세 위계의 기원에서부터 검(劍)은 기사에게 속한 것이니, 거룩한 교회를 보호하고 정의를 유지하기 위한 것입니다. 오늘 우리 주님께서는 이 선택을 검으로 보여 주셨으니, 그분께서는 그 정의를 누구에게 맡기실지 두루 살피시고 정해두셨음을 알아두십시오. 부유한 분들은 시험해 보려고 서두르지 마시기 바랍니다. 왜냐하면 재산도 교만도 아무 소용이 없으니 말입니다. 유력자들이 먼저 시험해 보더라도 가난한 자들도 성내지 말 것이, 세상에서 높은 자들이 먼저 시험해 보는 것이 합리적이기 때문입니다. 여러분이 현명하다면 가장 유덕한 자를 왕으로 받아들이시기를 바랍니다."

모두 대주교의 말에 순순히 찬성했고, 그리하여 대주교가 원하는 자들에게 시험을 권하기로 합의되었다. 그들은 그에게 순종하고 하느님께서 은혜를 베푸시는 자를 자신들의 주군으로 인정하겠노라고 약속했다.

85

모두 다시 나가서, 대주교는 그들 중 그가 가장 용맹하다고 생각하는 250명을 골라 시험해 보게 했다. 그런 다음 또 다른 사람들에게도 시험해 보라고 명했다. 원하는 사람이면 누구나 차례로 시험해 보았지만, 아무도 검을 뽑기는커녕 움직일 수조차 없었다. 그래서 열 명의 기사에게 석단을 지키게 하고 원하는 자는 누구나 시험해 보게 하되, 검을 뽑는 자를 눈여겨보라고 명했다.

그리하여 할례절[144]이 되기까지 검은 그대로 있었다. 그날 모든 제후는 미사에 참석했고, 대주교는 거룩한 교회에서 그들이 해야 할 바에 대해 설교했다. 그런 다음 그는 말했다.

"제가 여러분께 이미 알려드린 바와 같이, 아무리 먼 데 사는 자라도 와서 얼마든지 검을 뽑아볼 수 있습니다. 우리 주님께서 이 백성의 주군이자 수호자가 되도록 뜻하신 자가 아니고는 검을 뽑을 수 없다는 것을 믿으셔도 됩니다."

그들은 우리 주님께서 그런 은혜를 누구에게 베푸시는지 보기 전에는 도성을 떠나지 않겠다고 선언했다. 미사 후에, 저마다 자기 숙소로 가서 식사를 했다. 식탁을 물린 후에, 기사들은 당시 관습에 따라 성 밖 오래된 공터에서 창 겨루기 시합을 벌였다. 성내의 많은 사람들이 시합을 보러 갔고, 검을 지키던 열 명의 기사도 갔다. 기사들은 한참을 겨룬 후 방패를 종자에게 맡겼다. 그러고는 또다시 겨루기 시작하여 일대 난전이 벌어져서 무기를 가졌든 맨몸이든 간에 온 성내 사람들이 끼어들었다.

안토르는 만성절에 아들 쾨를 기사로 만든 터였다. 난전이 시작되자 쾨는 동생을 불러 말했다.

"우리 숙소에 가서 검을 좀 갖다 줘."

---

144 예수 그리스도가 성탄절 여드레 만에 할례를 받았다는 누가복음 2:21의 기록에 따르면 1월 1일이 '주님의 할례절'(Circumcisio Domini)이 된다.

똑똑하고 싹싹한 동생은 기꺼이 그러마고 했다. 그래서 말에 박차를 가해 숙소로 가서 형의 검이든 다른 검이든 찾아보았지만 도무지 눈에 띄지 않았다. 숙소의 안주인이 검들을 자기 방에 보관해둔 채 다른 사람들과 함께 시합을 보러 갔던 것이다. 검을 못 구한 그는 속이 상해서 울먹이며 돌아가던 길에 석단이 놓여 있는 교회 앞마당을 지나다가 검을 보았다. 그는 아직 그것을 시험해본 적이 없었다. 그는 할 수만 있다면 그것을 뽑아서 형에게 갖다 주자고 생각했다. 그래서 말을 탄 채 그리로 가서 칼자루를 잡아 뽑았고, 그것을 옷자락으로 덮어 가지고 갔다. 난전에서 빠져나와 그를 기다리던 형은 그가 오는 것을 보자 다가와서 자기 검을 달라고 했다. 그는 형의 검은 못 찾았지만, 다른 것을 가져왔다면서 옷자락에 감춰 온 검을 내주었다. 형이 그걸 어디서 가져왔느냐고 묻자, 그는 석단에 박혀 있던 것이라고 대답했다. 쾨는 그것을 받아들고 자기 겉옷 자락에 감춘 후 아버지를 찾아 나섰다.

86

아버지를 찾아낸 그는 말했다.

"아버지, 제가 왕이 될 거예요. 여기 석단의 검이 있어요."

아버지는 그것을 보자 크게 놀라며 어떻게 그것을 얻었느냐 물었고, 그는 자기가 석단에서 그것을 뽑았다고 대답했다. 안토르는 그 말을 믿으려 하지 않고 그가 거짓말을 한다고 말했다. 그래서 그들은 교회로 갔고, 소년도 따라갔다. 안토르는 검을 뽑아낸 석단 앞에 이르자 말했다.

"쾨, 내 사랑하는 아들아. 거짓말하지 말고, 내게 이 검을 어떻게 얻었는지 말해 보아라. 만일 네가 거짓말을 한다 해도, 나는 알아내고 말 테고, 다시는 너를 사랑하지 않을 것이다."

그러자 그는 크게 수치스러워 하며 대답했다.

"아버지, 거짓말하지 않겠습니다. 실은 아더에게 제 검을 갖다달라고 했더니, 그가 그걸 갖다 주었어요. 그가 어떻게 그걸 얻었는지는 저도 모릅니다."

안토르는 그 말을 듣자 대답했다.

"그걸 이리 다오. 너는 그걸 가질 권리가 없으니. 내가 시험해 보마."

쾨는 검을 내밀었고, 안토르는 그것을 받아들고 돌아서서 뒤따라오고 있던 아더를 불렀다.

"얘야, 이리 와서 네가 어떻게 이 검을 손에 넣었는지 말해다오."

아더가 사실대로 대답하자, 현명한 안토르는 말했다.

"그럼 이 검을 받아서 네가 뽑았던 자리에 도로 꽂아보렴."

아더는 그것을 받아 모루에 도로 꽂았고, 그러자 검은 전처럼 굳게 박혀 움직이지 않게 되었다. 안토르는 쾨에게 그것을 뽑아보라고 했고, 그는 그렇게 해 보았지만, 검은 꼼짝도 하지 않았다. 그러자 안토르가 교회로 가서 두 사람을 불렀고, 쾨에게 말했다.

"검을 뽑은 게 네가 아니라는 건 나도 알고 있었다."

그러고는 아더를 품에 안으며 말했다.

"네가 왕이 되게 해 주면 내게 무엇을 해 주겠느냐?"

"아버지, 그런 영광도 다른 어떤 영광도 제 아버지이신 당신에게 돌아가지 않고서야 제게 일어날 수가 없지요."

그러자 안토르가 대답했다.

"난 너를 키운 양아버지일 뿐이란다. 하지만 누가 너를 낳았는지는 나도 모른다."

아더는 자기가 아버지로 여기고 있던 이의 친아들이 아니라는 말에 슬퍼하며 눈물을 쏟았다.

"저는 아버지도 없는데, 무슨 좋은 일을 바랄 수 있나요!"

"네게는 아버지가 있단다. 당연히 있고말고! 누군지 모른다 뿐이지. 만일 우리 주님께서 네게 그런 은혜를 주신다면, 그리고 내가 너를 도와준다면, 내게 무슨 보상을 해 주려느냐?"

아더가 대답했다. "원하시는 대로요."

87

그러자 안토르는 자신이 그를 얼마나 소중히 키웠는지, 아내가 친자식을 남에게 맡기면서까지 그에게 젖을 먹였는지 들려주었다.

"그러니 너는 나와 내 아들에게 그 보답을 해야만 한다. 왜냐하면 어떤 아이도 내가 너를 키운 것처럼 그렇게 정성스러운 보살핌을 받고 자라지 못했으니 말이다. 그러니, 만일 네가 이 은혜를 받게 된다면, 그리고 네가 그것을 얻도록 내가 도와준다면, 나와 내 아들에게 보답을 해 주기 바란다."

"아버지, 저를 계속 아들로 여겨주세요. 그러지 않으면 저는 어디로 가야 할지 몰라요. 만일 제가 그런 명예를 얻도록 도와주신다면, 아버지 부탁은 하나도 거절하지 않겠습니다."

"난 네 왕국을 달라는 게 아니야. 만일 네가 왕이 되면, 단지 네 형

쾨를 네 왕국의 집사로 삼아다오. 그가 너나 네 왕국 사람들에게 어떤 잘못을 하든 간에, 평생 그 자리를 잃지 않게 해다오. 그가 본데없고 못되게 굴더라도 그건 그가 천한 여자의 젖을 먹고 자란 탓이니까. 그가 천성을 잃어버린 것은 너를 위해서가 아니냐. 그러니 다른 어떤 사람보다도 그에게는 너그럽게 대하고, 내가 부탁하는 이 호의를 베풀어다오."

"기꺼이 그리하겠습니다." 아더가 대답했다.

그들은 아더를 제단으로 데려갔고, 그는 그 약속을 지키겠다고 엄숙히 맹세했다. 그런 다음 그들은 교회 앞으로 돌아갔다. 그때쯤에는 무술시합도 끝나고 제후들이 저녁 미사를 위해 교회로 돌아오고 있었다. 안토르는 친족과 친지들을 불러 모으고 대주교에게 말했다.

"주교님, 여기 제 자식 중 아직 기사가 되지 않은 아이가 있습니다. 그가 제게 검을 뽑아보게 해달라고 합니다. 여기 계신 제후들 중 몇을 불러주십시오."

대주교는 그렇게 했고, 모두 석단 주위로 모여들었다. 안토르는 아더에게 검을 뽑아 대주교에게 건네라고 말했고, 그는 그렇게 했다. 대주교는 검을 받아 품에 안고 '테 데움 라우다무스'를 부르며 교회로 갖고 들어갔다. 제후들은 불만을 품고, 일개 소년아이가 자기들의 주군이 되다니 말도 안 된다고 두런거렸다. 그 말에 대주교가 성을 내며 말했다.

"우리 주님께서는 각 사람을 여러분보다 더 잘 아십니다."

안토르와 그의 친족, 그리고 좌중의 많은 사람들과 교회를 공경하는 평민들은 아더의 편이었고, 제후들은 그 반대편이었다. 대주교가 과감한 발언을 했다.

"만일 여기 계신 모든 분이 이 선택에 반대하고 우리 주님만이 원하신다 해도, 그분의 뜻대로 될 것입니다! 내가 얼마나 하느님을 신뢰하는지 보여드리겠습니다. 자, 아더, 검을 뽑았던 자리에 도로 꽂아라."

아더는 모두가 보는 앞에서 검을 제자리에 꽂았다. 그러자 대주교가 다시 말했다.

"일찍이 이보다 더 명백한 선택은 행해진 적이 없습니다. 막강하신 영주님들, 이제 손수 검을 뽑아보십시오."

그들은 앞으로 나서서 돌아가며 시험해 보았지만 아무도 성공하지 못했다. 그러자 대주교가 말했다.

"예수 그리스도의 뜻을 거스르려 하다니 어리석은 일이오! 이제 주 하느님의 선택을 보시오!"

그러자 그들이 대답했다.

"주교님, 저희는 예수 그리스도의 뜻을 거스르려는 것이 아닙니다. 다만 일개 소년아이가 저희 주군이 된다는 것이 아주 이상하다 뿐입니다."

대주교가 말했다.

"이 아이를 선택하신 분은 이 아이를 여러분이 아시는 것보다, 우리가 우리 자신을 아는 것보다 더 잘 아십니다."

그들은 대주교에게 검과 석단을 성촉절[145]까지 그대로 두어달라

---

145 2월 2일. 성촉절(聖燭節)이란 유대교 율법에 따라 예수가 태어난 지 40일 만에

334

고, 그러면 아직 시험해 보지 않은 자들이 좀 더 시험해 보겠노라고 청했고, 대주교는 그들이 뜻대로 하도록 허락했다.

88

그리하여 검은 성촉절까지 그대로 있었다. 그날이 되자, 온 나라 사람들이 다 모여서 원하는 자들은 시험에 도전해 보았다. 모두 시험해 본 후, 대주교가 말했다.

"이제 예수 그리스도의 뜻을 보는 것이 좋겠습니다. 자, 이리 오너라, 아더. 네가 이 백성의 수호자가 되는 것이 하느님 뜻이라면, 내게 저 검을 다오."

그는 앞으로 나서서 검을 뽑아 대주교에게 건넸다. 모두 그 광경을 보자 기쁨과 감동의 눈물을 흘리며 서로 서로 말했다.

"아직도 이 선택에 반대하는 자가 있을까요?"

그러자 유력자들이 대답했다.

"주교님, 저희는 아직도 성이 차지 않으니, 검을 도로 제자리에 꽂아두고 부활절까지만 기다려 주시면 좋겠습니다. 아이는 주교님 곁에 두시고요. 만일 지금부터 그때까지도 검을 뽑을 자가 나타나지 않는다면, 주교님 뜻대로 이 소년에게 순종하겠습니다. 만일 그렇게 하시지 않겠다면, 저희는 각자 제 길로 가서 저 좋은 대로 하겠습니다."

대주교가 물었다.

부모가 아기의 정결 예식을 치르고 하느님께 봉헌하기 위해 예루살렘 성전에 간 것을 기념하는 축일이다.

"만일 축성을 부활절까지 미룬다면 아무 유보 없이 좋은 마음으로 받아들이시겠습니까?"

그들 모두는 왕국과 영토를 전적으로 언제까지나 그의 뜻에 맡기겠노라고 말했다. 그래서 대주교가 말했다.

"아더, 검을 제자리에 꽂아두어라. 하느님 뜻이라면, 너는 반드시 그분이 네게 약속하신 것을 받게 되리라 믿는다."

그러자 그는 앞으로 나가 검을 제자리에 꽂았다. 제자리에 꽂힌 검을 잘 덮고 지키도록 명령이 내려졌다. 그리고 부활절까지 계속 시험해 보았지만, 아무도 검을 뽑을 수 없었다.

그러자 아이를 보호하고 있던 대주교가 그에게 말했다.

"너는 이 백성의 왕이요 주군이 될 게다. 덕망 있는 주군이 되도록 마음속으로 준비하고, 지금부터라도 중신으로 삼고 싶은 자들을 택하고, 왕궁의 직위들을 이미 왕이 된 것처럼 분배해두어라. 하느님의 도우심으로 반드시 왕이 될 테니 말이다."

아더가 대답했다.

"주교님, 저 자신과 하느님께서 제게 주시고자 하는 모든 것을 거룩한 교회와 주교님의 조언에 맡깁니다. 그러니 친히 우리 주님의 뜻에 따라 행하기에 가장 적합한 사람들을 손수 골라주십시오. 괜찮으시다면, 제 아버지 안토르를 불러다 의논하십시오."

대주교는 안토르를 불렀고, 그에게 아더의 선한 말을 전했다. 그리하여 그에게 적합한 조언자들이 선택되었고, 모든 조언자들과 대주교의 뜻에 따라 쾨는 왕국의 집사장이 되었다. 다른 직위와 작위의 분배에 대해서는, 부활절을 기다리기로 했다.

89

부활절이 오자 모든 제후가 로그르에 모였고, 그 전날 대주교는 그들을 자신의 관저로 불러 의논을 했다. 그는 그들에게 이 아이를 택하사 나라를 다스리게끔 하신 예수 그리스도의 뜻이라 생각되는 바를 설명하고, 자신이 그를 알게 된 후로 그에게서 발견한 탁월한 자질들에 대해 들려주었다. 그러자 제후들이 말했다.

"주교님, 저희는 우리 주님의 뜻을 거스를 수 없고 또 그래서도 안 되겠습니다만, 그렇게 어리고 신분이 낮은 젊은이가 저희의 주군이 되다니 어이가 없습니다."

대주교가 대답했다.

"여러분이 이처럼 우리 구주 예수 그리스도의 뜻에 반대하는 것은 여러분이 선한 그리스도인이 아니기 때문입니다."

"반대하려는 것이 아닙니다. 하지만 저희에게 조금만 양보해 주십시오. 주교님께서는 이 아이를 보셨고, 여러 면에서 지켜보셨습니다. 저희는 그를 보지도 알지도 못했고, 그에 대해 거의 아무것도 알지 못합니다. 그러니 그가 축성되기 전에, 그가 대체 어떤 사람이 되겠는지 볼 수 있도록 저희에게 말미를 주십시오. 그가 어떤 사람인가를 보면, 저희 중 몇몇이 그를 잘 알 수 있을 것입니다."

"그렇다면 택정과 축성을 내일 이후로 미루자는 말입니까?"

"택정은 더 미루지 말고 내일로 하되, 축성은 성령강림절까지 미루면 좋겠습니다. 내일부터 저희는 그의 곁에서 지내며, 주군에게 하듯 그의 명을 따르면서 그가 장차 어떤 사람이 될지 저희 힘닿는 대로 지켜보겠습니다. 성령강림절에 그를 축성하기로 하고 그가 이 연기를 받아들이도록 해 주십시오."

"좋습니다. 그런다고 우리의 좋은 관계에 해가 되지는 않겠지요."

의논은 그렇게 마쳤다. 이튿날 미사 후에 그들은 택정을 위해 아더를 데려갔다. 그는 지난번에 했던 것처럼 검을 뽑아 보였다. 그러자 그들은 그를 안고 들어 올리며 만장일치로 자신들의 주군으로 인정한 다음, 그에게 검을 제자리에 꽂아두고 자기들과 이야기를 하자고 권했다. 그는 기꺼이 그렇게 하겠으며 그들이 청하는 일은 무엇이든 하겠다고 말했다. 그는 검을 도로 꽂았고, 그들은 그를 교회로 데려가 함께 이야기하며 시험해 보았다.

"전하, 우리 주님께서 당신을 저희의 주군으로 삼기를 원하신다는 것을 잘 알겠고, 저희도 그러기를 원합니다. 그러니 저희는 당신을 저희의 주군으로 여기며 또 앞으로도 그리 여길 것이고, 당신으로부터 저희의 봉과 재산과 토지를 받기로 하겠습니다. 하지만 축성식은 성령강림절까지 미루도록 해 주십시오. 그렇다고 해서 당신이 왕국의 주인이자 저희 모두의 주인이 아니라는 말은 아닙니다. 이 점에 대해 다른 사람과 의논하지 마시고 친히 의견을 알려 주십시오."

아더가 대답했다.

"여러분의 신서를 받고 봉을 나눠준다는 것은 나로서는 할 수 없고 해도 안 됩니다. 내가 내 땅을 갖기 전에는 여러분의 땅이나 다른 사람의 땅을 내 마음대로 할 수 없고 다스릴 수도 없습니다. 여러분이 제안하듯 왕국의 주인이 된다는 것은, 축성과 대관을 통해 왕권을 부여받기 이전에는 가능하지 않습니다. 하지만 여러분이 축성식을 연기하자는 데 대해서는 기꺼이 동의합니다. 하느님과 여러분으로부터 받을 수 없다면 축성도 왕권도 받기를 원치 않습니다."

그러자 제후들은 서로서로 말했다.

"만일 이 아이가 자라면, 그는 아주 현명하고 사리분별이 밝아지겠는걸. 우리에게 아주 훌륭하게 대답했어."

그들은 그를 향해 다시 말했다.

"그럼 성령강림절에 축성을 받고 대관하시는 것이 좋겠습니다."

그는 그들이 원하는 대로 하겠다고 말했다.

90

그리하여 성령강림절까지 말미를 갖기로 했고, 그 사이에 제후들은 대주교의 권고에 따라 아더에게 순종했다. 그들은 온갖 재물과 훌륭한 보석을, 사람이 탐낼 수 있는 모든 것을 가져오게 하여 그가 탐욕스러운지 보려 했다. 하지만 그는 가까운 사람들을 통해 각 사람의 공덕을 알아보고 각 사람에 대해 들은 바에 따라 행동했다. 즉, 그들의 보물을 받자, 그는 그것을 고루 분배해 주었다. 선한 기사들에게는 말[馬]을 주었고, 명랑하고 연애를 즐기는 자들에게는 보석을 주었으며, 욕심 많은 자들에게는 금은을 주었다. 그는 현명하고 너그럽고 후한 사람들과 함께 지내며 이들 각 사람에게 원하는 바를 묻고 각 사람에게 알맞은 선물을 주었다.

사람들이 그가 어떤 사람인지 보려고 준 선물들을 아더는 그렇게 나눠 주었다. 그들은 그가 그렇게 처신하는 것을 보자, 모두들 그를 마음속으로부터 칭찬했으며 그가 없는 데서도 그는 고귀한 성품을 타고났다고, 그에게서는 어떤 탐심이나 악덕도 찾아볼 수 없다고들 말했다. 그는 자신이 얻은 모든 것을 선용하며 각 사람에게 알맞은 선물을 주었기 때문이다. 146 그들은 그렇게 아더를 시험했으나 그에게서 아무런 흠도 찾지 못한 채, 성령강림절이 오기를 기다렸다.

91

모든 제후가 로그르에 모였고, 원하는 자들은 다시금 검을 뽑으려 해 보았으나 아무 소득도 없었다. 대주교는 왕관과 축성을 준비했다. 성령강림절 전날, 저녁 기도 전에, 모인 사람들 모두의 합의와147 제후들 대다수의 찬성을 얻어, 대주교는 아더를 기사로 서임했고, 그날 밤 아더는 밤새도록 교회에서 기도를 드렸다. 148 날이 밝자, 제후들도 함께하도록 교회로 초청되어 모두 모였다. 이윽고 대주교가 그들에게 말했다.

---

146 이런 시험으로 군주가 될 재목인지 본다는 것은, 군주의 으뜸가는 덕목이 관후함 (largesse) 이라는 중세적 기준을 보여 주는 대목이다.

147 commun consoil은 '공동회의'로 옮길 수도 있겠지만 딱히 공식적인 회의를 열었다는 말이 없으니 '모인 사람들 모두의 합의' 정도가 자연스러울 것이다. 앞서 83절에서 석단의 검을 지키는 자로 귀족, 성직자, 속인 (평민) 이 고루 임명되고, 87절에서 아더의 택정을 지지하는 자들 중에 '평민들' (li comus dou pueple) 이 언급되었던 데서도 보듯이, 새로운 왕을 추대하는 과정에 모든 위계의 사람들이 함께했음을 알 수 있다.

148 대개는 기사 서임을 하기 전에 철야기도를 하는 것이 관례였으므로, Micha의 현대어 역본은 "대주교는 전날 밤 교회에서 철야기도를 드린 아더를 기사로 서임했다"로 옮기고 있으나, 이 경우에는 성령강림절 전날 저녁에 기사 서임을 하고, 그 날 밤 철야를 했다는 원문의 순서를 그대로 따르는 편이 나을 것이다. 그러지 않으면 "날이 밝자 제후들도 교회로 초청되어 모두 모였다"는 다음 문장과 잘 연결되지 않는다.

"여기 주님께서 우리를 위해 택정해 주신 사람이 있습니다. 여러분이 성탄절부터 보신 대로입니다. 여기 왕의 의복과 왕관을 가져왔습니다. 여러분과 또 모든 사람이 합의하여 정했던 대로입니다. 만일 여러분 중 누가 이 택정에 반대한다면, 이 자리에서 직접 말씀해 주십시오."

그러자 그들은 일제히 소리 높여 대답했다.

"저희도 찬성합니다. 하느님의 이름으로 그가 축성되기를 원합니다. 우리 중 누군가가 이 날까지 그의 택정과 축성을 가로막은 데 대해 설령 유감이 있다 하더라도, 우리 모두를 예외 없이 용서해 주기를 바랍니다."

그들은 모두 무릎을 꿇고 그의 용서를 빌었다. 아더는 눈물이 날 만큼 감동하여 자기도 그들 앞에 무릎을 꿇고 목청껏 외쳤다.

"여러분께 진심에서 우러난 용서를 드립니다. 제게 이런 영예를 허락하신 주님께서도 여러분을 용서해 주시기를 빕니다."

그 말에 모두 함께 일어났고, 제후들은 그를 얼싸안고 왕의 의복이 있는 곳으로 데려가 옷을 입혔다. 그의 의관이 갖추어지자, 대주교가 미사 준비를 했다.

"아더, 가서 검을 가져오시오. 그 검의 정의로 당신은 거룩한 교회를 보호하고 그리스도교 세계를 구하는 데에 전력을 기울여야 합니다."

그들은 줄지어 검이 박힌 석단을 향해 갔고, 그 앞에 이르자 대주교가 아더에게 하느님과 성모 마리아와 모든 성인성녀에게 선서하고 맹세하기를 권했다. 거룩한 교회를 수호하고, 가난한 자들을 구제하며, 지상에 평화와 신의가 임하게 하고, 의지할 데 없는 자들을 권고하고, 탈선한 자들을 바른 길로 인도하며, 모든 공정함과 신의를 존중하고 엄격한 정의를 시행하겠다고 말이다. 그러고는 앞으로 나와 우리 주님께서 그분의 택정을 알리신 검을 취할 것을 명했다. 아더는 감동하여 눈물을 금치 못하며 말했다.

"하느님께서 만물의 주인이신 것만큼이나, 그분께서 제게 힘과 능력을 주시어, 당신이 말한 그 모든 것을 제가 행할 수 있기를 간절히 바랍니다."

그는 무릎을 꿇고 두 손을 모아 검을 모루에서 뽑아들었다. 마치 전혀 박혀 있지 않았던 것 같았다.

양손으로 검을 똑바로 받쳐 든 그는 제단으로 인도되었고, 그곳에 검을 내려놓았다. 그런 다음 그는 축성과 도유를 받았고, 그들은 왕을 만들 때 해야 할 모든 일을 행했다. [149] 그렇게 축성식과 미사가 끝난 다음, 그들은 교회에서 나왔다. 검이 박혀 있던 석단은 온데간데없었다.

그리하여 아더는 로그르 왕국의 왕으로 뽑혀[150] 그곳에서 평화롭게 잘 다스렸다. [151]

---

[149] 이 "왕을 만들 때 해야 할 모든 일"에 대관식도 포함될 것이다.

[150] 신의 택정을 받은 아더가 이처럼 일련의 과정을 거쳐 "왕으로 뽑혔다"(fu esliz et fait roi/ fu esleu a roi)는 말은 이미 왕권의 혈연 세습이 확립되어 있던 당시 상황에 비추어 생각해볼 만하다. 아더는 신의 택정을 받았을 뿐 아니라, 공동의 합의로 추대되는 왕인 것이다. 아더 왕 이야기를 통해 이상적인 세계를 그린 작가의 의중을 엿볼 수 있는 대목이다.

[151] 《메를랭》의 사본들은 여기서부터 달라진다. 그 대부분은 '불가타 연작'에 속하여 아더의 즉위 이후 《랑슬로》가 시작되기 전까지의 긴 이야기를 펼친다(불가타 《메를랭》의 후반부가 이른바 '역사적 후편'이고, 위트(Huth) 사본에 실려 있는 《메를랭》의 후반부가 사본소장자의 이름에 따라 '위트 《메를랭》'이라 불리는 '낭만적 후편'으로, 아마도 '불가타 이후 연작'에 속하는 것으로 추정된다). 그러므로 사

152나, 로베르 드 보롱은 "그라알의 책"에서 알게 된 바에 따라 이 책을 썼으나, 브롱의 아들 알랭에 대해 말하고 브리튼의 고통153이 어떻게 하여 생겨났는지 설명하기 전에는 아더에 대해 더 말하지 않을 것이다. '책'이 말하는 바에 따라, 나는 그가154 어떤 사람이었고 어떤 삶을 살았는지, 그에게서 어떤 후손들이 나왔으며 그들의 후손은 어떠했는지 말해야 한다. 그런 다음, 시간과 장소가 허락한다면, 나는 아더에게로 돌아와 그가 택정되고 축성된 이후의 행적에 대해 말하겠다.

155아더가 왕이 되고 미사가 드려진 후, 그는 그가 석단에서 검을

실상 《메를랭》은 이 문장으로 끝난다는 주장도 있지만, 다시 오겠다고 한 메를랭이 아직 오지 않은 것, 아더가 우터의 친아들임이 밝혀지지 않은 것 등 이야기의 미진한 점들이 있으므로, 아직 끝이라고 보기는 어렵다.

152 이 문단은 《메를랭》의 두 사본에 실려 있는 것인데, 《요셉》과의 일관성을 상기시키기 위한 첨서일 것으로 추측된다.

153 흔히 '브리튼의 마법'(l'enchantement de Bretagne) 이라 일컬어지는 것인데, 여기서는 '브리튼의 고통'(les poines de Bretaigne) 이라는 표현이 쓰이고 있다.

154 알랭을 가리킨다.

155 로베르 드 보롱의 3부작, 즉 《요셉》, 《메를랭》, 《페르스발》을 모두 싣고 있는 모데나 사본과 파리 (디도) 사본에는 아더의 즉위 이후 《페르스발》이 시작되기 전까지의 이야기가 실려 있으나, 《메를랭》이 어디서 끝나고 《페르스발》이 시작되는지, 구분이 명확치 않다. Micha의 판본에는 이 두 가지 결말이 모두 실려 있는데, 본

뽑는 것을 지켜보았던 모든 제후를 거느리고 왕궁으로 돌아갔다.

그가 왕이 된 후, 메를랭이 궁정에 왔고, 그를 아는 제후들은 그를 보자 크게 기뻐했다. 메를랭은 그들에게 말했다.

"여러분, 제가 드리는 말씀을 잘 들어 주십시오. 여러분이 왕으로 맞이하신 아더는 여러분의 합법적인 주군과 이그렌 왕비의 아들입니다. 그가 태어났을 때 우터 왕은 그를 제게 맡길 것을 명했습니다. 저는 그를 받자마자 안토르에게로 데려갔던 것이, 그가 덕인인 것을 알고 있었기 때문입니다. 저는 그에게 그가 이 일로 유익을 얻게 되리라고 말해 주었고, 그는 그 유익들을 위해 기꺼이 그를 맡아주었습니다. 그리고 그도 제 말이 틀리지 않았음을 이제 알겠지요. 아더는 그의 아들 쾨를 집사장으로 삼았으니 말입니다."

왕이 말했다.

"그렇습니다. 저는 평생 그를 버리지 않을 것입니다."

그 말에 모든 제후들이 기뻐했고, 아더의 누이와 로트 왕 사이에 태어난 아들인 고뱅도 마찬가지였다.

그 일 후에, 왕은 곧바로 식탁을 차리게 했다. 모두 함께 홀에 앉아 식사를 했는데, 음식은 호화로웠고 다들 마음껏 먹었다. 식사를 마치자 하인들이 상을 치웠고, 제후들은 자리에서 일어났다. 메를랭을 잘 아는 자들, 우터판드라곤을 섬겼던 자들이 왕을 찾아와 말했다.

"전하, 메를랭에게 후한 상을 베푸십시오. 그는 선왕의 예언자였으

역서의 《페르스발》이 모데나 사본을 대본으로 하고 있으므로, 모데나 사본의 내용을 뒤이어 옮긴다. 물론, 91절의 "… 평화롭게 잘 다스렸다"에 이어지는 내용이다.

며 전하의 집안을 무척 아꼈습니다. 그는 보티건이 죽을 것을 예언했고 또 원탁156을 만들게도 했습니다. 그를 존중하여 대접하도록 하십시오. 그는 전하의 모든 질문에 답할 것입니다."

"그리 하겠습니다." 아더가 대답했다.

왕은 메를랭을 붙들어 자기 곁에 앉히고 그가 와준 데 대해 기쁨을 표했다. 그러자 메를랭이 말했다.

"전하, 저도 전하께, 아니면 가장 신임하시는 제후 두 분만이 있는 앞에서, 드리고 싶은 말씀이 있습니다."

"메를랭, 당신이 내 유익을 위해 권하는 일이라면 무엇이든 하리다."

"우리 주님의 뜻을 거스르는 일은 전하께 권하지 않을 것입니다."

왕은 오랜 세월 친형으로 여기던 집사장 쾨와 오크니 왕 로트의 아들이자 자신의 조카인 고뱅을 불렀다. 그리하여 네 사람만이 모인 자리에서 메를랭이 말했다.

"전하는 하느님의 은혜로 왕이 되셨습니다. 선대왕이셨던 우터는 아주 덕망 높은 분이었지요. 그의 시대에 원탁이 창설되었는데, 이는 우리 주님께서 유다의 배신을 예고하신 목요일에 앉으셨던 식탁을 상징하는 것입니다. 또한, 아리마대 요셉이 그라알을 위해 제정한 식탁을 나타내는 것이기도 하지요. 요셉의 식탁은 선인과 악인을 구별하

---

156 앞서 48절에서 메를랭이 우터에게 성만찬 식탁과 그라알 식탁의 뒤를 잇는 세 번째 식탁을 만들자고 건의하는 대목에는 이 식탁의 형태에 대한 언급이 없지만, 이미 《브뤼트 이야기》에서 원탁으로 이야기된 터이고 또 《페르스발》에서도 '원탁'이라 이야기되고 있으므로, 추후 첨작일 이 연결부에서는 별다른 설명 없이 '원탁'이라 칭해지는 것을 볼 수 있다.

게 해 주었답니다. 그런데 브리튼에는 프랑스 왕이자 로마의 황제이기도 했던 두 명의 왕이 있었습니다. 이제 세 번째 왕이 로마인들에게 승리를 거두고 그 호칭을 얻을 것입니다. 저는 우리 주님으로부터 장래 일을 아는 능력을 받은 터이므로 말씀드리는 바, 전하께서 태어나시기 200년 전에, 그 운명이 전하의 것이 되리라는 예언이 있었습니다.[157] 하지만 그에 앞서 전하의 용맹함으로 원탁의 명예를 높이셔야 합니다. 또한, 이제 제가 말씀드리려는 일로 원탁의 명예를 높이시기 전에는 황제가 되실 수 없음을 알려드립니다.

옛날, 그라알이 요셉에게 맡겨졌습니다. 옥에 갇혀 있던 그에게 우리 주님께서 친히 갖다 주셨던 것입니다. 옥에서 풀려난 요셉은 광야로 들어갔고, 유대 백성의 상당수가 그를 따랐습니다. 그들이 선하게 행동하는 동안은 우리 주님의 은혜를 누렸지만, 그들의 행실이 달라지자 은혜도 사라졌습니다. 그러자 그들은 요셉에게 은혜가 사라진 원인이 자신들의 죄에 있는지 아니면 요셉의 죄에 있는지 물었습니다. 요셉은 그 말을 듣자 슬퍼하며 거룩한 그릇 앞에 나아가 우리 주님께 어찌 된 일인지 보여 주시기를 기도했습니다. 그러자 성령의 음

---

157 《브리튼 왕들의 역사》에 의하면 아더 왕은 542년에 죽었다고 하니, 그가 태어나기 200년 전이라고 하면 3세기 중후반일 텐데, 그 연대가 가리키는 바는 명확치 않다. 디도(파리) 사본에서는 '당신이 왕이 되기 100년 전에 당신이 올 것을 예언자들이 예언'했으며 '시빌 여왕'과 '솔로몬'에 이어 메를랭 자신이 세 번째로 아더가 로마의 왕이 될 것을 예언했다고 한다. 《브리튼 왕들의 역사》와 《브뤼트 이야기》에서는 로마에서 온 사자들이 아더에게 도전하자, 아더의 매부 호엘이 브리튼 왕 중에서 세 사람이 로마 제국을 다스리게 되리라는 '시빌의 예언'을 상기시킨다. 물론 이 때의 시빌이란 무녀 시빌이고, 디도(파리) 사본의 '시빌 여왕'이란 착오일 것이다.

성이 나타나 그에게 식탁을 하나 만들라고 명하셨고 그는 그 말대로 했습니다. 그는 식탁을 만든 다음 그 위에 그라알을 올려놓고 동료들에게 와서 앉으라고 청했습니다. 죄가 없는 자들은 와서 앉았지만, 죄를 지은 자들은 그러지 못하고 떠나야 했습니다.

이 식탁에는 빈자리가 하나 있었습니다. 요셉은 우리 주님의 자리였던[158] 그 자리에 아무도 앉아서는 안 된다고 생각했습니다. 그런데 모이즈라는 이름의 거짓 제자가, 그는 전에도 종종 여러 가지 방식으로 사람들을 시험에 빠지게 했던 자인데, 요셉을 찾아와, 하느님의 이름으로 자기가 그 빈자리에 앉게 해 달라고 요구했습니다. 자신은 우리 주님의 은혜로 충만하기 때문에 그 빈자리에 앉을 만하다는 것이었습니다.

'모이즈, 만일 그대가 겉보기와 같지 않다면, 이 시험에 나서지 말기를 바라네.' 요셉이 말했습니다.

그 제자는 대답하기를, 자신은 선하므로, 하느님께서 자신에게 그 자리에 앉는 승리를 주시리라고 대답했습니다. 요셉은 그가 그토록 선하다면 가서 앉으라고 말했습니다. 모이즈는 자리에 앉자마자 심연으로 꺼졌습니다.

우리 주님께서 최초의 식탁을, 요셉이 두 번째 것을 만들었고, 선대왕 우터판드라곤의 시절에 제가 세 번째 식탁을 만들었으니, 이 식

---

158 그라알 식탁의 '빈자리'는 《요셉》에서나 《메를랭》에서 우터판드라곤에게 원탁 창설이 건의되는 48절에서나 내내 유다의 자리였다고 하다가, 여기서는 주님의 자리였다고 말이 바뀐다.

탁은 명성이 드높아져 온 세상에서 전하 시대의 기사도에 대해 말하게 될 것입니다.

요셉이 지키던 그라알은 그가 죽은 후 그의 매부인 브롱에게 맡겨졌습니다. 어부왕 브롱에게는 열두 아들이 있었는데, 브롱은 그중에서 알랭 르 그로[159]라는 이름의 아들에게 형제들을 지키는 일을 맡겼습니다. 이 알랭은 우리 주님의 명령에 따라 유대 땅으로 갔다가, 거기서 서방 섬들로 갔고, 마침내 이 나라에 정착했습니다. 어부왕은 아일랜드섬에[160] 살고 있는데, 세상에서 가장 아름다운 곳 중 하나이지요. 그는 아주 늙었고 인간이 당할 수 있는 가장 중한 병으로 고통당하고 있답니다. 하지만, 아무리 늙고 병들어도 원탁에 앉을[161] 기사가 나타나기 전에는 생애를 마치지 못할 것입니다. 이 기사는 무술시합과 모험에서 많은 공적을 세우고 세상에서 가장 훌륭한 기사가 될 것입니다. 그가 영광을 얻을 만큼 얻고 나면 부자 어부왕의 궁정에 가서 그라알은 무엇에 쓰였고 또 쓰이는지 물을 것이고, 그러면 어부왕은 즉시 병이 나을 것입니다.[162] 그런 다음 그에게 우리 주님의 비밀한 말씀

---

159 디도(파리) 사본에는 알랭에 관한 언급이 없고, 요셉에 이어 어부왕이 그라알을 지키면서 원탁의 기사를 기다리고 있다고만 이야기된다.

160 문면대로라면 어부왕 브롱의 아들 알랭은 "이 나라", 즉 브리튼에 정착했고, 어부왕 자신은 아일랜드에 정착한 것이 된다. 그렇다면, 예언된 주인공이 찾아가야 할 어부왕의 성 곧 그라알 성도 아일랜드에 있다는 말이 된다. 또한, 뒤이어 "원탁에 앉을 기사"가 알랭의 아들이라는 명시적인 언급이 없어 《요셉》의 말미에서 예언된 내용을 전제하지 않는다면 이야기의 전개가 다소 애매해진다.

161 문맥상 "원탁의 빈자리에 앉을"이라는 뜻일 터이다.

162 《요셉》의 말미에서는 어부왕 브롱이 그라알을 가지고 서방으로 가서 정착해 살

을163 전해준 후 세상을 떠날 것입니다. 그러면 이 기사가 예수 그리스
도의 보혈을 지키게 될 것이고, 그러면 브리튼 땅의 마법이164 그치고
모든 예언이 성취될 것입니다.

만일 제 가르침을 따르신다면, 큰 유익을 얻으실 것입니다. 이제
저는 가보겠습니다. 저는 더 이상 사람들 사이에서 살 수 없습니다.
구세주께서 제게 허락하지 않으셨습니다."

왕은 그에게 만일 그가 곁에 머물기를 원하고 또 그럴 수만 있다면,
극진히 대접하겠노라고 말했지만, 메를랭은 그럴 수 없노라고 대답
했다.165 그는 왕을 떠나서 노섬벌랜드의 블레즈 곁으로 돌아갔다.
블레즈는 메를랭의 어머니의 고해사였고, 메를랭 자신이 알려 주는

면서 자기 아들의 아들을 기다리다가, 그가 오면 그라알과 그에 따르는 은혜를 전
하리라고만 되어 있다. 《메를랭》 말미의 이 연결부에서는 어부왕이 중병이 들어
있고 (주 160에서도 지적했듯이 브롱의 손자라는 사실이 명시적으로 언급되지 않
는) 이 예언된 기사가 그라알에 관해 "그것이 무엇에 쓰였고 또 쓰이는지" 물음으
로써 어부왕을 치유하리라는 사실이 이야기되는데, 이것은 물론 크레티앵 드 트
루아의 《그라알 이야기》에서 가져온 것으로, 《요셉》과 《페르스발》을 연결해 주
는 역할을 한다.

163 《그라알 이야기》에서 은자가 페르스발에게 알려 주었다는 "죽음을 각오하지 않고
는 인간의 어떤 입으로도 발설할 수 없는, 우리 주님의 지극히 거룩한 이름들이 담
긴 기도문"이 《요셉》에서는 옥에 갇힌 요셉에게 우리 주님께서 알려 주신, 그리고
그가 브롱에게 전해준 "그라알의 비밀"이 되고, 여기서는 어부왕이 전해줄 "우리
주님의 비밀한 말씀"이 된다.

164 주 153 참조. 뒤이어 《페르스발》에서 주인공이 그라알에 관한 질문을 하고 어부
왕이 치유됨과 동시에 브리튼 땅에서 모험이 사라졌다고 이야기되는 데서 보듯이,
그라알의 모험이 성취되는 것은 곧 마법(enchantement)의 종식을 가져오며, 이
런 등식은 불가타 연작의 《성배 탐색》에서도 마찬가지이다.

165 디도(파리) 사본에서는 메를랭이 "당신에게 다시 돌아오겠다"고 말한다.

대로 그의 행적을 글로 기록해 왔다. 아더는 제후들과 함께 남아 오랫동안 메를랭의 말에 대해 생각했다. **166**

---

166 여기서도 이야기가 끝나는 느낌은 들지 않으므로, Micha 판본에는 아더 왕의 태평성대를 말하는 몇 문장이 더 이어지지만, 그 부분은 《페르스발》의 서두로 삼는 편이 더 나을 것이다.

페르스발

3장 일러두기

1. 번역 대본으로는 모데나 사본과 파리(디도) 사본의 대조 판본인 *The Didot "Perceval" According to the Manuscripts of Modena and Paris*, ed. William Roach(Philadelphia: University of Pennsylvania Press, 1941)을 쓰되 모데나 사본을 따랐고, 현대어 역본으로는 영역본인 *Merlin and the Grail. Joseph of Arimathea, Merlin, Perceval. The Trilogy of Arthurian Romances attribured to Robert de Boron*, trans. Nigel Bryant (Cambridge: S. S. Brewer, 2001)를 참고했다. 출전으로 참고한 책은 Chrétien de Troyes, *Le Conte du Graal*, éd. Charles Méla(Le Livre de Poche, 1990); *The Continuation of the Old French Perceval of Chrétien de Troyes, Volume* IV: *The Second Continuation*, ed. William Roach (The American Philosophical Society, 1971); *Première Continuation de Perceval*, éd. William Roach, trad. Colette-Anne Van Coolput-Storms(Le Livre de Poche, 1993); Geoffrey of Monmouth, *The History of the Kings of Britain*, trans. Lewis Thorpe(Penguin Books, 1966); *Wace's Roman de Brut. A History of the British*. Text and translation, trans. Judith Weiss(University of Exeter Press, 1999; 2002) 등이다.

2. 크레티앵 드 트루아의 《그라알 이야기》도 흔히 《페르스발》이라는 제목으로 불리므로, 이 책에서는 혼동을 피하기 위해 그리고 매번 구분하는 번거로움을 피하기 위해 《그라알 이야기》로 통일하기로 한다. 로베르 3부작의 《페르스발》은 '산문 《페르스발》'이라 하거나, 또는 3부작 내의 다른 작품들과 대별하여 말할 때는 그냥 《페르스발》이라 부르기도 할 것이다.

단언컨대 어떤 왕도 아더만큼 성대한 궁정을 열고 흥성한 연회를 벌인 적이 없었으며, 어떤 왕도 그만큼 제후들로부터 사랑 받지 못했다. 그는 가장 잘생긴 남자요 가장 훌륭한 기사였다. 그는 그처럼 용맹한 왕이요 그처럼 관대한 선물을 베풀었으므로, 명성이 높아진 나머지 온 세상에서 그의 이야기밖에 하지 않았으며, 모든 기사가 그를 보고 그와 함께하고자 그의 궁정을 찾아왔다. 어떤 기사도 아더의 궁정에서 1년을 지내며 자기 무구에 달 소매나 깃발을 얻기 전까지는 그 무용이 인정되지 않았으니, 그러고 나서야 세상에 알려지게 되었다. 1

---

1 이 서두는 《브리튼 왕들의 역사》나 《브뤼트 이야기》에서 아더가 왕위에 오른 후 전국을 평정하고 "12년간의 평화"를 누렸다고 하는 대목에 해당한다. 웨이스는 제프리보다 한 술 더 떠, 기사들 간의 상석 말석 구분을 없애기 위해 원탁을 만들었으며, 그 평화기 동안 아더 왕의 궁정에 일어난 경이로운 사건들과 모험들이 허구의 소재가 되었다고 이야기한다. 이 문단은 《메를랭》의 결말로 볼 수도 있고 《페르스발》의 서두로 볼 수도 있으나, 바로 다음 문단에서 "그런 소식이 … 이르렀다"

그런 소식이 알랭 르 그로가 살고 있던 땅에까지 이르렀다. 그는 아들 페르스발이 무기를 들 만한 때가 되면 그를 아더의 궁정에 보내리라고 마음속으로 생각했다. 그는 여러 차례 아들에게 말했다.

"아들아, 네가 자라면, 내가 너를 당당하게 차려 아더 왕의 궁정에 데리고 가마!"[2]

알랭 르 그로는 여러 차례 그렇게 말했으나, 우리 주님의 뜻에 따라 이 세상을 하직하게 되었다. 아버지가 죽자, 페르스발은 아더 왕[3]의 궁정에 가기로 결심했다. 그래서 어느 날 멋지게 무장을 하고서 사냥말을 타고 떠났는데, 하도 조용히 떠났으므로 그의 어머니는 알지 못했다. 그의 어머니는 페르스발이 가버린 것을 알고는 큰 슬픔에 빠졌고, 그가 숲의 야생 짐승들에게 잡아먹히리라고 생각했다. 그리고 그 생각에 너무나 상심한 나머지 죽었다.[4]

고 이야기되므로, 《페르스발》의 배경을 이루는 서두로 삼기로 한다.

2 모데나 사본은 이렇게 알랭이 아들 페르스발에게 장차 아더 왕의 궁정에 데리고 가겠다는 의사를 표현했다고 이야기하는 반면, 파리(디도) 사본은 성령이 알랭에게 아버지 브롱이 아일랜드섬에 살고 있으며 장차 페르스발이 브롱을 찾아가 그를 불수 상태에서 치유할 것인데 그에 앞서 아더 왕의 궁정에 가야 하리라고 말했다고 이야기한다.

3 모데나 사본은 아더를 가리켜 자주 '부자 왕 아더'(le rice roi Artu) 라는 표현을 쓰는데, '부자 어부왕'(le rice Roi Peschiere) 과 혼동을 피하기 위해 그냥 '아더 왕'으로 옮긴다.

4 크레티앵 드 트루아의 《그라알 이야기》에서는 페르스발이 어머니의 반대를 무릅쓰고 떠나며 어머니가 그로 인해 상심한 나머지 쓰러지는 대목이 자세히 서술되기는 하나, 어머니의 죽음과 그에 대한 그의 책임은 뒤에 가서야 그가 그라알 모험에 실패하는 이유로 이야기된다. 반면 산문 《페르스발》에서는 페르스발이 어머니 모르게 떠났다고 하며, 어머니가 그로 인한 상심 때문에 죽었다고 이 대목에서부터

페르스발은 말을 달려 위대한 아더 왕의 궁정에 당도했고, 왕 앞에 나아가 제후들이 보는 앞에서 의젓하게 인사했다. 그러고는 만일 괜찮다면 그곳에 머물며 왕을 섬기겠다고 말했다. 왕은 그를 받아들여 기사로 만들어 주었다. 그리하여 그 궁정에서 페르스발은 지혜와 예모(禮貌)를 더해갔다. 사실 그가 어머니의 집을 떠날 때는 아는 것이 없었으니 말이다. 5 그는 다른 제후들의 인정을 받아, 나중에는 원탁6의 기사가 되었고, 궁정에서 무척 사랑받았다. 7 뒤이어 그곳에는 사그레모르와 우리앵 왕의 아들 이뱅, 그리고 흰 손의 이뱅, 말르오 부인의 아들인 도디니오스, 8 아더의 조카로 나중에 얘기하겠지만 훗날 큰 반역을 저지르게 될 모르드레드 등도 왔다. 그리고 그와 형제간인 기레스와 가리에스, 고뱅도 있었다. 9 이 네 사람은 오크니의 로트 왕

이야기된다. 이미 전작들을 통해 알려진 사실들을 별다른 전략 없이 답습하는 것을 볼 수 있다.

5 이 무지함 내지 단순함(la niceté)이 《그라알 이야기》에서 주인공 페르스발의 가장 두드러진 특징인데, 산문 《페르스발》에서는 그 점이 간간이 엿보이기는 하나 내놓고 강조되지는 않는다.

6 《메를랭》에서는 성만찬 식탁과 그라알 식탁에 이은 '세 번째 식탁'이던 것이 이제 설명이 필요 없는 '아더 왕의 원탁'이 된 것을 볼 수 있다.

7 이 문장의 시제는 과거지만, 페르스발이 원탁의 기사가 되는 것은 서두에서 이야기되는 무술시합 이후이므로, '나중' 일을 미리 말하는 것이라 보아야 할 것이다.

8 사그레모르, 이뱅, 도디니오스, 고뱅 등은 크레티앵 드 트루아의 《사자의 기사 이뱅》 첫머리에 등장하는 기사들이다. '사자의 기사 이뱅'이란 우리앵 왕의 아들 이뱅을 말하는데, 아더 왕 이야기에는 그의 이복형제인 이뱅 리 아볼트르(사생자 이뱅) 외에 '흰 손의 이뱅'을 비롯하여 몇 명의 이뱅이 더 거명된다.

9 고뱅의 형제로는 반역자로 유명한 모르드레드 외에 기레스(Guirrés)와 가리에스 (Garriés)가 거명되는데, 이 두 사람은 《메를랭》에서는 각기 가레스(Gareés.

의 아들이고, 아더 왕은 그들의 외삼촌이었다. 10 그 다음에는 지극히 고상한 기사인 호수의 랑슬로11도 합류했다. 그 밖에도 어찌나 많은 기사들이 모여들었던지, 이루 다 말할 수가 없다. 하지만 말할 수 있는 것은, 아더 왕의 궁정에는 훌륭한 기사들이 어찌나 많았던지 온 세상 사람들이 오로지 위대한 아더 왕의 원탁에 있는 선한 기사들 이야기밖에 하지 않았다는 사실이다.

어느 날 아더 왕은 메를랭이 자신에게 해준 말이 생각났다. 그래서 제후들과 기사들이 있는 앞에서 이렇게 말했다.

"제군들 모두 성령강림절에는 이곳으로 돌아와야 하오. 그날 나는 어느 나라 어느 왕이 열었던 것보다 더 큰 연회를 열고자 하오. 일찍이 선대왕 우터판드라곤의 시대에 메를랭이 창설한 원탁에 최대의 경의를 베풀고자 하니, 각자 아내를 데리고 오기 바라오. 내 궁정의 열두 중신이 열두 자리에 앉을 테지만, 연회에 참석하여 나와 함께 머물

Garehet) 와 가에리에트(Gaheriet/ Gaheriez), 불가타 연작에서는 가에리스 (Gaheriet, Gaheriés, Gaheriez) 와 가레스(Gareth, Guérrehet) 등으로 표기되며 서로 혼동되기도 한다. 고뱅의 동생으로는 이들 외에 아그라뱅(Agravain) 이 꼽히기도 하지만, 이들은 모두 4형제로 알려져 있어 어느 한 이름이 빠지곤 한다.

10 로트 왕의 영토인 오크니는 스코틀랜드 북쪽의 오크니 제도를 가리키는 것으로 여겨진다. 앞서 《메를랭》에 의하면, 우터 왕이 이그렌과 결혼하기에 앞서 그녀가 전남편 틴타젤 공작에게서 낳은 맏딸을 오크니 왕 로트와 결혼시키는 것으로 되어 있다.

11 "호수의 랑슬로"(Lanselos del Lac) 는 아일랜드 및 웨일스 민담에서 간간이 그 원형을 엿볼 수 있는 인물인데, 아더 왕 이야기에서 처음 언급되는 것은 크레티앵 드 트루아의 《에렉과 에니드》, 《클리제스》 등에서이며 《수레의 기사 랑슬로》에서 주인공으로 등장한다.

고자 하는 모든 사람이 언제까지나 원탁의 동지가 될 것을 알기 바라오. 그들이 어디에 가든 큰 명예의 표로 원탁의 깃발과 문장(紋章)을 지니게 될 것이오."

이 말에 큰 웅성임이 일었고, 궁정의 모든 제후가 크게 기뻐했으니, 그들은 원탁의 동지로 알려지기를 열망했기 때문이다. 그리하여 각자 자기 땅으로 돌아갔고, 아더는 로그르12에 남아 어떻게 하면 원탁의 명성을 더욱 드높일 수 있을지 깊은 생각에 잠겼다.

성령강림절에는 각지에서 기사들이 아더 왕의 연회를 위해 모여들었다. 단언컨대, 아더의 명성이 워낙 자자했으므로, 그의 봉신이 아닌 자들13까지도 성령강림절에 아더 왕의 궁정에 가지 못하면 불명예가 되어 감히 좋은 궁정이나 덕인들 앞에 나서지 못하리라 여길 정도였다. 그리하여 각지에서 이루 헤아릴 수 없을 만큼 많은 사람이 모여들었고, 성령강림절이 되자 아더는 원탁으로 나아갔다. 그리고 그곳에 있는 모든 사람 앞에서 미사를 드렸다. 미사를 마치자, 왕은 열두 중신을 데리고 가서 열두 자리에 앉혔지만, 열세 번째 자리는 유다가 앉았던 자리를 기념하여 비어 있었다.14 우터판드라곤의 시절에도 메

---

12 파리(디도) 사본에는 "런던(Londres)에 남아"로 되어 있으나, 성령강림절에 같은 장소에서 열기로 한 궁정이 "카르두엘에서" 열렸다는 것으로 보아, 모데나 사본에서와 같은 로그르(Logres)의 오기로 보인다.

13 직역하면 "그에게서 아무것도 받지 않은 자들".

14 그렇다면 원탁에는 자리가 열셋, 또는 왕의 자리까지 열넷이었다는 말인지? 《브뤼트 이야기》는 원탁의 정족수를 말하지 않고, 《메를랭》은 50명의 기사가 그 식

를랭은 그것을 비워 두었고, 그래서 아더도 감히 그 자리를 채울 엄두를 내지 못했다.

그 성령강림절에 왕의 연회는 실로 성대했으니, 원탁의 기사들은 그에게 왕의 예복을 입히고 머리에는 왕관을 씌움으로써 왕에게 걸맞은 예를 표했다. 700개 이상의 순금 향로로 그가 가는 곳 어디에나 공기를 향기롭게 했고, 그의 앞에는 글라디올러스와 박하를 뿌림으로써, 그들은 그에게 최대한의 경의를 표했다. 이윽고 왕은 자신의 연회에 참석한 모두에게 같은 옷과 문장으로 차려 입을 것을 명했고, 명이 떨어지기가 무섭게 시행되었다. 워낙 많은 기사와 영양들이 있었으므로, 왕은 5천 4백 벌의 옷과 원탁의 문장을 하사했다.

그러고서 왕은 물을[15] 가져오도록 100개의 나팔을 불게 했고, 모든 기사가 식탁 앞에 앉았다. 황금 예복을 입고 머리에 관을 쓴 아더는 전에 그를 본 적이 없는 모든 사람의 눈길을 모았고, 실로 그날 그를 본 모든 사람들로부터 놀랍도록 칭송을 받았다. 식사를 마친 왕은 상을 치우라 명했고, 모두 마상무술시합을 위해 들판으로 나갔다. 귀부인들과 영양들은 탑에 올라가 그 흉벽(胸壁)에 기댄 채 기사들이 무술을 겨루는 대대적인 행사를 구경했다. 그날 원탁의 기사들은 외부에서 온 기사들과 기량을 겨루었고, 귀부인들과 영양들이 가까이서 지켜보는 만큼 한층 더 열심히 싸웠다. 다들 누이동생이나 아내나 연인이 그곳에 와 있었기 때문이다. 그날 원탁의 기사들이

탁에 앉았다고 한다.
15 식사 전에 손을 씻을 물을 말한다.

상을 가져갔으니, 로트 왕의 아들인 고뱅이 용감하게 싸웠고, 안토르의 아들인 집사장 쾨와 대담한 기사 위르강, 그리고 사그레모르, 호수의 랑슬로, 역시 훌륭한 기사였던 에렉16 등이 잘 싸웠다. 그들은 외부에서 온 기사들을 모두 물리칠 때까지 싸웠고, 날이 저물자 상을 받았다.

그날 내내 용맹한 왕 아더는 왕홀을 든 채 의장마에 타고서, 열(列) 사이를 다니며 질서를 유지하고 분란이 일어나는 것을 막았다. 알랭르 그로의 아들 페르스발이 그와 함께 했으니, 그는 시합에 참가하지 못한 데 크게 마음이 상했지만, 손을 다친 터라 시합에 나갈 수가 없었다. 그는 종일 아더와 함께 다녔고, 고뱅의 형제이자 로트 왕의 아들들인 기레스와 가리에스도 함께 했다. 온종일 이 세 사람은 왕과 함께 귀부인과 영양들을 찾아다니며 무술시합을 구경했다. 오크니 왕 로트의 딸이자 고뱅 경의 누이동생인 엘렌은17 당시 가장 아름다운 아가씨였는데, 페르스발 르 갈루아18를 보고는 깊은 사랑에 빠졌다. 어떻게 그러지 않을 수 있었겠는가? 그는 아더 왕의 모든 기사 중에 가장 수려한 기사였으니 말이다.

저녁이 되자 시합은 해산했고, 기사들과 영양들은 춤추기 시작하여 더없이 즐거운 잔치가 벌어졌다. 하지만 고뱅 경의 누이 엘렌은 페

---

16 에렉은 크레티앵 드 트루아의 《에렉과 에니드》의 주인공이지만, "대담한 기사 위르강"이란 달리 찾아보기 힘든 인물이다.
17 파리(디도) 사본에서는 고뱅의 누이가 아니라 아더 왕의 다른 누이의 딸이라고 한다.
18 '웨일스 사람 페르스발'이라는 뜻. 《그라알 이야기》에서부터 주인공의 이름이다.

르스발 르 갈루아 밖에는 생각할 수 없었다. 그녀는 그를 열렬히 사랑했다. 밤이 되자 기사들은 집이나 막사로 돌아갔지만, 엘렌은 쉴 수가 없었다. 그녀는 사동 하나를 불러 페르스발 르 갈루아에게 고뱅 경의 누이 엘렌이 정중히 인사드리며 그가 원탁의 기사들과 무술을 겨루는 모습을 보기 원한다는 전갈을 보냈다. 그러면서 자기가 보내는 붉은 무장을 차려 입고서 내일 아침 자기 앞에서 싸워 달라고 부탁했다. 페르스발은 그 전갈에 무척 놀랐지만, 로트 왕의 딸처럼 고귀한 아가씨가 자기를 위해 무장을 하고 원탁의 기사들과 겨루어 달라고 청하다니 기쁘기 그지없었다. 그래서 그는 그녀가 원하는 것이라면 무슨 일이든 하겠다는 대답을 보냈다. "내일 기꺼이 시합에 나가 싸우겠습니다!" 사자는 그의 말을 듣자 기뻐하며 아가씨에게로 돌아가 페르스발의 대답을 전했다. 아가씨는 기뻐하며 무장을 가져다 페르스발에게 보냈고, 그도 그것을 받고 대단히 기뻐했다. 그날 밤 그가 잠을 설쳤으리라는 것은 두말할 필요도 없다.

다음 날 아침 왕은 일어나 제후들과 함께 미사를 드리러 갔다. 미사를 드린 후 열두 중신은 식사를 하러 원탁으로 갔고, 후한 대접을 받았다. 아더는 그들에게 가능한 모든 영예를 베풀고 나팔을 불어 물을 가져오게 했다. 다른 기사들도 홀 가득 식사하러 모였으며 모두 후한 대접을 받았다. 이야기는 그들이 먹은 요리에 대해서는 말하지 않지만, 원하는 것은 무엇이든 받았으리라고 장담할 수 있다. 식사를 마치자 왕은 상을 치우라고 명했고, 귀부인들과 영양들은 마상무술 시합과 원탁의 잔치를 보러 들판으로 나갔다.

고뱅 경의 누이동생 엘렌도 그곳에 나갔고, 자기가 보낸 무장을 페르스발이 입었는지 보고 싶어 조바심이 나 있었다. 시합을 하여 상을 타고 싶은 카르두엘의 기사들이 와서 원탁의 기사들과 시합에 들어갔다. 그리하여 다시 축제가 벌어졌으니, 그렇게 성대한 축제는 일찍이 없었다. 호수의 랑슬로와 고뱅, 그리고 우리앵 왕의 아들 이뱅 경이 외부에서 온 모든 기사들을 능가했다. 이윽고 페르스발 르 갈루아가 나타났다. 아가씨가 보낸 무장을 멋지게 차려 입고서 그는 사그레모르의 방패를 곧장 겨누며 공격해갔다. 사그레모르는 그를 보자 마주 달려 나갔고, 두 사람은 각기 전속력으로 말을 달려 서로의 방패를 힘껏 가격했으므로 창이 산산이 부서져나갔다. 하지만 페르스발 르 갈루아는 그런 일에 능한 터라 말과 사람을 한꺼번에 넘어뜨렸고, 사그레모르는 영문도 모르는 채 들판 한복판에 나가떨어져 그를 보는 모든 사람이 그가 죽은 줄로만 알았다. 페르스발은 그의 말을 가져다가 엘렌에게 주었고, 그녀는 큰 기쁨을 표했다. 단언컨대, 페르스발은 그날 어찌나 훌륭한 무예를 보였던지 원탁의 모든 기사를 능가했고, 집사장 쾨와 우리앵 왕의 아들 이뱅, 호수의 랑슬로를 거꾸러뜨렸다. 모두가 그야말로 원탁의 빈자리를 채워야 한다고 말했고, 용맹하고 현명한 왕은 페르스발에게 와서 말했다.

"기사여, 그대가 이제부터 내 집과 원탁의 기사가 되어 내 곁에 머물기 바라네. 이제부터 내가 최고의 영예로 대접하겠네."

"감사합니다, 전하." 페르스발은 대답했다.

그 말을 하며 페르스발은 투구를 벗었고, 왕은 그를 알아보고 놀라며 왜 전날에는 무장을 하지 않았는지, 왜 변장을 했는지 물었다. 페르스발은 말했다.

"그것은 비밀로 해두고 싶습니다만, 제가 한 일이 사랑을 위해서 한 일이라는 것만큼은 말씀드릴 수 있습니다. 하지만 꼭 그래서가 아니었다 해도, 역시 오기는 했을 것입니다."

왕은 그 말을 듣자 웃음을 터뜨리며 기분 좋게 그를 용서해 주었다. 사랑을 위해 하는 행동은 기꺼이 용서해 주어야 한다는 것이었다. 고뱅 경과 이뱅, 그리고 랑슬로와 원탁의 모든 기사가 동의했다. 페르스발은 왕에게 자기도 원탁과 거기 앉은 이들을 보고 싶다고 말했다.

"벗이여, 내일은 볼 수 있을 걸세." 왕이 말했다.

"전하, 그들이 그곳에 앉는 것을 보게 되면 기쁘겠습니다." 페르스발이 말했다.

대화는 그렇게 끝났다. 그날 밤에도 큰 연회가 열렸고, 아침이 되자 제후들은 모여서 미사를 드렸다. 미사를 마친 후, 그들은 모두 원탁이 있는 곳으로 갔다. 왕은 그들을 앉게 했고, 그들이 다 앉자 빈자리가 하나 남았다. 페르스발은 왕에게 그 빈자리에 무슨 뜻이 있는지 물었다. 그러자 왕이 대답했다.

"벗이여, 거기엔 중대한 의미가 있다네. 그건 세상에서 가장 훌륭한 기사가 앉을 자리라네."

페르스발은 마음속으로 자기가 그곳에 앉으리라 생각했고, 왕에게 말했다.

"전하, 제가 저 자리에 앉도록 허락해 주십시오."

하지만 왕은 그래서는 안 된다고, 그랬다가는 큰 불행이 닥치리라고 대답했다. 전에 거짓 사도가 그 빈자리에 앉은 적이 있었는데, 앉자마자 땅속에 삼켜졌다는 것이었다. 19

"설령 내가 허락한다 하더라도, 그대는 저 자리에 앉아서는 안 되네."

하지만 페르스발은 그 말에 서운하여 또 말했다.

"만일 전하께서 허락하시지 않는다면, 저는 더 이상 전하의 기사로 있지 않겠습니다."

고뱅은 페르스발을 무척 아끼던 터라, 그 말을 듣자 안타까운 마음이 들어 왕에게 말했다.

"전하, 그가 앉도록 허락해 주십시오."

랑슬로도 같은 청을 했고, 열두 중신 모두 하도 간청했으므로, 왕은 마지못해 동의하며 말했다.

"허락하겠네."

페르스발은 그 말을 듣고 크게 기뻐하며, 한 걸음 내딛어 성령의 이름으로 성호를 긋고는 빈자리에 앉았다. 그가 그렇게 하는 순간, 발밑의 돌이 갈라지며 어찌나 고뇌에 찬 신음 소리가 나던지, 20 마치 온 세상이 심연 속으로 무너져 내리는 듯했다. 땅이 내지른 신음소리

---

19 원탁과 그라알 식탁이 혼동되고 있다. 즉, "거짓 사도"가 앉았던 빈자리는 원탁이 아니라 《요셉》에 나오는 그라알 식탁의 자리이고, 원탁의 빈자리에 앉았다가 땅속으로 꺼진 인물은 《메를랭》에 나오는 교만한 영주이다.

20 브리튼 설화에서 아주 오래된 모티프 중 하나인 '주권의 돌'은 장차 왕이 될 자가 그 위를 지나면 큰 소리를 낸다고 한다. 원탁의 빈자리 발밑의 돌이 '갈라진다'는 것은 앞서 《요셉》에 등장하는 모이즈(모세)를 비롯하여 성서적 전통에서 악인들이 심판 당하는 장면의 재연이지만, 땅이 '신음소리를 내지른다'는 것은 선택된 자를 알아보는 '주권의 돌' 모티프를 상기시킨다(Jean Marx, *La Légende Arthurienne et le Graal*, 1952, p. 120~122).

로부터 크나큰 어둠이 나와, 21 한 마장22 둘레 안에서는 서로가 보이지 않을 정도였다. 그러고는 이렇게 말하는 음성이 들려왔다.

"아더 왕이여, 그대는 브리튼을 다스린 어떤 왕보다도 크나큰 잘못을 범했다. 그대는 메를랭의 명을 어겼다. 페르스발은 일찍이 살았던 어떤 사람보다도 대담함을 보였으니, 이로 인해 그와 원탁의 모든 기사들에게는 세상에서 가장 큰 고통이 임하리라. 그의 부친 알랭 르 그로와 조부 브롱, 곧 어부왕23의 선함 덕분이 아니었다면, 그는 심연으로 꺼져들어 일찍이 요셉이 금했던 자리에 앉았던 모이즈가 당했던 끔찍한 죽음을 당했으리라.

그러나 들으라, 아더 왕이여. 우리 주님께서 말씀하시기를, 일찍이 옥에 갇힌 요셉에게 주셨던 그릇이 이 나라에 있으며24 그 이름은

---

21 파리(디도) 사본에 "연기와 어둠이 나와"라고 한 것을 보면, 어둠이 연기처럼 피어나는 장면이 그려진다.

22 한 마장은 약 4.5킬로미터. 《메를랭》 주 50 참조.

23 《그라알 이야기》에서는 어부왕과 페르스발의 관계가 명시되지 않는다. 다만, 숲속의 은자가 어부왕의 부친인 노왕과 페르스발의 모친, 그리고 자신이 모두 동기간이라고 하는 말에서, 어부왕과 페르스발은 사촌간이 되리라고 추리할 수 있을 뿐이다. 산문 《페르스발》은 《요셉》의 말미에 명시된 브롱의 계보를 따라 어부왕 브롱이 페르스발의 조부라고 명시하며, 브롱이 속해 있는 아리마대 요셉의 시대와 페르스발이 속해 있는 아더 왕의 시대 사이의 간격은 브롱의 예외적인 장수(예언 성취 전에 죽을 수 없다는)로 설명된다. 하지만 그렇다 하더라도 400년 가까운 세월은 브롱-알랭-페르스발 3대로 설명되기 어려우므로, 후기의 그라알 소설들에서는 그 사이에 긴 계보가 상정된다.

24 앞서 《메를랭》 말미 《페르스발》과의 연결부에서 어부왕 브롱이 아일랜드에 살고 있다고 한 것과 상충되는 대목이다(《메를랭》 주 160 참조). 파리(디도) 사본도 《페르스발》의 서두에서 알랭에게 들려온 성령의 음성을 전할 때는 브롱이 아일

그라알이라고 하신다. 어부왕은 중병이 들어 불수의 몸이 되었으며, 한 기사가 충분한 무훈과 공덕을 세워 이곳에 앉아 있는 이들을 능가하기 전까지는 치유되지 못할 것이요, 페르스발이 원탁에 앉았던 자리의 돌도 도로 붙지 않을 것이다. 여기 앉은 기사들 중 한 기사[25]가 무예와 선행과 위업을 이루어 다른 모든 사람 위에 높여지고 세상에서 가장 훌륭한 기사로 여겨질 때, 그가 그렇게 많은 것을 성취했을 때, 하느님께서 그를 부자 어부왕의 집으로 인도하실 것이다. 그리하여 그가 그라알로 무엇을 하는지 그것으로 누구를 공궤하는지 묻고 나면, 그가 그 질문을 하고 나면, 어부왕은 치유되고, 원탁의 그 자리에 있는 돌도 도로 붙을 것이다. 그러면 오늘날 브리튼 땅에 있는 마법이[26] 사라지리라."

왕과 원탁에 앉은 이들은 그 말을 듣자 크게 놀랐고, 자신들이 부자 어부왕의 집을 찾기 전까지, 그라알로 무엇을 하는지 묻기 전까지는 쉬지 않으리라고 선언했다. 페르스발 르 갈루아도 그것을 찾기까지는 같은 장소에서 이틀 밤을 유하지 않겠노라고 맹세했다.[27] 고뱅

랜드에 있다고 하나, 뒤에서 페르스발의 누이가 같은 장면을 다시 말할 때는 브롱이 "이 나라에 와 있다"고 함으로써 모순을 해소한다. 주 51 참조.

25 파리(디도) 사본에는 "여기 앉은 서른 명의 기사들 중 한 기사".

26 "오늘날 브리튼 땅에 있는 마법"이라는 말을 "오늘날 브리튼 땅에서 시작된"으로 해석하여 페르스발이 원탁의 빈자리에 앉은 사건을 마법(enchantement)의 시작으로 보는 해석도 있다. 그 경우 마법은 일종의 저주, 그가 그라알 성에서 해야 할 질문을 함에 따라 빈자리의 돌이 아물어 붙는 것과 함께 사라질 저주가 된다. 하지만 뒤에 가서 마법이 사라짐에 따라 모험도 사라져 버렸다는 대목에서 보듯 마법은 단순한 저주 이전에 모험의 근원이기도 하다. 주 126 참조.

경과 에렉, 사그레모르, 그 밖에 원탁에 앉아 있던 모든 이들이 같은 맹세를 했다. 아더는 그 말을 듣고 몹시 슬퍼했으나, 그럼에도 그들이 떠나도록 허락했다.

그리하여 아더는 궁정의 모임을 해산했고, 어떤 이들은 자기들 고장으로 돌아간 반면 어떤 이들은 자기들 숙소에 머물며 왕과 함께 했다. 페르스발과 원탁의 기사들은 각기 숙소에서 무장을 갖추고 떠날 준비를 했다. 모두 준비되자 그들은 말에 올라 왕과 궁정의 제후들 앞으로 갔다. 고뱅 경이 그들 모두 앞에서 말했다.

"여러분, 저희는 이제 우리 주님의 음성이 명하신 대로 떠나야 합니다. 하지만 어디로 갈지, 어느 방향으로 갈지, 우리 주님께서 인도해 주시기 전에는 알지 못합니다."

왕과 제후들은 그 말을 듣자 그들을 다시 보지 못하리라 생각하여 눈물에 젖었다.

그렇게 기사들은 왕과 헤어져 온종일 함께 말을 달렸으나 아무런 모험도 만나지 못했고, 다음 날은 제9시[28]까지 그렇게 가다가 어느 십자가에 이르렀다. 그들은 그곳에 멈춰 서서 십자가 앞에서 예배하고 하느님의 자비를 구하는 기도를 드렸다. 페르스발이 동료들에게 말했다.

"여러분, 이렇게 모두 함께 가서는 별 소득이 없을 듯합니다. 이제 헤어져 각자 자기 길을 가기로 합시다."

---

27 《그라알 이야기》의 페르스발도 같은 맹세를 한다.
28 오늘날의 시각으로는 오후 3시경.

"이런 식으로 가다가는 아무 일도 이루지 못할 거요. 페르스발의 말대로 합시다." 고뱅이 대답했다.

"옳은 말이오." 모두 찬성했다.

그래서 그들은 거기서 헤어져, 각기 자신에게 좋아 보이는 길을 따라 그라알의 탐색에 나섰다. 하지만 고뱅과 그의 동료들에 대해, 그들에게 닥친 모험과 그들이 겪은 역경에 대해서는 들려드릴 것이 없다. 나는 단지 이 책에 관한 것만 말하겠다.

페르스발은 동료들과 헤어져 온종일 아무 모험도 만나지 못한 채 말을 달렸고, 묵을 만한 곳도 찾지 못했다. 그래서 그는 그날 밤 숲속에서 지내야만 했으므로, 말의 고삐를 풀어 풀을 뜯게 해 주었다. 하지만 그 자신은 밤새 잠을 이루지 못하고 숲의 야수들이 말을 해칠세라 지켜보았다. 다음 날 동이 트자 그는 다시 말에 안장을 얹고 고삐를 물린 다음 지체 없이 올라타고 제 1시부터[29] 온종일 숲을 가로질러 갔다. 그렇게 가면서 왼쪽을 보니, 몸에 창을 맞은 한 기사가 보였다. 창이 여전히 몸에 박힌 채였다. 뿐만 아니라 검이 투구를 꿰뚫고 곧장 이빨까지 나와 있었다. 근처에는 줄에 묶인 말과 방패가 하나 있고, 시신 곁에는 자연이 만든 가장 아름다운 아가씨가 있었다. 그녀는 일

---

29 제 1시라면 새벽 6시경이니, desci a prime을 '제 1시까지'라고 해석하면 바로 다음의 '온종일'이라는 말과 맞지 않는다. 영역자는 아마도 '만과(晚課) 때까지', 즉 '저녁때까지'의 오기이리라고 추정하는데, 그렇게 본다면 숲속에서 아가씨를 만나는 것이나 황야의 오만한 기사와의 싸움 등이 모두 만과 이후의 일이 되어야 하니 역시 어색해진다. 그보다는 '제 1시부터'(dès la prime)로 읽는 편이 나을 것이다.

찍이 어떤 여자보다도 비통하게 울면서 기사를 애도하고 있었다. 어찌나 괴로워하면서 주먹을 마주치고 머리칼을 쥐어뜯으며 얼굴을 마구 할퀴는지 누구라도 그녀를 보고는 깊은 동정심을 느끼지 않을 수 없었다. 페르스발은 그녀를 보자 동정심을 느끼고는 말에 박차를 가해 그쪽으로 다가갔다.

아가씨는 그를 보자 잠시 애통해 하던 것을 멈추고 일어나 그를 맞이하며 말했다.

"어서 오세요, 기사님."

"아가씨, 하느님께서 당신에게 지금보다 기쁜 날을 주시기 바랍니다." 페르스발이 말했다.

"기사님, 저는 결코 다시 기뻐할 수 없을 거예요. 제가 그토록 사랑하던 사람이 제 눈앞에서 죽임당했으니까요. 그는 저를 어찌나 아껴주었던지, 저만큼 소중히 여기는 것이 없었답니다."

"아가씨, 그의 곁에 있은 지가 얼마나 되었습니까?"

"말씀드리지요, 기사님. 저는 이 숲속의 제 아버지 집에 있었는데, 반나절쯤 떨어진 곳에 한 거인이 살았어요. 오래전에 그는 제 아버지께 저를 달라고 청했지만 거절당했고, 그러자 그는 제 아버지와 긴 전쟁을 벌였지요. 그러다가 성령강림절에 카르두엘에서 원탁의 모임이 열린다고 해서 제 아버지는 아더 왕의 궁정에 가게 되었어요. 제 아버지가 아더의 궁정에 간 것을 안 거인은 우리 장원 저택에 와서 문짝을 뜯어내고 집 안으로 쳐들어왔어요. 아무도 막아서는 이가 없는 것을 알고는 어머니의 침실까지 들어와서 저를 끌어냈지요. 저를 자기 말에 태우고 ─ 저기 저 말이 보이시지요 ─ 저를 이곳으로 데려와 말에서 내리게 한 뒤 겁탈하려 했어요. 저는 겁에 질려 울며 비명을 질렀지요.

그랬더니 여기 보시는 이 기사님이 제 비명을 듣고는 달려와 주었어요. 거인은 기사님이 바로 등 뒤까지 온 다음에야 알아채고는 성이 나서 맹렬하게 공격했어요. 기사님은 고귀하고 용맹하여 있는 힘껏 싸웠지요. 거인은 무시무시하게 받아쳐 반격을 가했지만, 기사님은 검으로 그를 공격하여 목을 베어서 저기 저 나뭇가지에 걸었어요. 그러고는 제게로 와서 제가 말을 타도록 도와주고는 제게 애인이 되어 달라고 했어요. 저는 기뻐서 기꺼이 그러겠노라고 했고, 제 명예와 목숨을 앗아가려는 원수로부터 저를 구해 주었으니 언제까지나 제 주인이며 사랑으로 여기겠다고 말했지요.

우리는 어제 온종일, 그리고 오늘 아침도 제3시30까지 함께 말을 타고 달렸어요. 그러다 어느 장막에 이르렀는데, 그 장막 안에서는 좀처럼 보기 드문 잔치가 벌어지고 있었기 때문에 우리는 그쪽으로 가보았어요. 장막 휘장이 걷혀 있어서 안으로 들어갔지요. 하지만 우리가 장막 안에 들어서자, 우리가 오는 것을 본 사람들은 그 때까지 기뻐하던 만큼이나 슬퍼하기 시작했어요. 제 애인은 그들이 그처럼 슬퍼하는 것을 보고 크게 놀랐지요. 그 때 한 아가씨가 다가와 우리에게 당장 떠나라고 말했어요. 잠시라도 더 머물렀다가는 반드시 죽임을 당하리라는 것이었어요. 하지만 그는 영문을 알 수 없었기 때문에 떠나기를 거부하며 이렇게 말했어요. '아가씨, 부디 이렇게 슬퍼하지 마시고 아까처럼 즐거운 모임을 계속하시지요.'

---

30 오전 9시경.

그러자 그녀들은 말했어요. '기사님, 당신이 이제 곧 저희가 보는 앞에서 죽을 텐데, 어떻게 기뻐할 수가 있겠어요? 이 장막을 친 것은 황야의 오만한 자[31]인데, 그는 당신을 죽일 거예요. 인정사정 봐주지 않을 게 분명해요. 제 말을 믿으신다면, 더 나쁜 일이 닥치기 전에 어서 떠나세요.'

'친절한 아가씨들, 저는 어떤 기사도 두렵지 않습니다.' 그가 말했어요.

그녀들은 그 말을 듣자 울기 시작했어요. 그 때 한 난쟁이가 늙은 말을 타고 나타났는데, 손에는 채찍을 들고 있었고, 아주 못되고 잔인했어요. 그가 우리에게 한 인사말은 잘못 왔다는 것뿐이었어요. 그가 우리를 대하는 태도로 보아 하니 정말 그런 것 같았어요. 그는 제 얼굴을 채찍으로 후려쳐 빨갛게 자국이 났어요. 그러더니 장막 기둥을 땅에서 뽑아 그것을 우리에게 내리치더군요. 제 애인은 성이 났지만, 난쟁이와 상대하기를 원치 않았고, 난쟁이는 그런 다음 즉시 자기 말을 채찍으로 갈기며 달아났어요. 그래서 우리도 그 자리를 떠나 가던 길을 계속 갔어요. 더 이상 거기서는 할 일이 없었으니까요. 하

---

31 '황야의 오만한 자'는 《그라알 이야기》에서 페르스발이 아더 왕의 궁정을 찾아가던 중에 곤경에 빠뜨린 '장막의 아가씨'의 애인이다. 《그라알 이야기》에서는 페르스발이 그라알 성에서의 모험 후에 숲속의 애도하는 아가씨, 즉 자신의 사촌누이를 만난 후 다시 '장막의 아가씨'와 '황야의 오만한 자'를 만나 싸워 이기고 그들을 아더 왕의 궁정에 보내는 것으로 되어 있는데, 여기서는 숲속의 애도하는 아가씨가 그를 장막으로 인도하며 거기서 황야의 오만한 자를 만나게 된다. 두 작품 모두에서 주인공이 처음 입는 갑옷이 붉은 갑옷이며 황야의 오만한 자 역시 붉은 갑옷의 기사라는 점도 같다. 이야기의 요소들이 분절되어 재조합되는 것을 볼 수 있다.

지만 반 마장도 채 못 가서 무장을 갖춘 한 기사가 다가오는 것을 보았어요. 그는 붉은 갑옷을 차려 입고 온 숲이 울리도록 전속력으로 다가왔어요. 어찌나 천둥 같은 소리가 나던지 열 명쯤 되는 기사가 다가오는 줄로만 알았지요. 그는 우리 쪽으로 다가오며 고함을 쳤어요.

'이봐요, 기사 양반, 내 장막을 쓰러뜨리고 잔치를 망치다니 후회할 거요!'

제 애인은 그 말을 듣자 돌아서서 그쪽을 향했고, 그들은 서로 맞붙었어요. 기사는 정말이지 막강하여 창으로 제 애인의 몸을 꿰뚫었고, 그러고는 검을 뽑아 보시다시피 투구에 찔러 박았어요. 그렇게 제 애인을 죽이고는 저나 제 말은 돌아보지도 않고 말을 달려 가버렸지요. 저는 이 숲속에 혼자 남았으니, 제가 저를 원수로부터 구해준 사람을 잃고 슬퍼한다고 해서 아무도 저를 비난할 수는 없겠지요. 자, 기사님께서 물으신 데 대해 사실대로 말씀드렸습니다."

아가씨는 그렇게 말하고는 다시금 울며 애통하기 시작했다. 페르스발은 그녀가 괴로워하는 것을 보고 깊은 동정심을 느끼며 이렇게 말했다.

"아가씨, 그렇게 슬퍼해봤자 소용이 없습니다. 이 말을32 타고 저를 그 기사의 장막으로 인도해 주십시오. 제가 반드시 복수를 하고야 말겠습니다."

---

32 여기서는 노새(mul)로 되어 있지만, 뒤에서 난쟁이가 빼앗는 깃은 그녀의 말(palefroi)이고, 페르스발이 처음 그녀를 만나던 대목에서도 근처에 '줄에 묶인 말'이 있었다고 하므로 '말'에 태운 것으로 옮긴다.

하지만 아가씨는 이렇게 대답했다.

"기사님, 제 말을 믿으신다면 부디 가지 마세요. 그 기사는 아주 크고 힘이 셉니다. 만일 그가 이기면 기사님을 죽이고 말 거예요. 그는 제가 세상에서 가장 증오하는 인간이기는 하지만요."

페르스발은 그 기사를 만나기 전까지는 쉬지 않겠다고 선언했다. 그래서 그녀를 말에 태우고 장막을 향해 갔고, 아가씨들이 잔치를 하는 소리가 들려왔다. 그녀들은 페르스발을 보자마자 잔치를 그치고는, 제발 어서 떠나라고 소리쳤다. 자기들의 주인이 오면 페르스발은 죽고야 말리라는 것이었다. 하지만 그는 그녀들의 말에 아랑곳하지 않고 장막으로 다가갔다. 그가 들어서서 그녀들에게 말을 걸자마자, 추악한 난쟁이가 늙은 말을 타고 나타나 손에 든 채찍으로 말머리를 내리치며 이렇게 외쳤다.

"내 주인의 장막에서 당장 꺼져라!"

그러더니 아가씨에게로 다가와 그녀의 목덜미와 손을 채찍으로 내리치고 그녀의 말을 빼앗고는 그녀를 장막에서 몰아내려 했다. 이를 보자 페르스발은 성이 나서 창 자루를 잡고는 난쟁이의 어깨 사이를 내리쳐 그를 말에서 떨어뜨려 땅바닥에 납작하게 엎어뜨렸다. 하지만 난쟁이는 벌떡 일어나 도로 말에 올라타고는 외쳤다.

"기사 양반, 오늘이 다 가기 전에 반드시 욕을 보게 될 거요!"

그러고는 페르스발을 장막에 남겨두고 가버렸다. 페르스발은 난쟁이가 아가씨를 그처럼 모욕한 데 몹시 기분이 상했다.

그들이 거기 있노라니 온통 붉은 무장을 차려 입은 기사가 난쟁이를 데리고 다가오는 것이 보였다. 아가씨는 그를 보자 겁에 질려 말했다.

"기사님, 저자가 제 애인을 죽인 자입니다."

페르스발은 그 말을 듣자 말머리를 돌려 장막 밖으로 나갔다. 기사는 그를 보자 고함을 쳤다.

"이봐요, 기사 양반, 내 난쟁이를 치다니 후회하게 될 거요!"

하지만 페르스발은 그의 오만한 말에 아랑곳하지 않고 말머리를 그쪽으로 몰아갔고, 그들은 인정사정 볼 것 없이 맹렬하게 서로 달려들었다. 기사는 실로 막강하고 담대했으며, 페르스발의 방패를 부수고 꿰뚫어, 창끝이 그의 왼쪽 겨드랑이까지 들어왔다. 만일 그것이 살에 닿았더라면 그를 죽이고야 말았을 것이다. 하지만 페르스발도 뛰어난 기량으로 분연히 상대의 방패에 창을 들이박았으니, 방패도 쇠사슬갑옷도, 그 밖에 기사가 걸치고 있던 어떤 것도 살을 파고드는 창끝을 막아주지 못했다. 그들은 그토록 심하게 몸과 머리와 방패를 맞부딪쳤으므로, 그 충격에 정신없이 나가떨어졌고, 말고삐와 방패끈도 손아귀에서 빠져나갔다. 피차 어찌나 가열한 기세로 상대방을 거꾸러뜨렸던지, 한동안은 그들이 어찌 되었는지도 알 수 없었다. 33

하지만 그들은 재빨리 몸을 일으켜 방패끈을 다잡고 검을 뽑아들고는 다시금 맞붙었다. 기사는 힘과 기세가 충천하여 검을 단단히 쥐고 방패를 세우며 페르스발을 사납게 공격했다. 페르스발도 방패로 밀고 나갔고, 기사는 그것을 세게 내리쳐 돋을새김을 한 복판까지 두 쪽을 내버렸다. 그 타격이 어찌나 세찼던지, 꽃과 보석들34이 땅바닥에 흩

---

33 직역하면 "그들이 어찌 되었는지 알기 전에 한 마장은 너끈히 갈 정도였다."
34 아마도 방패를 장식한 꽃과 보석들을 말하는 듯하다.

어졌다. 그 공격은 그를 상처 입힐 만했지만, 검이 손에서 도는 바람에 빗겨 나갔다. 페르스발은 이를 보자 한층 더 큰 힘과 용기로 기사에게 달려들어 그의 투구를 공격했다. 기사는 맞받아치려고 방패를 내밀었지만, 페르스발은 분노와 적의가 극에 달해 그의 방패를 손잡이 있는 데까지 두 쪽 내고 왼쪽 어깨에 중상을 입혔다. 그 타격 때문에 상대는 땅바닥에 나가떨어질 뻔했다. 페르스발은 연이어 공격했지만, 기사는 스스로 무적임을 믿는 자처럼 반격해왔다. 하지만 페르스발이 워낙 밀어붙였으므로 그는 더 이상 버티지 못하고 들판 저쪽까지 밀려났다. 마침내 페르스발은 그의 투구를 벗기고 목을 베려 했다.

그러자 기사는 하느님의 이름으로 자비를 구하며 죽이지 말아달라고, 그러면 페르스발이 명하는 어디에든 가서 포로가 되겠노라고 애원했다. 페르스발은 그처럼 자비를 구하는 말을 듣자 더 이상 건드리지 못하고 물러나서, 기사와 그의 아가씨들이 아더 왕의 포로가 되기로 성유물에 걸고 맹세할 것을 명했다. 그는 또한 기사에게 애인을 잃은 아가씨를 아더의 궁정으로 데려가 그녀를 왕의 조카 고뱅의 보호에 맡길 것을 명했다. 고뱅은 분명 그녀가 원하는 대로 대접해줄 것이고, 최소한 그녀의 아버지의 집으로 돌려보내줄 것이었다.

기사가 대답했다. "그렇게 하리다. 하지만 말해 주시오. 아더 왕의 궁정에 가서, 누구의 이름으로 포로가 되었다고 고해야 하오?"

그가 대답했다. "그라알의 탐색에 나선 페르스발 르 갈루아의 이름으로 그리 하시오. 그리고 말하는 것을 잊었는데, 만일 고뱅 경을 못 찾거든, 아가씨를 왕비님께 데려가시오. 생각해 보니 고뱅 경도 궁에 있을 것 같지 않으니 말이오."

"말씀대로 하리다. 하지만 길을 떠나기에 앞서, 부디 함께 식사해 주시오. 그러고 나면 더욱 기꺼이 가라 하시는 곳으로 가리다."

페르스발은 마침 시장하던 참이라 기꺼이 그러겠노라고 말했고, 그들은 함께 장막으로 돌아갔다. 기사는 아가씨들에게 손님을 잘 대접하라고 일렀고, 그녀들은 그의 명대로 행했다. 그에게는 호화로운 겉옷이 걸쳐졌고,[35] 그런 다음 상이 차려졌고, 그들은 자리에 앉아 마음껏 먹었다. 식사를 마치자 그들은 일어났고, 페르스발은 무장을 달라고 하여, 무장을 갖추고 말에 올랐다. 기사도 그렇게 한 다음 아가씨들에게 말에 오르라 했고, 페르스발이 데려온 아가씨도 말에 올랐다. 그녀는 페르스발과 헤어지게 되어 몹시 서운해 했고, 기사보다는 그를 따라가고 싶은 기색이 역력했다. 하지만 페르스발은 다른 일을 골똘히 생각하고 있었던 터라[36] 그럴 수가 없었다.

그렇게 그들은 헤어졌고, 기사는 말을 달려 아더 왕의 궁정에 당도했다. 아더는 마침 홀에 있었고, 그와 함께 아름다운 왕비와 그의 궁정에 온 많은 기사들이 있었다. 페르스발이 보낸 기사는 홀에 들어가 왕과 왕비와 모든 제후에게 인사를 하고 말했다.

"전하, 저도 여기 이 아가씨들도 전하의 포로가 되기 위해 왔습니다. 페르스발 르 갈루아의 이름으로 전하의 뜻에 굴복하나이다. 그는

---

35 무장을 벗은 기사에게는 겉옷을 걸쳐준다.
36 "페르스발이 다른 일을 골똘히 생각한다"는 것은 《그라알 이야기》에서 그가 눈밭에 떨어진 세 개의 붉은 핏방울을 보고 블랑슈플로르의 얼굴을 떠올리며 사랑의 몽상에 빠지는 장면에서 쓰인 말인데, 이후로 페르스발의 특징적인 면모로 종종 언급된다. 주 62 참조.

또한 여기 보시는 이 아가씨를 고뱅 경에게 의탁하며, 만일 그가 이곳에 없다면 왕비님께서 받아주시기를 바란다고 합니다. 그녀는 아주 고귀한 태생입니다. 페르스발 자신도 여러분 모두에게 안부를 전합니다."

아더 왕은 그 말을 듣자 크게 기뻐했다. 그리고 기사를 자기 궁정에 속한 기사로 삼고 그가 더 이상 포로가 아님을 선포했다. 왕비도 아가씨를 받아들여 자신의 조카37 고뱅 경의 이름으로 환대했다. 그리하여 기사는 아더 왕과 함께 머물게 되었고, 궁정에서 많은 사랑을 받았다. 38

한편 페르스발은 기사와 헤어져 온종일 길을 갔지만 아무 모험도 만나지 못했다. 저녁이 다가오자 그는 우리 주님께 묵을 만한 곳을 주십사고 기도했다. 간밤에도 제대로 잘 만한 곳을 얻지 못했기 때문이었다. 그런 다음 앞쪽을 보니, 울창한 숲 사이로 크고 아름다운 탑의

---

37 cosine은 '사촌' 또는 '조카'를 말한다. 고뱅은 아더 왕의 조카이니 아더 왕비의 조카이기도 하다.

38 이렇게 페르스발이 싸워 이긴 기사를 아더 왕의 궁정에 포로로 보내는 것은 《그라알 이야기》에서와 같은데, 단 《그라알 이야기》에서는 그런 싸움이 그가 아더 왕의 궁정에 정식으로 맞아들여지기 전에 일어난다는 점이 다르다. 《그라알 이야기》에서는 연이어 그런 포로들이 궁정에 도착하면서 페르스발에 대한 궁금증이 일어나던 끝에 그가 궁정에 맞아들여지고, 그 직후에 추한 아가씨가 나타나 그가 그라알 성에서 실패한 것을 꾸짖으면서 궁정의 모든 기사들이 그라알을 찾아 나서는 모험이 시작되는 반면, 산문 《페르스발》에서는 이미 아더 왕 기사의 일원이 되어 그라알 모험에 나선 페르스발이 싸워 이긴 기사들을 궁정으로 보내는 것이다.

꼭대기가 나타나는 것이 보였다. 페르스발은 그것을 보자 크게 기뻐하며 서둘러 그쪽으로 갔다. 가보니 그곳에는 세상에서 가장 아름다운 성이 있는데, 도개교가 내려져 있고 성문도 열려 있었다. 그는 말을 탄 채 곧장 안으로 들어갔다. 성관 밖의 하마석에서 말을 내려 말을 고리에 묶은 다음, 완전 무장에 검을 찬 채 위로 올라갔다. 하지만 홀에 들어가 이리저리 둘러보아도 인기척이라고는 없었다. 그는 한 침실로 가서 안에 들어가 두리번거렸지만 역시 아무도 보이지 않았다. 그는 의아해하며 다시 홀 안으로 돌아와 생각에 잠겼다.

'이런, 이상한 일이로군. 하지만 홀에는 발자국들이 남아 있는 것으로 보아 조금 전까지도 사람들이 여기 있었던 것 같은데, 아무도 보이지 않으니.'

하지만 홀 한복판에 가 보니 창가에 순은으로 된 체스판이 있고, 그 위에 흑백의 상아로 된 체스말들이 마치 막 게임을 하려는 양 차려진 것이 눈에 띄었다. 그 멋진 체스말들을 보자, 페르스발은 다가가서 한참 동안 그것들을 들여다보았다. 자세히 보고 난 다음 그는 체스말에 손을 대어 그중 하나를 체스판 앞쪽으로 움직였다. 그러자 다른 말 하나가 상대하듯 움직였다. 페르스발은 체스말들이 자신을 상대하는 것을 보고 몹시 놀랐지만, 다른 말을 움직여보았다. 또다시 다른 말이 움직였다. 페르스발은 이를 보자 자리에 앉아서 체스 게임을 하기 시작했다. 결국 체스판이 세 번이나 그를 외통수에 몰아넣었다. 이를 보자 페르스발은 몹시 언짢아져서 말했다.

"정말이지 놀랍군! 나도 체스는 꽤 잘하는 편인데, 나를 세 번이나 외통수로 몰다니! 이 체스판이 또다시 나나 다른 어떤 기사를 외통수에 몰아넣어 수치를 당하게 한다면 말이 안 되지!"

그래서 그는 체스말들을 사슬갑옷 자락에 쓸어 담고는 창가로 가서 그 아래 흐르는 물에 던져버리려 했다. 하지만 그가 막 그것들을 던져버리려는데, 그의 위쪽 창가에 있던 한 아가씨가 그에게 말했다.

"기사님, 그 체스말들을 물속에 던져버릴 작정이라면 크게 잘못 생각하신 거예요. 그것들을 물에 던져 버린다면, 큰 실수가 될 거예요."

페르스발이 말했다. "아가씨! 당신이 이리로 내려온다면, 하나도 던지지 않겠습니다."

그녀가 대답했다. "나는 안 갈 걸요. 하지만 그것들을 도로 체스판 위에 얌전히 갖다 두세요."

"그게 무슨 말입니까, 아가씨?" 페르스발이 말했다. "내 부탁은 거절하면서, 내게는 부탁을 하다니? 맹세코[39] 당신이 이리로 내려오지 않는다면, 죄다 던져버릴 겁니다."

아가씨는 그가 그렇게 말하는 것을 듣자 말했다.

"기사님, 체스말들을 제자리에 두세요. 당신이 그것들을 던져버리느니 내가 내려가지요."

페르스발은 그 말을 듣자 기뻐하며 체스판으로 돌아가서 체스말들을 그 위에 놓았다. 그러자 그것들은 어떤 사람이 할 수 있었을 것보다 더 완벽하게 스스로 자리를 잡았다. 이윽고 한쪽 문으로 아가씨가 들어왔고, 적어도 열 명의 다른 소녀들과 네 명의 하인이 뒤따랐다. 이들은 잘 훈련이 되어 있어, 페르스발을 보자마자 달려와 그가 무장

---

39 직역하면 "성 니콜라스에 맹세코." 파리(디도) 사본에는 그런 말이 없다.

을 푸는 것을 도와주었다. 투구를 벗기고 각갑(脚甲)과 사슬갑옷을 벗겨 무장을 완전히 풀자, 맨몸이 된 그는 더없이 수려한 기사였다. 두 명의 사환이 달려가 그의 말을 마구간에 넣었고, 한 소녀가 그에게 홍포로 된40 짧은 겉옷을 가져다 걸쳐주었다. 그런 다음 그는 그 집의 젊은 여주인과 함께 방으로 안내되었다. 그녀는 기쁘게 그를 맞이했으니, 그녀야말로 세상에서 가장 아름다운 아가씨였다. 페르스발은 그녀를 보자 열렬히 사랑하게 되었고, 이렇게 단둘이 되었는데 그녀의 사랑을 구하지 않는다면 어리석은 노릇이라고 생각했다. 그래서 그는 여러 가지로 열렬히 구애를 했고, 마침내 그녀가 말했다.

"기사님, 하느님께 맹세코, 만일 당신이 말로 하는 만큼 실제로도 그렇게 열렬하다고 믿는다면야 당신이 제게 청하는 바를 기꺼이 들어드리겠지요! 하지만 그렇다고 당신이 한 말을 의심하는 건 아니에요. 만일 당신이 제가 부탁하는 대로 해 주신다면, 저도 당신을 사랑하고 이 성의 주인으로 삼겠어요."

페르스발은 그 말에 크게 기뻐하며 말했다.

"아가씨, 뭐든지 말만 하면 그대로 행하겠습니다. 무엇이든 원하는 대로 말하세요."

그러자 그녀는 대답했다.

"만일 이 숲속에 사는 흰 사슴을 잡아 그 머리를 제게 갖다 주신다면, 언제까지나 당신의 애인이 되겠어요. 41 아주 충실한 사냥개를 한

마리 드리지요. 이 개는 풀어놓기만 하면 곧장 사슴이 있는 곳으로 당신을 인도할 겁니다. 재빨리 그 뒤를 쫓아가서 사슴의 목을 베어 제게 갖다 주세요."

"기꺼이 그러지요, 아가씨. 만일 하느님께서 제게 생명을 허락하신다면, 당신이 말한 대로 어김없이 행하겠다고 약속합니다." 페르스발이 대답했다.

이윽고 아가씨의 하인들이 다가와 상을 차리기 시작했고, 그들은 식탁 앞에 앉아서 마음껏 먹었다. 식사를 마치고 일어선 페르스발과 아가씨는 함께 뜰을 거닐다가 잠자리에 들 시간이 되었다. 그러자 하인들이 페르스발에게 다가와 그의 신발을 벗기고 그를 위해 준비해놓은 아름다운 침상에 뉘었다. 페르스발은 자리에 누웠지만, 그날 밤잠을 잘 이루지 못했다. 아가씨와 그녀가 맡긴 일에 대한 생각을 그칠 수 없었기 때문이다.

이튿날 동이 트자 페르스발은 일어나서 무장을 가져다 채비를 했다. 두 명의 사동이 그의 말을 데려왔고, 그는 말에 올랐다. 아가씨가 나와 그에게 사냥개를 주면서 자기를 생각하는 만큼 개를 잘 돌봐 달라고 부탁했다.

페르스발이 대답했다. "하느님께 맹세코, 아가씨, 당신의 개를 잃어버리는 일은 절대 없을 겁니다."[42]

---

41 흰 사슴을 사냥하는 자가 아름다운 여인을 얻는다는 모티프는 크레티앵 드 트루아의 《에렉과 에니드》에서와 같다.

42 이상 체스판 성의 모험은 《제2 속편》에서 가져온 것이고, 이후의 전개, 즉 흰 사슴 사냥, 검은 기사와의 싸움, 체스판 성으로의 지연된 귀환 등도 《제2 속편》을

그는 사냥개를 자기 앞, 말의 목덜미에 앉히고 아가씨에게 작별을 고한 다음, 기세 좋게 말을 달려 숲속으로 들어갔다. 그곳에서 개를 내려놓고 풀어 주니, 개는 사슴의 자취를 따라 달리다가 어느 덤불에 이르러 덮쳤다. 그러자 눈처럼 새하얀, 크고 뿔 달린 사슴이 달아나기 시작했다. 페르스발은 그것을 보자 크게 기뻐하며 말에 박차를 가했다. 말이 어찌나 세차게 달리는지, 온 숲에 말발굽 소리가 메아리쳤다. 이런 이야기를 길게 할 이유가 뭐겠는가? 사냥개는 사슴이 굴복하도록 몰아갔고, 그 두 넓적다리를 꼼짝 못 하게 붙들었다. 페르스발은 기뻐하며 재빨리 말에서 내려 사슴의 목을 베었고, 그것을 자기 안장에 달아야겠다고 생각했다. 하지만 그가 막 그것을 매달려는데, 한 노파가 말을 타고 쏜살같이 달려와 사냥개를 낚아채 가지고 가버렸다. 페르스발은 그것을 보자 성이 나서 즉시 말에 올라 그 뒤를 쫓았다. 그녀를 따라잡은 그는 어깨를 붙들어 멈춰 세우고는 말했다.

"내 개를 돌려주시오, 이런 식으로 가져가 버리다니 옳지 않소."

대폭 생략하면서 따른 것이다. 체스판(eskekier) 내지 체스말(eskés) 이라는 모티프는 그라알의 탐색과 직접적인 연관은 없으나, 《그라알 이야기》에서부터 등장한다. 즉, 그 후반부에서 고뱅이 갱강브레질의 성에서 성주의 누이동생과 다정히 이야기를 나누다 창밖에 몰려온 성민들로부터 공격당하자 큼직한 체스말을 창밖으로 던져 무기로 쓰는 것을 볼 수 있다. 이렇게 체스말이 무기가 될 만큼 크다는 것도 이미 특이하지만, 《제2 속편》에서처럼 체스판 위의 말들이 저절로 움직여 체스 두는 사람을 상대한다는 것은 확연히 경이적인 요소이다. 체스판 성의 성주 아가씨는 요정이라고 명시되지는 않지만, 나중에 이야기되듯 사랑하는 기사를 가두고 무덤으로 위장하는 요정과 자매간이라는 사실에서 그녀 또한 요정임을 엿볼 수 있다.

그 못된 노파는 그의 말을 듣자 이렇게 대답했다. "기사 양반, 날 멈춰 세우다니, 그리고 이 사냥개가 자기 거라고 하다니, 천벌을 받기를! 당신은 이걸 훔친 게 분명해! 난 이걸 진짜 주인에게 갖다 줄 거요. 당신은 아무 권리도 없으니까!"

페르스발은 그 말을 듣자 이렇게 말했다. "부인, 만일 순순히 돌려주지 않는다면, 나도 화를 낼 겁니다. 그렇게 가져가지는 못할 걸요. 그랬다가는 좋지 않은 일이 일어날 겁니다."

"기사 양반, 내게 폭력을 쓸 수도 있겠지만, 폭력은 옳지 않아요. 만일 내 말대로 한다면, 분란 없이 개를 돌려주지."

"어디 말해 봐요. 내가 할 수 있는 일이라면 하지요. 당신과 싸움을 하고 싶지는 않으니."

"이 길로 쭉 따라가다 보면, 무덤이 하나 나타날 테고, 그 위에 기사가 한 명 그려져 있어요. 그 앞에 가서 거기다 그를 그린 자는 불한당이라고 말하시오. 그런 다음 내게 돌아오면 개를 돌려주지."

"개를 잃지 않으려면 그래야겠지요."

그리하여 페르스발은 무덤으로 가서 말했다. "기사 양반, 여기다 당신을 그린 자는 불한당이요!"

그 말을 하고 돌아오다가 그는 뒤쪽에서 큰 소리가 나는 것을 들었다. 뒤돌아보니 한 기사가 놀랄 만큼 커다란 검은 말을 타고 질주해 오고 있었다. 완전 무장을 갖추었는데, 먹물보다 더 검은 무장이었다. 페르스발은 그 모습에 경악하여 대번에 성호를 그었다. 정말이지 무시무시하게 큰 기사였기 때문이다. 하지만 참된 십자가 성호를 긋자 힘과 용기가 되살아나 그는 즉시 말머리를 돌렸고, 두 사람은 전속력으로 마주 달렸다. 어찌나 맹렬한 기세로 부딪쳤던지, 창과 방패가 부서져 나갔고, 몸과 가슴팍과 투구가 세차게 부딪히는 바람에 몸 속의 심장이 솟구치고 눈앞이 흐려져서 도대체 무슨 일이 일어났는지도 알 수 없을 정도였다. 둘 다 말고삐도 방패끈도 놓치고 땅바닥에 처박혀서 심장이 터져버릴 지경이었다. 족히 두 아르팡43은 가서야 자기가 어찌 되었는지, 상대방은 어디로 갔는지 알 정도였다. 하지만 제정신이 돌아오자, 그들은 벌떡 일어나서 검을 뽑고 방패를 세워 들고는 다시금 서로 덤벼들었다.

무덤의 기사는 사나운 기세로 페르스발을 재차 공격하여 검으로 투구를 내리쳤지만, 투구가 워낙 튼튼하여 공격을 막아냈다. 페르스발도 그를 공격하여 마구 몰아세운 끝에 상대방이 입지를 잃게 만들었다. 그러고는 검으로 내리쳐 투구와 주모(胄帽)44를 가르고 기사의 머리 왼쪽에 중상을 입혔다. 기사는 비틀거리며 물러났다. 만일 검이 손 안에서 돌지만 않았더라면 그를 죽이고야 말았을 것이다. 하지만 기사는 다시금 방패끈을 다잡고 성난 공격을 해왔고, 페르스발은 다시금 방어 태세에 들어갔다. 그들이 그렇게 들판 한복판에서 싸우고 있노라니, 무장을 갖춘 한 기사가 나타나 사슴의 머리와 노파가 안고 있던 개를 낚아채어45 한마디 말도 없이 사라져 버렸다.

---

43 아르팡(arpent)은 중세에 길이의 단위로 쓰이다가, 나중에는 넓이의 단위가 되었다. 길이로는 약 70미터 가량 된다.

44 투구 안에 쓰는 모자.

45 앞서 개를 빼앗아간 노파는 페르스발을 무덤의 기사에게 보내며 그가 돌아오면 개를 돌려주겠다고 말한다. 그러니 이제 난데없이 나타난 기사가 "노파가 안고 있던

페르스발은 그것을 보자 낙심했지만, 자신을 드세게 공격하는 무덤의 기사 때문에 뒤쫓아 갈 수가 없었다. 그는 분연히 있는 힘을 다 끌어 모아 기사를 공격했고, 기사는 더 이상 버티지 못하고 무덤을 향해 급히 달아났다. 그러자 무덤이 열리고 기사가 그 안으로 뛰어들었다. 페르스발도 그 뒤를 따라 뛰어들려 했지만, 무덤이 요란하게 닫히는 바람에 그럴 수가 없었다. 그 기세에 페르스발의 발밑 땅이 진동했다. 그는 자신이 본 광경에 크게 놀라 무덤에 다가가서 세 번이나 기사를 외쳐 불렀지만, 아무 대답이 없었다. 대답을 듣지 못하리라는 것을 깨달은 페르스발은 자기 말로 돌아가 올라타고는 사슴의 머리와 사냥개를 가져간 기사의 뒤를 따라 달리기 시작했다. 반드시 그를 붙잡고야 말 작정이었다. 그렇게 가다보니 자기를 무덤으로 보냈던 노파가 보여, 그녀 쪽으로 말을 몰고 가서 대체 무덤의 기사가 누구였는지, 그리고 개를 가져간 다른 기사를 아는지 물어보았다.

노파는 그 말을 듣자 말했다. "기사 양반, 내 알 바 아닌 일에 대해 내게 묻다니 무슨 망발이오. 당신이 잃어버렸다면 당신이 가서 찾아야지, 내가 무슨 상관이오."

말해봐야 소용없을 것을 안 페르스발은 그녀를 저주하고는 사슴 머리와 사냥개를 훔쳐간 기사를 뒤쫓아 그 자리를 떠났다. 하지만 그 계절이 거의 다 가도록 돌아다녔지만, 그 기사의 소식은 알 길이 없었다.

개"를 가져간다는 것이나, 뒤에서 그 기사를 추격하다가 노파를 다시 만난다는 것은 앞뒤가 맞지 않는다.

큰 숲 작은 숲을 두루 지나 말을 달리며 그는 수많은 모험을 만났다.[46] 어느 날 그는 우연히[47] 어머니와 아버지가 살던 황무한 숲에 이르렀다. 그들의 성은 이제 페르스발의 누이인 아가씨에게 맡겨져 있었다.[48] 페르스발은 너무나 오래 떠나 있었기 때문에 그 숲에 이르러서도 아무것도 알아보지 못했다. 하지만 우연이 이끄는 대로 가다가 집에 이르렀다. 그의 누이 되는 아가씨는 그를 보자 달려 나와 말했다.

"기사님, 말에서 내리세요. 내일 아침까지 이곳에 유숙하시겠다면 좋은 숙소를 얻게 되실 겁니다."

"아가씨, 바로 그 이유 때문에 왔습니다." 페르스발이 대답했다.

---

46 《제 2 속편》에서는 페르스발을 방해한 인물이 노파가 아니라 '심술궂은 아가씨'이고, 사슴머리와 사냥개를 훔쳐간 기사를 따라간 끝에 또 한참 복잡한 모험들이 벌어지다가 어머니의 집이 있는 숲에 이르게 된다. 특히, 《제 2 속편》은 《그라알 이야기》의 속편이니만큼 전작에서 주인공이 사랑했던 '블랑슈플로르'를 그 과정에 등장시키는데, 산문 《페르스발》에서 주인공의 애정은 — 서두에 잠깐 등장하는 고뱅의 누이 엘렌을 제외한다면 — 체스판 성의 아가씨에게로 집중된다. 하여간, 산문 《페르스발》은 이 긴 우회를 단 한 문장으로 생략하고 주인공을 곧바로 황무한 숲으로 데려간다.

47 직역하면 "모험이 그를 이끌어." 《메를랭》 주 138 참조.

48 《그라알 이야기》에서 페르스발은 그라알 성에서 모험에 실패한 후 숲속에서 사촌 누이를 만나는 반면, 《제 2 속편》에서는 황무한 숲의 어머니 집에 돌아가 누이를 만나며, 산문 《페르스발》 역시 후자를 따르고 있다. 하지만 《제 2 속편》은 《그라알 이야기》의 속편인 만큼 누이와의 만남이 그라알 모험 이후가 되는 반면, 산문 《페르스발》에서 누이와의 만남은 그라알 성을 방문하기 이전이다. 페르스발의 누이는 그가 집을 떠난 전말과 어머니의 죽음에 대해 알고 있으며 그를 신앙의 길로 인도하는 역할이므로 그의 손위일 수도 있으나 확실치 않다. 참고로, 《성배 탐색》에서 페르스발의 누이는 여동생이다. 본문에서는 페르스발과 누이가 서로 Bele suer, Biaus frere로 부르는 것을 편의상 '오라버니'와 '누이'로 옮겼다.

그는 말에서 내렸고, 아가씨와 그녀의 사촌들인[49] 다른 두 아가씨가 친절하게 도와주었다. 그녀들은 그가 무장을 푸는 것도 도와주었고, 그가 무장을 벗자, 그의 누이 되는 아가씨가 아주 아름다운 비단 겉옷을 가져다주었다. 그런 다음 그를 자기 곁에 앉히고는 한참이나 그를 바라보다가 눈물을 흘리기 시작했다. 페르스발은 그녀가 우는 것을 보자 마음이 아파서 대관절 무슨 일로 그렇게 우는지 물었다.

그녀가 대답했다. "말씀드리지요, 기사님. 제게도 오라버니가 있답니다. 기사가 되려는 청년[50]이지요. 저는 그와 같은 어머니 같은 아버지에게서 난 친누이예요. 저희 아버지가 하느님의 뜻대로 세상을 떠나실 때, 그리스도께서는 그에게 성령의 음성을 보내셨답니다. 아버지가 돌아가신 후, 제 오라버니는 아더 왕의 궁정에 갔어요.[51] 그때 그는 아주 어리고 세상 물정을 전혀 모르는 터였으므로, 어머니

---

49 원문의 niece는 '조카' 외에 '사촌, 손녀' 등에도 쓰이는 말이다. 페르스발의 누이에게 조카딸들이 있다고 하면 나이가 상당히 든 느낌이라, '사촌'으로 옮긴다.

50 baceler, 즉 bachelier는 아직 기사가 되지 않은, 기사가 되려는 청년을 말한다.

51 이 대목에서는 알랭이 죽을 때 성령의 음성이 임했다는 것과 페르스발이 아더 왕의 궁정에 갔다는 것이 썩 잘 이어지지 않는다. 파리(디도) 사본은 좀 더 충실한 맥락을 제공한다. 즉, 페르스발의 누이는 자신들의 아버지가 세상을 떠날 때 임했던 성령의 음성이 말한 내용을 이렇게 전하고 있다. "알랭, 우리 주님께서는 그대가 이제 그분의 무리 중에 들 것을 명하셨다. 그리고 알라. 그대에게서 그라알의 예언이 성취될 자가 태어났다는 것을. 그대의 아버지 브롱은 이 나라에 와 있으며, 그가 그대에게 형제들을 지키고 그들이 율법을 지키도록 권고할 책임을 주었으니, 그대의 아들은 아더 왕의 궁정에 가서 원탁의 기사가 될 것이며, 그곳에서 들은 바를 통해 조부인 부자 어부왕의 집을 찾을 단서를 알게 될 것이며 그의 병을 치유하리라." 그래서 페르스발이 그 음성을 듣자마자 사냥말에 올라 아더 왕의 궁정에 가겠다고 나섰으며, 어머니의 만류를 듣지 않았다는 것이다.

는 그가 떠나자 상심한 나머지 앓아누워 슬픔으로 돌아가셨답니다. 어머니에 대한 죄가 그의 길을 가로막았을 거예요. ”52

페르스발은 그 말을 듣자 말했다. “누이여, 내가 아더 왕의 궁정에 가느라 떠났던 페르스발입니다. ”

아가씨는 그 말을 듣자 기쁨에 넘쳐 눈물을 흘리며 자리에서 일어나 그를 끌어안고 백 번도 더 입 맞추었고, 페르스발도 그렇게 하며 서로서로 크게 기뻐했다. 그런 다음 그녀는 그에게 조부이신 부자 어부왕의 궁정에 갔었느냐고 물었다. 53

“아직 가지 못했어요. 하지만 오래전부터 찾고 있고, 찾아다닌 지 3년도 넘었답니다. 나는 그곳을 찾기 전까지 쉬지 않을 겁니다. ”

“친애하는 오라버니, 부디 하느님께서 오라버니가 그분의 뜻대로 행하여 그분을 기쁘게 해드릴 수 있도록 인도해 주시기를 빕니다. ”

그렇게 함께 이야기하며 다시 만난 것을 기뻐하고 있는데, 아가씨

---

52 《그라알 이야기》에서는 페르스발이 어머니의 만류를 뿌리치고 떠난 무정함이 어머니의 죽음을 초래한 죄이며, 그 죄가 그라알 성에서의 모험에 실패한 원인이라고 이야기된다. 반면, 《제 2 속편》의 페르스발은 어머니를 뿌리치고 떠난 것에 대해 속죄하기는 하나 딱히 그 죄가 그의 모험의 성패에 반영되지는 않는다. 산문 《페르스발》의 경우, 모데나 사본은 “어머니에 대한 죄가 그의 길을 가로막았을 것”이라고 하며, 파리(디도) 사본에서는 뒤이어 등장하는 은자의 입을 빌어 그 죄 때문에 브롱의 집, 즉 그라알 성을 찾지 못하는 것이라고 이야기된다.

53 이 대목에서도, 모데나 사본에서는 페르스발의 누이가 왜 갑자기 어부왕 얘기를 꺼내는지 맥락이 이어지지 않는다. 파리(디도) 사본이 좀 더 충실한 맥락을 제공한다. 즉, 페르스발은 앞서 그라알에 대해 그녀가 한 말(주 51 참조)에 놀라움을 표하며 그것이 진실인지 물었으며, 그녀는 그렇다고 대답하면서 그곳에 갔었느냐고 물었다는 것이다.

의 젊은 하인들이 집에 돌아왔다. 그들은 그녀가 페르스발에게 그토
록 열렬히 입 맞추는 것을 보고는 성이 나서 그녀가 그렇게 낯선 이에
게 입을 맞추다니 정신이 나간 모양이라고 말했다. 아가씨는 그들을
불러 말했다.

"여러분, 이분은 아주 어렸을 때 집을 떠났던 내 오라버니 페르스
발이랍니다."

하인들은 그 말을 듣자 크게 기뻐하며 그를 환영했다. 식사를 한
다음, 아가씨는 페르스발을 불러 말했다.

"친애하는 오라버니, 저는 당신 때문에 근심이 됩니다. 당신은 너
무나 젊고 이 근방을 어슬렁대는 기사들은 아주 잔인하고 사악합니
다. 그들은 할 수만 있다면 당신의 말을 빼앗기 위해 당신을 죽이려
할 거예요. 그러니 내 말을 믿는다면, 당신이 시작한 이 무거운 과업
을 내려놓고, 이곳에서 나와 함께 머무세요. 다른 기사를 죽인다는
것은 큰 죄이고, 날마다 오라버니 자신도 죽임을 당할 위험 가운데 있
으니까요."

"친애하는 누이여, 내가 시작한 탐색을 마치고 나면 기꺼이 머무르
지요. 탐색을 마치는 대로 속히 돌아와 힘닿는 대로 누이를 돕고 권고
하겠습니다. 하지만 그 일을 마치기 전에는 머물 수가 없어요."

아가씨는 그의 말에 안타까운 눈물을 흘리며 말했다.

"그러면 부탁이니, 페르스발, 제 부탁 한 가지를 들어주어요."

"원하는 것을 말해 봐요. 기꺼이 할 터이니." 그가 대답했다.

"저와 함께 숙부 댁에 가주세요. 그분은 은자이고 아주 덕망 높은
분으로, 이 숲속 반 마장쯤 떨어진 곳에 산답니다. 그분께 고해를 하

고, 오라버니 때문에 돌아가신 어머니를 위해 속죄를 하세요. 그분이 힘닿는 대로 권고해 주실 테니, 반드시 그가 명하는 대로 해야 합니다. 그는 아주 거룩한 분이고, 유대 땅 예루살렘에서 이곳에 오신 분이니까요. 당신 아버지 알랭 르 그로의 형제 중 한 분이세요.[54] 그리고 이것도 알아두세요. 만일 그분이 하느님께서 당신을 목표에 이르도록 인도해 주시도록 기도한다면, 그의 기도 덕분에 당신은 곧 그곳에 이르게 될 거예요. 그분은 제게 당신 선조에 대해, 요셉과 에니게우스에 대해 아주 놀라운 일들을 말해 주었답니다. 요셉의 누이인 에니게우스가 바로 그의 어머니이고, 또한 어부왕이라 불리는 브롱이 그의 아버지랍니다. 그는 내게 말하길 당신의 할아버지인 브롱이 우리 주님의 피가 담긴 그릇을 가지고 있다고 했어요. 이 그릇이 그라알이라 일컫는 것이지요. 그는 말하길 우리 주님께서 그 그릇이 당신에게 와야 한다고, 당신이 그것을 발견하기까지 찾아다녀야 한다고 말씀하셨다고 했어요."[55]

---

54 《그라알 이야기》에서 페르스발이 은자를 만나는 것은 그가 5년간이나 혼미함 가운데 헤매다가 어느 성금요일에 숲속에서 참회하는 무리를 만나 제정신이 든 후의 일이다. 그 은자는 어부왕의 부친과 형제간이며, 페르스발의 어머니는 그들과 자매간이라고 한다. 이와는 달리, 《제2 속편》에서 페르스발은 '우연히' 어머니의 집에 돌아가 누이를 만나고 누이의 안내로 은자인 숙부를 만나게 되며, 숙부는 페르스발의 어머니가 아니라 아버지와 형제간이다. 산문 《페르스발》도 이를 따르고 있다. 하지만, 《제2 속편》에서 은자와의 만남은 그것으로 끝인 반면, 산문 《페르스발》은 성금요일의 에피소드를 나중으로 미루어 은자와의 두 번째 만남에 대해 이야기하게 된다.

55 그라알의 내력, 요셉과 에니게우스, 브롱에 관한 이 모든 이야기는 《그라알 이야기》나 《제2 속편》에는 없는 것으로, 로베르 드 보롱의 《요셉》에서 브롱과 그의 아

페르스발은 누이의 말을 듣고 크게 기뻐하며 기꺼이 숙부를 만나러 가겠다고 말했다. 그는 즉시 무장을 하고 말에 올랐고, 그의 누이는 집에 있던 사냥말에 올랐다. 그리하여 그들은 함께 은자의 집을 찾아 갔다. 그들이 그의 문 앞에 도착하여 두드림쇠로 문을 두드리니, 나이 든 은자가 지팡이를 짚고 나와 문을 열어 주었다. 페르스발과 누이는 말에서 내려 은자의 집으로 들어갔다. 하지만 말들은 밖에 두었으니, 문이 너무 낮아서 페르스발도 몸을 굽히고 들어가야 할 정도였기 때문이다. 은자는 조카딸이 기사와 함께 나타나자 놀라서, 기사와 함께 오다니 무슨 일인지, 혹시 그의 포로가 되었는지 물었다. 그녀가 대답했다.

"숙부님, 이 사람은 제 오라버니 페르스발이에요. 숙부님의 형제 알랭 르 그로의 아들 말이에요. 기사가 되려고 아더 왕의 궁정에 갔었지요. 그리고 정말로 기사가 되어 돌아왔어요."

은자는 그 말을 듣자 크게 기뻐하며 말했다.

"말해 주게, 조카님, 자네는 부자 어부왕의 집에도 갔었는가? 그분은 내 부친이자 자네 조부 되신다네."

페르스발은 오래전부터 그곳을 찾아다니고 있지만 아직 가보지 못했다고 대답했다.

"친애하는 조카님, 이 점을 알아두시게. 우리가 함께 만찬 자리에 앉았을 때, 성령의 음성이 들려와 우리에게 머나먼 서방 땅으로 가라 하셨다네. 내 부친 브롱에게 명하시기를 해 저무는 곳56을 향해 이 땅

들이 서방으로 가서 세 번째 그라알지기를 기다리게 되리라는 내용과 이어진다.

으로 가라 하셨지. 그 음성은 또 알랭 르 그로에게 그라알을 맡을 후사가 태어나리라고 말씀하셨으니, 어부왕은 자네가 그의 궁정에 가기 전에는 죽을 수가 없다네. 자네가 그곳에 가면 그분은 치유를 받고 그의 은혜와 그릇을 자네에게 넘길 것이고, 자네는 우리 주 예수 그리스도의 보혈을 지키는 자가 될 걸세.[57] 이제 자네는 거룩하게 행하고, 다른 기사들을 죽일 생각일랑 하지 말게나. 그들을 살려 주고, 자네 모친의 영혼을 위해 여러 모로 그들을 봐주게나. 그리고 우리 주님께서 자네를 긍휼히 여겨주시기를 구하게. 자네 모친이 죽은 것은 자네로 인해 당한 슬픔 때문이니까. 우리 주님께서 자네를 기억하시기를 비네. 죄를 삼가고 일체의 악행을 피하게. 자네는 우리 주님께 크게 사랑받는 가문의 후손이니까. 그분께서는 이들을 높이시어 자신의 살과 피를 그들의 손에 맡기셨다네."[58]

"숙부님, 부디 하느님께서 제가 그분 뜻에 따라 그분을 섬기게 해

---

56 la u le solaus avaloit. 아발롱(Avalon)의 한 가지 어원을 짐작케 하는 대목이다. 《요셉》에서는 페트뤼스가 아바롱(아발롱)으로 가고, 브롱은 서방(해 저무는 쪽)으로 간다고 하는데, 두 행선지가 사실상 같은 의미인 셈이다.

57 누이와 은자를 통해 이처럼 그라알 성에서 페르스발이 겪게 될 모험이 예언되는 것이나 그라알을 그리스도의 보혈과 동일시하는 것은 모두 《요셉》을 근거로 한 것이지만, 이야기의 전개에서 미지의 요소를 대폭 줄임으로써 《그라알 이야기》에 비해 흥미와 박진감을 덜하게 만든다.

58 그라알은 그리스도의 피를 받아 담은 그릇이니, 그라알 지기는 곧 그리스도의 보혈을 지키는 자이다. "그리스도의 살과 피"라는 말에서 '그리스도의 살'은 그라알과 직접 관련이 없지만, 《그라알 이야기》의 그라알 안에 단 하나의 성체만이 들어 있었다고 하듯이, 그라알이 성찬과 연관되면서 성체와도 연관이 생긴 듯하다. 파리(디도) 사본에는 '그리스도의 살'이라는 말이 없다.

주시기를 빕니다." 페르스발이 말했다.

은자는 우리 주님께 그렇게 기도했고, 그런 다음 페르스발에게 선한 일들을 많이 말해 주었다. 나로서는 그 말들을 다 전할 수 없지만, 페르스발이 다음 날 아침까지 밤새도록 그와 함께 머물렀다는 점은 말할 수 있다. 아침이 되자 페르스발은 예배당에서 은자가 집전하는 미사를 드렸다. 그런 다음 은자는 우리 주님의 무장[59]을 벗었고, 페르스발은 그에게 나아가 겸손히 절하며, 자신이 시작한 탐색을 계속하고 싶다고 작별을 고했다. 은자는 우리 주님께 그가 속히 부친[60]의 집을 찾게 해 주시기를 간구했다. 페르스발은 은자의 집을 나와 자기 말로 돌아가 올라타고 누이도 말에 오르게 했다. 그러고는 눈물에 젖은 은자를 뒤로 하고 출발했다. 페르스발은 누이와 함께 말을 달렸고, 그녀는 오라버니와 함께하는 것을 기뻐했다.

그렇게 나란히 말을 타고 자신들의 성으로 돌아가던 중에, 페르스발은 자신이 어머니의 집에 살던 시절에 종종 놀러 가던 십자가 곁에서 말을 멈추었다. 그 때 무장을 갖춘 한 기사가 그를 향해 다가오며 목청껏 외쳤다.[61]

"기사 양반, 나와 한바탕 싸우기 전에는 이 아가씨를 데려가지 못할 줄 아시오!"

---

59 성직자의 예복을 말한다.
60 은자의 부친, 즉 페르스발의 조부인 어부왕을 가리킨다.
61 《제 2 속편》에서는 페르스발의 누이를 탈취하려는 기사와의 싸움이 은자를 찾아가는 길에 일어나는데, 그러는 편이 은자의 "기사를 죽이지 말라"는 조언이 나올 계제를 제공하므로 좀 더 자연스럽다.

페르스발은 그가 하는 말을 분명히 들었으나 한마디도 대꾸하지 않았다. 그는 자신의 일에 골몰하여 기사의 외침에 대해 생각할 겨를이 없었기 때문이다. 62 기사는 몹시 성이 나서 창을 꼬나들고 그를 향해 돌진했다. 만일 누이가 외치지 않았더라면 그대로 페르스발을 들이받았을 것이다.

"오라버니, 조심하세요. 저 기사가 오라버니를 죽이려 해요!"

페르스발은 소스라쳤다. 그는 자신의 일과 또 자신에게 사냥개를 준 아가씨에 대한 생각을 하느라 기사가 다가오는 것도 알아채지 못했던 것이다. 하지만 정신을 차리자마자 그는 말머리를 돌려 곧장 다가오는 이를 향해 박차를 가했다. 기사 또한 그렇게 했고, 두 사람은 각기 상대방을 거꾸러뜨릴 기세였다. 기사는 창으로 페르스발의 방패를 내리쳐 꿰뚫었지만, 사슬갑옷이 워낙 튼튼하여 창을 막아냈고, 창자루가 산산이 부서지고 말았다. 페르스발은 있는 힘을 다해 자신의 창자루를 상대의 방패에 들이박았고, 방패도 사슬갑옷도 창이 기사의 가슴에 박히는 것을 막아내지 못했다. 워낙 맹렬한 기세로 들이받았으므로, 기사는 땅바닥에 나가떨어졌고, 그 충격으로 심장이 터져 즉사하고 말았다. 손도 발도 다시는 움직이지 않았다. 그러자 페르스발이 말했다.

"기사 양반, 이는 당신이 자초한 일이오. 이런 식으로 날 쫓아오지

---

62 《그라알 이야기》의 페르스발은 눈밭에 떨어진 세 개의 핏방울을 보고 블랑슈플로르를 생각하느라 다른 기사의 공격을 알아채지 못한다. 산문 《페르스발》에서는 그 골똘한 생각의 대상이 '사냥개를 준 아가씨'가 된다. 주 36 참조.

않았더라면 좋았을 텐데. 하지만 당신을 죽이게 되다니 나도 유감이오. 나도 당신을 그저 물리치기만 했더라면 좋았을 텐데. 다른 기사를 죽인다는 것은 큰 죄이니 말이오."

그는 기사의 말을 데리고 그 자리를 떠나 누이에게로 돌아가서 말을 그녀에게 주었다. 그들은 즉시 자신들의 장원으로 돌아가 말에서 내렸다. 아가씨의 하인들이 맞이하러 나와 말을 받아 마구간으로 데려갔다. 그들은 주인들이 돌아온 것을 보고 기뻐했지만, 페르스발이 데려온 말을 보고는 놀랐다. 이윽고 그들은 그에게 와서 친절하게 그가 무장을 푸는 것을 도와주었고 그가 무장을 벗자 상을 차려, 페르스발은 누이와 함께 식사를 했다. 그러고는 잠시 잠을 청했으니, 전날 밤을 거의 새운 탓이었다. 잠시 자고 난 후 다시 일어난 그는 무장을 달라고 하여 즉시 무장을 갖추었다. 누이는 이를 보고 몹시 슬퍼하며 그에게 와서 말했다.

"무슨 일인가요, 페르스발 오라버니? 뭘 하려고요? 나를 이 숲속에 혼자 두고 떠날 건가요?"

"친애하는 누이여, 당신에게 돌아올 길이 있다면 반드시 돌아오겠습니다. 그리고 오라비로서 마땅히 당신을 돕기 위해 할 수 있는 모든 일을 하지요. 하지만 지금으로서는 여기 머물 수가 없어요."

아가씨는 그 말에 몹시 슬퍼하며 눈물을 흘렸다. 페르스발은 되도록 속히 돌아오겠다며 그녀를 위로했다. 그러고는 곧 말을 가져오라 하여, 잠시도 더 머물 수 없는 사람처럼 말에 올랐다. 그와 그의 누이는 서로를 하느님께 맡기며 헤어졌고, 그녀는 슬픔에 젖어 눈물을 흘렸지만, 달리 할 수 있는 일이 없었다.

누이와 헤어진 페르스발은 온종일 말을 달렸지만 아무 모험도 만나지 못했고, 유숙할 만한 곳도 찾지 못했다. 그날 밤은 숲속에서 쉬어야만 했다. 그래서 그는 말의 고삐를 풀어 주어 밤새도록 무성한 풀과 이슬을 뜯게 했다. 그러면서 자신은 밤새 뜬눈으로 말을 지켰다.

이튿날 아침 동이 트자 그는 일어나 다시금 말에 마구를 채운 다음 무기를 들고 말에 올라 온종일 길을 갔다. 그날 아침 숲은 거대하고 녹음으로 넘쳐났으며 새들의 즐거운 새벽 합창이 들려와 그를 기쁘게 했다. 그렇게 가다 보니 앞쪽에 한 기사가 말을 타고 다가오는 것이 보였다. 그의 곁에는 더없이 놀라운 행색의 아가씨가 함께하고 있었다. 그녀의 목과 얼굴과 손은 쇠보다 더 검었고, 다리는 온통 휘었으며, 눈은 불길보다 붉은 데다 실로 한 뼘은 서로 떨어져 있었다. 게다가 단언컨대, 안장 앞테 위쪽으로는 앉은 모습이 기껏해야 한 자[63] 정도밖에 보이지 않았으며, 발과 다리는 너무나 어그러져서 등자에 올려놓지도 못한 채였다. 머리칼은 한 가닥으로 땋았는데, 짤막하고 검은 것이 영락없이 쥐꼬리처럼 보였다.[64] 그런데도 그녀는 더없이 당당하게 말을 타

---

[63] 발 길이에 준한 단위인 피에(pied), 즉 피트(feet)는 우리 식의 '자'와 거의 비슷한 길이이므로 — 자(尺)는 본래 '뼘'에 해당하는 길이였으나 점점 늘어났다고 한다 — 그렇게 옮긴다.

[64] 《그라알 이야기》에도 비슷하게 묘사되는 추녀가 등장하여 페르스발의 그라알 성에서의 실패를 꾸짖는데, 브리튼 설화에서 이런 극단적인 추녀는 대개 요정의 변신이다. 산문 《페르스발》의 이 추한 아가씨와 그녀를 사랑하는 미남 기사의 이야기는 그들이 아더 왕의 궁정에 이르는 대목까지 대부분 《제2 속편》에서 가져온 것인데, 이야기의 순서가 바뀌어, 《제2 속편》에서는 누이를 만나기 전에 일어났던 일이 여기서는 누이를 만난 후로 되어 있다.

고서, 한 손에는 채찍을 들고 한쪽 다리는 우아하게 의장마의 목덜미에 걸쳐놓고 있었다. 그렇게 기사와 나란히 말을 타고 오면서, 이따금 그를 다정히 끌어안고 입 맞추었으며, 그 또한 그녀에게 그렇게 했다.

페르스발은 그 광경을 보자 멈춰 서서 놀란 나머지 성호를 긋고는 뒤이어 웃음을 터뜨렸다. 기사는 그가 자신의 애인에 대해 웃는 것을 보고는 성이 나서 페르스발에게로 다가와 뭘 그렇게 웃느냐, 왜 세 번씩이나 성호를 그었느냐며 따졌다. 페르스발이 대답했다.

"말씀드리리다. 저 악마가 당신과 나란히 말을 타고 오는 것을 보고는 두려워서 성호를 그었던 것이고, 그녀가 당신을 끌어안고 입 맞추는 것을 보고는 도무지 어울리지 않아서 웃었던 것이오. 하지만 성내지 말고 좀 알려 주시오. 도대체 어디서 그녀를 만난 거요? 대체 여자요 악마요? 정말이지 나 같으면 로그르 왕국 전체를 준다 해도 저런 여자와는 사흘도 지내지 못할 거요. 저 여자가 나를 목 졸라 죽일 것만 같으니 말이오."[65]

기사는 그 말을 듣자 성이 나서 얼굴이 시뻘게지더니 사납게 대답했다.

"잘 들어두시오, 기사 양반, 내가 내 심장처럼 사랑하는 이를 그렇게 조롱하고 비웃다니 그보다 더 괘씸한 일이 없소. 그녀는 내게 아름답기 그지없어 세상의 어떤 귀부인이나 영양도 아름다움으로 그녀와

---

65 《제2 속편》에서 페르스발은 "조금 미소 지었다"고만 되어 있으며 웃은 이유에 대해서도 웃는 거야 자기 맘인데 따질 수 없지 않느냐고 대답할 뿐, 이렇게 노골적인 야유를 하지는 않는다.

견줄 수 없소. 맹세컨대, 당신에게 복수를 하기 전에는 절대로 다시 먹지 않겠소. 만일 당신의 모욕이 그녀의 귀에 들어갔다면, 그녀는 수치스러운 나머지 죽고 말 거요. 만일 그녀가 죽는다면, 나 또한 그녀에 대한 사랑 때문에 죽을 거요. 그러니 지금 이 자리에서 결투를 신청하겠소."

"하느님 뜻이라면 나도 내 자신쯤은 지킬 수 있을 거요." 페르스발이 대답했다.

그들은 두 아르팡 정도의 거리를 두고 멀찍이 떨어져 서서 방패 끈을 다잡고 창을 겨눈 다음 말을 달려 상대방을 가격했다. 그 기세에 두 사람 다 말에서 떨어졌다. 하지만 즉시 다시 일어나서 있는 힘을 다해 서로 달려들었고, 검을 뽑아 들고 상대의 투구를 맹렬히 공격했다. 그러느라 방패는 심하게 망가졌고, 어찌나 사나운 칼부림이 오갔던지 그들이 서로 죽이지 않은 것이 신기할 정도였다. 실로 그들이 처음만큼 기세가 왕성했더라면 서로 죽이고 말았을 것이다. 하지만 둘 다 너무 지친 나머지 공격은 피차 많이 약해졌다. 그러다 상대방이 그렇게 오래 버티는 데 수치를 느낀 페르스발이 새로운 힘을 모아 상대를 무력하게 만들었다. 그는 그를 들판 한복판으로 몰아가 거꾸러뜨렸고, 투구를 벗겨 30자 이상 멀리 던져버렸다. 그러고는 목을 베려 했지만, 기사가 하느님의 이름으로 자비를 구하며 목숨만 살려달라고 애걸했다. 페르스발은 그가 자비를 구하는 것을 듣자 더는 건드릴 생각이 들지 않아서 검을 도로 검집에 꽂고 기사의 이름을 물었다. 그는 자신이 겁쟁이 미남66이라고 대답했다.

"정말이지, 기사 양반, 당신 이름에는 진실도 거짓도 들었구려."

페르스발이 말했다. "당신은 잘생기고 형편없는 기사가 아니라, 잘생기고 훌륭한 기사이니 말이오."

페르스발은 아가씨 쪽을 바라보고는 웃음을 참을 수가 없었다. 그는 기사에게 그녀의 이름을 물었다. 그는 그녀가 아름다운 로제트67라고 대답했다.

"그녀는 세상에서 가장 사랑스러운 아가씨라오. 외모의 아름다움에 더하여 더없이 상냥한 마음씨를 지녔다오. 나는 그녀를 잃기보다는 차라리 내 한쪽 눈을 내놓겠소. 나는 그만큼 깊이 그녀를 사랑한다오."

"정녕 당신에게서 그녀를 빼앗는 것은 몹쓸 짓이 되겠구려. 하지만 당신은 아더 왕의 궁정에 가서 내 이름으로 그의 포로가 되겠다고 엄숙히 맹세해야 하오. 저 아가씨를 함께 데려가서 왕비님께 드리시오."

"기꺼이 그리 하리다, 기사 양반. 나는 그녀를 세상에서 훌륭하다는 어떤 궁정에라도 데리고 가서 고귀하고 유덕한 아가씨로 소개할 수 있으니 말이오. 하지만 내가 누구의 이름으로 포로가 되어야 할지 말해 주시오."

"페르스발 르 갈루아의 이름으로 그렇게 하시오."

"반드시 그리 하리다. 나도 그녀도 당신 뜻대로 하겠소."

그렇게 말하고 기사는 페르스발과 헤어져 웨일스의 카르두엘을 향했다. 수많은 기사와 제후와 귀부인과 영양들이 그곳에 모여, 왕비의

---

66 직역하면 '미남이고 나쁜 (기사)'이겠으나, 여기서 기사가 나쁘다는 것은 악하다는 뜻보다는 좋은 기사가 못 된다는 뜻이므로, '겁쟁이 미남'으로 옮긴다.
67 직역하면 '금발의 로제트'이니 '아름다운 로제트'라 옮겨도 무리가 없을 것이다.

풍성한 대접을 받고 있었다. 왕은 왕비와 제후들과 함께 막 미사를 드리고 홀 안으로 돌아온 참이었고, 집사장 쾨도 왕비와 함께 있었다. 왕비는 자기 방으로 갔고, 쾨는 창가에 기대어 있다가 기사가 애인을 데리고 궁정으로 오는 것을 보았다. 두 사람 다 당당하게 말을 타고 있었다. 쾨는 그 아가씨의 모습을 보자 기뻐하며 창가를 떠나 왕비의 방으로 달려 내려가서 외쳤다.

"왕비 전하! 이리 와서 좀 보십시오! 웬 기사가 이쪽으로 오고 있는데, 일찍이 아무도 본 적이 없을 만큼 아름다운 아가씨와 함께입니다. 전하의 궁정에 있는 어떤 귀부인도 그녀의 아름다움에 비하면 아무것도 아닙니다. 부디 그녀를 영예롭게 맞이하고 곁에 두실 준비를 하십시오. 정녕 로그르 왕국의 모든 귀부인이 그녀만큼 아름답기를 원합니다!"

왕비가 대답했다. "난 그렇게 원하지 않아요, 쾨 경! 그러면 나는 아주 곤란한 지경이 될 테니까. 왜냐하면 당신도 여기 있는 다른 기사들도 모두 나를 떠날 테니 말이오." 그러고는 시녀들에게 말했다. "어디 가서 보자꾸나. 그 아가씨가 쾨가 말한 만큼 아름다운지."

그래서 그들은 홀의 창가로 가서 기사와 아가씨가 다가오는 것을 내다보았고, 너무나 놀라서 성호를 긋고는 웃음을 터뜨렸다. 왕비는 웃으면서 시녀들을 불러 말했다.

"여러분, 쾨 경은 분명 여러분을 끔찍이 위하나 보아요. 여러분이 저렇게 아름다워지기를 바라다니!"

쾨는 왕과 제후들에게 가서 그들에게도 와서 보라고 말했다. 그들도 창가의 왕비 곁으로 가서 함께 웃으며 농담을 했다. 왕비가 그들에게 쾨의 소원을 말하자, 그들 모두 웃으며 재미있어 했다.

바로 그 때 기사가 도착하여 홀 밖에서 말에서 내렸고, 아가씨를 고이 안아 의장마에서 내리도록 도와주었다. 그들은 손에 손을 잡고 홀에 들어서서 나란히 아더 왕을 향해 갔다. 기사는 홀 한복판에 멈춰 서서 왕과 그의 모든 제후들에게 페르스발 르 갈루아의 이름으로 인사를 하고 그의 이름으로 포로가 되었음을 고했다.

"그리고 제가 목숨보다 더 사랑하는 애인인 아름다운 로제트를 여왕님께 보내어 시녀로 두시라고 합니다."

집사장 쾨는 그 말을 듣자 더는 자제하지 못하고 왕비에게 말했다.

"전하, 감사를 표하시지요! 무릎이라도 꿇어야겠습니다! 참 대단한 선물이 아닙니까! 전하께나 전하의 시녀들에게나 길이 영광이 되겠군요! 조심하십시오. 그녀를 곁에 두시면, 왕 전하께서 그녀를 왕비 전하만큼이나 사랑하실지도 모릅니다."

그러고는 왕에게 자신의 신의를 걸고 기사에게 도대체 어디서 그녀를 만났는지, 만일 그곳에 가면 자기도 그녀 같은 이를 얻을 수 있겠는지 물어봐 달라고 청했다. 왕은 쾨의 말에 역정을 내며 말했다.

"하느님께 걸고, 쾨, 제발 그만 하시오. 낯선 기사를 조롱한다는 건 아주 못된 일이오. 그대에게 전혀 도움이 되지 않고, 원한만 살 뿐이오."

"전하, 저는 나쁜 뜻으로 한 말이 아닙니다. 저 기사의 유익을 위해서지요. 만일 제가 그녀를 다른 궁정에 데리고 갔다가는, 빼앗길 정도니까요!"

왕은 그 말에 크게 노하여 말했다.

"쾨, 그대 말이 어떤 결과를 가져오는지 제발 알기 바라오. 더 이상 말하는 것을 금하겠소."

그러고는 기사에게 다가가 포옹하고, 포로 상태에서 자유가 되었음을 선포하고는, 이제부터 자기 궁정의 일원이 되어 달라고, 아가씨는 왕비의 시녀가 되리라고 말했다.

집사장 쾨는 그래도 자제하지 못하고 이렇게 말했다.

"전하, 차라리 그녀를 제후들에게 풀어놓겠다고 하시지요. 그러면 그들은 대번에 그녀의 아름다움을 쫓아다닐 겁니다. 만일 그녀에게 무슨 불행이 닥친다면, 저 기사가 전하를 고발하리라고 장담합니다. 그런다고 제가 전하를 옹호한다면 천벌을 받겠지요!"

아더는 그 말을 듣자 크게 역정을 내며 말했다.

"쾨, 그대는 정말이지 잔인하고 못된 혀를 가졌구려. 하느님과 선대왕 우터판드라곤의 영혼에 빚진 믿음에 걸고 말하거니와, 만일 그대 부친 안토르에게 한 약속만 아니었다면, 그대를 더 이상 내 집사장으로 두지 않을 거요."

그러고는 고개를 떨어뜨리고 혼잣말을 했다.

"하지만 난 그를 참아주어야만 해. 그에게 무슨 결점이 있든 그건 나 때문에 친어머니가 아닌 다른 여자의 젖을 먹으면서 생긴 것이니까."

그러자 쾨가 성난 척하면서 다가와 말했다.

"내가 저 친구를 돌봐준다면 천벌을 받을 겁니다. 하지만 이제 전하 좋으실 대로 하십시오."

그리하여, 여러분이 들은 바와 같이, 아가씨는 아더 왕의 궁정에 머물게 되었다. 그리고 알아두시라. 그녀는 그 후에 둘도 없이 아름

다운 아가씨가 되었다. **68**

이제 책은 말하기를, 페르스발은 기사와 헤어져 꽤 오랫동안 숲에서 숲으로, 성에서 성으로 돌아다녔지만, 조부의 집은 발견하지 못했다고 한다. 그는 많은 모험을 만났다. 어느 날 말을 타고 큰 숲을 지나가다가 앞을 보니 세상에서 가장 아름다운 초원이 보였다. 그 초원 옆에는 기분 좋은 여울이 있고, 여울 너머에는 장막이 쳐져 있었다. 페르스발은 내처 그쪽으로 말을 몰아 여울에 이르렀고 말을 탄 채 건너려 했다. 그가 말에게 물을 마시게 하려는데, 화려하게 무장한 기사가 장막에서 나와 페르스발 쪽으로 질주하며 이렇게 외쳤다.

"기사 양반, 그 여울에 들어섰다가는 후회하게 될 거요. 단단히 대가를 치르게 될 테니까!"**69**

그러면서 그는 페르스발에게 달려들어 창으로 공격하려 했다. 하지만 상대에게 창도 방패도 없는 것을 보자 — 페르스발은 한 기사와 싸우느라 방패가 산산조각이 난 터였다 — 그는 장막 문간에 서 있던 아가씨에게로 달려 돌아가 장막 안에 걸려 있는 창과 방패를 기사에게 갖다 주라고 일렀다. 방패도 없는 기사와 맞붙는 것은 수치스러운 일이 될 터였기 때문이다. 그녀는 기사의 명에 따라 페르스발에게 창과 방패를 갖다 주었고, 페르스발은 기쁘게 그것들을 받았다. 그러자

---

68 《제 2 속편》은 여기에 한마디 더하여, "그녀는 요정이었는지도 모르겠다"고 한다.

69 이른바 '위험한 여울목'(le Gué Périlleux) 모티프로, 《그라알 이야기》에도 비슷한 모티프가 나오기는 하나 이야기는 많이 다르다. 《제 2 속편》의 이야기가 좀 더 가깝지만, 산문 《페르스발》에서와 똑같지는 않다.

기사는 그에게 단단히 방어하라고 외쳤다. 허락 없이 여울에 들어섰으니 잘못이라며, 그 대가를 치르게 해줄 테니 각오하라는 것이었다.

이윽고 그들은 상대를 향해 맹렬히 달려들었고, 맵찬 공격을 주고받았다. 창들이 부서져나갔고, 페르스발의 기세가 어찌나 막강했던지 상대 기사는 말에서 떨어지고 말았다. 땅바닥에 나가떨어지면서, 투구는 끈이 끊어져 그의 머리에서 벗겨졌다. 페르스발은 말을 타지 않은 상대와 말을 타고 싸운다는 것은 불명예스러운 일이라고 생각하여, 자기도 말에서 내렸다. 그러고는 검을 뽑아들고 공격하여 상대를 굴복시켰다. 기사는 자비를 구하며 그의 포로가 되겠다고 했다. 하지만 페르스발은 왜 말을 타고 여울을 건너는 것을 금했는지, 그리고 왜 그 일로 기사들을 공격하고 욕보였는지, 먼저 설명하지 않으면 자비는 없다고 말했다. 그러자 기사가 대답했다.

"기사님, 말씀 드리지요. 제 이름은 위르뱅입니다. 저는 검은 가시〔누아르 에핀〕여왕의 아들입니다. 아더 왕이 카르두엘의 궁정에서 저를 기사로 만들어 주셨지요. 기사 서임을 받은 후 저는 온 나라를 돌아다니며 수많은 기사들과 만나 싸움을 벌였고, 장담컨대 만나는 모든 기사를 굴복시켰습니다. 어느 날 밤 모험이 이끄는 대로 길을 가노라니, 어디서 그렇게 몰려왔는지 세찬 비가 쏟아지기 시작했습니다. 천둥이 치고 하늘이 갈라지며 번쩍이는 통에 저는 어찌 될지 알 수 없는 채, 마치 악마들이 제 뒤를 쫓아오기라도 하는 듯 내달리고 있었지요. 제 말도 겁을 먹는 바람에 도무지 다룰 수가 없어서, 저는 그저 실려 가고 있었습니다. 그런데 제 뒤에서 어찌나 큰 소란이 이는지 나무들이 마구 뽑혀나가는 것만 같더군요.

그 곤경 가운데서, 노새를 탄 한 아가씨가 제 앞에 나타났는데, 일찍이 제가 본 가장 훌륭한 아가씨였습니다. 그녀는 날래게 달려가고 있었지만, 저는 그녀를 보자마자 뒤쫓아 가 필사적으로 따라잡았습니다. 하지만 칠흑같이 어두웠기 때문에 하늘을 쪼개는 번갯불 빛에 겨우 얼굴을 볼 수 있었지요. 그렇게 따라갔더니, 그녀는 세상에서 가장 아름다운 성 중 하나로 들어가는 것이었습니다. 저도 그 뒤를 따라 들어갔고, 성의 홀에 이르렀습니다. 그녀는 제가 성에 들어온 것을 보자 다가와 저를 포옹하고는 무장을 풀게 하고 그날 밤 더없이 훌륭한 숙소를 제공했습니다. 저는 그녀와 사랑에 빠졌고, 용기를 내어 그녀의 사랑을 구했습니다. 그러자 그녀는 기꺼이 그렇게 하겠지만 한 가지 조건이 있다는 것이었습니다. 저는 그녀가 말하는 것이라면 무슨 일이든 하겠노라고 대답했지요. 그랬더니 하는 말이, 그곳에서 그녀와 함께 머물고 다른 곳에는 가지 말라고, 그러면 제 애인이 되어주겠다는 것이었습니다. 저는 동의했지만, 그렇게 해서 제 기사도를 저버리게 되는 것은 유감이라고 대답했습니다. 그러자 그녀가 말했습니다.

'친애하는 기사님, 저 여울이 보이시나요? 저곳에 장막을 치세요. 지나가는 어떤 기사도 장막만 볼 뿐, 이 성은 보지 못할 거예요. 말을 타고 여울을 건너려는 기사가 있으면 싸움을 거세요. 그렇게 하면 저와 즐거움을 누리면서 기사도도 유지할 수 있을 거예요.'[70]

---

[70] 기사가 여인에 대한 사랑의 포로가 된다거나 사랑과 기사도의 무용 사이의 갈등을 겪는다거나 하는 것은 크레티앵 드 트루아의 《에렉과 에니드》, 《사자의 기사 이

저는 그 말에 동의했고, 그래서 1년 가까이 애인과 함께 이 여울목에 머물면서 제가 원하는 모든 것을 누리고 있습니다. 성은 저기 보이는 장막 바로 너머에 있지만, 저와 제 애인, 그리고 그녀와 함께하는 아가씨들 말고는 아무도 그것을 볼 수 없습니다. 이제 일주일 후면 꼭 1년이 됩니다. 만일 그 일주일이 무사히 지나갔다면, 저는 세상에서 가장 훌륭한 기사가 되었겠지요. 하지만 하느님께서는 제게 그것을 허락지 않으시는군요. 이제 저는 죽든 살든 당신 처분에 달렸습니다. 원하신다면 이곳에 머물면서 여울목을 지키셔도 됩니다. 1년 동안 그렇게 하면서 어떤 기사에게도 지지 않는다면 당신은 세상의 명예를 얻게 될 겁니다."

페르스발은 그 말을 듣자 대답했다. "벗이여, 나는 여기 머물 뜻이 전혀 없소이다. 하지만 당신도 이 여울을 지키면서 지나가는 기사들을 못살게 구는 일은 그만두기 바라오."

"기사님, 무엇이든 명하시는 대로 하겠습니다. 분명히 저를 이기셨으니까요."

하지만 페르스발이 기사에게 그 위험한 여울목을 지키는 일을 그만두라고 명하고 있노라니, 마치 온 숲이 심연으로 무너져 내리는 듯한 굉음이 들려왔다. 굉음에 연기와 칠흑 같은 어둠이 함께하여 반 마장 둘레 안에서는 서로서로 보이지도 않을 정도였다. 그 어둠 속에서 고뇌에 찬 무시무시한 음성이 들려왔다.

"페르스발 르 갈루아여, 우리는 온 힘으로 너를 저주하노니, 너는

뱅》 등에서부터 흔히 볼 수 있는 주제이다.

오늘 우리에게 일찍이 당해본 가장 심한 재난을 가져다주었다. 명심해라, 너는 이 일로 큰 고통을 겪게 될 것이다!"

음성은 이어 페르스발 곁의 기사를 향해 외쳤다.

"자, 어서!" 꾸물거리지 말라는 뜻이었다. "더 이상 꾸물거리다가는 날 잃게 될 거요!"

기사는 그 음성을 듣자 비탄에 빠져 페르스발에게 거듭 거듭 자비를 빌었다. 그가 그렇게 자비를 비는 것을 보자 페르스발은 기이히 여기며 대체 왜 그렇게 자비를 비느냐고 물었다. 그러자 기사가 대답했다.

"오, 기사님, 부디 제가 이곳을 떠나게 해 주십시오!"

페르스발은 아무 말도 못하고, 그 음성에 놀랄 따름이었다. 기사는 자기 말 쪽으로 달려가 금방이라도 말에 오를 기세였다. 하지만 페르스발은 그의 사슬갑옷 자락을 낚아채며 말했다.

"이보시오, 기사 양반, 이런 식으로 내게서 도망치지는 못할 거요."

기사는 그 말을 듣자 낙심하여 그를 향해 돌아서며 또다시 자비를 빌었다. 조금이라도 더 꾸물거리다가는 스스로 죽이게 될 거라며 부디 붙잡지 말아달라고 애원했다. 다시금 음성이 들려왔다.

"위르뱅, 서둘러라, 아니면 나를 영영 잃고 말 게다!"

기사는 그 소리를 듣자 혼절했고, 페르스발은 어안이 벙벙하여 그를 내려다보았다. 그러자 갑자기 거대한 새떼가 공중을 가득 메우며 그의 주위를 맴돌기 시작했다. 일찍이 그가 본 어떤 새보다도 검은 새들이었다. 그것들이 그의 투구를 향해 날아와 그의 눈을 쪼려 했다. 페르스발은 경악했다. 그 사이에 정신을 차린 기사는 페르스발이 새떼에 에워싸인 것을 보자 벌떡 일어나 기뻐하며 크게 웃고는 말했다.

"내가 당신을 돕는다면 천벌을 받을 거요."

그러더니 방패와 검을 주워 들고는 다시금 페르스발을 공격하기 시작했다. 페르스발은 이를 보자 성이 나서 외쳤다.

"기사 양반, 또다시 싸우자는 거요?"

"도전하는 바요!" 기사는 대답했고, 그래서 두 사람은 검을 뽑아들고 다시금 서로를 공격하기 시작했다. 하지만 페르스발이 수세에 몰렸으니, 새들의 공격이 어찌나 사나운지 그를 땅바닥에 쓰러뜨릴 지경이었기 때문이다. 페르스발을 이를 보자 분노에 차서 오른손으로 검을 단단히 쥐고 자기를 가장 사납게 공격하는 새를 후려쳤고, 새는 내장을 쏟으며 땅에 떨어졌다. 땅에 떨어지는 순간 그것은 여자로 변했는데, 그가 일찍이 본 가장 아름다운 여자였다. 페르스발은 여자가 죽은 것을 보고는 몹시 언짢았다. 그를 에워싸던 새들은 물러나 시신 쪽으로 몰려가더니 그것을 공중으로 실어가 버렸다. 이윽고 페르스발은 새 떼에서 자유로워진 것을 알고는 기사를 향해 돌진했다. 기사는 또다시 목숨만 살려달라고 빌었다. 페르스발은 대답했다.

"그러면 방금 본 광경이 대체 뭐였는지 설명해 보시오."

"기꺼이 그러지요." 기사가 대답했다. "조금 전에 들으신 굉음과 소란은 내 애인인 아가씨가 나를 위해 자기 성을 파괴하는 소리였습니다. 들으신 음성도 그녀가 내게 소리치는 것이었고요. 내가 당신에게서 벗어날 수 없음을 본 그녀는 자기 시녀들과 함께 새로 변해 이곳에 와서 당신을 해치고 나를 구하려 한 것이지요. 나는 그들을 보자 그들을 도우러 나설 수밖에 없었고, 어쩌면 당신을 죽였을지도 모릅니다.

하지만 이제 보니 아무도 당신을 해칠 수는 없군요. 당신은 하느님 앞에 덕인이요, 세상에서 가장 훌륭한 기사 중 한 사람인 것을 알겠습니다. 당신이 다치게 한 새는 애인의 동생입니다. 하지만 이제 걱정 없습니다. 그녀는 지금쯤 아발롱에 있을 테니까요.71 하지만 부디 비오니, 내가 애인에게 돌아가게 해 주십시오. 그녀는 아직도 나를 기다리고 있습니다."

그 말을 듣자 페르스발은 웃으며 허락해 주었다. 기사는 크게 기뻐하며 대뜸 등 돌려 마구 달려갔다. 풀려난 데 너무 기쁜 나머지 말〔馬〕도 잊어버리고 가는 것이었다. 페르스발은 그가 두 아르팡도 채 못 가서 세상에서 가장 큰 기쁨 가운데 실려 가는 것을 보았다. 페르스발은 자기 말에게로 돌아가 올라타고, 그들을 뒤쫓으려 했지만, 안장에 앉기가 무섭게 아가씨도, 기사도, 그리고 방금까지 곁에 있던 그의 말도 보이지 않았다. 페르스발은 이를 보자 기이하게 여겼고, 그들을 뒤쫓는 것은 어리석은 일이겠다고 생각하며 돌아섰다.

그는 그 자리를 떠나 계속 길을 가면서, 자신의 일에 관해 생각에 잠겼고, 특히 방금 만난 놀라운 모험에 대해 많이 생각했다. 그날은 온종일 먹지도 마시지도 못한 채 길을 가다가, 전날 밤처럼 또 숲속에서 밤을 보내게 되었다.

---

71 새〔鳥〕로 변하는 연인, 요정들이 사는 저세상으로 죽거나 다친 자들이 회복되는 '아발롱' 등에 대한 언급은 브리튼 설화 곳곳에 나오는 것이다. 《브리튼 왕들의 역사》에서는 아더 왕도 죽은 후 아발롱으로 실려 가 치료를 받았다고 이야기된다.

이튿날 아침, 그는 다시 출발하여 우연이 이끄는 대로 나아갔다. 하지만 종일 길을 갔지만 아무런 모험도, 유숙할 만한 집도 만나지 못했다. 보이는 것이라고는 산울타리와 덤불, 그리고 숲뿐이라 무척 실망했고 낙심이 되었다. 그렇게 침울하게 생각에 잠겨 길을 가다가, 제9시가 좀 지났을 때 앞쪽을 보니 일찍이 보았던 가장 아름다운 나무가 한 그루 있었다. 그 나무는 네 갈래 길이 교차하는 곳의 아름다운 십자가 곁에 서 있었다. 페르스발은 그것을 보자 그쪽으로 다가가 한참 동안 그곳에 머물렀다. 즐겁게 나무를 바라보고 있노라니, 벌거벗은 아이 둘이 가지에서 가지로 넘나드는데, 두 아이 모두 여섯 살쯤 되어 보였고, 서로 뒤엉켜 놀고 있었다. 아이들을 한참 지켜보던 그는 소리쳐 부르며, 성부 성자 성령의 이름을 걸고, 만일 하느님의 피조물들이라면 자기 말에 대답해달라고 청했다. 그 말에 한 아이가 동작을 멈추고 앉아서 그에게 말했다.

"물으시는 기사님, 저희도 하느님의 피조물입니다. 아담이 추방된 지상낙원으로부터 저희는 성령의 보내심을 받고 당신에게 말하러 왔습니다. 당신은 그라알 탐색에 나섰는데, 그것은 조부이신 브롱, 여러 고장에서 어부왕으로 알려진 분이 지키고 있지요. 이 길을 따라 오른쪽으로 나아가세요. 그러면 그 길을 다 지나기 전에 당신의 탐색을 마치게 해줄 만한 뭔가를 만나게 될 겁니다. 물론, 당신이 그럴 만한 자격이 있다면요."

페르스발은 그 놀라운 말을 듣고는 잠시 생각에 잠겼다. 그러고서 다시 위를 쳐다보니, 나무도 두 아이도, 그곳에 있던 십자가도 보이지 않았다. 그에게는 더없이 놀라운 일로 여겨져서, 그는 깊은 생각에 잠겼

으며 유령을 본 것이 아닌가 하는 두려움에 사로잡혔다.⁷²

그가 그런 생각을 하며 무엇을 해야 할지, 정말로 아이들이 지시한 길로 가야할지 망설이고 있노라니, 거대한 그림자가 다가와 자기 앞을 오가는 것이 보였다. 그것은 연이어 네댓 차례 그의 앞을 지나갔다. 페르스발이 타고 있던 말은 몹시 놀라서 콧김을 힝힝거리며 발을 굴렀다. 페르스발 자신도 두려워져서 자신과 말 위에 십자가 성호를 그었다. 이윽고 그림자 안에서 한 음성이 이렇게 말했다.

"페르스발, 너도 많이 들어 보았을 선지자 메를랭이 네게 전하노니, 아이들이 말한 것을 거부하지 말라. 그들의 조언은 우리 구주 예

---

72 이 '나무 위의 아이들' 모티프는 《제 2 속편》에서 온 것이다. 《제 2 속편》에서는 나무에서 들리는 음성, 나무 위의 아이, 촛불들이 휘황히 켜진 나무 등의 형태로 세 번에 걸쳐 나타나는데, 산문 《페르스발》의 집필자는 중복되고 산발적인 요소들을 통합하려 한 것으로 보인다. 그라알 문학에서 이 모티프가 나오는 곳은 《제 2 속편》과 산문 《페르스발》, 그리고 《제 3 속편》(촛불 켜진 나무의 형태로)인데, 그 기원을 그리스도교 성화상에서 찾으려는 연구도 있지만(A. Saly, "L'Arbre illuminé et l'arbre à l'enfant," in *Image, structure et sens*), 좀 더 가깝게는 메를랭 이야기의 초기 출전 중 하나인 아일랜드 설화에서도 비슷한 모티프가 발견된다. 즉, 수이브니(메를랭)는 전투에서 수세에 몰리자 새처럼 날아 주목 나무 위로 피신하며, 내려오라는 외침에도 불구하고 점점 위로 올라가 하늘의 구름 위로 날아가 버린다. 이것이 웨일스 설화에서 미르딘(메를랭)과 연관되는 사과나무로 발전했다는 것이다(A. O. H. Jarman, "The Welsh Myrddin Poems," in *Arthurian Literature in the Middle Ages*, ed. R. S. Loomis, 1959). 메를랭 이야기의 나무와 페르스발 이야기의 나무 사이의 연관성은 아직 지적된 바 없지만, 뒤이어 나타난 그림자에서 메를랭의 음성이 들려온다는 것도 옛 설화의 메를랭-새-나무의 모티프를 상기할 때 비로소 이해할 수 있다.

수 그리스도로부터 오는 것이다. 만일 네가 그럴 만한 자격이 있다면, 우리 주님의 뜻에 따라 인도하심을 받은 오른쪽 길을 다 가기 전에 너는 우리 주님께서 요셉에게 하신 예언을 이루게 되리라."

페르스발은 그 음성을 듣고는 기쁨에 차서 세 번이나 그 음성을 향해 외치며 그 음성과 더 말하고 싶었지만, 아무 대답도 들려오지 않았다. 음성이 더 이상 말하지 않으리라는 것을 깨닫고, 그는 두 아이가 가르쳐 준 길로 접어들었다. 길은 평탄하게 탁 트여 있었다. 길이 그러한 것이 페르스발에게는 오히려 불안했으니, 그로서는 그렇게 트인 길을 가기보다 숲을 가로질러 가는 편이 더 좋았다.

그렇게 가다보니 아름다운 초원에 이르렀고, 초원 끝에 아름다운 강물과 잘 지은 물방앗간들이 보였다. 그쪽으로 다가가 보니, 강 복판에 세 사람이 탄 배가 보였다. 좀 더 가까이 가 보니, 배 한복판에 아주 연로한 노인이 호화로운 천 위에 누워 있었다. 그 덕인이 그의 조부인 어부왕이었다. 그는 페르스발을 향해 소리치며 그날 밤 자기 집에서 묵어가라고 말했고, 페르스발은 깊이 감사했다. 그러자 어부왕이 말했다.

"기사님, 강 상류 쪽으로 가다 보면 내 성이 나타나는 게 보일 게요. 나도 이제 그쪽으로 가리다. 거기서 만나기 바라오."

그래서 페르스발은 강을 따라 가기 시작했지만, 아무리 사방을 둘러보아도 어부왕의 집도 아무 표지도 눈에 띄지 않았다. 그것을 찾지 못하리라 생각한 그는 화가 나서 자기를 그쪽으로 보낸 어부를 욕하며 말했다.

"망할 어부 같으니, 나를 조롱하고 있지도 않은 것이 있다고 허풍을 떨다니."

그는 기분이 상하고 심란한 채 계속 나아갔다. 그런데 갑자기 그날 아침 그가 지나온 숲 가장자리의 두 봉우리 사이로 탑 꼭대기가 나타나는 것이 보였다. 그것을 보자 그는 크게 기뻐하며, 왕을 — 물론 그는 그 노인이 누구인지 몰랐지만 — 저주한 것을 깊이 뉘우치며 그쪽으로 다가갔다. [73] 한참을 나아가 그는 요새에 당도했고, 성 주위를 감싸고 흐르는 강을 보았다. 더 바랄 나위 없이 아름다웠고, 홀 둘레의 회랑들도 보기 좋게 자리 잡고 있었다. 그 모든 것을 본 그는 그것이 아까 그 덕인이 사는 집이라는 것을 깨달았다. 어부보다는 왕의 성 같았고, 가까이 다가갈수록 더 화려해졌다. 성문에 다가가보니 열려 있었고 도개교도 내려져 있었다. 그래서 그는 안으로 들어가 성관 앞

---

[73] 그라알 성이 이처럼 갑자기 '나타나는' 것, 그리고 페르스발의 방문 후 사라져 다시 찾을 수 없게 되는 것은 《그라알 이야기》에서도 마찬가지로, 이 성의 경이로운(merveilleux) 성격을 뚜렷이 시사한다. 《그라알 이야기》에는 그라알 성의 이 첫 방문, 실패로 끝나는 방문만이 이야기되며, 이미 《그라알 이야기》가 끝나는 데서 시작하는 《제2 속편》에서는 이 첫 번째 방문이 다시 이야기되지 않는다. 산문 《페르스발》은 두 차례 방문의 실패와 성공을 모두 이야기한다. 하지만 그 주인공은 처음부터 어부왕의 성에 가서 완수해야 할 임무를 가지고 출발한 데다, 바로 앞 장면에서는 나무 위의 아이들이나 그림자 속의 음성으로부터 이제 곧 어부왕의 성에 이르게 되리라는 말을 들은 터이니, 미지의 성에 당도하여 이해할 수 없는 광경을 보게 된다는 첫 번째 방문의 성격을 온전히 살리기란 어려운 일이다. 그래서 화자는 주인공이 만나는 배 안의 노인을 대뜸 '어부왕'이라 이야기하다가, 낯선 성이 나타나는 대목에서는 《그라알 이야기》에서와 같은 첫 번째 방문의 이야기로 돌아가 "그는 그 노인이 누구인지 몰랐지만"이라는 모순된 설명을 끼워 넣고 있다.

하마석에서 말을 내렸다. 마당에 있던 사동들은 그를 보자 달려와 맞이하며 그가 말을 내리도록 등자를 잡아주었고, 무장을 풀도록 도와주었다. 그러고는 그의 무장을 집 안으로 나르는 한편, 사동 둘은 그의 말을 마구간으로 데려가 잘 돌봐 주었다. 이윽고 페르스발이 홀에 들어서자, 사동 하나가 그에게 진홍 겉옷을 걸쳐주고는 방 한복판의 화려한 침상에74 앉도록 안내했다. 그러더니 네 명의 하인이 어부왕이 있는 방으로 들어갔다. 어부왕은 그라알을 지켜오던 터였는데, 너무 늙고 쇠약하고 병들어서 손발을 움직일 수 없었다. 75 그는 하인들에게 기사가 도착했는지 물었고, 그들은 그렇다고 대답했다.

그러자 브롱이 말했다. "가서 그를 보고 싶구나."

네 명의 하인이 그를 안아 들어 올려서 그의 손자76 페르스발이 있는 홀로 날라주었다. 페르스발은 그가 오는 것을 보자 일어나 말했다.

---

74 이 때의 침상(lit)이란 눕거나 앉을 수 있는 자리를 통틀어 말한다.

75 《그라알 이야기》에서 어부왕은 몸을 다쳐 사냥을 할 수 없으므로 낚시를 하는 '불수의 왕'(Roi Méhaignié)이지만, 그라알에 담긴 단 하나의 성체만으로 10여 년간 연명해온 그의 부친인 노왕도 사실상 또 다른 '불수의 왕'인 셈이다. 다시 말해 그라알 성에는 두 명의 왕이 있었던 반면, 《제2 속편》에서 그라알 성의 왕은 어부왕 한 사람이며 산문 《페르스발》에서도 어부왕이 곧 '불수의 왕'으로 등장한다. 《그라알 이야기》에서 어부왕의 불수 상태는 다분히 성적인 불능인 것으로 시사되었던 것과 달리, 산문 《페르스발》에서는 "너무나 늙고 쇠약하고 병들어서"라고 하여 어부왕을 노왕과 동일시하는 것이다. 《성배 탐색》에는 두 왕이 모두 등장하되, 어부왕이 아니라 그의 부친인 노왕이 '불수의 왕'이라 일컬어진다.

76 어부왕과 그라알 이야기의 주인공이 조손 관계가 아니라 숙질 관계로 이야기되기도 하는 것은 아마도 이 niés라는 말이 조카 또는 손자 양쪽을 다 가리킬 수 있기 때문일 것이다. 마찬가지로 페르스발의 조부인 어부왕 브롱을 가리키는 taion이라는 말도, 종숙부(grand-oncle), 선조(aïeul) 등을 뜻하므로 혼동의 소지가 있다.

"그렇게 불편하신데 저를 위해 나오시다니, 폐를 끼쳐 죄송합니다, 어르신."

왕이 대답했다. "내가 할 수 있는 한 그대에게 경의를 표하고 싶어서 그러오."

그들은 함께 침상에 앉아 여러 가지 이야기를 했다. 주인은[77] 그에게 그날 어디서 오는 길인지, 간밤에는 어디서 묵었는지 물었다.

"간밤에는 묵을 만한 곳이 없어서 숲속에서 지냈습니다. 실로 불편했지만, 저보다도 제 말이 더 염려되었습니다."

"불편이 많았겠구려."

그러더니 하인 둘을 불러 식사할 수 있겠는지 물었고, 그들은 "예, 금방 됩니다"라고 대답했다. 그들은 즉시 상을 차렸고, 주인과 페르스발은 식탁 앞에 앉았다.

그렇게 앉아서 첫 번째 코스가 나오는 동안, 한쪽 방에서 호화로운 차림의 한 아가씨가 나왔다. 그녀는 목에 수건을[78] 두르고 손에는 작은 은 쟁반 두 개를 들고 있었다. 창을 든 소년이 그 뒤를 따랐는데, 창촉에서 피가 흘러 핏방울 세 개가 맺혔다. 그들은 페르스발 앞을 지나 다른 방으로[79] 들어갔다. 그 뒤를 이어 또 한 소년이 나타났는데, 그는 우리 주님께서 옥에 갇힌 요셉에게 주셨던 그릇을 양손으로 공

---

77 '집주인'(oste)이라는 뜻으로 '주인'이라 쓴다. 뒤에 나오는 배신(陪臣)도 매번 vavasseur라 하지 않고 sire, segnor 등으로 말한 곳은 간단히 '주인'이라 옮긴다.
78 '수건'으로 옮긴 touaile는 장식용 수건을 포함하여 여러 가지 용도의 천을 말한다.
79 《그라알 이야기》에서는 어부왕의 부친인 노왕이 있는 방이지만, 산문 《페르스발》에서는 나중에도 딱히 설명되지 않는 방이다.

손하게 받쳐 들고 있었다. 80 주인은 그것을 보자 깊이 몸을 숙여 절하며 통회했고, 집 안의 모든 사람이 그렇게 했다. 페르스발은 그 광경을 보고 무척 신기하게 생각했고 몹시 궁금하여 물어보고 싶었지만, 주인의 심기를 거스를까 두려웠다. 그는 그날 밤새도록 그 일에 대해 생각했지만, 어머니가 너무 많이 말하지 말고 너무 많이 캐묻지 말라던 것이 생각나서 묻기를 삼갔다. 81 주인은 계속해서 질문을 요구하는 방향으로 대화를 끌어갔지만, 페르스발은 아무 말도 하지 않았다. 그는 연이틀이나 잠을 자지 못했기 때문에 너무 지쳐서 까딱하

---

80 《그라알 이야기》에서 피 흐르는 창, 그라알, 은 쟁반의 순서로 나타났던 이른바 그라알 행렬이 산문 《페르스발》에서는 순서가 바뀌어, 모데나 사본에서는 은 쟁반/피 흐르는 창/그라알, 파리(디도) 사본에서는 피 흐르는 창/은 쟁반/그라알의 순서로 나타나고, 은 쟁반은 두 개가 된다. 또한 '그라알'이 앞서 페르스발의 누이의 입을 통해서는 "우리 주님의 피가 담긴 그릇"이라고 설명된 데 이어, 여기서는 "우리 주님께서 옥에 갇힌 요셉에게 주셨던 그릇"이라고 말해진다(하지만 이런 설명은 저자가 독자에게 들려주는 것이며, 이 장면에서 페르스발은 자기 눈앞을 지나가는 그릇을 '그라알'로 알아보지 못한 채 신기하고 궁금하게만 여기는 것으로 그려진다). 그라알이 이렇게 성유물로 확정됨에 따라, 《그라알 이야기》에서는 그라알을 나르는 이가 소녀였던 반면, 산문 《페르스발》에서는 소년이 된다.

81 《그라알 이야기》에서 페르스발에게 너무 많이 캐묻지 말라고 조언한 것은 그에게 무술의 기본을 가르쳐준 배신 고른망 드 고오르이다. 모데나 사본은 그렇게 가르친 것이 어머니였다고 하는 반면, 파리(디도) 사본은 은자였다고 한다(은자가 페르스발에게 권면한 내용에 그런 조언은 들어 있지 않지만, 어머니의 가르침은 아예 기술되지 않으므로 은자가 그런 조언도 했다는 것이 전후 맥락에 어긋나지 않는다). 하지만, 산문 《페르스발》은 서두에 이미 페르스발이 그라알 성에 가서 그라알에 관해 "그것으로 무엇을 하는지 그것으로 누구를 공궤하는지" 물어야 한다고 명시한 터이므로, 그가 질문을 하지 않는 이유를 이런 식으로 설명하는 것은 물론 모순이다.

면 식탁 위에 엎드러질 지경이었다. 이윽고 그라알을 든 소년이 다시 지나가 처음에 나왔던 방으로 돌아갔고, 창을 든 소년도, 아가씨도 그 뒤를 따랐다. 82 페르스발은 여전히 아무것도 묻지 않았다. 어부왕 브롱은 그가 아무 질문도 하지 않을 것을 알고 더없이 실망했다. 그는 그곳에 묵었던 모든 기사에게 그라알을 내보였던 것이, 일찍이 우리 주 예수 그리스도께서 그에게 말씀하시기를 한 기사가 나타나 그것으로 무엇을 하는지83 묻기 전까지는 치유되지 않으리라고 하신 때문이었다. 그 기사는 세상에서 가장 훌륭한 기사라야만 했다. 84 페르스발 자신은 그 임무를 수행하게 되어 있었고, 만일 그가 그 질문을 했더라

---

82 《그라알 이야기》에서는 그라알 행렬이 한 번 지나가 다른 방으로 들어간 다음, 그 라알만이 다시 나타나 새로운 음식이 차려질 때마다 페르스발의 눈앞을 지나간다. 산문 《페르스발》의 모데나 사본에서는 이렇게 그라알 행렬이 지나가는 장면이 두 차례 그려지며, 파리(디도) 사본에서는 한 번 지나가는 것이 묘사될 뿐이다.

83 그라알에 관해 해야 할 질문은 조금씩 형태가 달라진다. 《그라알 이야기》에서 주 인공이 그라알 성을 방문했을 때는 "그라알로 누구를 공궤하는가(누구에게 음식 을 가져가는가)"이고, 사촌누이가 그가 했어야 할 질문으로 드는 것은 "그라알로 무엇을 하며, 그것을 누구에게 가져가는가", 은자가 그 때 일을 설명할 때는 다시 "그라알로 누구를 공궤하는가"이다. 산문 《페르스발》의 서두에서는 "그라알로 무 엇을 하며 그것으로 누구를 공궤하는가"인데, 여기서나 뒤에서 사촌누이가 말할 때나 그라알 성의 두 번째 방문에서 실제로 주인공이 하는 질문은 "그것으로 무엇 을 하는가"가 된다. 어부왕과 노왕이 별개의 인물로 나오지 않아 방 안에 다른 누 가 있으리라고 생각하기 어려운 터에, "그라알로 누구를 공궤하는가"라는 질문은 어울리지 않기 때문일 것이다.

84 산문 《페르스발》에서 그라알 성의 첫 번째 방문은 《그라알 이야기》를 거의 그대 로 옮기고 있지만(《제2 속편》은 《그라알 이야기》의 속편이니만큼, 첫 번째 방문 은 이야기하지 않는다), 어부왕의 시점에서 기대하는 바나 그가 들은 예언은 《그라알 이야기》에는 없고, 로베르의 《요셉》에서 이어지는 내용이다.

416

면 왕은 치유되었을 것이었다.

　어부왕은 페르스발이 자고 싶어 하는 것을 보자, 상을 치우고 그를 위해 침상을 준비하라고 명했다. 그러고는 네 명의 하인을 불러 자신도 자기 방으로 돌아가 쉬고 싶다며 페르스발에게 인사를 했다. 노인이라 더 오래 일어나 있을 수가 없으니 양해해 달라는 것이었다. 페르스발은 자기는 괜찮다며 노인에게 인사를 했다. 그러자 어부왕은 자기 방으로 돌아가고 페르스발은 홀에 남았다. 그의 생각은 여전히 그처럼 경건하게 받들고 가던, 그리고 주인과 집 안의 모든 사람이 그 앞에서 그처럼 깊이 숙여 절하던 그릇에 가 있었다. 창촉에서 세 개의 핏방울이 흘러내리던 창은 한층 더 기이했다. 그래서 그는 아침에 떠나기 전에 마당의 사동들에게 물어보리라 마음먹었다. 그가 한동안 그 생각을 하고 있는데, 세 명의 하인이 들어와 그의 신을 벗기고 호화로운 침상으로 안내해 주었다. 그는 자리에 눕자마자, 너무나 고단했으므로 아침까지 내리 잤다.

　아침이 되자 그는 일어나서 옷을 입고 준비한 다음 마당으로 내려가 보았지만 인기척이라고는 없었다. 그래서 다시 집으로 가보았지만 역시 아무도 없었다. 당황하여 앞쪽을 보니 그의 무장이 보였다. 그래서 그는 무장을 하고 마구간으로 갔다. 마구간이 열려 있고, 그의 말은 갓 손질되어 마구가 입혀지고 안장까지 얹혀 있었다. 그는 그것을 보자 무척 놀랐지만 곧바로 말에 올라 마구간을 빠져나왔다. 그리고 앞쪽을 보니 문이 열려 있었다. 사동들이 약초나 그 밖에 필요한 것을 구하러 숲에 갔을지도 모른다는 생각이 들었다. 그래서 그는 그들을 뒤따라 가보기로 했고, 만일 그중 누군가를 만나면 전날 받쳐 들고 가던 그릇은 무엇을 뜻하는지, 사람들이 왜 그 앞에 깊이 절했는지, 그리고 어찌하여 창끝에서 피가 흐르는지 물어보리라고 작정했다. 85

그래서 그는 출발했고, 제 1시까지 숲을 돌아다녀 보았지만, 아무도 만나지 못했으므로 무척 난감했다. 그는 계속 나아갔고, 너무나 생각에 잠긴 나머지 자칫하면 말에서 떨어질 뻔했다. 그는 그렇게 계속 가다가 깊은 숲속에 이르렀는데, 웬 아가씨가 눈에 들어왔다. 그녀는 일찍이 어떤 사람도 만나본 적이 없을 만큼 아름다운 아가씨였는데, 슬피 울며 탄식하고 있었다. 86 그녀는 페르스발을 보자마자 목청껏 외쳤다.

"페르스발, 불행한 사람! 87 그렇게 운이 없으니, 좋은 일이 생길 리가 없지요. 조부이신 부자 어부왕의 집에 가서 우리 주님의 보혈이 담긴 그릇, 그라알이라 불리는 그릇이 눈앞을 지나가는 것을 보면서도, 세 번씩이나 지나가는 것을 보면서도, 88 당신은 그것에 대해 물어보지 못했으니 말이에요! 정녕 하느님께서 당신을 미워하시나 봅니다!

85　이 대목에서 주인공은 이른바 '해야 할 질문'인 '그라알로 무엇을 하는지, 누구를 공궤하는지' 등의 질문을 전혀 모르는 듯, 다른 형태의 질문들을 떠올리고 있다. "그 그릇은 무엇을 뜻하는지"(que cil vaissiaus senefie) 라는 질문은 그라알의 모험이 근본적으로 의미의 모험임을 상기시킨다.

86　《그라알 이야기》에서 주인공이 그라알 성을 떠나 만나게 되는 아가씨(사촌누이)는 죽은 애인의 시신 앞에서 우는 반면, 산문 《페르스발》에서는 아가씨가 우는 이유가 이야기되지 않는다(죽은 애인의 시신 앞에서 우는 아가씨는 한참 앞에서 이미 등장한 다음이다). 굳이 말하자면 페르스발의 실패를 탄식하는 눈물이라고나 할 것이다.

87　직역하면 "불운한 페르스발, 저주 받을지어다."

88　앞에서 서술된 페르스발의 그라알 성 방문 때 그라알 행렬은 두 번 지나갔을 뿐이다.

하느님께서 당신에게 천벌을 내리시지 않은 것이 신기할 정도네요!"

페르스발은 그 말을 듣자 그녀 쪽으로 다가가서, 부디 자신이 본 것의 진상을 말해 달라고 청했다. 그러자 그녀는 말했다.

"당신은 간밤에 조부이신 브롱의 집에 묵지 않았던가요? 그분은 아주 고귀한 혈통이시지요. 그리고 그라알과 그 밖의 성유물들이 당신 앞을 지나가는 것을 보지 않았나요? 만일 당신이 그것으로 무엇을 하는지 물었더라면, 당신의 조부이신 왕은 회복되어 건강을 되찾았을 것이고, 우리 주님께서 요셉에게 하신 예언이 성취되었을 텐데요. 그래서 당신은 조부의 축복을 받았을 테고, 마음의 가장 깊은 소원이 이루어져 그리스도의 보혈을 지키게 되었겠지요. 당신이 죽은 후에는 그리스도의 선택된 자들89의 무리에 들어갔을 테고, 지금 브리튼 땅을 에워싸고 있는 마법90과 악이 제거되었을 거예요. 하지만 나는 당신이 왜 이 모든 것을 잃었는지 알아요. 그건 당신이 현명하지도 용감하지도 못해서예요. 그 귀한 그릇을 지킬 만한 자격이 될 만큼 무용을 세운 것도 없고 선행을 베푼 것도 없어서지요."91

페르스발은 아가씨의 말에 크게 놀라고 애통한 나머지 울기 시작했

---

89 직역하면 "예수 그리스도의 계명을 받은 자들".

90 주 26 참조.

91 《그라알 이야기》에서 주인공이 모험에 실패한 이유는 어머니를 뿌리치고 떠나 죽음에 이르게 한 죄 때문이라고 이야기된다. 반면, 산문 《페르스발》에서는 (어머니에 대한 죄는 그라알 성을 발견하지 못하는 이유로 이미 언급된 다음이다) 그런 인과 관계 대신, 그가 아직 최고의 기사라는 자격을 얻지 못했다는 것이 이유로 제시된다. 이 실패를 반환점으로 이야기는 다시 출발하여 지금까지의 모험들을 반복 변용하면서 나아가게 된다.

다. 그는 조부의 집을 다시 찾아가 아가씨가 말한 모든 것을 묻기 전까지는 쉬지 않으리라고 말했다. 그렇게 말하고 그는 그녀에게 작별을 고했다. 그녀도 눈물에 젖어 인사했다. 그는 조부 어부왕의 집으로 돌아가는 길이라 여겨지는 길을 되짚어 가보았으나 영 멀어지기만 했으므로 크게 낙망하여 나아갔다. 이틀 밤낮을 갔지만, 숲속에서 발견한 사과와 열매들 밖에는 먹지 못한 채, 그는 우리 주님께 인도해 주시기를 기도했다.

그는 온종일 아무 모험도 만나지 못한 채 길을 가다가, 앞쪽을 보니 더없이 아름다운 아가씨가 보였고, 그녀의 곁에는 더없이 아름다운 의장마가 한 필 매여 있었다. 의장마 위쪽 나뭇가지에는 그가 전에 베었던 흰 수사슴의 목이 걸려 있었다. 페르스발은 그것을 보자 크게 기뻐하며 그쪽으로 달려가, 아가씨에게는 한마디도 하지 않고 그 목을 낚아챘다. 그러자 그녀는 성이 나서 외쳤다.

"기사님, 그건 내 주인의 것이니 내려놓아요. 그걸 그렇게 가져갔다가는, 당신에게 큰 화가 닥칠 거예요!"

하지만 페르스발은 웃음을 터뜨리며 말했다.

"아가씨, 무슨 일이 있어도 내려놓지 않을 겁니다. 나는 이걸 약속한 이에게 갖다 주렵니다."

하지만 그녀에게 말하고 있노라니, 암사슴 한 마리가 겁에 질려 달려오는 것이 보였고, 그 뒤로 그의 사냥개가 날쌔게 쫓아와 사슴의 다리를 물었다. 사슴은 겁에 질려 페르스발과 아가씨에게 애원하듯 달려왔다. 페르스발은 자기 사냥개를 보자 기뻐하며 말 위로 들어 올려

정답게 쓰다듬어 주었다. 그러고 있노라니, 그에게서 개를 훔쳐갔던 기사가 달려오는 것이 보였다. 그는 페르스발을 보자마자 성이 나서 고함쳤다.

"이 못된 기사야, 내 개를 빼앗다니 후회할 줄 알아라!"

그 말을 듣자 페르스발은 어이가 없어 대꾸했다.

"미쳤나 보군. 누가 빼앗는다는 거냐. 이걸 내게서 훔쳐간 건 너 아니냐."

그 말을 들은 기사는 그에게 싸움을 걸었고, 페르스발도 지지 않았다. 그래서 그들은 멀찍이 떨어져 서서 온 숲이 울리도록 말에 박차를 가하며 마주 내달렸다. 그러고는 서로 어찌나 호되게 치고받았던지 둘 다 땅바닥으로 나가떨어졌다. 하지만 즉시 도로 일어나서 분연히 검을 뽑아 들었다. 그들은 정오부터 제9시경까지 한참 동안 싸웠다. 페르스발은 몹시 지쳤고, 상대 기사도 마찬가지였다. 하지만 페르스발은 기사가 그토록 오래 버티는 데 치욕을 느끼고 다시금 힘을 내어 검을 치켜들고는 상대의 방패를 내리쳐서 복판까지 두 쪽 내버렸다. 어찌나 무시무시한 타격이었던지, 검은 투구까지 내리쳤지만, 쇠를 뚫지는 못하고 미끄러지면서 내처 사슬갑옷의 사슬을 100개 이상 끊어버렸고, 박차 하나를 끊고는 땅 속으로 두 자는 깊이 박혔다. 이를 본 기사는 겁에 질려서 만일 페르스발이 다시 한 번 그렇게 내리쳤다가는 자기를 죽이고 말리라는 것을 깨달았다. 그는 물러서서 그에게 자비를 빌며 목숨만 살려달라고 애원했다. 페르스발이 말했다.

"그렇다면 대체 왜 내 사냥개를 훔쳤는지, 네가 그걸 훔쳐 갔을 때 나와 싸우고 있던 기사가 대체 누구인지, 그리고 나를 무덤으로 보냈던 그 노파가 누구인지 모두 말해라."

기사가 대답했다. "그러지요. 전부 말씀드리겠습니다."

페르스발이 대답했다. "정녕 사실대로 말한다면, 목숨은 살려 주마."

그러자 기사가 대답했다. "무덤에서 나온 기사는 제 친형입니다. 세상에서 가장 훌륭한 기사 중 하나였는데, 한 아름다운 요정이 그의 용맹함에 반해 그를 사랑하게 되었지요. 제 형은 그녀를 보는 순간 너무나 사랑에 빠져서 그녀와 함께 있기만 하면 제정신을 못 차릴 지경이었습니다. 급기야 그녀는 자신이 그를 데려가고 싶은 곳으로 함께 가달라고 말했고, 그는 자신의 기사도를 버려야 하는 곳으로 데려가지만 않는다면 기꺼이 가겠다고 동의했습니다. 그녀는 그곳에서 그가 다른 어떤 사람보다도 무예를 발휘할 기회를 더 많이 얻게 되리라고 약속했지요. 아더 궁정의 모든 기사가 오가는 곳이라고요. 그래서 그녀는 이 숲속으로 그를 데려왔고, 그들은 당신이 무덤 곁을 지나갔을 때 본 길 옆에서 세상에서 가장 아름다운 초원 중 하나를 발견했습니다. 그래서 둘이 함께 말에서 내려 풀밭에 보를 펼쳐놓고 즐겁게 식사를 했지요. 그런 다음 제 형은 누워 잠이 들었습니다. 실컷 자고 나니 자신은 더없이 아름다운 성에 있고, 그 안에는 기사들과 귀부인들, 영양들이 그를 섬기려고 준비해 있었습니다. 이 성은 무덤 곁에 서 있지만, 눈에는 보이지 않습니다. 기사는 그곳에서 나와 당신을 공격했던 것입니다. 당신에게 무덤 쪽으로 가보라고 말했던 노파는 실상 당신이 일찍이 본 가장 아름다운 아가씨랍니다. 그곳에 무덤을 만들고, 제 형을 숲속으로 데려온 바로 그 아가씨지요. 자, 약속대로 모든 진실을 말씀드렸습니다."92

　페르스발은 그 이야기를 듣고 크게 기뻐하며 말했다.

　"맙소사, 그건 내가 지금껏 들어본 가장 놀라운 이야기로군."

　그가 기사에게 부자 어부왕의 집으로 가는 길을 알려줄 수 있느냐고 묻자, 기사는 이렇게 대답했다.

　"저는 전혀 모릅니다. 어떤 기사도 그것을 발견했다는 말을 들은 적이 없어요. 수많은 사람들이 찾아다니는 것은 보았지만."

　그래서 페르스발은 자신에게 사냥개를 빌려준 아가씨가 누구인지는 아느냐고 물었고, 기사는 그녀를 잘 안다고 대답했다.

　"그녀는 제 형이 사랑하는 아가씨의 동생이에요. 그래서 당신에게 개를 맡긴 거지요. 그녀는 언니가 당신을 자기 연인과 싸우게 하리라는 것을 잘 알고 있었거든요. 당신에게 개를 맡긴 아가씨는 그 기사 때문에 언니를 미워하고 있다는 걸 아셔야 합니다. 이 길로 지나가는 기사 중에 그로 인해 치욕을 당하지 않은 이가 없으니까요. 당신에게 개를 맡긴 아가씨는 조만간 다른 모든 기사들의 복수를 할 기사가 나타나리라는 것을 알고 있었던 것입니다."

　페르스발이 그 아가씨의 성까지 한참 가야 하는지 묻자, 기사는 대답했다.

　"이 길에서 왼쪽으로 쭉 가다보면, 저물기 전에 그곳에 당도할 겁니다."

────────

92　앞서 '위험한 여울목'의 에피소드에서 본 '사랑의 포로'라는 주제가 반복되고 있으며, 이야기의 요소들이 거의 일대일로 대응하는 것을 볼 수 있다.

그 말에 페르스발은 크게 기뻐하며 즉시 길을 떠났다. 하지만 먼저 그는 기사에게 아더 왕의 궁정에 가서 포로가 될 것을 맹세시켰다. 기사는 그렇게 하겠노라 했고, 그는 아더의 궁정에 가서 페르스발 르 갈루아의 이름으로 투항했다. 왕은 그를 자신의 궁정에 받아들이고 자유의 몸으로 만들어 주었다.

페르스발은 기사와 헤어져 부지런히 말을 달린 끝에 그에게 사냥개를 주었던 아가씨가 사는 성에 도착했다. 그녀는 탑의 창가에 서 있다가, 그가 오는 것을 보자마자 맞이하러 내려와서 크게 기뻐하며 환영했다.

"기사님, 하마터면 당신에게 성이 나려던 참이었어요! 제 뜻대로 할 수만 있었다면, 무슨 일이 있어도 제 개와 그렇게 오래 떨어져 있지 않았을 거예요!"

페르스발은 대답했다. "아가씨, 어쩔 수 없었습니다. 지체할 수밖에 없었다는 것을 알아주시기 바랍니다."

그는 그녀에게 그 동안 있었던 일들을 처음부터 끝까지 낱낱이 들려주었다. 개를 훔쳐간 노파에 대해, 그녀가 자신에게 가르쳐 준 무덤에 대해, 어떻게 기사가 싸움을 걸어왔으며 자기가 그를 이겼는지, 기사가 어떻게 무덤 속으로 달아났는지, 또 어떻게 다른 기사가 나타나 개를 가져갔으며 개를 잃고 돌아오고 싶지 않아서 그 뒤를 쫓아갔는지, 어떻게 숲속에서 그를 만나 싸워 이겼는지, 그는 그녀에게 자신이 겪은 일을 낱낱이 이야기했고, 자신이 그녀를 떠난 이후로 겪은 모든 곤경에 대해서도 이야기했다. 아가씨는 이를 듣고 크게 기뻐하며 기꺼이 그를 용서해 주었다. 그녀는 그의 무장을 풀게 한 다음, 더 없이 융숭하게 환대하며 이렇게 말했다.

"제가 그토록 미워하던 자, 제 언니의 연인을 무찌르셨으니, 이제 나는 당신의 것이 되겠어요. 당신은 이 성의 주인이 되어 언제까지나 이곳에 머물러주세요."

하지만 페르스발은 그 말에 난색을 표하며, 자신은 머물 뜻이 없다고 정중하게 사양했다.

"아가씨, 저도 기꺼이 당신의 뜻을 따르고 싶습니다. 당신이 청하는 일이 합당하다면 얼마든지 할 용의가 있습니다. 하지만 저는 아더 왕의 궁정에 일이 있고, 그 일을 완수하기까지는 어떤 숙소에서도 하룻밤 이상은 묵지 않을 것입니다. 이해해 주시기 바랍니다."

당시에는 남자가 맹세를 어기느니 차라리 목을 베이는 편을 택하는 것이 관습이었다.[93] 그래서 아가씨도 그의 말을 듣자 이렇게 대답했다.

"기사님, 당신에게 맹세를 깨뜨리게 하는 사람은 당신을 위하는 것이 아니지요. 말씀을 듣고 보니 저도 감히 억지를 부리거나 떼를 쓰지 못하겠습니다. 하지만 이것만큼은 부탁드리고 싶어요. 만일 하느님께서 당신의 과업을 이루어 주신다면, 곧장 제게로 돌아와 주세요."

페르스발은 대답했다. "아가씨, 그건 말씀하실 필요도 없는 일입니다. 하느님께서 제 목표를 이루도록 허락해 주신다면, 저는 당신과

---

93 이렇게 회고적으로 말하는 것이 다소 이상하게 들릴 수도 있지만, 아더 왕 문학은 전설적인 과거에 투영된 중세 사회의 이상향이었다는 점을 상기하면 될 것이다.

함께 지내는 것보다 더 바라는 일이 없습니다."

그렇게 그는 그녀에게 하직하며 무장을 가져다달라고 청했다. 그 말을 듣자 그녀는 말했다. "뭐라고요? 오늘 밤 저와 함께 머물지 않으실 건가요?"

그가 대답했다. "그럴 수가 없습니다, 아가씨. 이미 이곳에서 하룻밤을 묵었기 때문에, 그러면 맹세를 어기게 될 것입니다."

아가씨는 그 말에 몹시 낙심했지만, 달리 어쩔 도리가 없음을 알고는 그에게 작별을 고하며 눈물을 흘렸다. 그녀는 그가 가지 말고 머물기를 간절히 바랐기 때문이다. 하지만 페르스발은 죄를 지을 뜻이 없었고, 우리 주님께서도 그가 죄를 짓도록 내버려두기를 원치 않으셨다. 그래서 그는 그녀를 떠나, 다시금 길에 올랐고 전속력으로 말을 달려 그날 밤은 숲속에서 지냈다. 94

그 후 그는 일곱 해 동안이나 모험을 찾아 방방곡곡을 돌아다녔고, 그가 성취하지 못한 모험도 기사도도 이적도 없었다. 그 일곱 해 동안 그는 100명 이상의 포로를 아더 왕의 궁정으로 보냈다. 하지만 그가 발견한 온갖 경이로운 일들에도 불구하고, 그는 조부인 부자 어부왕

---

94 흰 사슴의 머리를 얻으려고 떠났다가 사냥개를 잃고 헤매게 되는 것은 《제2 속편》과 산문 《페르스발》이 같지만, 《제2 속편》에서는 주인공이 흰 사슴의 머리와 사냥개를 되찾은 후 다시 여러 모험을 겪고서 체스판 성으로 돌아가 아가씨(요정)와 사랑을 나누게 되는 반면, 산문 《페르스발》에서 주인공은 잃었던 것들을 되찾은 다음 곧바로 체스판 성으로 돌아가지만 아가씨의 청에도 불구하고 그라알 모험에 대한 자신의 맹세를 지켜 그날로 길을 떠난다.

의 집은 다시 찾을 수가 없었다. 그 일곱 해 동안 그는 정신이 나가고 기억95을 잃은 나머지 하느님에 대해 생각지도 않고 거룩한 교회나 수도원에 들어가지도 않았다.

우리 주님께서 죄인들을 위해 고난당하신 복된 십자가의 날, 페르스발은 완전 무장을 한 채로 말을 달리고 있었다. 만일 도전을 만나면 자신을 방어하고 상대를 무찌를 태세였다. 그러다 그는 외투와 두건 차림으로 고개 숙인 채 예수 그리스도께 자신들의 죄를 뉘우쳐 기도하며 가는 한 무리의 귀부인과 기사들과 마주쳤다. 그들은 그를 멈춰 세우고, 우리 주님께서 십자가에서 고난당하신 날에도 여전히 무장을 하고 사람을 죽이며 모험을 찾아다니다니 무슨 불운에 시달리고 있는지 물었다. 96 페르스발은 그들이 하느님에 대해 하는 말을 듣자 그리스도의 뜻에 따라 제정신을 차렸고, 그토록 오래 사로잡혀 있던 광기에서 벗어나 즉시 무장을 풀었다. 그리고 이야기가 전하는바, 하느님의 뜻에 따라, 그는 숙부인 은자의 집으로 가는 길을 찾았다고 한다. 전에 누이가 한 번 데려가 고해를 시킨 적이 있는 집이었다. 그는 다시 고해를 했고, 은자가 명하는 보속을 받아들인 다음, 그와 함께 두 달을 머물렀다. 97

---

95 중세의 memoire라는 것은 과거에 대한 기억뿐 아니라 양식(bon sens)도 뜻한다.

96 교회는 일찍이 10~11세기부터 신의 평화(paix de Dieu: 비무장자, 성역, 농구 등에 대한 위해 금지)와 신의 휴전(trêve de Dieu: 주일, 축일 등 특정기간의 전투행위 제한)을 제정하는 등 기사 집단의 폭력을 다스리기 위해 진력해온 터였으므로, 페르스발이 성금요일에 무장을 하고 있었다는 것은 "무슨 불운에 시달리고 있는지" 의문을 불러일으킬 만한 일이었을 것이다.

그러나 크레티앵 드 트루아는 이런 것에 대해 전혀 이야기하지 않으며, 이런 이야기를 듣기 좋은 운문으로 만든 다른 트루베르(음유시인)들도 마찬가지이다. 하지만 우리는 이 이야기와 관련된 것밖에 말하지 않는다. 즉, 메를랭이 노섬벌랜드에 사는 스승 블레즈, 너무나 나이가 많아 운신도 못하는 노인에게 받아쓰게 한 것들 말이다. 메를랭은 날마다 페르스발에게 일어나는 일들을 정확히 보고 또 알고 있었으므로, 그는 장차 기꺼이 그 이야기에 귀 기울일 덕인들을 위해 블레즈에게 그 모험들을 기록하게 했다. 그래서 우리는 메를랭의 권위로 받아 적은 블레즈의 글에서 페르스발이 그의 숙부의 집에 두 달 동안 머물렀음을 아는 것이다. **98** 그런데 그가 그곳에 당도할 무렵, 그

---

97 주인공이 여러 해 동안 혼미함 가운데 방황하다가 성금요일에 숲속에서 참회하는 무리를 만나 제정신을 차리고 은자를 만나게 된다는 것은 《그라알 이야기》에서와 같다. 하지만 《그라알 이야기》에서 참회하는 무리가 하는 권면, 은자가 하는 권면 등은 대폭 생략되어 있다. 은자의 권면은 이미 은자와의 첫 번째 만남에서 이야기되었고, 이 대목에서는 어머니가 아니라 누이의 죽음이 이야기된다. 무엇보다도, 산문 《페르스발》은 은자와의 이 두 번째 만남에서 — 이미 그라알 성을 방문한 후인데도 — 그라알 성에서의 모험에 실패한 것에 대해 전혀 언급하지 않는다는 점이 특이하다.

98 크레티앵이나 다른 트루베르들이 "이런 것에 대해 전혀 이야기하지 않는다"는 말은 이상하게 들린다. 크레티앵도, 그리고 "이런 이야기를 듣기 좋은 운문으로 만든 트루베르들", 즉 《그라알 이야기》의 운문 속편 작가들도 페르스발과 은자의 만남에 대해 이야기했으니 말이다. 그들이 "전혀 이야기하지 않은 것"이라면 페르스발이 은자와 함께 "두 달" 동안 머물렀다는 사실(《그라알 이야기》에서는 이틀 동안 머문 것으로 이야기된다), 페르스발의 누이가 죽었다는 사실 정도이다. 그러므로 산문 《페르스발》의 필사자가 실제로 새로운 이야기를 하고 있다기보다는, 크레티앵이나 운문 속편 작가들과는 다른 방식으로, 즉 산증인인 메를랭의 권위에서 그의 구술을 받아 적은 '책'의 권위에 의거하여 자기 이야기의 신빙성을 주장

의 누이는 이미 죽어서 세상에 없었다. 페르스발이 말했다.

"어르신, 저는 누이에게 가보려 합니다."

은자는 그 말을 듣자 눈물을 흘리며 대답했다.

"조카님, 누이는 이제 만날 수가 없다네. 1년 반 전에 세상을 떠났으니까. 나도 그녀가 죽었다는 소식을 듣고 몹시 슬퍼서, 그녀를 이리로 실어다 내 집 밖에 묻었다네."

페르스발은 누이가 세상을 떠났다는 말을 듣고 슬퍼했다. 그는 세상의 모든 금을 준다 해도 눈물이 나는 것을 참을 수가 없었다. 그는 숙부에게 말했다.

"숙부님, 부디 저를 그토록 아끼던 누이가 묻힌 곳에 데려다주세요."

"그래야지."

은자는 그를 곧장 그녀가 묻혀 있는 무덤으로 데리고 가서 말했다.

"조카님, 자네 누이는 여기 묻혀 있다네."

페르스발은 그 말을 듣자 울기 시작했고, 그들은 그녀의 영혼을 위해 함께 기도했다. 우리 주님께 그녀의 영혼을 위해 기도한 다음 은자가 그에게 말했다.

"조카님, 이제 자네 집에 가보는 게 어떻겠나? 자네 아버지이자 내 형제인 알랭 르 그로의 집 말일세. 이제 자네가 주인이니까."

페르스발은 그 말을 듣자 이렇게 대답했다. "하느님께 맹세코, 아

하려는 것이라고 이해하면 될 것이다. 한편, 페르스발이 그라알 탐색 동안 한 곳에서 이틀 밤을 묵지 않겠다던 맹세는 이 대목에 이르면 잊힌 듯하다. 뒤이어 나오는 무술시합 이야기에서도 배신의 집에 이틀 밤을 묵고 사흘째 밤에도 그렇게 하려다가 메를랭의 호통을 듣게 되는 것이다.

더 왕국을 다 준대도 가지 않겠습니다. 사랑하는 사람들이 다 떠나버린 아버지 집을 다시 보면 가슴이 찢어질 것만 같습니다. 제가 아는 사람이라고는 아무도 없을 테니까요."

"결코 그렇지 않을 걸세." 은자가 말했다.

하지만 페르스발은 말했다. "숙부님, 저는 이제 그만 가보겠습니다. 숙부님의 아버님이자 제 조부님의 집을 찾기 전까지는 결코 쉬지 않겠습니다."

은자는 그 말을 듣자 말했다.

"조카님, 우리 주 예수 그리스도께 부디 자네를 그곳으로 인도해주시기를 바라네. 우리 주님께 기도하겠네."

그렇게 페르스발은 하직 인사를 하고 떠나 숲속을 지나던 끝에, 성령강림절 후 여덟 번째 날을 맞이했다. 그날 온종일 그는 제9시까지 길을 가도록 아무 모험도 만나지 못했다. 그러다 앞쪽을 보니 사동 넷이 저마다 목에 방패를 단 채 말을 타고 가는 것이 보였다. 그들은 제각기 말들과 짐말들의 고삐를 잡고, 창이 가득 실린 수레를 끌고 있었다. 페르스발은 그들을 보자마자 말에 박차를 가해 그쪽으로 다가가서, 어디서 그 모든 무기를 가져오는지, 그들은 누구를 섬기는 자들인지 물어보았다.

'기사님, 저희 주인은 멜리앙 드 리스이고, 저희는 무술시합에 가는 길입니다. 하얀 성이라고, 세상에서 가장 아름다운 아가씨 중 하나가 사는 곳에서 열리는 시합이지요. 그녀를 본 사람이면 누구나, 세상 모든 귀부인의 아름다움을 한데 모아놓는다 해도 그녀의 아름다

430

움에는 따르지 못할 거라고들 한답니다. 그녀는 아름다운 만큼 부유하기도 해서, 수많은 기사들이 그녀에게 구혼했고, 그중에는 공후백작들도 많았지만, 그녀는 아무의 말도 듣지 않았어요. 그래서 이제 성주이신 부인께서 이 아름다운 따님 앞에서 무술시합을 열어, 누구든 시합에 이기는 자에게 딸을 주겠다고 하신 거지요. 아무리 가난한 젊은 기사라 해도 말입니다. 그녀가 모든 소유를 그에게 맡겨 그를 부자로 만들어줄 테니까요. 하느님께서 그런 행운으로 축복해 주시는 자는 세상에서 가장 부유하고 브리튼 땅에서는 아더 왕만을 제외하고는 가장 유복한 사람이 될 겁니다. 그래서 우리 주인 멜리앙 드 리스도 거기에 가는 것이지요. 그는 오래전부터 그녀를 사모해왔고, 시합에 이겨 그녀를 아내로 삼기를 원하니까요."[99]

그래서 페르스발은 그들에게 시합이 언제쯤 열리려는지 물었고, 그들은 대답했다.

"지금부터 사흘 후랍니다, 기사님."

그래서 그는 많은 기사들이 올 것 같으냐고 물었다. 그랬더니 한 사동이 웃으며 말했다.

"그야 물을 필요도 없는 일이지요, 가사님. 왜냐하면 이 시합은 아더 왕의 궁정에도 알려졌고, 원탁의 모든 기사들이 올 테니까요. 다들 그라알을 찾으러 나섰다가 아무 성과도 거두지 못한 채 성령강림

---

99 무기를 싣고 가던 종자들로부터 무술시합과 멜리앙 드 리스에 대해 듣게 되는 것은 《그라알 이야기》에서와 같으나, 무술시합이 열리는 경위와 멜리앙 드 리스라는 인물 등 상황적 요소들이 다소 다르게 설정되어 있다. 가장 큰 차이는 모험의 주인공이 고뱅에서 페르스발로 바뀌었다는 데 있다.

절에 궁정으로 돌아왔답니다. 아더 왕은 이번 성령강림절에 이전 어느 때보다도 큰 잔치를 열었고, 그곳에서 시합이 공지되었어요. 그래서 말인데, 그의 궁정에서 5천 명[100] 이상이 올 겁니다. 고뱅 경도 온다고 들었고, 호수의 랑슬로와 집사장 쾨, 그리고 베두이에, [101] 고뱅경의 세 형제인 모르드레드, 기레스와 가리에스도 온다고 합니다. 집사장 쾨는 제후들이 듣는 앞에서 큰소리를 쳤다지요. 자기가 무예로 그녀를 얻어 궁정에 데리고 돌아오겠다고요. 기사들은 그 말에 다들 웃었고, 아더 왕도 여전히 그를 놀리고 있답니다. 왕은 또 말하길, 만일 페르스발이 시합 소식을 듣는다면 그도 올 거라고, 그에게는 아무도 맞서지 못할 거라고 말했답니다. 그가 궁정에 포로로 보낸 자만 150명이 넘으니 말이에요. 왕은 페르스발이 곁에 없어서 아주 심려가 크고, 필시 그가 죽었으리라고 생각한답니다. 물으신 일에 대한 답을 드렸습니다. 저희와 함께 가시려는지요?"

페르스발은 지금은 가지 않겠다고 말했고, 그러자 사동이 또 말했다.

"옳으신 말씀이에요. 그건 기사님의 일에는 별 도움이 안 될 테니까요."

---

100 "5천 명"은 너무 많고, 뒤에서 배신이 말하는 것처럼 "5백 명"이 아닐까 싶다. 두 사본 모두 여기서는 5천 명, 뒤에서는 5백 명으로 되어 있다.

101 베두이에(Beduier)는 베디베르(Bédivère), 베디비어(Bedivere)라고도 하는데, 브리튼 설화에서 일찍부터 등장하는 인물로, 《브리튼 왕들의 역사》와 《브뤼트 이야기》에서는 아더 왕의 측근으로 그려지나 크레티앵 드 트루아에 이르면 다소 주변으로 밀려난다. 산문 《페르스발》에서는, 나중에 아더가 프랑스를 정복한 후 고뱅, 쾨 등과 함께 그에게도 영지를 하사하는 대목에서 보듯, 상당히 중요한 인물로 간주된다.

그렇게 말한 다음 사동들은 페르스발을 떠나, 가던 길을 갔다. 페르스발은 다른 길로 나아갔지만, 자기도 시합에 가보리라고 생각했다. 거의 저녁이 되기까지 길을 가다가, 앞쪽을 보니 담장으로 둘러싸인 한 배신102의 집이 보였다. 페르스발은 그것을 보고 기뻐하며 속력을 내서 다가갔다. 가보니 집 주인은 다리에 앉아 있고, 사동 여섯이 그 곁에서 시합에 가는 이들을 지켜보고 있었다. 주인은 페르스발이 다가오는 것을 보자 흔쾌히 나와서 맞이하며, 묵어갈 것을 권했다. 페르스발은 기뻐하며 깊은 감사를 표하고 말에서 내렸다. 사동들이 달려와 그가 무장 푸는 것을 도와주었고, 그중 한 명은 그의 말을 마구간으로 데려가 편히 쉬게 해 주었다. 그러는 동안 다른 소년들은 그의 무장을 한 방으로 가져갔고, 그는 거의 벗은 채였다. 주인은 감탄하며 그를 바라보았고 ― 그는 세상에서 가장 수려한 기사였기 때문이다 ― 페르스발이 듣지 않는 데서 혼자 중얼거렸다.

"저렇게 수려한 기사에게 용맹함이 없다면 큰 수치일 게야."103

이윽고 사동 둘이 와서 그에게 겉옷을 입혀주었고, 그는 주인 곁에 앉아 지나가는 기사들과 무장을 구경했다. 그는 주인에게 하얀 성이 멀리 떨어져 있는지 물었고, 그러자 주인이 대답했다.

"제 1시 전에 도착할 겁니다."

페르스발은 또 물었다.

---

102 vavasseur란 배신(陪臣), 즉 봉신의 봉신이다.
103 기사의 수려한 외모에도 불구하고 용맹함이 없다면 수치라는 것은 《그라알 이야기》에서 아직 멜리앙 드 리스와 싸울 뜻이 없는 고뱅을 지켜보며 성 안의 아가씨들이 하는 말이다.

"오늘 시합에 참가하러 간 기사가 많았습니까?"

"당신이 오기 직전에 아더 왕 궁정의 기사들이 지나가더이다. 적어도 500명 이상은 되는 것 같던데, 아주 화려한 무장을 갖추고 있습디다."

페르스발은 그 말을 듣자 무척 기뻤다. 그들은 날 저물기까지 그곳에 앉아 있었고, 이윽고 주인이 하인들에게 곧 식사할 수 있느냐고 물었고, 그들은 대답했다.

"예, 곧 됩니다."

그래서 그는 페르스발의 손을 잡고 홀 안으로 안내했고, 그를 극진히 대접했다. 그가 상을 차리라 명하자 즉시 분부대로 되었다. 모든 것이 준비되자, 그의 아내가 두 딸을 데리고 나왔는데, 둘 다 아름답고 얌전하고 예의 바른 소녀들이었다. 그들은 페르스발에게 공손하게 인사한 다음 그의 옆 자리에 앉았다. 그날 밤 부인과 딸들은 페르스발을 눈여겨보며, 그렇게 수려한 기사는 본 적이 없다고 말했다. 식사한 다음 상이 치워지자, 주인은 페르스발에게 시합에 참가하러 왔느냐고 물었다. 페르스발은 대답했다.

"저는 어제 멜리앙 드 리스의 종자들로부터 처음 그 소식을 들었습니다. 그의 무기들을 실어가더군요."

"바로 그가 시합을 여는 거랍니다."104 주인이 말했다. "내일은 전초전이105 열릴 거요. 감히 그래도 된다면, 당신에게 함께 가자고 할

---

104 앞에서는 하얀 성의 영주인 부인이 시합을 연다고 이야기했으나, 이제 《그라알 이야기》에서처럼 멜리앙 드 리스가 연다고 한다.

텐데요."

"주인장, 저도 그렇게 하여 보답하고 싶습니다만, 저는 내일은 무슨 일이 있어도 무기를 들지 않을 작정입니다."[106]

"억지로 권하지는 않겠습니다." 주인도 말했다.

이윽고 잠자리가 준비되었고, 네 명의 사동이 페르스발을 화려한 침상으로 데려갔다. 이튿날 아침 사동들은 곧 일어나 마당에서 돌아다녔고, 페르스발도 날이 새자 곧장 일어나 주인장 또한 이미 일어나 있는 것을 보았다. 그들은 아름다운 예배당에서 미사를 드린 다음 집으로 돌아가 즐겁게 식사했다. 그러고 나서 주인은 마당으로 내려가 말을 준비하라고 일렀다. 그는 페르스발의 무장을 짐말에 실어놓았다. 그런 다음 그들은 즉시 말을 타고 시합을 구경하러 갔다.

시합은 큰 열기를 띠고 시작되어, 그들이 당도하기도 전에 참가자들의 깃발이 들판에 나와 있었다. 멋진 방패와 말들이 무수히 눈에 띄었고, 화려한 문장들과 비단 깃발들이 휘날렸다. 아더의 시대에 열린 어떤 무술 시합에도 그렇게 멋진 무장과 훌륭한 기사들이 등장한 적은 없었다. 멜리앙 드 리스는 훌륭하게 무장을 하고 나와 있었다. 그는 두 마리 사자가 화려하게 그려진 황금 방패를 메었고, 팔에는 성의 아가씨

---

105 '전초전'으로 옮긴 vespre는 큰 무술시합이 열리기 전날 연습 삼아 열리는 작은 시합을 말한다.

106 《그라알 이야기》에서 고뱅은 더 중요한 약속을 지키기 위해 무술시합 참가를 꺼리는 반면, 산문 《페르스발》의 이 대목에서 페르스발이 첫 날 참가를 마다하는 데는 ─ 작품 전체의 반복 구조를 살리기 위해, 즉 도입부에서 그가 아더 왕의 궁정에서 치렀던 무술시합과 유사한 상황을 만들려는 것이 아니라면 ─ 딱히 이유가 없다.

의 소매가 매여 있었다. 107 그는 당당히 말을 달리고 있었고, 화려하게 차려 입은 50명 기사가 그와 함께였다. 이윽고 진행자들이 외쳤다.

"모두 투구를!"108

그 말에 큰 웅성임이 일어났고, 겁쟁이들은 가슴이 떨렸다. 무술시합이 그렇게 대단한 열기로 시작되는 것은 본 적이 없을 것이다. 멜리앙 드 리스는 애인에게 무용을 보여 주고 싶어서 모든 사람에 앞서 쏜살같이 내달렸다. 고뱅 경은 그를 보자 마주 달려 나갔고, 두 사람은 새매나 제비보다 더 빨리 서로 창으로 치고받아 방패가 쪼개져 나갔다. 하지만 든든한 사슬갑옷이 창을 막아냈고, 부러진 창 조각이 공중을 날았다. 두 사람은 기세가 등등하여 맞부딪혔지만, 어느 쪽도 등자를 놓치지 않았다.

뒤이어 다른 사람들도 격렬히 맞붙어 방패와 사슬갑옷을 치고받기 시작했다. 창들이 부서져 나갔고, 다들 검을 뽑아들었다. 일찍이 본 적 없는 가열한 시합이었다. 500군데 이상에서 깃발들이 서로 달려들어 엎치락뒤치락 했다. 멜리앙 드 리스는 수없이 상대를 공격하여 말

---

107 기사들은 무술 시합에 나갈 때 여성에게서 정표로 받은 소매나 베일 등을 갑옷이나 창에 달고 나가는 관습이 있었다. 멜리앙 드 리스가 성주의 딸에게서 받은 소매를 달고 있었다는 것은 성주의 딸이 이미 멜리앙 드 리스를 응원하고 있다는 말이다. 뒤이어 그녀는 그의 애인이라고 이야기되는데, 그렇다면 앞에서 그녀가 어떤 구혼자도 받아들이지 않기 때문에 성주가 무술시합을 열어 딸의 배필을 정하기로 했다는 말과 모순된다. 이는 역시 애초의 설정과는 다소 어긋나게, 《그라알 이야기》를 따르고 있기 때문일 터이다.

108 "모두 투구를!"이라는 것이 진격 신호였다. 신호가 나면 다들 투구 끈을 묶고 말아 두었던 마의를 펼쳐 내린 후 진격했다.

436

들을 빼앗아서 성의 아가씨에게 보냄으로써 그녀를 기쁘게 했다. 하얀 성의 성벽 위에서는 300명 이상의 귀부인과 영양들이 서로서로 가장 훌륭한 기사를 가리켜 보이며 구경하고 있었다. 시합에 참가한 이들은 그 모습을 보고 한층 더 맹렬한 싸움을 벌였다.

고뱅 경과 랑슬로를 위시한 원탁의 기사들은 전열을 뚫고 다니며 마주치는 모든 기사를 거꾸러뜨렸다. 반대편에서는 멜리앙 드 리스와 그의 기사들이 감탄할 만한 무용을 보이고 있었다. 시합은 종일 계속되다가, 날이 저물어서야 끝났다. 고뱅 경과 이뱅, 랑슬로, 그리고 집사장 쾨 모두 잘 싸웠고, 멜리앙 드 리스 또한 그러했다. 그래서 성의 귀부인들은 어느 쪽에 상을 주어야 할지 알 수 없었고, 다들 너무나 잘해서 승자를 고를 수가 없다고 말했다. 아가씨는 멜리앙 드 리스가 가장 빼어났다고 말했지만, 그녀의 어머니인 하얀 성의 성주는 동의하지 않았고, 대개의 사람들은 고뱅 편으로 기울었다. 큰 논란이 벌어졌고, 마침내 아가씨가 말했다.

"내일은 누가 가장 훌륭한지, 누가 상을 탈지 결정할 수 있을 거예요!"

의논은 그 정도에 그쳤고, 멜리앙 드 리스는 성에 들어갔으며, 고뱅 경과 랑슬로, 집사장 쾨, 그리고 원탁의 기사들도 그러했다. 그렇게 융숭한 대접은 일찍이 어떤 무술시합에서도 볼 수 없는 것이었다.

한편, 전초전이 해산된 후, 페르스발은 배신과 함께 그곳에서 멀지 않은 그의 성으로 돌아갔다. 그들이 말에서 내리자마자 사동들이 맞이하러 나와 말들을 마구간으로 끌어가 잘 돌보아주었다. 페르스발과 주인장은 손에 손을 잡고 홀 안으로 올라갔고, 주인은 상을 차리라 명했다. 즉시 분부대로 되어 그들은 식사를 했다. 그런 다음 주인은 시합에 대해 이야기를 시작하고는, 페르스발에게 누가 가장 잘했다고 생각하는지 물었다. 페르스발은 두 마리 사자가 새겨진 황금 방패를 든 이도 훌륭했지만, 하얀 방패를 든 이가 가장 잘했다고 대답했다.

주인이 말했다. "두 마리 사자가 새겨진 황금 방패를 든 이가 멜리앙 드 리스라오. 흰 방패를 든 이는 아더 왕의 조카 고뱅 경이지요."

페르스발이 말했다. "내일은 이 성만 한 금 더미를 준다 해도 무장을 하고 시합에 나가는 것과 바꾸지 않겠습니다. 고뱅 경과 멜리앙 드 리스가 한편에 서고, 제가 반대편에 서서 맞붙어보면 좋겠군요."

주인과 그의 딸들은 그 말을 듣자 크게 기뻐했고, 주인은 그에게 말했다.

"저도 당신을 위해 무장을 하고 내일 당신과 함께 가겠습니다."

페르스발은 그 말을 듣자 기뻐하며 그에게 진심으로 감사했다. 그래서 그렇게 정해졌고, 잠자리에 들 시간이 되었다.

아침까지 잔 후, 페르스발과 주인은 일어나서 미사를 드리러 갔고, 그런 다음 돌아와 빵과 포도주로 아침식사를 했다. 그런데 주인의 맏딸이 와서 페르스발에게 시합에서 자기 소매를 달아 달라고 청했다.[109] 그는 그것을 보자 크게 기뻐하며 그녀를 위해 어느 때보다 더 큰 공적을 세우게 되기를 바란다고 말했다. 그녀의 아버지도 그 말을 듣고 기뻐했다. 사동들이 말에 올라 무장을 싣고 앞서 갔고, 페르스

---

109 《그라알 이야기》에서 성주의 작은 딸 '작은 소매 아가씨'가 하는 역할을 산문 《페르스발》에서는 배신의 큰 딸이 하고 있다.

발과 그의 주인도 그렇게 한 다음, 함께 성을 향해 출발했다.

시합 참가자들의 숙소에 당도해 보니, 성의 기사들은 무장을 하고 있었고 어떤 이들은 이미 말에 타고 있었다. 그들은 기사들과 성벽에 올라가 있는 귀부인과 영양들을 바라보았다. 페르스발은 그들이 모두 무장을 갖추고 있는 것을 보자 자기 무장을 달라고 하여 주인이 빌려준 멋진 무장을 갖추었다. 그는 사람들이 자기를 알아보지 못하도록, 자신의 무장을 쓰기를 원치 않았다. 멜리앙 드 리스는 그날 밤 고뱅 경과 함께 묵었고, 그들은 함께 바깥 편 기사들을 쳐부수자는 경솔한 생각에 의기투합했다. 성의 아가씨들은 그가 바로 전 날만 해도 고뱅 경과 맞싸운 터라 그런 결정을 별로 좋게 받아들이지 않았다. 하지만, 성주의 딸은 바깥 편 기사들 편에 전 날보다 깃발 세 개가 더 늘었다면서 기꺼이 그들을 용서했다. 멜리앙 드 리스가 돕지 않으면 성내 편 기사들이 수세에 몰릴 거라면서 말이다. 바깥 편 기사들은 그 소식에 낙심했지만, 사그레모르는 그래도 그들과 함께하겠다고 말했다.[110] 페르스발은 그 소식을 듣자 기뻐하며, 배신에게 말했다.

"바깥 편에 있었더라면 좋았을 거라고들 할 겁니다."

이윽고 참가자들이 성 밖으로 나갔고, 양편이 전열을 벌였다. 대오

---

110 성내 편 기사들과 바깥 편 기사들이 대결하는 무술시합에서, 편 가름이 확실치 않다. "멜리앙이 돕지 않으면 성내의 기사들이 수세에 몰릴 것"이라는 말로 보아 멜리앙은 바깥 편이었다가 성내 편(고뱅을 포함한 아더 왕의 기사들)에 합류하여 비난당하는 것으로 보이는데, 사그레모르가 "그래도 (그들과) 함께하겠다"면서 뒤에서 보듯 바깥 편에서 싸우는 것을 보면 애초의 편 가름이 어떤 것이었는지 애매하다. 《그라알 이야기》에서는 멜리앙이 바깥 편, 고뱅이 성내 편이다.

가 갖추어지자 사동들과 전령들이 외쳤다.

"모두 투구를!"

그 외침에, 양편 모두 앞다퉈 달려 나갔고, 가장 빠른 말을 탄 기사는 실로 행복한 사람이었다. 멜리앙 드 리스가 모두를 앞서 달려 나왔고, 페르스발은 그를 보자 크게 기뻐하며 사납게 마주 달려 나갔다. 팔에는 배신의 딸이 준 소매를 달고 있었다. 성벽의 아가씨들은 그를 보자 이구동성으로 말했다.

"저길 봐! 이제껏 본 적 없는 멋진 기사네!"

그들은 말이 낼 수 있는 전속력으로 달려 나가 상대의 방패에 창을 꽂았고, 파편들이 하늘로 튀었다. 페르스발은 힘과 용기가 흘러 넘쳐 상대의 투구와 가슴팍을 힘껏 내리쳐 땅바닥에 거꾸러뜨렸고, 상대는 거의 목이 부러질 뻔했다. 실제로 오른팔 한중간이 부러졌고, 고통 때문에 그는 열네 번이나 혼절했다. 페르스발은 워낙 맹렬한 속도로 달리던 터라 그를 지나쳐 집사장 쾨와 마주치면서 힘껏 들이박았고, 쾨는 밤인지 낮인지도 알 수 없는 채 말에서 떨어져 땅바닥에 널브러졌다.

바깥 편 기사들은 페르스발의 놀라운 무용을 보자, 그 뒤를 따라 내달렸다. 고뱅 경과 랑슬로가 돌아서 그들을 맞이했고, 양편이 맹렬하게 부딪치는 바람에 온 땅이 들썩거릴 정도였다. 무모한 자 사그레모르[111]는 바깥 편 기사들의 편에 서서 용감하게 싸웠으며, 그날 많은

---

111 크레티앵 드 트루아의 작품들에서 사그레모르 또는 사그라모르는 le Desrée(양식, 명예의 정도를 벗어난) 외에도 le Frénétique(격렬한 자), le Déréglé(과도한 자), l'impétueux(맹렬한 자) 등의 별명으로 불릴 만큼, 혈기 넘치는 인물로 그려진다.

무용을 세워 보는 자들의 칭송을 얻었다. 랑슬로와 고뱅 경은 잘 싸웠고, 자기들 앞의 전열을 물러나게 만들었다. 하지만 페르스발이 단연 모든 기사보다 뛰어났고, 적수를 만날 때마다 말과 기수를 한꺼번에 땅바닥에 쓰러뜨렸다. 성벽 위에 있던 여자들은 그에게 소매를 준 여자는 훌륭한 선택을 했다고, 그 기사의 사랑을 얻는 여자라면 누구나 자신을 행운이라고 여겨 마땅하다고들 떠들었다. 그는 만나는 모든 기사를 거꾸러뜨렸으니 말이다.

탑에서 구경하던 영양들은 그렇게 말했다. 고뱅 경은 페르스발이 자기 편 기사들을 그렇게 무찌르는 것을 보자 분하여 종자에게서 창을 받아들고 그를 공격하기에 나섰다. 하지만 페르스발은 고뱅이 대단히 훌륭한 기사라는 것을 알면서도, 그를 보고 전혀 두려운 기색이 없었다. 그들은 서로 방패를 힘껏 가격하여 창들이 부서지고 창 조각들이 공중을 날았으며, 서로 지나칠 때마다 맹렬한 타격을 가했다. 그러다 결국 고뱅 경이 궁지에 몰려 그와 그의 말이 들판 한복판에 나가떨어졌고, 그의 말은 목이 부러져 죽었다.

성내 편 기사들은 그 광경에 겁을 먹고 등을 돌렸고, 고뱅 경은 자기편이 달아나는 것을 보자 분연히 일어나서 검을 뽑아들었다. 그러자 한 기사가 외쳤다.

"기사님, 아직도 우리와 싸울 셈이오."

그는 고뱅의 머리에서 투구를 벗길 셈으로 고뱅에게 달려들었다. 고뱅은 성이 나서 검을 치켜들고 무시무시하게 그를 내리쳐 그의 머리를 이빨까지 쪼개 거꾸러뜨렸다. 112 고뱅은 기사의 말을 빼앗아 타고 자기편을 뒤쫓아 내달리며, 가는 길에 네 명의 기사를 거꾸러뜨렸다.

하지만 그의 편은 모두 성으로 돌아간 다음이었고, 바깥 편 기사들이 그들을 성문까지 바짝 추격하여 무기와 말과 포로를 잔뜩 잡았다.

완전한 승리를 거두자, 페르스발은 배신에게 가서 자신이 빼앗은 말 중 가장 좋은 것을 세 필 골라 그에게 주면서, 그의 딸이 준 소매에 대한 보답으로 받아주기 바란다고 말했다. 배신은 그에게 깊이 감사했고, 페르스발이 말했다.

"자, 이제 가십시다. 저는 오늘 밤도 댁에서 유하고 싶습니다."

페르스발과 배신과 그의 사동들이 돌아가려는데, 한 남자가 나타났다. 점잖은 차림에 수염을 기른 노인이었다. 어깨에 낫을 멘 것이 추수꾼처럼 보였다. 노인은 그들을 향해 다가오더니, 페르스발의 말 고삐를 잡고 말했다.

"정신 나간 녀석! 무술시합 같은 것에 나갈 때냐!"

페르스발은 그 말을 듣자 놀라서 대꾸했다.

"그게 당신과 무슨 상관이오, 노인장?"

"상관이 있고말고! 내게도 다른 사람들에게도 상관이 있지. 자네한테나 나한테나 다 상관이 있어. 다른 누구보다도 내게는 상관이 있지."

페르스발은 크게 놀라 다시 물었다. "대관절 누구십니까?"

그러자 상대가 대답했다.

"나는 자네가 알지 못하는 자의 아들이니, 자네가 그를 아는 것보다 그가 자네를 잘 알 걸세. 하지만 그가 안다 해서 득 될 것은 없지. 오히려 화가 닥칠 뿐."

---

112 전투가 아닌 무술시합에서 할 만한 행동은 아니다.

페르스발은 그의 말에 어리둥절해서 말했다.

"대체 무슨 말씀이신지, 제가 말에서 내리면 설명해 주시겠습니까?"

"자네한테 할 말이 있지만, 다른 사람들이 있는 데서는 안 되겠네."

페르스발은 그 말을 듣자 기뻐하며 배신에게 말했다.

"어르신, 먼저 가셔서, 집에서 기다려 주십시오. 이분과 이야기를 좀 한 다음 뒤따라가겠습니다."

"그러지요." 배신은 대답하고 돌아섰고, 뒤에 남은 페르스발은 노인에게 다가가 대체 누구인지 물었다. 노인은 대답했다.

"보다시피, 추수꾼일세."

"그렇다면 저에 대해 누구한테 들으셨습니까?" 페르스발이 물었다.

"난 자네가 태어나기 전부터 자네 이름을 알고 있었다네."

페르스발은 그 말을 듣자 기이하게 여기며 말했다.

"하느님께 맹세코, 대체 이게 무슨 일인지 말해 주십시오."

"거짓말은 하지 않겠네. 내 이름은 메를랭일세. 자네와 이야기하려고 노섬벌랜드에서부터 왔다네." 노인이 말했다. 113

페르스발은 크게 놀라 말했다.

"당신에 관해서는 많이 들었습니다. 얼마나 위대한 예언자이신지. 그렇다면 말해 주십시오. 제가 어떻게 하면 부자 어부왕의 집을 찾을 수 있겠습니까?"

---

113 산문 《페르스발》에서 메를랭의 두 번째 등장이다. 앞서 그림자 속의 음성으로 나타났을 때도 그랬듯이, 그라알 성에 이르기 전에 그가 나타나 길을 알려 주는 것이다. 메를랭의 이 두 차례 등장은 《그라알 이야기》나 《제 2 속편》에는 물론 없는 이야기이다.

메를랭이 대답했다. "가르쳐주지. 이걸 알아두게. 하느님께서 자네 길을 막으신 것은 자네가 맹세를 어겼기 때문이야. 자네는 어떤 숙소에서도 하룻밤 이상은 묵지 않겠다고 맹세해놓고, 저 배신의 집에서는 이틀 밤을 묵었고, 오늘도 또 묵으려 하지 않았나!"[114]

"아, 미처 주의하지 못했습니다." 페르스발이 말했다.

"그렇다면 자네를 용서하기가 쉬워지겠는걸. 1년 후에 자네 조부의 집으로 가게 될 길을 가르쳐주지." 메를랭이 대답했다.

"하지만 메를랭, 좀 더 빠른 길을 알려 주십시오."

"그야 간단하지. 오늘 밤에라도 가려면 갈 수도 있어. 하지만 자네는 1년 후에 가게 될 거야.[115] 하여간 이번에 가면 어리석게 굴지 말고, 보는 것들에 대해 반드시 질문을 해야 하네."

"하느님께서 제가 그곳에 가도록 허락만 해 주신다면 꼭 그러겠습니다."

메를랭이 말했다. "나는 이만 가보겠네. 자네한테 더는 말할 게 없

---

114 그것이 그렇게 심각한 위반이라면, 앞서 은자의 집에서 두 달이나 묵은 것은 — 착오가 아니라면 — 왜 문제되지 않는지, 역시 전후 맥락이 모순되는 대목이다. 더구나, 은자의 집을 처음 방문했을 때는 주인공이 그라알 성을 찾지 못하는 이유가 그의 어머니에 대한 죄 때문이라고 했었고, 애초에 그라알 탐색을 명한 음성은 그가 세상에서 가장 훌륭한 기사가 될 때 어부왕의 집에 가게 되리라고 했으니, 아직 그라알 성에 이르지 못하는 이유를 그런 사소한 위반에서 찾는 것은 다소 억지스럽다.

115 즉, 일정 시간이 더 지나야 한다는 말인데, 이는 애초에 그라알 성에 이르기 위한 조건으로 제시되었던 "이 기사가 다른 모든 사람 위에 높여져 세상에서 가장 훌륭한 기사로 여겨질 때, 그가 그렇게 많은 것을 성취할 때, 하느님께서 그를 부자 어부왕의 집으로 인도하실 것"이라는 말을 상기할 때, 그에게는 아직도 더 성취해야 할 일이 남아 있다는 뜻으로 이해할 수 있다.

네. 하지만 자네 믿음이 더 강해져야겠네. 자네가 그리스도의 그릇을 지키게 되면, 내 스승을 자네한테 데려가지. 그가 자네 행적을, 그리고 부분적으로는 내 행적도 기록해왔다네. 이만 가네."

그는 가버렸다. 페르스발은 사방을 둘러보았지만, 노인은 보이지 않았다. 그는 손을 들어 성호를 그은 후 자기 말 있는 데로 가서 올라타고 메를랭이 지시한 길로 접어들었다.

그는 우리 주님의 뜻대로 길을 가다가,[116] 메를랭이 그에게 예고했던 바로 그날, 조부의 집을 발견했다. 그는 성문으로 들어가 성관 앞에서 말을 내렸다. 그러자 하인 둘이 그를 맞이하러 나와 반갑게 맞이하며 그가 무장 푸는 것을 도와주었고, 말은 마구간으로 데려가 잘 돌봐주었다. 그러고는 그를 조부인 왕이 누워 있는 홀 안으로 데려갔다. 왕은 페르스발을 보자 할 수 있는 한 그를 향해 몸을 일으키며 그가 온 것을 크게 기뻐했다. 페르스발은 그의 곁에 앉아서 이런저런 이야기를 했다. 그러다가 왕은 식탁을 차리라고 명했고, 분부대로 시행되어 그들은 함께 앉아 식사를 했다.

첫 음식이 나오자마자, 한쪽 방에서 촛촉에서 피가 흐르는 창이 나왔고, 그라알이,[117] 그리고 은쟁반을 든 아가씨가 그 뒤를 따랐다.[118]

---

116 지금까지 '모험/우연(aventure)이 이끄는 대로'라는 표현을 쓰던 자리에 '주님의 뜻대로'라는 표현이 쓰이고 있다.

117 창과 그라알을 든 사람들에 대한 언급은 없다.

118 그라알 행렬의 순서가 이번에는 《그라알 이야기》에서와 같다. 《제2 속편》에서는 이 대목에 '거룩한 그라알(성배)'과 촛촉에 피가 맺힌 창, 그리고 은쟁반 대신

페르스발은 어서 질문을 하고 싶어서, 왕에게 말했다.

"어르신, 저와 다른 모든 사람을 위해, 저기 보이는 저것들로 무엇을 하는지 말씀해 주십시오."119

그렇게 말하고 고개를 들어 보니, 어부왕은 전혀 다른 모습이 되어 있었다. 병이 나아 물고기처럼 싱싱한 모습이었다. 페르스발은 그것을 보고 크게 놀랐고, 왕은 벌떡 일어나 페르스발의 발을 붙들고 입맞추려 했지만, 페르스발이 극구 말렸다. 집 안의 사동들이 다 달려와 페르스발에게 기쁨을 표했다. 이윽고 그는 정신을 차리고 말했다.

"어르신, 어르신의 아들인 알랭 르 그로가 제 아버지였습니다."

어부왕은 그 말을 듣자 한층 더 기뻐하며 말했다.

"친애하는 손자여, 그대가 와주어서 진실로 기쁘오!"

그는 무릎을 꿇고서 우리 주님께 감사를 드린 다음, 페르스발의 손을 잡고 그릇 앞으로 데려가 말했다.

"친애하는 손자여, 이것은 롱기누스가 십자가 위의 그리스도를 찌른 창이라네.120 그리고 이 그릇은 그라알이라 부르는데, 요셉이 그

'부러진 검'이 처음으로 등장한다.

119 그라알에 관한 질문과 그로 인해 일어나는 결과는 이미 수차 예고되었던 것이므로, 이 질문은 다분히 의례(rite)의 성격을 띤다. 《그라알 이야기》이후 줄곧 지연되었던 그라알 모험의 성취가 처음으로 일어나는 것이다. 《제2 속편》에서는 주인공이 부러진 검을 도로 붙이는 데 부분적으로 성공하지만(붙은 자리가 완전치 않고 가느다란 흠이 생긴다), 그라알에 관해서는 역시 묻지 못한 채 이야기가 중단되어 버린다.

120 '피 흐르는 창'을 십자가에 달린 예수 그리스도의 옆구리를 찌른 롱기누스의 창과 최초로 동일시한 것은 《제1 속편》인데, 산문 《페르스발》도 이를 따르고 있다.

분의 상처에서 흘러 떨어지는 피를 받아 담은 그릇일세. 우리는 이것이 그 앞에 머물 수 있는 모든 덕인들의 마음을 기쁘게 하기 때문에 — 죄인은 이 앞에 머물 수가 없으니 — 그라알이라 부른다네. 나는 그대를 어떻게 하면 좋을지 인도해 주십사고 우리 주님께 기도하겠네."

브롱은 그릇 앞에 무릎을 꿇고 이렇게 기도했다.

"주 하느님, 이것이 당신의 복되신 보혈이요 요셉이 죽은 후 제가 간직하도록 허락해 주시어 내내 간직해온 것이오니, 이것을 장차 어떻게 할지 알려 주십시오."

그러자 성령의 음성이 내려와 그에게 말했다.

"브롱이여, 우리 주님께서 요셉에게 주셨던 예언이 이제 곧 성취되리라. 우리 주님께서는 그분이 옥에 갇힌 요셉에게 그라알을 주실 때 가르쳐주셨던 거룩한 말씀을 이 사람에게 가르쳐 맡기라고 명하신다. 지금부터 사흘 후면, 너는 이 세상을 떠나 사도들과 함께 있게 되리라."

그러고는 음성이 사라졌다. 브롱은 들은 대로 했고, 요셉으로부터 들은 거룩한 말을 페르스발에게 가르쳐주었다.[121] 나는 그 말을 여러분에게 전할 수 없고, 전해서도 안 될 것이다. 브롱은 그에게 우리 주님의 믿음에 관한 모든 것을, 그리고 그가 어린아이였던 그분을 본 일,[122] 성전에서 율법 교사들과 토론하시던 그분을 본 일, 그리고 유

---

121 《그라알 이야기》에서 페르스발이 성금요일 후에 만난 은자로부터 "죽음을 각오하지 않고는 인간의 입으로 말할 수 없는 우리 주님의 지극히 거룩한 이름들"을 전해 듣는 대목이 이에 해당할 것이다.
122 어부왕, 즉 요셉의 매제 브롱이 예수 그리스도의 어린 시절부터 십자가 사건까지 다 보았다는 말은 그의 초자연적 수명에 비추어 보더라도 좀 무리하게 들리기는

대 땅의 높은 사람들이 그분을 미워한 일, 거짓된 사도가 그분을 유대인들에게 팔아넘긴 일, 그리고 그분이 못 박히신 것을 보았던 일, 그의 처남 요셉이 그분의 시신을 달라고 하여 빌라도가 허락했던 일, 그분을 십자가에서 내려 드렸던 일, 땅에 눕히고 그분의 피가 땅에 흐르는 것을 보고 그릇에 받아 담은 일을 다 이야기해 주었다.

"여기 그대가 보는 바로 이 그릇, 죄인이 그 앞에 오는 것을 허락지 않는 그릇에 말일세."

브롱은 그의 선한 선조[123]가 살았던 삶에 관한 모든 것을 말해 주었고, 페르스발은 그의 말에 기꺼이 귀 기울였으며, 즉시 성령의 은혜로 가득 찼다. 이윽고 브롱이 그 그릇을 페르스발의 손에 넘겨주자, 그릇에서 너무나 감미로운 음료와 향기가 나와 그는 마치 천국의 천사들과 함께 있는 듯했다.

브롱은 이후 사흘을 페르스발과 함께 보냈고, 무척 연로했던 터라, 사흘째 되던 날 그릇 앞에 와서 십자로 엎드려 누워 우리 주님께 감사드렸다. 그러고는 세상을 떠났다. 그가 세상을 떠난 후, 페르스발이 가 보니, 수금(竪琴)을 든 다윗과 향로를 든 뭇 천사들이 브롱의 영혼을 받으려고 기다리고 있다가 그를 실어가 그가 그토록 오래 섬겨온 하늘 아버지와 함께 영광 가운데 거하도록 실어갔다.

한다. 이 연대착오를 보완하기 위해 불가타 연작의 《성배 탐색》에서는 긴 계보가 상정된다.

123 브롱의 선조에 대한 이야기는 따로 없으니, "그의 선한 선조"란 페르스발의 선조, 즉 브롱의 아내 에니게우스를 통해 페르스발의 외종조부가 되는 요셉을 가리킬 터이다.

페르스발은 아주 덕인이 되어 그곳에 머물렀다. 그리고 온 세상의 마법이 풀리고 깨뜨려졌다. 바로 그날 아더 왕은 메를랭이 제정한 원탁 앞에 앉아 있었는데, 좌중 모두가 어찌나 큰 굉음을 들었던지 몹시 두려워하는 가운데, 페르스발이 빈자리에 앉았을 때 갈라졌던 돌이 다시금 아물어 붙었다. 그들은 그것이 무슨 뜻인지 알지 못하는 채 기이하게 여겼다.

메를랭은 블레즈에게 가서 이 모든 일에 대해 들려주었고, 블레즈는 이렇게 대답했다.

"메를랭, 전에 네가 내게 말하길 이 일이 끝나면 나를 그라알의 무리에 넣어 주겠다고 말했었지."

"블레즈, 당신은 내일 날이 새기 전에 그곳에 있을 거요."

메를랭은 곧 블레즈를 페르스발이라는 이름의 어부왕의[124] 집에 데려다 주었고, 블레즈는 그곳에서 그라알과 함께 머물게 되었다.

메를랭은 그 일을 마친 후 카르두엘에서 열린 아더 왕의 궁정으로 갔다. 아더는 그를 보자 크게 기뻐했고, 사람들은 왕에게 원탁의 아물어 붙은 돌이 무엇을 뜻하는지 메를랭에게 물어보라고 말했다. 그래서 왕이 말했다.

"만일 말해 주겠다면 부탁하는 바요."

그러자 메를랭이 대답했다. "아더, 당신은 일찍이 가장 위대한 예언이 당신의 치세 동안 성취되었다는 것을 알아야 하오. 왜냐하면 어부왕이 치유되었고, 브리튼 땅의 마법이 풀렸으니 말이오. 페르스발

---

124 페르스발이 새로운 '어부왕'이 되었음을 뜻한다.

은 우리 주님의 명에 따라 그라알의 주인이 되었소. 우리 주님께서 그분의 보혈을 그에게 맡기셨으니, 그가 얼마나 덕인인지 알 수 있을 거요. 그래서 그의 발밑에서 갈라졌던 돌이 이제 아물어 붙은 거요. 고뱅과 집사장 쾨는 하얀 성에서 열린 기마 시합 때 자기들을 거꾸러뜨린 것이 바로 페르스발이었음을 알아야 하오. 하지만 이제 그는 기사도를 떠났고, 이후로는 창조주의 은혜 가운데 살기를 바란다오."

왕과 제후들은 그 이야기를 듣고 모두 눈물을 흘리며 우리 주님께 페르스발을 끝까지 선하게 인도해 주시기를 기도했다. 이윽고 메를랭은 왕에게 작별을 고하고 블레즈와 페르스발에게로 돌아가 블레즈로 하여금 그 모든 것을 글로 적게 했다. 125

아더 궁정의 제후들은 마법과 모험이 끝났다는 소식에 크게 낙심했다. 126 젊은이들과 종사들, 그리고 원탁의 기사들은 더 이상 아더 왕

---

125 이로써 《그라알 이야기》에서 시작된 모험은 마침내 끝이 나고, 이어지는 이야기는 이후에 불가타 연작의 《아더 왕의 죽음》으로 발전하게 된다. 로베르 드 보롱이 구상한 3부작에 《아더 왕의 죽음》에 해당하는 부분까지 들어 있었을지 여부에 대해서는 의견이 갈려서, 《페르스발》이 로베르의 제 3부를 대체로 반영한 것이라고 보는 이들은 이 부분도 그러하리라고 보는 반면, 《요셉》과 《메를랭》만이 로베르의 작품이라고 보는 이들은 제 4부나 다름없는 이 부분이 애초의 구상과 무관한 것이리라고 본다. 하여간, 《요셉》에서 시작한 이야기는 페르스발의 모험 완수와 함께 끝나는 반면 《메를랭》에서 시작한 이야기는 아더 왕국의 종말과 함께 끝나는 것이 자연스럽다. 이 마지막 부분의 출전은 물론 《브리튼 왕들의 역사》 내지 《브뤼트 이야기》일 터인데, 출전들에 비해 대폭 생략되어 있다.

126 도입부에서 페르스발이 금지된 좌석에 앉음으로써 '마법'(enchantement)이 시작되었다고 본다면, 그가 그라알 모험을 성취함으로써 금지된 좌석이 아물어 붙고

의 궁정에 머물지 않겠다, 차라리 바다를 건너가 기사다운 일을 찾아 보겠다고 말했다. **127** 집사장 쾨는 그런 말을 듣자 걱정이 되어 왕에게 가서 말했다.

"전하, 모든 제후가 전하를 떠나 외지에 가서 모험을 찾겠다고 합니다. 하지만 전하는 브리튼 땅에 있었던 모든 왕 중에 가장 존경받는 분이고, 일찍이 어떤 왕보다도 더 훌륭한 기사들을 거느리고 계십니다. 기억하십시오. 브리튼 왕 중에 프랑스 왕이자 로마 황제인 이는 단 세 사람이었는데, 메를랭이 말하길 전하도 그런 왕이 되리라고 했던 것 말입니다. **128** 전하께서도 메를랭이야말로 세상에서 가장 현명한 사람이고 거짓말을 한 적이 없다는 것을 잘 아십니다. 만일 전하의 기사들이 모험을 찾아 외지로 가버린다면, 전하께서는 다시는 그들

마법이 사라진다는 것은 논리적인 귀결이고, 그럴 때 마법이란 다분히 부정적인 '저주'의 의미이다. 하지만 이 대목에서 보듯 마법이 모험의 원천이라는 생각은 결이 다소 다른 발상이다. 즉, 모험의 원천인 '경이로운 다른 세상'(l'Autre Monde merveilleux)이 마법의 세계라 한다면, 그 때의 마법이란 '경이로움'(le merveilleux)의 다른 말이다. 물론 크게 보아 그리스도교적인 세계와 그에 순치되지 않는 세계를 대비시킨다면, 그리스도교의 승리는 긍정적이든 부정적이든 마법을 종식시키는 결과가 되겠지만 말이다. 이런 생각은 불가타 연작의 《아더 왕의 죽음》에서 십분 전개되려니와, 산문 《페르스발》의 이 대목은 그런 발전을 예고한다.

127 그라알 모험의 성취가 마법과 모험의 종식을 가져왔다는 등식은 여기서 처음 제출된다. 《브리튼 왕들의 역사》에서 아더는 자기 궁정의 명성이 그렇게 대단하고 자기를 두려워하려는 이들이 많다는 데서 전 유럽을 정복하려는 야심을 갖게 되며, 《브뤼트 이야기》에서 아더는 막강한 제후들과 기사들의 조언에 따라 유럽 원정에 나섰다고 이야기될 뿐이다.

128 《메를랭》의 마지막에 나오는 이야기이다.

을 모두 불러 모을 수 없을 것입니다. 그러니 전하, 지체하지 마십시오. 오랫동안 누려온 명성을 잃지 마십시오. 바다를 건너 프랑스와 노르망디를 정복하여 지금껏 오래 전하를 섬겨온 제후들에게 나눠 주십시오. 저희도 있는 힘껏 전하를 도와드리겠습니다."

아더는 그 말을 듣고 크게 기뻐했고, 제후들에게 가서 그 문제에 관해 조언을 구했다. 저마다 찬성했고, 기꺼이 돕겠다고 약속했다. 아더는 자기 땅의 가장 유력한 사람들이 찬성하는 말을 듣자 뛸 듯이 기뻐하며, 편지를 봉하게 하여 50명의 전령을 시켜 온 나라에 전하게 했다. 편지에는 도울 수 있는 사람이라면 반드시 와야 한다고, 각 사람에게 부자가 될 만큼 후하게 보상하리라고 썼다. 전령들이 돌아왔고, 어찌나 큰 무리가 모였던지, 그 달이 채 지나기도 전에 10만 명이 넘게 모였다. 왕은 기뻐하며 고뱅 경과 집사장 쾨, 그리고 오크니 왕 로트와 함께 그들을 보러 갔다. 그는 막사마다 돌아다니며 제후들 한 사람 한 사람에게 기쁨으로 인사하여 그들의 마음을 얻었으며 후한 선물을 주었다. 그들 모두 외쳤다.

"아더 왕이여, 당신은 게으름으로 온 세상을 잃고 있습니다. 정녕, 당신이 우리와 같은 마음이라면, 우리는 당신을 위해 프랑스와 노르망디와 로마와 온 롬바르디아를 정복할 것입니다. 심지어 예루살렘에서도 우리는 당신에게 왕관을 씌울 것이고, 당신은 온 세상의 주군이 될 것입니다."

브리튼 사람들은 자신들의 주군 아더에게 그렇게 말했다. 왕은 그들의 말에 용기백배하여 자신의 목숨을 걸고 맹세하기를 적어도 프랑스를 정복하기 전에는 쉬지 않으리라고 맹세했다. 그러고는 온 땅의 목수를 불러 모아 일찍이 알려진 가장 웅대한 선단을 건조하게 했고, 범선과 갤리선들이 준비되자 다들 항구로 가서 빵과 포도주와 고기와 소금과 무기와 천을 실었다. 그러고는 기사들이 준마들을 데리고 승선했다. 왕은 떠나 있는 동안 자신의 땅과 나라와 왕비를 모르드레드에게 맡겼다.129 이 모르드레드는 고뱅 경의 동생이자 오크니 왕 로트의 아들로, 성정이 악한 자였다. 아더는 그렇게 작별을 고하고 항구로 가서 바람과 별에 의지하여 출항했다.

선단은 바다를 건너 노르망디에 닿았다. 그들은 상륙하자마자 온 나라를 다니며 남녀를 포로로 만들고 약탈을 자행하여 온 땅을 황폐하게 만들었다. 어떤 땅도 그처럼 큰 고통에 처한 적이 없었다. 공작130은 그 소식을 듣자 화친을 청했고, 의논이 오간 끝에, 아더 왕도 동의했다. 공작은 아더의 군대로 와서, 그의 봉신으로서 땅을 받을 것이며 공물을 바치겠다고 서약했다. 왕은 이를 기쁘게 받아들였다. 공작에게는 대단히 아름다운 딸이 있었는데, 왕은 그녀를 공작의 땅

---

129 《브리튼 왕들의 역사》와 《브뤼트 이야기》에서는 아더가 먼저 북유럽 나라들과 프랑스를 정복하고 돌아와 대대적인 대관식을 거행한 후 로마 원정에 나서며, 로마 원정에 나설 때 비로소 모르드레드와 왕비에게 나라를 맡기는 것으로 되어 있다. 반면, 산문 《페르스발》에서는 북유럽 원정이 생략되고, 프랑스 원정과 로마 원정에 각기 앞서 모르드레드와 왕비에게 나라를 맡기는 것으로 되어 있다. 이 작품들에서 모르드레드는 아직 오크니 왕 로트(와 아더 왕의 의붓누이 안나)의 아들로 아더 왕의 조카라고만 이야기되나, 불가타 연작의 《아더 왕의 죽음》에서는 아더 왕과 또 다른 의붓누이 모르고즈(모르간) 사이의 근친상간에서 태어난 아들이라고 하여 죄와 비극의 색채를 더한다.
130 노르망디 공작을 말한다.

과 함께 집사장 쾨에게 주었다.

그러고는 다시금 진군하여 공작령을 가로질러서 프랑스 왕의 영토에 들어섰다. 그 무렵 프랑스에는 프롤로라는 이름의 왕이 있었다.[131] 아더가 진격해온다는 것을 알고 크게 근심한 그는 온 나라의 군대를 파리로 소집했다. 큰 무리의 기사들이 모이자, 프롤로 왕은 아더를 기다리겠노라고 선포했다. 소식을 들은 아더는 프롤로가 있으리라 여겨지는 곳으로 진격했고, 프랑스 군대로부터 두 마장 안까지 나아갔다. 프롤로 왕은 그가 온다는 소식을 듣자 아더의 군대에 갈 두 명의 전령을 택해 그들에게 이렇게 말했다.

"전령들이여, 곧장 브리튼 사람들에게 가서 아더 왕에게 전하시오. 이 땅을 정복하기 위해 기사들을 죽일 필요는 없다고. 만일 그가 감히 프랑스의 명예를 놓고 나와 일 대 일로 다툴 만큼 용감하다면, 나도 기꺼이 나가 싸우겠다고 말이오. 그러면 그가 프랑스를 차지하든가, 내가 브리튼을 차지하게 될 것이오."

---

131 《브리튼 왕들의 역사》는 "당시 갈리아 지방은 군단사령관 프롤로의 치리(治理) 하에 있었다"고 하고, 《브뤼트 이야기》는 "당시 프랑스는 갈리아라 불렸는데, 왕이나 주군이 없었다. 그 땅은 로마에 속해 있었고, 프롤로가 맡아 지킨 지 오래되었다"고 한다. 이런 책들에 비해 산문 《페르스발》은 역사적 정황에 별로 주의를 기울이지 않으며, 따라서 나중에 로마 사신들이 프랑스를 자기 속국으로 이야기할 때 전후 맥락이 다소 어그러진다. '프롤로'(Frollo)라는 이름을 모데나 사본은 '플로르'(Floires), 파리(디도) 사본은 '프롤르'(Frolles)로 적고 있는데, '프롤로'로 통일한다. 하지만 물론 이 모든 것은 허구이다. 《브리튼 왕들의 역사》나 《브뤼트 이야기》에 의하면 아더 왕은 542년에 죽었다고 하니 그의 치세는 5세기 말에서 6세기 초에 걸쳐 있는 셈인데, 실제로 서로마제국은 476년에 이미 멸망한 다음이니 말이다.

전령들은 즉시 아더의 군대에 가서 알현을 청했고, 그의 막사로 안내되었다. 그들은 막사로 다가가 말에서 내린 다음 안으로 들어가 그에게 인사를 하고 자신들의 주군이 말하라고 시킨 바를 한마디도 빼놓지 않고 낱낱이 말했다. 아더는 그들이 하는 말을 듣자 이렇게 대답했다.

"그대들의 주군인 프롤로 왕에게 가서 전하시오. 그가 제안한 대로 하겠노라고. 나도 브리튼 온 땅을 놓고 그가 내게 한 것 같은 도전을 꺼리지 않겠노라고."

전령들이 대답했다. "그가 당신 말고는 아무와도 싸우지 않아도 된다고 맹세해 주십시오."

왕은 그들에게 맹세했고, 브리튼족의 모든 대제후들도 만일 아더 왕이 죽임당한다면 자신들은 고국으로 돌아가 프롤로 왕의 봉신으로서 자신들의 땅을 받겠노라고 맹세했다. 전령들도 만일 프롤로 왕이 죽임을 당한다면 프랑스의 모든 성을 내놓고 아더에게 충성을 서약하겠노라고 맹세했다. 그래서 보름 후에 결투를 하기로 정해졌다. 전령들은 돌아가서 아더의 대답을 프롤로 왕에게 전했고, 브리튼 사람들은 진지를 옮겨 파리 앞에 진을 쳤다. 성 안에 창을 던질 수도 있을 만큼 가까운 거리였다. 양편 사이에 화친이 선포되었으므로, 브리튼 사람들은 먹을 것을 사러 파리에 들어가기도 했다.

시간이 흘러 왕이 정한 날이 도래했다. 두 왕은 싸울 준비를 하고, 각기 가장 훌륭한 왕의 무장을 차려 입었다. 그러고는 파리 아래쪽 섬132으로 가서 각기 가장 훌륭한 말에 올랐다. 프랑스인들과 브리튼인들은, 피차 합의한 대로, 무장하지 않고 평화롭게 서서 구경했다.

그리고 자신들의 주군이 명예를 얻기 위해 죽음을 불사하는 것을 지켜보며 우리 주님의 자비를 구하는 기도를 드렸다.

섬에서는 두 왕이 공격을 위해 두 아르팡 가량 멀찍이 떨어진 다음, 각기 전속력으로 상대를 향해 질주하여 상대방의 방패에 막강한 타격을 가했으므로 창들이 부서져 나가고 창 조각들이 공중을 날았다. 그들은 가슴팍과 투구를 세게 부딪혔으므로, 둘 다 말에서 떨어져 땅바닥에 굴렀다. 아더가 먼저 일어나 정련된 강철 검 엑스칼리버133를 빼어들고 프롤로를 향해 다가갔다. 프롤로도 벌떡 일어나 용감하게 검을 뽑아들었고, 둘 다 상대방을 향해 나아갔다. 프랑스인들도 브리튼인들도 각기 자신들의 주군을 위해 기도했고, 두 왕은 상대방을 향해 가차 없이 검을 휘둘렀다.

프롤로는 대단히 용감하고 대담했으며, 자신의 힘을 확신하고 있었다. 그는 오른손으로 단단히 그러쥔 검을, 아더의 방패를 향해 힘껏 휘둘러 닥치는 대로 쳐냈다. 그 타격이 어찌나 막강했던지, 검은 아더의 사슬갑옷에서 300개의 사슬을 끊어냈다. 그러고는 그의 넓적다리를 베고 들어와 한 뼘 이상의 살을 도려냈고, 그의 발에서 박차와 발가락 세 개를 잘라낸 후에야 땅바닥에 1온느134는 족히 들어박혔

---

132 "파리 아래쪽 섬"이란, 당시(아더 왕 시대가 아니라 작품이 쓰이던 12세기) 파리 성이 10세기 말~11세기 초에 세워진, 파리 우안만을 두르는 카롤링거 성벽이었다고 본다면, 센강의 시테섬을 가리킬 터이다.

133 《메를랭》주 141 참조.

134 온느(aune)는 본래 팔뚝을 가리키는 alina에서 온 말이지만, 다른 단위들과의 관계에서 길이가 조정되어 16세기에는 4자, 약 118센티미터로 확정되었다. 그 이전

다. 아더는 그 타격에 놀랐고, 프롤로가 어깨로 힘껏 떠미는 바람에 땅바닥에 나가떨어질 뻔했다. 브리튼인들과 고뱅 경은 이를 보고 경악하여 주군을 위해 떨었다. 프롤로는 아더보다 키가 머리 하나는 더 컸고 움직이는 품이 더 힘도 세고 대담해 보였기 때문이다. 그래서 그들은 심히 염려가 되었다.

아더는 자신의 백성들이 자신을 위해 염려하며 떠는 것을 보자, 수치와 분노에 사로잡혔다. 그래서 들판 한복판에서 자신을 기다리고 있는 프랑스 왕을 향해 돌진하여 오른손으로 엑스칼리버라 불리는 검을 쳐들고서 분기탱천하여 그의 방패를 내리쳤다. 방패는 돋을새김이 있는 자리까지 두 쪽이 났고, 검에 닿는 모든 것이 잘려나갔다. 그 타격이 투구에 미치자 금속 끈이 날아갔고, 주모도 칼날이 머리 한 덩이와 머리칼 한 줌을 잘라내는 것을 막지는 못했다. 만일 검이 손 안에서 돌지만 않았더라면 왕의 목숨도 앗았을 것이었다. 그렇다 하더라도, 끈이 끊어진 투구는 머리에서 벗겨져 날아갔다. 프롤로는 이를 보자 분연히 아더의 투구를 가격하려 했으나 아무런 해도 입힐 수가 없었다. 그러자 그는 몹시 당황했으며, 얼굴과 눈 위로 흐르는 피 때문에 아더의 모습을 분간할 수도 없게 되었다. 그는 용기가 꺾여 들판 한복판에 엎어지고 말았다. 아더는 이를 보자 의기충천하여 다가가 검을 뽑아들고 그의 목을 베어 버렸다. 프랑스인들은 자신들의 주군

에는 75센티미터 정도에 해당하는 경우도 있었다니, 본문에서 검이 땅바닥에 박힌 깊이는 상상해 보는 수밖에 없다. 중세 검의 칼날은 70센티미터 정도지만, 150센티미터가 넘는 경우도 있었다고 한다.

이 죽은 것을 보자 크게 애통해 하며 파리 안으로 퇴각했다. 브리튼인들은 주군 아더에게 가서 그를 말에 태우고 크게 환호하며 막사로 데려가 즉시 무장을 풀어 주었다.

왕은 이제 전령 둘을 파리 사람들에게 보내 그들이 어찌 하려는지 물었다. 전령으로 간 사람은 오크니 왕 로트와 그의 아들 고뱅이었다. 고뱅은 말이 유창하고 군대에서 가장 현명한 자 중 하나로 여겨지던 터였으며, 훌륭한 기사일 뿐 아니라 탁월한 언변과 판단력을 갖춘 자였다. 페르스발이 기사도를 떠난 지금 브리튼 땅에 그보다 뛰어난 기사는 없었다. 그래서 그들은 파리로 갔고, 성벽 위에 있던 사람들은 그들이 오는 것을 보자 성문을 열었다. 고뱅과 그의 아버지 로트 왕은 들어가서 성내에 있던 프랑스의 열두 중신에게 예를 갖추고 아더와 프롤로 왕 사이의 결투를 주선했던 전령들과 기사들을 만났다. 고뱅이 그들에게 이렇게 말했다.

"여러분, 아더 왕께서는 이 전령들이 동의했던 대로 여러분이 성을 내놓으라고 명하십니다. 아더 왕과 프롤로 왕은 이제 제가 말씀 드릴 조건으로 싸우기로 했던 것이니까요. 그 증인으로 우리 왕의 막사에 와서 싸움을 알렸던 바로 이 전령들을 부르는 바입니다. 우리는 만일 아더 왕이 패하면 프롤로 왕에게 와서 신종(臣從) 선서를 하고 그의 봉신으로서 우리 땅을 받기로 맹세한 터입니다. 우리는 그렇게 맹세했고, 여러분의 전령들도 만일 프롤로 왕이 패한다면, 여러분이 아더 왕에게 와서 처분에 맡기기로 맹세했습니다. 즉, 여러분이 여러분의 성을 그의 봉신으로서 받고, 프랑스가 향후 그의 지배를 받는다는 것입니다. 여러분의 전령들은 정직한 사람이라고 믿는바, 그들에게 이

것이 사실인지 물어 보십시오."

시민들은 고뱅 경이 말하는 것을 듣고, 그의 언변에 큰 감명을 받았으며, 이렇게 말했다.

"이 문제에 대해 의논해 보겠습니다."

그들은 화려한 방으로 물러갔고, 프랑스의 유력자들이 말했다.

"여러분, 우리는 우리와 싸우러 온 브리튼 왕에 맞설 힘이 없고, 오래 버틸 양식도 없습니다. 그가 그대로 떠나지 않으리라는 것은 잘 아실 겁니다."

결투를 주선하러 갔었던 전령들이 자리에서 일어나 말했다.

"여러분, 우리는 아더 왕에게 했던 약속이 이행되기를 원합니다."

그래서 그들은 성을 내놓고 아더 왕에게 신종 선서를 한 후 그의 봉신으로서 프랑스를 받기로 했다. 그들은 로트 왕과 그의 아들 고뱅에게 돌아와 말했다.

"여러분, 저희는 분명 여러분에게 대항할 수 없습니다. 설령 그럴 수 있다 하더라도, 우리는 약속을 지키기를 원합니다. 우리는 프랑스를 아더 왕에게 내놓고 그의 신하가 되겠습니다. 우리 자신과 우리의 모든 소유를 그의 처분에 맡기겠습니다. 하지만 하느님의 이름으로, 그가 우리를 정의롭게 다스리기 바랍니다. 만일 그러지 않으면, 죄가 그에게 돌아갈 것입니다. 그도 프롤로 왕이 해왔던 대로 우리를 다스려 주기 바랍니다."

고뱅이 대답했다. "여러분, 전하께서는 여러분을 전혀 부당하게 대접하지 않을 것입니다."

고뱅과 그의 아버지 로트 왕은 아더 왕에게 돌아가서, 프랑스인들이 말한 모든 것을 전했다. 아더 왕은 그 소식에 기뻐하며, 즉시 전 군대에게 진지를 철거하고 파리로 들어가라고 명했다. 파리 사람들은 그가 다가오는 것을 보자, 성직자와 주교와 수도원장들이 십자가와 성유물들과 향로를 가지고 나와 그를 맞이했고, 그가 가는 길마다 박하와 꽃을 뿌렸으며, 온 시내에 상을 펴고 빵과 고기와 사냥고기를 차려냈다. 귀인들의 식탁에는 좋은 포도주와 풍부한 향료가 넘쳐났다. 아더 왕이 당도한 궁전은 화려하게 드리운 비단으로 장식되어 있었다. 그들은 아더를 왕좌에 앉히고 프랑스 왕관을 가져다 그에게 씌워 프랑스 왕으로 삼고 그에게 충성을 맹세했다. 아더는 그들을 사랑하는 마음으로 받아들였다. 그리고 프랑스 땅에서 50일을 유하며 기사들에게 후한 선물을 베풀었다. 프랑스와 노르망디의 기사들은 그렇게 좋은 주군은 가져본 적이 없다고들 말했다. 프랑스의 많은 제후들이 일찍이 프롤로를 따랐던 이상으로 아더를 따랐다. 그는 인자한 말로 사람의 마음을 얻을 줄 알았으니, 빈말이 아니라 후한 선물로 그렇게 했다.

파리에서 50일을 지낸 후, 아더는 프랑스를 두루 다니며 자신에게 대항하는 성이 있는지 둘러보았고, 어디에 가나 사람들의 마음을 얻어 기꺼이 열쇠를 바치게 만들었다. 온 나라에 아더가 프랑스 왕을 죽였다는 소식이 퍼졌고, 그래서 모든 성이 그에게 항복했다. 그런 다음 아더 왕은 그의 조카 고뱅에게 브르타뉴를, 베두이에에게는 비옥한 땅 베르망두아를 주었다. 그와 함께하는 모든 영주가 도시나 성을 받았다. 모든 것이 정당하게 분배되었고, 모든 성과 영지에 그의 관리들이 임명되었다.

아더는 프랑스를 평정한 후, 더는 그곳에 머물지 않겠다고 말했다. 그는 그 땅의 제후들에게 작별을 고했고, 그들은 멀리까지 그를 배웅한 후 돌아갔다. 아더는 자신의 선단들이 정박해 있는 노르망디로 갔다. 배들을 지키도록 기사 500명을 남겨두었던 것이다. 그는 모든 기사를 데리고 승선했다. 수부들이 돛을 올렸고, 바람이 돛폭을 부풀렸다. 그들은 항구를 벗어나 바다 건너 도버로 가서 모든 말들을 배에서 내리게 했다. 모두 배에서 내리자, 고국 땅을 다시 보게 되어 기뻐했다.

고뱅의 동생 모르드레드는 숙부 아더가 돌아왔다는 소식을 듣자, 왕비와 50명의 기사를 대동하고 맞이하러 나와 기쁨으로 환영했다. 아더 왕이 프랑스를 정복하고 돌아왔다는 소식이 온 나라에 퍼지자, 평민들도 기뻐했으며, 아들 손자가 아더와 함께 전쟁에 나갔던 귀부인과 영양들은 그들을 맞이하러 나왔다. 그렇게 서로서로 기뻐하며 포옹하는 광경은 보기 드물었다. 이윽고 왕이 말했다.

"제군들, 나는 여기 있는 모든 이가 이번 여름 성 요한 축일에135 웨일스의 카르두엘에서 내 궁정에 함께 해 주기 바라네."

그 말이 온 무리에게 포고되었고, 왕은 자기 땅의 귀인들을 초대했으며, 이들 모두 성 요한 축일에 가겠노라고 맹세했다. 아더는 말했다.

"왜냐하면 나는 내 재물을 공평하게 나누고 싶기 때문이오. 가장 가난한 자들도 부자로 만들어 주겠소."

---

135 성 요한 축일은 6월 24일. 북반구에서는 하지에 가까운 축일로, 아더 왕 문학에서는 대개 기세가 절정에 달했다가 내리막으로 바뀌는 변곡점을 나타낸다.

그러고서 그들은 출발했다. 아더는 자신의 성 중 하나로 가서 잠시 머물렀다. 모두들 그가 놀라운 모험에 성공했으며 승승장구하여 프랑스를 정복했다고들 말했다.

아더가 그곳에 머무는 동안 계절이 지나갔고, 성 요한 축일이 다가왔다. 브리튼의 모든 귀인들이 그의 궁정에 모였는데, 어찌나 많았던지 이루 다 셀 수가 없었다. 136 빈부 간에 수많은 기사들도 모였다. 그날이 왔고, 왕은 미사에 참석했다. 그가 왕이 되도록 도왔던 대주교가 미사를 주재했고, 미사 후에 그는 궁정으로 돌아가 물을 가져오도록 나팔을 불게 했다. 기사들은 식탁에 앉았다. 아더 왕은 오크니의 로트 왕과 함께 상석에 앉았다. 맞은편에는 덴마크 왕과 아일랜드 왕이 앉았으며, 궁정에는 모두 아더의 명에 따르는 일곱 명의 왕이 있었다.

아더가 자리에 앉고 첫 번째 음식이 그의 앞에 차려졌을 때, 그와 그의 제후들, 왕들은 홀의 문으로 열두 명의 사람이 들어오는 것을 보았다. 모두 백발에 호화로운 차림을 하고 올리브 가지 열두 개를 들고 있었다. 그들은 홀에 들어와 왕의 궁정에 모여 있던 제후들과 기사들을 보자 서로 소곤거렸다.

"실로, 대단한 왕일세."

그들은 식탁들을 지나 거친 태도로 아더가 있는 곳을 향해 갔다.

---

136 《브리튼 왕들의 역사》와 《브뤼트 이야기》는 아더가 프랑스 원정 9년 후 성령강림절에 대대적인 궁정을 소집하고 두 번째 대관식을 거행했다고 이야기한다. 반면, 산문 《페르스발》에서 아더는 로마 황제의 연합군에 승전을 거둔 후 로마에서 두 번째 대관식을 치를 뜻을 표명하나, 로마 진격 직전에 모르드레드의 반역 소식을 듣고 급히 귀국하게 된다.

열두 명이 그의 앞에서 걸음을 멈추더니, 다른 이들은 입을 다물고 한 사람만이 입을 열어 거드름을 부리며 이렇게 말했다. 137

"전능하사 온 세상을 다스리시는 하느님께서 먼저 로마 황제를, 그리고 교황과, 믿음138을 수호하는 원로원 의원들을 지켜주시기 바라오. 그리고 지금 내가 언급한 이 하느님께서 아더와 그를 따르는 모든 자를 혼비백산케 하시기 바라오. 왜냐하면 그는 하느님과 거룩한 교회를, 그리고 로마법을 거역하여, 로마의 봉신으로서 자기 땅을 받아 매년 조공을 바치던 왕139을 죽이고 마땅히 로마의 것이 되어야 할 것을 빼앗아 차지했으니 말이오. 우리는 놀라면서 경멸하고, 경멸하면서 놀라는 바요. 당신들처럼 비천한 자들, 온 세상의 경멸을 받아 마땅한 자들, 조상 때부터 항상 노예였던 자들이 이제 매인 데 없이 여느 사람들처럼 자유롭게 살겠다니 말이오.

당신들은 당신들 모두가 율리우스 카이사르의 노예이며 그에게 조공을 바쳤음을 잘 알 것이오. 로마의 다른 왕들도 마찬가지로 조공을 받아왔고, 당신들은 일찍이 예속 없이 산 적이 없소. 당신들이 자유롭게 살려 하다니 우리는 경멸할 따름이며, 황제께서는 너무나 경멸

---

137 《브리튼 왕들의 역사》와 《브뤼트 이야기》에서는 전령들이 로마의 행정장관 루키우스 이베리우스가 보내는 편지를 전한다. 《브리튼 왕들의 역사》는 로마 황제를 레오, 행정장관을 루키우스로 구별하는 반면, 《브뤼트 이야기》는 두 사람을 종종 혼동한다.

138 '믿음'으로 옮긴 le loi는 세 줄 아래서 '로마법'(le loi de Rome)이라 할 때와 같은 말이지만, 종교적으로는 율법을 말하는 데서 환유적으로 '신앙, 믿음'을 뜻하기도 한다.

139 주 131 참조.

한 나머지 당신들이 예속에서 풀려나려 한다는 것을 믿을 수조차 없었소. 하여 우리 열두 명을 보내어 당신네 선조들이 율리우스 카이사르에게 바치던 것과 같은 조공을 바칠 것을 명하는 바요. 만일 그러지 않는다면, 황제께서 진격해올 것이오. 나는 당신들이 로마에 조공을 바칠 것을 권하오. 로마인들은 당신들에게 분노하여, 가장 비천한 자까지도 황제에게 이렇게 외치고 있소. '폐하, 부디 저희가 가서 프랑스를 파괴한 그 브리튼 놈들을 처단하게 해 주십시오!' 단언컨대, 만일 황제께서 허락만 하신다면, 그들은 당장이라도 쳐들어올 거요. 하지만 황제께서는 당신들이 프랑스를 정복할 만큼 그렇게 강하다고는 믿지 못하시오. 만일 황제께서 진군하신다면, 당신들은 달아나 봤자 소용없을 거요. 어디로 달아나든, 황제께서 추격하실 것이오. 당신들의 가죽을 벗기겠다고 황제관에 걸고 맹세하셨다오. 당신네 땅의 모든 기사들은 가마솥에 삶고 불에 태울 것이니, 너나없이 같은 운명을 당할 것이오. 모두 도륙할 것이오!"

아더는 홀 안에 가득 자신의 제후들이 앉아 있는 앞에서 전령들이 그렇게 말하자 피가 끓어올랐고 수치로 부르르 떨었다. 그는 벌떡 일어나 말했다.

"여러분, 프랑스어140를 썩 잘하시는구려. 당신들이 어디서 태어났는지 모르지만, 내 잘 알아들었소. 시장하다면 앉아서 드시오."

그들이 대답했다. "당신 궁정에서는 먹지 않겠소. 설령 우리 손을 자른다고 위협한대도, 있을 수 없는 일이오!"

---

140 원문대로는 '로망어'. 라틴어와 구별하여 당시 프랑스어를 '로망어'라 했다.

아더는 그 말에 크게 웃으며 말했다. "당신들의 요청에 대해서는 내 중신들과 의논한 다음 곧 대답을 드리겠소."

그러고는 제후들과 아일랜드 왕, 오크니 왕, 고뱅 경과 그의 형제 모르드레드, 집사장 쾨, 베두이에, 그리고 그 밖의 사람들까지 모두 열두 명을 불러 다른 방에 모였다. 그 방을 화려하게 장식한 그림들은 세 명의 여신에게 파리스가 사과를 주는 이야기를[141] 묘사한 것이었다. 한 여신은 그에게 세상에서 가장 아름다운 여자를, 다른 여신은 세상에서 가장 큰 부를 주겠다고 약속했고, 그리고 세 번째 여신은 그를 세상에서 가장 훌륭한 기사로 만들어 주겠다고 약속했다. 서로서로 모르리라 생각하면서 각자 그런 제안을 했는데, 파리스는 자신이 이미 훌륭한 기사이고 온 나라에서 가장 용감한 자 중 하나이며 이미 가진 것보다 더 큰 부는 필요 없다고 생각하여, 아름다운 여자를 누리는 것이 다른 무엇보다 낫다고 결정했다. 그래서 그는 여자를 약속한 여신에게 사과를 주었다. 그녀는 파리스가 준 사과를 보고 크게 기뻐했으니, 그것을 받음으로써 다른 여신들보다 큰 권능을 갖게 되었기 때문이다. 그래서 그녀는 그를 세상에서 가장 아름다운 여인과 만나게 해 주었지만, 그는 그녀의 아름다움에 대해 혹독한 대가를 치렀

---

141 직역하면 "어떻게 세 명의 여신이 파리스에게 사과를 주었던가"인데, 실제 이야기는 파리스가 세 여신 중 누구에게 사과를 주느냐 하는 것이므로 바꾸어 옮긴다. 이 그림에 대한 언급은 모데나 사본에만 있는 것으로, 《브리튼 왕들의 역사》나 《브뤼트 이야기》, 그리고 파리(디도) 사본에는 나오지 않는다. 중세 소설에서 이런 액자 이야기는 대개 본 이야기의 거울 역할을 하는데, 이 대목에서 파리스의 사과 이야기는 아마도 불화와 갈등, 전쟁을 예고한다는 점에서 동원된 듯하다.

다. 그런 이야기가 아더가 의논을 하기 위해 열두 명의 신하를 데리고 들어간 방에 그려져 있었다.

아더는 입을 열었다. "여러분, 여러분은 모두 내 신하이고 나는 여러분의 주군이오. 여러분도 모두 로마 황제의 전령들이 나를 모욕하고 중상하는 말을 들으셨소. 그들은 내게 큰 치욕을 안겼지만, 나는 내색하지 않았소. 이제 여러분께 청컨대, 모두 명예를 걸고 내게 조언해 주시오. 여러분이 하자는 바로 그대로 하겠다고 약속하오."

그러자 대단히 지혜롭고 덕망 높은 오크니 왕 로트가 자리에서 일어나 왕에게 말했다. [142]

"전하, 저희의 조언을 구하시니, 만일 저희 말을 들으시겠다면, 기꺼이 조언해 드리겠습니다. 전하께서는 로마 황제의 전령들이 전하를 모욕하러 와서 율리우스 카이사르가 로마와 프랑스와 전하의 왕국 브리튼을 정복했다고 주장하는 말을 들으셨습니다. 그것은 사실입니다. 하지만 그것은 반역에 의한 것이었고, 반역은 옳지 않습니다. 어찌 된 일인지 잠깐 말씀드리겠습니다. [143] 한때 이 나라 왕에게 아우

---

[142] 《브리튼 왕들의 역사》나 《브뤼트 이야기》에서는 다음에 이어지는 연설을 하는 사람이 아더 자신이고 그 연설에 대하여 제후들이 답하는 반면, 산문 《페르스발》에서는 그 내용 전체의 발화자가 오크니 왕 로트로 되어 있다.

[143] 이 대목에서 《브리튼 왕들의 역사》는 "우리 선조들이 분열로 내전이 일어나 나라가 약해져 있을 때, 그들이 군대를 이끌고 오도록 불러들였던 것"이라고 간단히 설명하고 "무력과 폭력으로 탈취한 것은 합법적으로 얻어진 것이 아니다"라고 항변하며, 《브뤼트 이야기》는 그런 설명 없이 "카이사르는 무력으로 이 나라를 탈취했지만, 무력은 정의가 아니다"라고 항변한다. 반면, 산문 《페르스발》은 두 책의 앞부분에 나오는 당시 역사를 좀 더 소상히 소개하고 있다.

466

와 자식 둘이 있었습니다. 이 왕은 죽으면서 자기 나라를 이 두 자식에게 물려주었습니다. 하지만 백성들은 그들이 왕국을 보전하기에 너무 어리다고 느껴 그들의 숙부에게 나라를 맡겼고, 그가 왕이 되었지요. 그는 왕이 된 다음, 조카 중 한 명은 공작, 다른 한 명은 백작으로 만들었습니다. 그 왕의 이름이 카시벨란입니다. 그의 조카들이 무슨 잘못을 했는지는 모르겠으나, 그는 그들을 궁정으로 불러 죽이려 했지요. 그러자 왕자들은 숙부가 자신들을 미워하며 자신들의 왕국을 찬탈했다는 것을 깨닫고, 율리우스 카이사르에게 전갈을 보내어 잉글랜드를 정복할 수 있도록 했던 것입니다.

　율리우스 카이사르는 전에도 두 차례나 왔었지만 카시벨란을 이기지 못했던 터라, 왕자들이 자기를 부른다는 말을 듣자 기뻐하며 그들이 보증으로 볼모를 보낼 것을 요구했습니다. 그들은 그렇게 했고, 카이사르는 바다를 건너 이 땅으로 왔습니다. 두 왕자는 큰 군대를 모아 율리우스 카이사르와 힘을 합쳤고, 이들은 카시벨란이 있는 곳으로 가서 그와 싸워 이겼습니다. 승전 후에, 율리우스 카이사르는 형제의 신종선서를 받고 맏이를 왕으로 만들었으며 그들은 그에게 조공을 바쳤습니다. 로마인들이 전하께 조공을 요구하는 것은 그 때문입니다.

　그런데 또 다른 이야기도 해드리겠습니다. 144 브리튼에는 또 다른

---

144 브리튼 왕이 로마를 다스렸던 예로, 앞의 두 책은 벨린과 브레네스 외에 콘스탄틴, 막시미안 등도 들고 있지만, 산문 《페르스발》은 벨린과 브레네스의 예만을, 역시 두 책의 앞부분을 참조하여 소상히 소개한다.

두 형제가 있었습니다. 한 명은 브레네스, 다른 한 명은 벨린이라는 이름이었는데, 어찌나 막강했던지 바다 건너 프랑스를 정복했고 거기서 로마까지 진격했습니다. 로마인들은 그들이 쳐들어오는 것을 보자 겁에 질려서, 그들을 맞이하러 나와 그들의 명에 굴복하겠노라고 맹세하며 40명의 볼모를 내놓았습니다. 이 볼모들을 받은 후 브레네스와 벨린은 브리튼으로 돌아가겠다고 말했습니다. 그래서 돌아오는데, 로마인들은 그들이 가는 것을 보자, 그들이 볼모를 데려가게 놔둔 것은 아주 잘못된 일이었다면서, 몰래 앞질러 가서 브리튼인들을 깊은 협곡에서 치기로 작정했습니다. 그래서 5만 명의 기사를 모아 협곡에 배치했지요. 한편 브레네스와 벨린은 부대를 나누어 각기 반씩 이끌었는데, 양편에 10만 명 이상이 되었습니다.

브레네스가 협곡에 이르러 지나려 하자, 로마인들이 나타나 맹공격을 해왔습니다. 브레네스는 낙망하여 한 종자에게 이렇게 말했습니다. '애야, 내 아우 벨린에게 가서 우리가 배신을 당했다고 알려다오. 그에게 협곡으로 와서 로마인들의 후방을 치라고 해다오.' 왕은 종자에게 그렇게 말했고, 종자는 벨린에게 가서 그 말을 전했습니다. 그 소식에 경악한 벨린은 말에 박차를 가했고, 한 농부의 안내를 따라 즉시 협곡으로 갔습니다. 그래서 싸움터에 이르렀는데, 브레네스는 기진맥진해 있었습니다. 벨린은 '브리튼!'이라고 외치며 5만 명과의 싸움에 뛰어들었고, 브레네스는 '프랑스!'라고 외쳤습니다. 로마인들은 혼비백산했고, 브리튼인들은 그들을 무찔러 모두 죽였습니다. 그런 다음 브레네스와 벨린은 로마로 돌아가, 성 밖에 진지를 치고, 사형대를 세운 후 로마의 유지들이 볼모로 내놓았던 모든 아이를 목매달았습니다. 그러자 로마시는 항복했고, 브레네스는 황제가 되었으며, 로마인들은 그에게 조공을 바쳤지요.

그러므로 제가 보기에 전하께서는 로마인들의 주군이 되셔야 하며, 로마의 황제가 되시는 것이 마땅합니다. 그들이 전하에게 요구하듯, 전하도 그들에게 요구하십시오. 저로서는, 맞싸워야 한다는 것밖에는 모르겠습니다. 누가 이기든 이기는 자가 요구하는 바를 차지할 것입니다.

한 가지 더 말씀드리겠습니다. 전하께서 왕이 되신 바로 그날 메를랭이 궁정에 찾아왔던 일을 기억해 보십시오. [145] 그는 말하기를 브리튼에는 프랑스 왕이자 로마 황제였던 왕이 두 사람 있었다고[146] 말했습니다. 전하께서는 이미 프랑스 왕이 되셨으니, 만일 로마를 정복하실 마음만 있다면 로마 왕도 되실 것입니다. 메를랭은 거짓말을 한 적이 없고 항상 진실을 말했으니까요. 그러니 기사들을 소집하여 바다를 건너고 로마인들과 일전을 치르십시오. 단언컨대, 전하께서 승리

---

[145] 《브리튼 왕들의 역사》와 《브뤼트 이야기》는 이 예언이 시빌의 예언서에 실려 있다고 하는 반면, 산문 《페르스발》은 메를랭이 아더에게 직접 말한 것이라고 한다. 메를랭이 아더에게 그가 브리튼 왕이자 로마 황제가 될 세 번째 인물이라고 예언하는 것은 앞서 《메를랭》에 실려 있는 내용으로, 《페르스발》의 이 마지막 대목, 즉 《아더 왕의 죽음》에 해당하는 대목을 로베르 3부작과 연결시켜준다. 이런 전후 맥락의 연결이 애초에 3부작을 구상한 로베르에 의한 것인지, 아니면 나중에 《페르스발》의 마지막 대목을 쓴 필사자가 《메를랭》에 그런 연결부를 만든 것인지는 알 수 없다.

[146] 《메를랭》에서 해당 예언은 "브리튼에는 프랑스 왕이자 로마의 황제이기도 했던 두 명의 왕이 있었습니다. 이제 세 번째 왕이 로마인들에게 승리를 거두고 그 호칭을 얻을 것입니다."라는 것으로, 아더 왕이 그 세 번째 왕이 되리라는 것이었다.

하실 것입니다. 전하야말로 세상에서 가장 빼어난 기사이시니까요."

열두 명의 중신이 일제히 외쳤다.

"아더 왕이여, 대군을 이끌고 출정하여 로마와 롬바르디아 땅 전체를 정복하십시오! 저희가 있는 힘을 다해 돕겠습니다."

아더는 제후들의 말에 크게 기뻐하며 말했다.

"보아하니 로트 왕의 말이 지당한 것 같소. 그가 말한 바로는, 설령 로마인들이 날 찾아오지 않았다 해도, 나는 마땅히 로마에 가서 내 선조가 가졌던 것을 주장해야 하겠구려!"

그래서 아더는 홀 안으로 돌아가 로마의 전령들에게 말했다.

"여러분, 나는 황제가 여러분이 전한 바와 같은 터무니없는 말을 하며 조공을 요구하다니 놀랐소. 단언컨대, 나는 그에 대한 예속을 떨쳐버릴 작정이오. 그에게 가서 전하시오. 여덟 달이 지나기 전에, 만일 그가 나와서 나를 맞이하지 않는다면 내 군대가 로마에 투창을 날릴 만한 거리에 당도하리라고. 나는 그와 일 대 일 결투로든 군대와 군대의 싸움으로든 기꺼이 맞붙을 용의가 있다고 말이오."

"황제는 20만 이상의 대군을 이끌고 나오시리라 장담하오." 전령들이 대답했다. 그러고는 작별도 고하지 않고 거만하게 홀을 가로질러 떠나갔다.

전령들은 바다를 건너고 날이면 날마다 말을 달려 로마에 당도했고 황제를 알현했다. 그들은 황제에게 자신들이 어떻게 행했는지와 브리튼인들이 얼마나 오만하고 강한 민족인지, 자기들이 창설한 원탁 주위에 빼어난 기사들을 모았는지를 보고했다.

"저희는 아더에게 폐하의 뜻을 전했고, 그는 신하들과 의논해 보겠다고 했습니다. 그러고는 열두 명 제후를 별실로 데려가 한참이나 머물더군요. 결국 그들이 내놓은 답은 이렇습니다. 아더는 앞으로 여덟 달 안에 폐하께서 그에 맞서 나가지 않는다면 로마에서 투창을 날릴 만한 거리까지 진격해오겠다고 합니다."

황제는 전령들의 말을 듣고 분노했다. 그는 봉서를 써 보내 전에 없던 대군을 불러 모았고, 병사와 궁수와 기사들, 창과 투창을 드는 마병과 보병을 대거 소집했다. 또한 그는 회교도 스페인 왕에게도 원군을 청해, 이 회교도는 전대미문의 대군을 데리고 왔으니, 일찍이 어떤 왕도 그보다 더 막강한 세력을 지니지는 못했다.[147] 이들 모두가 황제의 휘하에 있었다. 전군이 도열하자, 총 30만 대군으로 추산되었으며, 모두 무장을 갖춘 군사들이었다. 황제는 자신의 세력이 집결하자, 그들에게 아더가 어떻게 자신에게 도전했는지, 로마의 봉신이었던 프랑스 왕을 죽이고 그의 땅을 빼앗았는지 설명했다.

"그런데 이제 우리한테까지 조공을 요구하고 있소! 청컨대, 이 문제에 대해 여러분의 의견을 들려주기 바라오."

그 말을 듣자, 제후들은 분기탱천하여 일제히 외쳤다.

"폐하, 대군을 이끌고 진격하십시오. 산과 바다를 건너 브리튼을 정복하고, 브리튼 왕 아더의 손에 죽은 프롤로 왕의 원한을 갚으십시오! 저희가 있는 힘을 다해 돕겠습니다!"

---

147 《브리튼 왕들의 역사》와 《브뤼트 이야기》에서는 루키우스 이베리우스가 원로원의 명을 받고 그리스, 아프리카, 스페인, 파르티아, 메데서, 리비아, 이집트, 바빌론, 시리아 등 동방 모든 나라의 군대를 불러 모으는 것으로 되어 있는 데 비해, 여기서는 대폭 단순화되어 있다.

황제가 그렇게 의논을 하는 동안, 세 명의 전령이 당도해 술탄을 대신하여 자기나라 말로 황제에게 정중한 인사를 하고는 이렇게 말했다.

"폐하, 술탄께서 폐하께 전하는 말씀입니다. 술탄께서는 폐하와 힘을 합쳐 브리튼인들을 쳐부수러 오고 계십니다. 술탄의 동생 되시는 스페인 왕148이 이미 온 것을 아셨기 때문입니다. 그의 군대는 5만 명의 회교도로, 사흘 후면 로마 바깥 들판에 진을 칠 것입니다."149

황제는 그 말을 듣고 크게 기뻐했다. 사흘째 되던 날, 그는 로마의 모든 원로원 의원들과 함께 말을 타고서 로마에서 반 마장쯤 되는 데까지 술탄을 맞이하러 나갔다. 황제는 그를 보자 말에 박차를 가해 다가가서, 그의 목을 부둥켜안았다. 그의 그리스도교 신앙도 세례도 회교도인 술탄에게 입 맞추는 데 방해가 되지 않았으며, 로마의 모든 원로원 의원들도 술탄에게 깊이 몸을 숙여 절했다. 그들은 술탄이 어떻게 하느님을 거역하는지 뻔히 알고 있었지만, 브리튼인들에 대한 두려움이 그만큼 컸던 것이다! 회교도들은 로마 밖에 진을 치고 보름 동

---

148 스페인의 이슬람 시대는 8세기~15세기 말이었으니, 이 또한 아더 왕 시대가 아니라 이 작품이 쓰이던 시대를 기준으로 하는 연대착오이다.

149 《브리튼 왕들의 역사》와 《브뤼트 이야기》에는 브리튼 대 로마 양군의 구성이 소상히 소개되는 반면, 산문 《페르스발》에는 로마 군에 합세한 것이 이교도인 술탄과 그의 동생인 스페인 황제의 군대라고만 이야기된다. 《브리튼 왕들의 역사》는 이어지는 전쟁의 전개 및 전투 장면을 상당히 소상하게 서술하고 있으며 《브뤼트 이야기》는 이를 한층 더 부연하여 상술하는데, 산문 《페르스발》은 그 전체적인 흐름을 따르면서 군데군데 직접 화법을 빌어 소설적인 현장감을 살리되 많은 세부적인 사실들을 과감히 생략한다. 마찬가지로, 이 두 역사책이 전하는 몽-생-미셸의 괴물 이야기도 본 줄거리와 직접적인 관계가 없으므로 건너뛰고 있다.

안 머물며 자기들 군사를 쉬게 했다. 그 보름 동안 황제는 하느님과 거룩한 교회에 대해 막강한 죄를 지었으니, 술탄의 딸인 아름답지만 불신자인 여자를 아내로 맞이했기 때문이다.150 로마 평민들은 크게 실망했고, 황제가 신앙을 상당 부분 저버렸다고들 말했다.

그러고는, 보름이 지나자, 로마 군대는 행군하기 시작하여 나라를 가로질러 갔다. 하지만 그들의 하루하루가 어땠는지에 대해 블레즈는 아무 말도 하지 않는다. 왜냐하면 메를랭이 굳이 말하려 하지 않았기 때문이다. 하지만 나도 이 점은 말할 수 있다. 즉, 로마 군대는 프로방스에 이르러, 아더의 집사장 쾨가 브르타뉴 전선에서 그 땅을 지키고 있다는 소식을 들었다는 사실이다. 황제는 그 사실을 듣자 그쪽으로 행군해 갔다.

아더는 첩자들을 통해 그 사실을 듣고 이미 도버 항구에 이르러 대군을 위한 선단을 준비하는 중이었다. 선단이 준비되자, 아더는 고뱅경의 동생이자 자신의 조카인 모르드레드에게 가서 자신의 땅과 성들과 아내를 지켜달라고 맡겼다. 하지만 차라리 그들을 둘 다 가마솥에 삶아버리는 편이 나았을 것이다. 왜냐하면 그의 조카 모르드레드는 일찍이 알려진 바 없는 대역죄를 범했기 때문이다. 그는 아더의 아내를 사랑하여, 기사와 성주와 집사들에게 자신을 주군으로 받아들이게 한 다음 왕비와 결혼하고 나라 안 모든 성에 군대를 주둔시킨 다음

---

150 《브리튼 왕들의 역사》나 《브뤼트 이야기》에는 없는 이야기이다. 이는 마치 보티건이 색슨족 두목 헹기스트의 딸과 결혼하는 것과 비슷한 행위로, 그리스도교에 대한 이런 배신은 마땅히 응징되어야 할 것으로 그려진다.

스스로 왕이 되었으니 말이다. 하지만 아더는 그런 일은 꿈에도 생각지 못하고 자신의 기사들을 무장시켜 배에 태웠고, 수부들은 그들을 칼레라는 항구에 실어다 놓았다. 그들은 상륙하자 그 땅의 제후들에게 소식을 전했고, 이들은 크게 기뻐했다. 왕은 군대의 동의를 얻어 두 명의 전령을 파리로 보냈고, 그곳 사람들은 크게 기뻐하며 그를 자신들의 주군으로 영접하겠노라고 선포했다. 그 소식을 들은 아더는 파리로 입성하여 자신의 모든 병력을 그곳에 집결시켰다.

로마인들과 사라센인들은 아더가 파리에 있다는 소식을 듣자 성 밖세 마장까지 진격했다. 아더는 고뱅과 베두이에를 적진에 보내 황제가 싸우기를 원하는지 알아보게 했다. 고뱅과 베두이에는 화려한 무장을 갖추고 두 필의 준마에 올라 황제의 막사로 갔다. 고뱅은 당당하게 전언을 고하고, 황제가 했던 모욕을 고스란히 돌려주었다. 마침내 더 참지 못한 황제의 신하 중 한 사람이 말했다.

"브리튼인들은 항상 허세가 심하고 말버릇이 나쁘구나! 이 못된 기사놈아! 만일 한마디만 더 했다가는 내가 네놈을 말에서 끌어내릴 줄 알아라!"

그 말에 베두이에는 대번에 그를 창으로 꿰뚫었고, 고뱅은 황제의 조카 중 한 명에게 창을 꽂은 다음 검을 뽑아들고 한 기사의 머리를 내리쳐 두개골에서 허리까지 단칼에 쪼개버렸다. 그러고는 말에 박차를 가해 내달리며 댓바람에 여섯 명의 목을 베었다. 그와 베두이에는 그 자리를 뜨려 했으나 그럴 수가 없었다. 2만 명 이상의 대군이 말에 박차를 가해 한 아르팡이나 앞질러 가서 베두이에와 고뱅을 막아섰기 때문이다. 적들은 검과 창과 투창과 화살과 돌팔매와 몽둥이를 들고서 고뱅과 베두이에를 에워싸고 맹공을 퍼부었으므로, 죽음을 피할 수 없을 것으로만 보였다. 그들의 말도 죽임을 당했다. 그러자 고뱅 경은 분기탱천하여 검을 뽑아들고 방패를 단단히 쥐고는 한 로마인을 공격해 — 그는 큰 영지의 통치자였다 — 가슴팍까지 두 쪽을 냈다. 그러고는 그의 말을 빼앗아 올라타고 베두이에를 돕기에 나섰으니, 베두이에 역시 맹렬히 싸우고 있었다. 하지만 그에게 이르기도 전에 또다시 말이 죽임을 당해 쓰러지는 바람에 낙마하고 말았다. 그는 빼앗은 말을 또다시 잃은 것을 알고는 벌떡 일어나, 버틸 가망이 있든 없든 용감하게 싸웠다. 때마침 숲속에 있던 2만 명의 브리튼 군대가 로마인들을 급습하여 마구 흩고 도륙하는 바람에, 로마인들은 거의 살아 돌아가지 못했다. 전령들은 아더에게 돌아가 보고했고, 그는 소식을 듣자마자 부하들을 무장시켰다. 그러고는 200개의 뿔나팔과 200개의 나팔을 불라고 명했다. 그 소리가 어찌나 쩌렁쩌렁했던지 온 땅이 진동하는 성싶었고, 천둥이 친다 해도 들리지 않을 정도였다. 모두 질서정연하게 전투에 나섰고, 사그레모르가 왕의 깃발을 들었다. 그들은 고뱅 경을 구한 2만 명과 합세하여 고뱅의 휘하에 들어갔다.

한편 달아난 자들은 로마 황제의 막사로 가서 황제의 동생인 브레티우스가 죽었다는 소식을 전했다. 황제는 비통해 하며 아더와 브리튼인들에게 호되게 갚아주겠노라고 맹세했다. 그는 총사령 막사에서 상아 나팔을 불게 했으니, 모두 무장하라는 뜻이었다. 로마인들은 나팔 소리를 듣자 무장을 했고, 이교도들도 그렇게 했다. 그들은 전열과 대오를 갖추어 아더가 있으리라 여겨지는 곳을 향해 진격했고, 아더도 그들을 향해 진격했다. 그렇게 서로 다가가 마침내 양편의 군대가 서로 보이기에 이르자, 가장 용감한 자들도 두려움을 느꼈다. 그리스도인들은 서로서로 참회를 하고 상대방의 잘못을 용서했으며 풀잎으로 성찬을 나눈 다음[151] 다시 말에 올랐다.

일찍이 그렇게 막강한 대군은 없었다고 장담한다. 양편의 군대가 서로 바짝 다가가 맞붙어 싸우는 일밖에 남지 않자, 고뱅 경이 첫 번째 부대를 이끌고 돌격하여 한 회교도의 방패와 사슬갑옷을 단숨에 꿰뚫고 창촉을 가슴팍에 들이박아 그를 땅바닥에 거꾸러뜨렸다. 그러자 양편 모두 돌격했다. 고뱅은 2만 명의 병력으로 5만 명의 사라센인들을 마주했으므로 분명 오래 버틸 수는 없을 터였다. 그래도 그들은 회교도 1만 1천 명을 해치웠고, 고뱅의 편에서는 760명이 죽었다. 하지만 때마침 집사장 쾨가 2만 명의 기사를 끌고 나타나 고뱅 경을 돕지 않았더라면, 버티지 못했을 것이다. 그들은 스페인에서 온 이교도들을 공격하여 들판 곳곳에 시체를 무더기로 쌓아올렸다. 이교도들은 더 이상 저항하지 못하고 달아나기 시작했지만, 5만 명의 사라센인들을 이끌고 오는 술탄을 만났다. 이들은 고뱅 경과 집사장 쾨를 공격하기 시작했고, 그들은 제3시부터 정오까지 싸웠다. 들판이 죽은 기사와 병사들로 가득하여 더 이상 말을 타고 싸울 수 없었지만, 그들은 검을 뽑아들고 싸웠다. 고뱅은 그날 어찌나 맹렬히 싸웠던지, 그의 손에 죽은 자만 1,230명이었다. 그의 힘은 정오가 지나면 한층 배가되었으므로,[152] 정오가 지나 그가 공격하는 모든 기사는 사

---

151 "풀잎으로 성찬을 나누었다"는 말은, 전쟁터에서 풀잎으로 성체를 대신하여 미리 종부성사를 거행했다는 뜻이다.

람과 말이 한꺼번에 쓰러졌다. 그는 어찌나 사나워졌던지, 아무도 그의 곁에 가지 못했고, 그의 기세에 힘입어 브리튼인들은 술탄을 무찔러 달아나게 만들었다.

이제 로마 황제 자신이 고뱅 경 ― 이미 싸울 만큼 싸운 터였다 ― 과 집사장 쾨를 친히 공격했는데, 그의 병력은 15만 명에 달했다. 그들이 몰고 오는 먼지구름이 어찌나 대단했던지, 쾨는 달아나기 시작했고, 브리튼인들이 그 뒤를 따랐다. 하지만 고뱅이 그 후방을 지키며 싸웠고, 마침 아더가 6만 명의 용맹한 기사를 이끌고 나타났다. 모두 훌륭한 무장과 장비를 갖춘 자들이었다. 그들은 로마인들과 교전을 벌였으니, 인간의 몸이 버틸 수 있는 가장 극렬한 전투였다. 뒤이은 전투에서, 양편 도합 1만 4천 명 이상의 기사가 죽었다. 아더 왕은 실로 위대한 전사임을 입증했다.

그 때 화려하게 무장한 황제가 전열 사이로 나타나 고함쳤다.

"아더 왕이여, 너와 명예를 다툴 준비가 되었다. 네가 내 노예임을 내가 입증하리라!"

아더는 그 말을 듣자 말에 박차를 가해 돌진했다. 오른손에 쥔 검으로 그는 황제의 머리를 내리쳤고, 하느님의 도우심으로 어찌나 막강한 타격을 가했던지 허리까지 쪼개어 즉사시켰다. 그런 다음 황제가 죽었다고 소리 높이 외쳤다.[153] 그러자 고뱅이 진격하여 술탄의 허

---

152 고뱅은 원래 정오 무렵에 힘이 최고조에 달하는, 태양의 기운을 입은 기사로 알려져 있다.

153 《브리튼 왕들의 역사》는 루키우스가 ― 《브뤼트 이야기》는 황제가 ― 창에 찔려 죽은 채 발견되었지만 누구의 손에 의한 것인지 알 수 없다고 하는 반면, 산문

리를 단칼에 베었고, 로트 왕은 스페인 왕의 가슴팍에 투창을 날려 거꾸러뜨렸다. 로마인들과 사라센인들은 자기네 주군들이 죽은 것을 알고 겁에 질렸으며, 10만 명 이상이 그들의 시신을 에워싸고 그들을 자기편 막사로 실어가려 했다. 하지만 브리튼인들과 노르드인들, 아일랜드인들과 스코틀랜드인들이 양날검과 화살과 단검을 가지고 나타나 그 세 반역자의 시신은 자기들이 가져가겠노라고 선언했다. 하지만 로마인들은 시신들을 실어갈 결심이었고, 그래서 또 한바탕 창검의 싸움이 벌어진 끝에 수레 200대 분의 사상자가 나왔다. 헤라클레스가 에티오피아에 경계석들을 앉힌 이래 그런 살육전은 없었다고 장담한다.[154] 이윽고 고뱅이 다시 나타났으니, 그는 자신을 억제하지 못하고 성난 늑대가 어린양을 집어삼키듯 죽이기를 계속했다. 베두이에도 검을 휘둘러 온 들판을 피로 물들였다. 로마인들은 전쟁터를 버리고 달아났다.

하지만 2만 명의 병사가 다시 모였고, 개중에는 기사도 있었으니,

《페르스발》은 아더가 황제를 처단했다고 말한다.

154 역시 《브리튼 왕들의 역사》와 《브뤼트 이야기》에는 없는 표현이다. 《브뤼트 이야기》에는 "그렇게 치열한 전투는 일찍이 본 적이 없었을 것"이라고만 되어 있다. 헤라클레스가 에티오피아에 경계석을 세웠다는 말은 정확한 유래를 알기 어렵다. 헤라클레스의 경계석이라면 그가 해 지는 서쪽 끝의 붉은 섬 에리테이아로 게리온의 황소들을 탈취하러 가는 길에 막아서는 산맥을 괴력으로 갈라버려 생겨난 두 개의 바위 곶(岬), 즉 '헤라클레스의 기둥'을 말하는 듯하고, 에티오피아와 관련해서는 헤스페리데스의 황금 사과를 훔치러 가는 길에 나일 강 계곡에서 에티오피아 왕 에마티온을 죽이고 그의 동생 멤논을 왕위에 앉혔다는 이야기가 있는데, 이 두 가지가 어떻게 연결되는지는 알 수 없다.

로마인들은 그들을 집결시켜 전쟁터로 돌아왔다. 무수한 기사들의 시체가 핏기 없이 창백하게 널려 있는 들판이었다. 그러자 브리튼인들도 기세를 총동원하여 적군을 맞이하러 나왔다. 덴마크의 길락 왕은 오른손에 검을 쥐고 다른 이들보다 더 큰 한 로마인에게 맹공을 가해 말안장까지 두 쪽을 내버렸다. 자신들을 이끌던 자가 그렇게 죽는 것을 보자 로마인들은 겁에 질렸다. 그 때 질풍같이 나타난 아더와 그가 이끄는 3만 명의 브리튼인들이 그들을 급습하여 도륙했다. 로마인들과 사라센인들은 도주했고, 브리튼인들은 한참 동안이나 그들을 추격한 끝에, 죽이고 생포했다. 추격은 하루 밤낮을 꼬박 계속되었고, 포로 중에는 열다섯 명의 로마 원로원 의원들도 있었다.

승전이 확실해지자, 아더는 제후들과 의논에 들어갔고, 로마에서 대관식을 치르고 싶다는 뜻을 표했다. 모두 그가 무력으로 진격하여 로마에서 왕관을 받는 데 동의했다. 그는 포로가 된 원로원 의원들을 불러오게 했고, 그들은 그의 발밑에 무릎을 꿇고 자비를 빌었다. 목숨만 살려 주면 로마를 그에게 굴복시키고 언제까지나 그를 섬기겠다고 맹세했다. 아더는 이를 수락하고, 그들을 자신의 봉신으로 받아들인 다음 포로 상태에서 풀어 주었다. 그런 다음 왕은 자신의 부하들에게 사흘 후 로마로 진격할 준비를 하라고 명했다.

하지만 아더가 진격하기로 되어 있던 그 전날, 그가 조카 고뱅과 집사장 쾨, 그리고 덴마크 왕 길락, 오크니 왕 로트 등과 함께 파리의 궁전에 있노라니, 네 명의 전령이 말에서 내려 홀 안으로 올라와서 인사를 했다. 그는 즉시 그들을 알아보고 물었다.

"어찌하여 이곳까지 오셨소? 하느님의 이름으로, 내 아내는 어떻게 지내는지, 조카 모르드레드는 잘 있는지 말해 주시오. 별 일 없겠지요?"

그러자 전령들이 대답했다.

"전하, 저희가 가져온 것은 그들에 관한 소식입니다. 조카 되시는 모르드레드 님이 전하께 반역을 저질렀음을 고하는 바입니다. 그는 왕비 마마와 결혼했고, 전하께서 나라를 떠나신 지 채 한 달이 못 되어 왕위를 찬탈했습니다. 그는 사람들의 환심을 샀고, 전하의 모든 성에는 궁수와 기사와 병사들을 주둔시켰습니다. 나라 안의 기사 중에 그의 뜻을 거스르는 자는 모두 죽임을 당했습니다. 게다가 헨기스트의 친족인 색슨족을 불러들였습니다. 선대왕께서 그토록 오래 싸워 몰아내셨던 헨기스트 말입니다. 그리고 브리튼 온 나라에서 미사나 조과(弔課)를 드리는 것을 금했답니다.[155] 만일 귀국하셔서 나라를 되찾지 않으신다면, 나라가 망하고 말 것입니다. 다른 어떤 나라보다도 전하 자신의 나라를 정복하셔야 합니다!"

아더는 그 말을 듣자 분노와 수치로 가득 찼다. 그는 어찌하면 좋을지 제후들과 의논했고, 그들은 돌아가서 나라를 되찾을 것을 권했다. 만일 모르드레드를 생포할 수 있다면 화형에 처해 마땅하다는 것이었다. 모르드레드의 형인 고뱅과 부친인 오크니의 로트 왕조차도 그렇게 말했다. 로트 왕은 더없이 깊은 수치를 느꼈다. 아더는 그것

---

155 역시 아더의 적, 브리튼의 적을 그리스도교의 적으로 간주하는 발상이다.《브리튼 왕들의 역사》와《브뤼트 이야기》는 모르드레드가 불러들인 색슨족이 이교도였다는 정도로 이야기한다.

이 좋은 조언이라 생각했고, 바로 다음 날 모든 기사를 이끌고 출발하여 노르망디로 가서 배에 올랐다.

하지만 모르드레드는 왕의 진영에 심어두었던 첩자들을 통해 그 사실을 알고는 색슨족과 기사와 병사들을 소집해 해안으로 갔다. 아더가 상륙하려 하자, 모르드레드가 그를 가로막았다. 상륙이 쉽지 않았다. 고뱅 경이 2만 명을 이끌고 배를 타고 들어갔는데, 그는 모르드레드의 반역 때문에 깊은 수치를 느끼고 있었다. 하지만 그가 상륙하려 하자, 그의 동생은 5만 명의 색슨족과 함께 엽창(獵槍)과 돌과 창과 화살을 던지며 그를 막아섰고, 브리튼인들도 맞받아 무기를 날렸다. 그런데 고뱅에게 불운이 닥치고 말았다. 그는 투구 끈을 제대로 매지 않았던 터라, 한 색슨족이 노를 들어 그의 머리를 치는 바람에, 즉사하고 말았다.

고뱅이 죽자 큰 애통이 일어났다. 그렇게 훌륭한 판관을 잃다니 그 무슨 재앙인가! 그는 준수하고 충성되고 현명한 훌륭한 기사였고, 공정한 판단력과 뛰어난 언변을 구비한 자였다. 그가 죽다니 그렇게 비통할 데가! 배 위에 일어난 통탄의 소리가 두 마장 밖까지 들릴 정도였다. 사그레모르도 그 자리에서 죽임을 당했고, 베두이에와 집사장 쾨도 마찬가지였다. 그렇게 많은 덕인들의 생명이 그 자리에서 끝나고 말았다. 2만 명 중 아무도 도망치지 못했고, 마지막 한 사람까지 죽임당하거나 익사했다. 배마저도 잃었으니, 산산이 부서져 바다 속으로 가라앉고 말았다.

아더는 2만 명이 몰살당했다는 소식을 듣고 슬픔에 빠졌다. 고뱅마저 죽었다는 사실을 알고는 분노와 슬픔이 극에 달해 갑판에 주저앉아서 열댓 번이나 혼절하여 일으켜 세워야만 했다. 하지만, 아들 고뱅을 잃은 로트 왕의 애통에는 비길 것이 못 되었다.

아더 왕은 선단에 상륙을 명했고, 그들은 무력으로 항구를 탈취하고 하선을 감행했다. 하지만 많은 사람이 뭍에 오르기 전에 죽임을 당했다. 또다시 아더에게 큰 불운이 닥쳤으니, 로트 왕이 배에서 나서려는 순간 한 병사가 석궁으로 화살을 쏘아 가슴팍을 맞힌 것이었다. 또다시 그의 시신을 놓고 통렬한 애도가 벌어졌다. 이윽고 색슨족은 전열을 가다듬고 아더를 다시 공격해 왔다. 하지만 브리튼인들은 분기탱천하여 말에 오르자마자 색슨족을 공격하여 많은 수를 죽였다. 어린양을 집어삼키는 굶주린 늑대들처럼 그들은 색슨족을 추격했고, 들판에는 시체가 산처럼 쌓였다. 하느님께서 브리튼인들에게 승리를 주시어 색슨족을 물리치게 하셨다. 모르드레드는 군대를 주둔시켜 놓은 성들로 달아나 들어가려 했다. 하지만 성민들과 기사들은 아더가 돌아와 그를 물리쳤다는 소식을 듣자, 그를 자신들의 요새에 들이지 않으려 했다. 모르드레드는 성에 들어갈 수 없다는 데 낙심하고 두려워하여 윈체스터로 달아나서 온 나라의 색슨족을 불러 모은 다음, 아더와 싸우겠다고 말했다.

아더는 그 사실을 알자 몹시 상심했다.[156] 그는 먼저 그는 해안으

---

156 "아더는 그 사실을 알자"라고 하면 모르드레드가 윈체스터에 있다는 사실을 알았다는 말이 되는데, 뒤이어 "성에서 성으로" 모르드레드를 추격했다거나 "마침내 그가 윈체스터에 있다는 소식이 들어왔다"는 내용과 모순된다. 파리(디도) 사본의 이 대목은 짧지만 앞뒤가 맞는다. "모르드레드는 마침내 윈체스터에 이르러 온 나라의 색슨족을 불러 모은 다음, 아더를 기다리겠다고 말했다. 아더는 고뱅과 그

로 돌아가서 고뱅과 집사장 쾨, 그리고 베두이에와 사그레모르, 오크니의 로트 왕의 시신들을 거두게 하여 장사 지내 주었다. 그러고는 남은 부하들을 이끌고 성에서 성으로 모르드레드를 추격했다. 마침내 그가 대군을 거느리고 윈체스터에 있다는 소식이 들어왔다. 아더는 그 방면으로 가면서, 온 나라의 제후들과 성민들, 시민들을 불러 모았다. 그들 모두 슬퍼하며 와서, 모르드레드가 자기들을 어떻게 몰락시키고 모욕했던가를 고했다. 아더는 그들이 하는 말에 침통한 나머지 대답도 하지 못했다. 그는 기사들에게 즉시 말에 오르라 명하고는 윈체스터로 갔다.

모르드레드는 아더가 오는 것을 알자, 자신이 왕보다 더 큰 군대를 거느리고 있으니 성에 숨어 있지 않겠다면서 맞싸우러 나갔다. 양편이 모두 싸울 준비가 되었고, 기세등등하여 상대방을 공격하기 시작했다. 세상에서 가장 치열한 전투가 벌어졌으니, 기사들과 병사들이 죽어 넘어져 수레 30대에 가득 찰 정도였다. 색슨족은 거의 다 죽고 얼마 남지 않았으며, 모르드레드는 남은 자들을 이끌고 도주하기 시작했다. 그는 아일랜드로 건너가 나라를 가로지른 끝에 어느 이교도 색슨족의 왕이 다스리는 섬에 이르렀다. 이 왕은 헹기스트의 친족으로, 모르드레드가 훌륭한 기사라는 데 기뻐하며 맞이해 주었다.

아더는 모르드레드가 아일랜드로 갔다는 소식을 듣자, 신속히 추

의 동료들을 묻어주었고, 그러고는 모르드레드의 추격에 나섰다. 그가 윈체스터에 있다는 소식이 들려오자 그 쪽으로 가서 온 나라의 제후들을 불러 모았다. 시민들이 와서 그에게 자신들을 모욕한 모르드레드에 대해 고했다." 그러니까 이 문단 첫 문장은 없는 편이 나을 것이다.

격에 나섰고, 마침내 그가 피신해 있던 고장까지 진격해 갔다. 색슨족 왕은 아더가 온다는 소식을 듣자 자기 군대를 소집하여 반격에 나섰다. 접전이 시작되었다. 브리튼족은 색슨족을 마음속 깊이 미워하던 터였고, 색슨족 또한 브리튼족을 미워했으므로, 한층 더 많은 사람이 죽어 나갔다.

전투는 한동안 치열하게 계속되었고, 수많은 훌륭한 기사들이 죽임당했다. 책은 죽은 기사들의 이름을 모두 열거하지 않지만, 이 점은 말할 수 있다. 즉, 모르드레드가 그곳에서 죽었고, 그를 맞아주었던 색슨족 왕도 마찬가지였다는 것이다.[157] 아더 왕은 가슴에 창을 맞아 치명상을 입었다. 모두 아더 주위에 모여 애통해 했지만, 그는 그들에게 말했다.

"슬퍼하지 마시오. 나는 죽지 않을 테니까. 나는 아발롱으로 실려 갈 테고, 그곳에서는 내 누이 모르간이 내 상처를 치유해줄 거요."

그리하여 아더는 아발롱으로 실려 갔고, 다시 돌아올 테니 기다리라고 말했다. 브리튼인들은 카르두엘로 돌아갔고, 40년이 넘도록 새 왕을 옹립하지 않았으니, 아더가 돌아오기를 줄곧 기다린 때문이었

---

157 아더와 모르드레드의 결전 장소는 흔히 솔즈베리 평원 — 스톤헨지가 서 있는 곳 — 으로 알려져 있지만, 그것은 후일 불가타 연작의 《아더 왕의 죽음》에서 극적으로 묘사된 것이 정설이 되었기 때문이다. 결전이 벌어진 곳은 《브리튼 왕들의 역사》에 의하면 "캠블런강 가", 《브뤼트 이야기》에 의하면 "콘월 땅의 캠블 결"이었는데, 산문 《페르스발》은 그것을 아일랜드 어디쯤으로 잡는다. 또한 《아더 왕의 죽음》에서는 사실상 부자 간인 아더와 모르드레드가 서로 죽이는 것으로 이야기되지만, 이 초기작들은 결말을 그렇게까지 비극으로 몰아가지는 않는다.

다. 어떤 사람들은 그가 숲속에서 사냥하는 것을 보았으며 그와 함께 하는 사냥개들의 소리를 들었다고 했으며, 그래서 또 어떤 사람들은 오랫동안 그가 돌아오리라는 희망을 품었다. 158

이 모든 일이 이루어진 후에, 메를랭은 블레즈에게 가서 일어난 모든 일을 이야기해 주었다. 블레즈가 그 모든 것을 글로 적자, 메를랭은 그를 페르스발의 집으로 데려갔다. 159 페르스발은 그라알을 지키며 거룩한 삶을 살아 종종 성령의 방문을 받곤 했다. 메를랭은 그에게 아더가 어떻게 아발롱으로 실려 갔는지, 고뱅이 어떻게 죽었는지, 원탁의 기사들이 어떻게 종말을 맞이했는지, 아더에게 일어난 모든 일을 들려주었다. 페르스발은 그 이야기를 듣고 슬퍼하여 눈물을 흘렸고, 우리 주님께서 그들의 영혼을 불쌍히 여겨주시기를 기도했다. 그는 그들을 무척 사랑했기 때문이다.

이윽고 메를랭은 페르스발과 스승 블레즈에게 가서 하직을 고했

---

158 《브리튼 왕들의 역사》는 아더가 아발롱으로 실려가 상처를 치료받았으리라고 하면서 그 일이 일어난 것이 AD 542년이었다고 전한다. 《브뤼트 이야기》는 브리튼인들이 아직 그를 기다리고 있으며, 메를랭도 그의 죽음이 의심쩍다고 말했다고 전한다. 아더 자신이 요정 모르간을 언급하면서 백성에게 자기를 기다리라고 했다거나, 숲속에서 그의 소리를 들은 이가 있다거나, 그를 기다리느라 40년이나 왕을 옹립하지 않았다거나 하는 것은 민간의 속설이거나 아니면 산문 《페르스발》의 작가가 지어낸 것일 터이다.
159 앞에서 페르스발의 모험이 끝난 후에도, 메를랭이 블레즈에게 그 모든 일을 기록하게 한 다음 "페르스발이라는 이름의 어부왕의 집"으로 데려다주었다는 것이 일종의 종지부처럼 이야기되는데, 같은 내용이 반복되고 있다.

다. 그는 자기가 사람들 앞에 다시 나타나는 것을 우리 주님께서 원치 않으신다면서, 하지만 자신은 세상의 종말까지 죽을 수 없으리라고 말했다.

"그 때가 되면 나도 영원한 기쁨을 누리게 될 것입니다. 그러기까지 나는 당신의 집 밖에 내 거처를 마련하여 그곳에 살면서, 우리 주님께서 내게 명하시는 대로 예언하겠습니다. 내 거처를 보는 모든 이가 그곳을 메를랭의 깃집160이라 말할 것입니다."

그 말을 하고 메를랭은 떠나가 자신의 깃집을 만들고 그 안에 들어갔고, 다시는 세상에 나타나지 않았다.

메를랭에 대해서도 그라알에 대해서도 이야기는 더 이상 말하지 않는다. 메를랭이 우리 주님께 기도하여, 그의 책에 기꺼이 귀 기울이며 그의 행적을 기억하기 위해 그것을 베껴 전하는 모든 자에게 자비를 베풀어 주시기를 구했다는 것밖에는. 이 점에 대해 여러분 모두 아멘이라 말할 것이다.

여기서 메를랭과 그라알의 소설161이 끝난다.

---

160 '깃집'으로 번역한 esplumoir (모데나 사본)/esplumeor (파리(디도) 사본)는 달리 쓰인 적이 없는 말이고, 필사자들 자신도 정확한 뜻을 알지 못했던 것 같다. 말 자체로 볼 때 새가 깃(plume)을 벗는(esplumer), 다시 말해 깃갈이를 하는 집(새장) 정도로 짐작해볼 수 있다. 이런 해석은 앞서 나무 위의 아이들 에피소드에서 그 원형으로 추정 가능하다고 소개했던 옛 웨일스의 메를랭 설화에서처럼 메를랭이 나무 위에서 하늘로 날아간 '새'라고 본다면 좀 더 설득력을 가질 것이다.

161 로베르 3부작에서 메를랭과 그라알의 이야기를 "소설"(roman)이라 한 것은 이것이 처음이다.

성배의 기원에서 아더 왕의 죽음까지 :
한 소설적 역사의 형성과정

12세기 말 프랑스 시인 장 보델(Jean Bodel)은 당시 문학의 3대 소재로 프랑스 이야기, 로마 이야기, 브리튼 이야기를 꼽은 바 있다. 프랑스 이야기란 《롤랑의 노래》(*Chanson de Roland*) 이래 무훈시(chanson de geste)의 소재가 되었던 프랑스의 역사를, 로마 이야기란 이른바 고대풍 소설(roman antique)로 변용된 고대 그리스 로마의 신화 및 역사를 가리킨다. 《알렉산드로스 이야기》(*Roman d'Alexandre*), 《아이네아스 이야기》(*Roman d'Enée*), 《테바이 이야기》(*Roman de Thèbes*), 《트로이아 이야기》(*Roman de Troie*) 등 고대풍 소설은 1150~1170년의 전성기를 지나면 브리튼 이야기의 대대적인 유행에 자리를 내주게 된다.

브리튼 이야기, 일명 브리튼 소재(matière de Bretagne; matter of Britain)란 아더 왕의 궁정을 중심으로 하는 일군의 이야기를 가리킨다. 아더 왕은 5세기 말~6세기 초에 침략자 색슨족에 맞서 싸웠다는 브리튼족의 전설적인 왕으로, 최초로 그에 대해 상술하고 있는 제프리 오브 몬머스(Geoffrey of Monmouth)의 《브리튼 왕들의 역사》(*His-*

toria Regum Britanniae, 1136경)[1]와 그것을 프랑스어로 번역한 웨이스 (Wace)의 《브뤼트 이야기》(*Roman de Brut*, 1155경) 등이 브리튼 소재의 주요한 출전이다. 이런 책들은 역사책으로 제출되었지만, AD 542년에 죽었다는 아더 왕이 이미 476년에 멸망한 로마제국을 원정한다는 연대착오나, 사후에 아발롱섬으로 실려 간 그가 언젠가 돌아오리라는 예언에서 보듯 엄밀한 역사라기보다 허구가 많이 섞인 야사에 속한다. 아더 왕 이야기의 배경에는 브리튼족이 색슨족에 밀려나 피신했던 스코틀랜드, 웨일스, 아일랜드, 브르타뉴 반도 등지의 구비전승이 있으며, 켈트 신화의 잔재일 그런 이야기들이 앞에 언급한 책들 외에도 영불해협 양쪽을 오가며 활동했던 음유시인들을 통해 전파되었으리라고 추측된다.

이런 이야기들이 왜 그토록 큰 인기를 끌며 유럽 전역에 유행했는가 하는 것은 문학사의 한 수수께끼이다. 흔히 지적되는 것은 당시 잉글랜드 왕위에 오른 플랜타지네트 가문에서 프랑스의 샤를마뉴 이야기에 맞먹는 자국 역사를 진작하기 위해 아더 왕을 내세웠으리라는 점이다. 실제로 웨이스의 책은 헨리 2세의 왕비 알리에노르 다키텐을 위해 쓰였다고 알려져 있으며, 그런 이야기들이 플랜타지네트 영토였던 노르망디, 앙주, 남프랑스까지 전해졌으리라고 어렵잖게

---

1 간혹 이 제목을 《영국 왕실사》로 번역한 것을 보게 되는데, 여기서 '브리튼족'이란 앵글로-색슨족의 침입 이전의 원주민을 가리키므로 '영국'이라는 말이 부적절하고, 브리튼 왕들이 대를 잇기는 했으되 단일한 왕조는 아니었으므로 '왕실'이라는 말 역시 부적절하다. 굳이 한자어를 쓰자면 《브리튼 열왕기》 정도로는 옮길 수 있겠으나, 그냥 우리말로 《브리튼 왕들의 역사》라 하는 편이 알기 쉬울 것이다.

추측할 수 있다. 하지만, 이런 정황은 이후 아더 왕 이야기의 발전이 대부분 프랑스에서 이루어졌으며 잉글랜드 왕실 선양과 점차 다른 방향으로 나아갔다는 사실에 비추어보면 충분히 납득할 만한 설명이 되지 못한다. 그보다는 오히려, 12세기 르네상스 이후 프랑스 작가들이 문화적 자기정체성을 수립해 가는 가운데 고대 문화의 이전 〈translatio studii〉을 말하며 그 역사 및 신화에서 자기 시대의 모습을 읽어내려 했듯이 브리튼 이야기도 새롭게 해석하여 받아들였다는 데에 역점을 두는 편이 타당할 것이다. 당시 기사 사회는 이른바 봉건 제 2기에 진입하여, 기사 계급이 하나의 위계로 자리 잡는 동시에 계급 내 계층 간의 위화감이 생겨나고 개인과 공동체 간의 갈등이 배태되는 상황이었다. 아더 왕의 궁정과 그 배경을 이루는 전설적인 세계는 기사도의 이상을 재천명하는 회고적 유토피아인 동시에 그런 사회적 갈등을 투영하고 해소하기에 적절한 상상의 공간으로 원용되었다고 볼 수 있다.

가령, 브리튼 소재를 받아들인 초창기 작가 중 한 사람인 크레티앵 드 트루아〈Chrétien de Troyes〉는 아더 왕 궁정의 기사들에 관한 이야기를 쓰면서 역사에는 관심이 없다. 그의 소설들이 배경으로 하는 시대는 굳이 따지자면 《브리튼 왕들의 역사》에서 아더 왕이 태평성대를 구가했다는 12년간에 해당하겠지만, 소설 속에서 그것은 시작도 끝도 없이 연장되는 전설적인 시대이다. 왕은 그 배경의 일부로 등장할 뿐이고 심지어 무력한 인물로 희화화되기도 한다. 주인공은 특정한 기사 개인으로, 그가 어떻게 자신을 성취하는 동시에 사회의 일원으로 자리 잡느냐 하는 것이 이야기의 핵심이고 소설의 청중에게2 전달하고자 하는 의미이다. 크레티앵이 자주 자신의 작품 서두에서 표명하는 대로, 그의 글쓰기에서 중요한 것은 전해온 이야기 자체가 아니라 이야기의 요소들을 '아름다운 구성'(molt bele conjointure)으로 재배열하여 그런 '의미'(sen)를 끌어내는 일이다. 장 보델은 브리튼 소재를 가리켜 '헛되고 즐거운'(vain et plaisant) 이야기라 했거니와, 그 듣기 좋은 허구에서 새로운 의미를 발견(trouver)하는 것이야말로 중세 시인(trouvère)의 일이었던 것이다.

한편, 브리튼 소재의 매력은 그런 의미의 독해로 소진되지 않는 신비에도 있을 터이다. 크레티앵의 어느 작품에서나 본 줄거리의 주변에는 미처 이야기되지 않은 다른 이야기의 단서들이 산재하여 궁금증을 불러일으킨다. 비슷한 시기에 활동했던 마리 드 프랑스(Marie de France)의 시가들 역시 대체로 아더 왕의 궁정을 배경으로 하거니와, 거기서는 크레티앵의 작품에서와는 또 다른 기사들이 또 다른 모험의 지평을 펼쳐 보인다. 그처럼 아더 왕의 궁정은 기사들에게 무궁무진한 모험을 제공하는, 요정과 마법이 기다리는 미지의 세계에 둘러싸여 있으니, 옛 신화의 흩어진 타래들이 얽혀 있는 그 세계는 매번 새로운 의미의 독해를 불러일으키는 신비의 원천이라 할 만하다.

크레티앵의 미완성 유작인 《그라알 이야기》(*Le Conte du Graal*)는 의미가 완결되지 않음으로 해서 한층 더 신비가 압도하는 작품이다. 그라알 모험은 이전 작품들에서와 같은 창검의 싸움이 아니며, 처음

---

2   당시 '소설'이란 운문 형식으로, 청중 앞에서 구연 또는 낭송되었다.

으로 등장한 '그라알'이라는 미지의 그릇에 관해 '질문'을 해야 한다는, 근본적으로 '앎'에 관한 모험이다. 십분 해명되지 않은 이 낯선 기호는 의미의 가능성 그 자체이니, 원탁의 기사들이 그라알을 찾아 미지의 숲속으로 떠나듯이 이제 글쓰기는 전에 쓰인 글 속에서 다 해명되지 않은 그라알의 의미를 찾아 다시금 출발하게 된다. 이후 반세기 이상 동안 쓰인 수많은 그라알 소설들은 그런 독해의 모험이라 할 수 있으니, 이를 통해 브리튼 소재 전체가 그라알을 중심으로 재편성되기에 이른다. 즉, 그라알의 신비를 브리튼 소재 고유의 맥락에서 풀어보려는 일련의 《속편》(Continuation) 들과 추후 서문들이 연이어 쓰이는 한편, 그라알을 그리스도교의 성유물인 성배(聖杯) 로 정의하는 새로운 해석들이 전개되면서 아더 왕 이야기 자체의 구도를 바꿔놓게 되는 것이다. 이는 큰 맥락에서 교회가 세속 문화의 교화에 나선 것이라고 해석되지만, 현실적으로 글을 아는 문사(clerc) 란 곧 성직자였던 당시 사회에서는 자연스러운 추세이기도 했을 터이다.

그라알 이야기의 그리스도교적 해석과 더불어 문학에는 몇 가지 변화가 일어나는데, 우선적으로 드러나는 것이 산문화이다. 일반적으로 산문화는 개인적인 독서가 가능한 독자층을 전제로 하는 시대적인 현상으로 간주되거니와, 중세 프랑스 문학에서 그것은 특히 그라알의 성유물화와 밀접한 관련을 갖는다. 그라알이 성배로 정의되기 이전이나 또는 그런 정의를 받아들였다 해도 여전히 설화의 맥락에서 이야기를 완결 지으려는 《속편》들은 운문으로 쓰였으며, 성배와 무관한 소설들도 대부분 운문으로 쓰였다는 사실이 이를 뒷받침해준다. 이런 현상은 운문과 산문에 대한 당대인들의 가치판단 때문이라

볼 수 있다. 서두에 인용했던 장 보델의 말을 다시 빌리면 "각운 달린 이야기는 모두 거짓"이라 할 정도로, 운문 소설은 아름답게 치장한 거짓으로 여겨지는 반면, 설교나 라틴어 서적의 번역을 위해 사용되던 산문은 역사적 권위 내지 종교적 연상을 지니고 있었던 것이다. 그러므로 성배 이야기들이 산문으로 쓰이기 시작한 것은 이해할 만한 일이다.

산문화의 또 다른 이유는 이야기의 진실성 근거라는 문제에 있다. 운문을 쓰는 작가는 — 아름다운 '구성'에서 '의미'를 끌어내겠다는 크레티앵처럼 — 운문이라는 형식으로 자기 소재를 통솔하는 반면, 성유물로 정의된 그라알의 이야기를 쓰는 작가는 그라알이라는, 온전한 이해를 벗어나는 신비를 더 이상 자신의 각운으로 다스릴 수 없다고 여겨지기 때문이다. 다시 말해, 소설의 의미는 더 이상 작가에 의해 창조된 것이 아니라 외부로부터 주어진 것으로 제출된다. 그 출처가 책이든 아니면 신적인 계시이든, 이제 이야기의 진실성 근거는 작가가 더 이상 자기 이야기를 지어내지 않았다는 데 있는 것이다. 그러므로 그라알 소설의 산문화와 더불어 나타나는 현상은 작가의 익명화이다. 그는 자신을 주어진 내용 — 많은 경우, 가상의 '책' — 의 필사자로 제시하거나 아니면 익히 알려진 저자의 이름 뒤에 숨게 된다.

나아가, 자신이 그 어떤 지고(至高)의 계시를 다 알 수 없다는 생각은 자기 이야기를 전체가 아니라 부분으로 제출하게 하며, 그로 인해 비롯된 현상이 연작화이다. 그라알이 성배로 정의된 이후 소설들은 어느 한 이야기로 완결되기보다 다른 이야기와 연결되면서 상호 참조하는 형식을 취하는데, 그럼으로써 허구는 다른 허구로 지지되며, 그런 허구의 시간은 자체적인 시초와 종말을 갖는 독자적인 소우주를 형성하게 된다. 다시 말해, 역사화이다. 브리튼 소재의 비현실적인 이야기들은 아더 왕의 시대에 그 어떤 신비한 이유 때문에 현실 세계 내에 창일한 환상 세계라는 전체적인 구도 안에 자리 잡는 동시에, 아더 왕 시대의 야사는 그라알이라는 성유물을 통해 성사(聖史)의 일부로 편입되는 것이다. 그리하여 13세기 그라알 문학의 완결판이라 할 '랑슬로-그라알'(Lancelot-Graal)은 이름 모를 건축자들이 지은 대성당과도 같이 여러 익명 작가들에 의해 쓰인 산문소설들인 《성배 사화(史話)》(L'Estoire del Saint Graal), 《메를랭》(Merlin), 《랑슬로》(Lancelot), 《성배 탐색》(La Queste del Saint Graal), 《아더 왕의 죽음》(La Mort Artu)으로 이루어지는 5부작, 이른바 '불가타 연작'(le cycle Vulgate)[3]이 된다.

크레티앵의 《그라알 이야기》(1181~1190경)에서 '불가타 연작'(1215~1235경)에 이르는, 그리고 다시 '불가타 이후 연작'(le cycle post-Vulgate, 1230~1240경)[4]으로 이어지는 이런 전개 과정에서 가장 중요한 이정표가 되는 작품이 로베르 드 보롱(Robert de Boron)의 '그라알 사화'(L'Estoire dou Graal)이다. 장대한 '불가타 연작'과 비교하여 '소연작'(le petit cycle)으로 불리기도 하는 이 3부작의 제1부에 해당

---

3 '불가타 연작'이란 — 불가타 성경과 마찬가지로 — 워낙 널리 읽혔기 때문에 붙여진 별칭이다.
4 '불가타 이후 연작'이란 '불가타 연작'에서 지나치게 긴 〈랑슬로〉를 제외하고 엮어졌으리라 추정되는 4부작을 가리킨다.

하는 《요셉》(*Joseph*)은 그라알을 성유물로 정의한 최초의 작품이다. 성서의 인물 아리마대 요셉을 주인공으로 하는 이 이야기가 아더 왕 시대의 예언자인 《메를랭》(*Merlin*)의 이야기와 이어지고, 나아가 본래 《그라알 이야기》의 주인공인 《페르스발》(*Perceval*)의 이야기로 마무리된다. 이 세 작품을 '그라알 사화'로 통칭하는 것은 《요셉》의 말미에서 작가가 향후의 구상을 밝히면서 연작을 이룰 여러 이야기를 모두 포함하는 "그라알의 큰 이야기"(La grant Estoire dou Graal)를 언급하고 있기 때문이다. 5

하지만 현존하는 사본의 양상을 살펴보면 작품의 구성이 그리 간단 치는 않다. 이 작품들은 단 하나의 운문 사본과 다수의 산문 사본으로 전하는데, 운문본과 산문본 중에 어느 것이 먼저 쓰였는지 단언할 수는 없지만, 그라알 문학의 산문화라는 전반적인 추세에 비추어 운문 본이 앞선다고 보는 것이 일반적이다. 운문 사본에는 3514행의 운문 으로 쓰인 《요셉》에 이어 《메를랭》의 도입부에 해당하는 502행의 운 문 단편(斷片)이 실려 있다. 산문 사본들의 편집 순서는 각기 달라 서, 《요셉》은 대개 《메를랭》과 함께 실려 있지만, 간혹 성서나 기도 서와 함께 실려 있는 경우도 있다. 《메를랭》은 불가타 연작에 편입되

---

5   이상에서 언급된 《그라알 이야기》(*Le Conte du Graal*), '그라알 사화'(*L'Estoire dou Graal*), 《성배 사화(史話)》(*L'Estoire del Saint Graal*), 《성배 탐색》(*La Queste del Saint Graal*) 등은 엇비슷하지만 각기 다른 제목들이다. 이야기 (conte)와 구별하기 위해, 또 역사적인 이야기라는 의미로 사화(estoire)라는 역 어를 썼으며, 그리스도교의 성유물이 되기 이전의 그라알(graal)과 성배(Saint Graal)를 구별했다.

어 《요셉》이 아니라 《성배 사화》의 후속으로 실려 있는 경우가 더 많으며, 이런 경우 《메를랭》은 《랑슬로》와의 연결부에 해당하는 후편(sequel)으로 이어진다. 통틀어 《요셉》의 산문본이 15개, 《메를랭》의 산문본이 46개와 몇 개의 단편으로 남아 있는데, 그중에서 《요셉》과 《메를랭》을 함께 싣고 있는 두 사본에는 계속하여 세 번째 소설 《페르스발》이 실려 있다. 《페르스발》의 사본은 이 2개뿐이다. 한때 사본 소장자의 이름에 따라 《디도-페르스발》(Didot-Perceval)로 불리던 이 작품은 크레티앵의 《페르스발》 6과 구별하여 산문 《페르스발》(Perceval en prose)이라 부른다.

　이 같은 사본들의 상태는 흔히 3부작으로 간주되는 《요셉》, 《메를랭》, 《페르스발》 세 작품이 과연 동일 작가에 의한 것인지 의문을 갖게 한다. 우선, 운문 《요셉》에는 로베르의 이름이 들어 있으나 《메를랭》에는 없다. 《메를랭》 역시 로베르에 의한 것인가? 로베르는 그의 《메를랭》을 끝까지 썼는가? 나아가 그는 《페르스발》도 구상, 집필했는가? 요컨대, 그의 운문으로 된 3부작은 존재했는가? 이 질문이 중요한 것은 그것이 작가가 본래 의도한 작품의 구성이 어떤 것이었는지 보여 주기 때문이다. 또한 산문본에 대해서도, 산문화가 로베르 자신에 의한 것인가, 동일인에 의한 것인가, 각기 다른 사람에 의한 것인가, 어느 정도로 로베르의 작품에 의거해 있는가 등의 문제가 제기될 수 있다.

6　크레티앵의 《그라알 이야기》를 《페르스발》이라 일컫기도 한다. 즉, 《그라알 이야기, 또는 페르스발》(Le Conte du Graal ou Perceval)이다.

일단, 운문 《요셉》과 《메를랭》은 사본의 필적이 동일한 필사자의 것이며, 아마도 동일 작가, 즉 로베르의 작품이리라고 추정하는 것이 보통이다. 《요셉》의 경우, 운문본이 다소 변질된 것이며 오히려 산문본 중 몇몇이 더 오래되고 충실한 것이라는 주장도 있으나, 내용상 큰 차이는 없다. 《메를랭》의 경우 남아 있는 운문 부분과 산문본을 비교해 보면 산문화는 운문본에 충실하게 이루어진 것으로 보인다. 그러므로 문제는 운문본이 어디까지 쓰였을까 하는 것인데, 이런 의문이 생겨나는 것은 《요셉》과 《메를랭》을 비교해볼 때 일단 길이에서 큰 차이가 나고(《메를랭》은 《요셉》보다 두 배 이상 길다), 《메를랭》은 뒤로 갈수록 점점 더 《요셉》의 단순한 필치와 거리가 멀어지기 때문이다.

산문 《페르스발》의 경우는 좀 다르다. 산문 사본들에서 《요셉》은 대개 《메를랭》으로 이어지지만, 《페르스발》까지 이어지는 것은 단 두 사본뿐이라는 사실부터가 의문스럽다. 물론 《요셉》과 《메를랭》에 세 번째 그라알지기에 대한 이야기가 예고되어 있고 《페르스발》은 그 예고의 성취에 해당하므로 이 세 번째 작품에서 원작자가 의도했을 제3부를 볼 수는 있겠지만, 출전과의 관계나 작품 자체의 면면으로 보아 실제로 로베르의 작품일 가능성은 매우 낮다. 그러므로 《요셉》과 《메를랭》의 작가는 대개 로베르 드 보롱이라 일컫지만, 《페르스발》에 대해서는 그렇게 말하는 일이 드물며 위(僞, pseudo) 로베르 드 보롱이라는 명칭을 쓰기도 한다. 현존하는 산문 《페르스발》은 개작자가 로베르의 원작에 대폭 수정을 가한 것이거나, 아니면 로베르의 원작이란 존재하지 않았으며 다른 어떤 속편 작가가 로베르

의 《요셉》과 《메를랭》이 제시하는 구도에 따라 나름대로 세 번째 그
라알지기에 대한 이야기를 쓴 것일 터이다. 다시 말해, 만일 로베르
가 페르스발의 이야기를 썼다 하더라도, 그것은 현존하는 산문 《페
르스발》과는 같지 않을 것이다.

　이상 세 작품은 흔히 로베르 드 보롱의 3부작이라 일컬어지지만,
그 각각은 로베르 드 보롱의 《요셉》, 7 로베르 드 보롱의 《메를랭》,
그리고 《디도-페르스발》 또는 산문 《페르스발》로 불리는 것이 보통
이다. 본 번역에서 이 3부작을 로베르 드 보롱의 '그라알 사화'로 통칭
하는 것은 그 전부가 실제로 그의 작품이라는 뜻에서가 아니라, 앞서
도 말했듯이, 그가 의도했을 "그라알의 가장 큰 이야기"를 가리키는
말이 될 터이기 때문이다. 8 또한, 이 3부작의 작가를 편의상 로베르
드 보롱이라 하는 것도 그가 그것들을 실제로 썼다는 의미보다는 그
것들을 의도했을 원작자라는 의미에서이다. 그 이름 뒤에는 복수의
작가들이 있다고 보아야 할 터이다.

7　《요셉》 제 2683~2684행에서 지금까지의 이야기를 '그라알 이야기 (사화)' (l'Esto-
　　ire dou Graal) 라 일컫는 데 기초하여, William A. Nitze는 《요셉》 판본을 펴내
　　면서 《그라알 사화의 소설》(*Le Roman de L'Estoire dou Graal*) 이라는 제목을 붙
　　였고, 그래서 이 제목은 종종 《요셉》을 가리키기도 한다. 하지만 《요셉》 말미에
　　서 로베르는 요셉의 이야기뿐 아니라 이후의 여러 이야기들을 모두 포함하는 "그
　　라알의 가장 큰 이야기 (사화)" (La grant Estoire dou Graal, 3493행) 에 언급하고
　　있으므로, '그라알 사화'라는 제목은 3부작 전체를 포괄하는 것이 옳을 터이다.
8　3부작을 모두 실은 모데나 사본에 근거한 현대 판본은 "로베르 드 보롱의 《그라알
　　의 소설》"(*Le Roman du Graal*) 로 제출되었다.

이런 글쓰기의 출발점에 선 로베르 드 보롱은 어떤 인물이었을까? 그는 다른 작품으로 알려진 바 없고, 그의 이름은 《요셉》의 제3155행에 Meistres Robers de Bouron으로, 제3461행에 Messires Roberz de Beron으로, 두 차례 언급되어 있을 뿐이다. meistres는 성직자(문사), messires는 귀족 기사의 호칭이므로, 그가 어느 쪽이었을지에 대해서는 의견이 나뉜다. 크레티앙 드 트루아 같은 세련된 시인의 필치에 비해 어색하고 서투른 운문으로 보아 문사보다는 기사였으리라고 추측하기도 하지만, 종교적 성향이 강한 것으로 보아서는 그 반대였을 수도 있다. 하여간, 기사였다 하더라도 문학적 소양이 풍부하고 신앙심이 깊은 인물이었을 것이다.

그의 출신지에 대해서는 《요셉》의 다음과 같은 후기가 단서가 된다.

내 주군 몽벨리알 출신의 고티에와 더불어 한가로이(en peis) 내가 그것을 이야기하던 시절에, 그라알의 큰 이야기는 필멸의 어떤 인간에 의해서도 일찍이 이야기된 적이 없습니다(3489~3494행).

그의 언어는 프랑스 동부 프랑슈-콩테 지방의 방언이며, 따라서 그가 말하는 몽벨리알(Mont Belyal)이란 이 지방의 몽벨리아르(Montbéliard)에 해당할 것이다. 그리고 실제로 몽벨리아르에서 18킬로미터가량 떨어진 곳에 보롱(Borron)이라는 작은 마을이 있으니 로베르의 이름은 아마 거기에서 유래했을 터이다. 또한 그가 섬겼던 영주 고티에란 몽포콩(Montfaucon) 백작 고티에 드 몽벨리아르(Gautier de

Montbéliard) 이리라고 추정된다.

좀 더 도움이 될 만한 단서는 로베르가 섬겼다는 주군 고티에 드 몽벨리아르에게서 찾아볼 수 있다. 1201년 또는 1202년에 제 4차 십자군 원정에 나갔던 이 인물은 1212년에 사망했으므로, 그가 "한가로이 이야기하던", 즉 평화를 누리던 시기는 출정 전이거나 아니면 영면한 후이리라는 추정이 일단 가능하다. 하지만 그의 행적을 좀 더 들여다보면 전혀 다른 정황도 가능해진다. 즉, 그는 예루살렘과 키프로스의 왕이던 아모리 2세 밑에서 예루살렘 왕국의 총사령관이자 왕의 부마가 되었으며, 1205년 아모리 2세가 죽은 후에는 아직 어린 처남 위그 1세를 대신하여 키프로스 왕국의 섭정으로서 화려한 궁정을 이끌었다. 1206~1207년에는 셀주크족과의 전투에서 포로가 되었다 돌아오기도 했고, 1210년 위그 1세가 즉위한 후에는 권좌에서 밀려나 조카 장 드 브리엔이 다스리던 아크레로 건너간 지 얼마 안 되어 전사했다.

그러니 그가 여유롭게 문예 창작을 후원하기에 적당한 시기는 십자군 원정 이전의 소영주 시절보다는 화려한 궁정을 이끌던 섭정기라 보는 편이 더 타당하고, 그렇다면 로베르 드 보롱이 '그라알 사화'를 쓴 것은 프랑스가 아니라 동방에서였을지도 모른다. 이런 가능성을 뒷받침하는 방증으로 작품 내의 여러 단서들, 즉 동방 특유의 고유명사, 동방 그리스도교 전례의 영향 등이 지적된 바 있다. 그 밖에도 특이하게 눈길을 끄는 것은 제 2089~2138행에 걸친 천사들의 타락에 관한 이야기인데, 이 대목은 한 보고밀파의 문서9와 자구적으로 일치

---

9 〈티베리아드 바다의 전설〉(*La Légende de la mer de Tibériade*)에 대한 자세한 내

한다는 점이 발견되었다. 물론 이 문서는 주로 동방 그리스도교에서 동유럽과 러시아 방면으로 전해졌으므로, 영향 관계를 부정하는 이들은 프랑슈-콩테 지방의 로베르가 그런 문서를 접했을 리가 없다는 것을 반증으로 들지만, 거꾸로 그가 동방에서 그것을 접했을 가능성도 배제할 수 없다. 동방에도 이미 아더 왕 이야기가 퍼져 있던 시기이고, 고티에 드 몽벨리아르가 참가했던 4차 십자군 원정과 그가 살았던 키프로스의 궁정에는 그라알 소설들과 직간접으로 연관된 인물들이 적지 않았으니,10 동방에서 또 다른 그라알 이야기가 쓰이기에 무리 없는 상황이었던 것이다.

로베르 드 보롱이 그의 작품을 어디서 썼느냐 하는 문제는 작품의 연대와도 연관된다. 만일 고티에 드 몽벨리아르의 출정 전이라면 1202년 이전일 테고, 사후라면 1212년 이후, 그가 키프로스 왕국의 섭정을 지내던 시기라면 1205~1210년 사이가 될 것이다. 다른 그라알 소설들과의 선후 관계로 보면, '그라알 사화'가 참조하고 있는 크레티앵의 《그라알 이야기》가 쓰인 1181~1190년보다 나중이고, '그라알 사화'를 참조하고 있는 《제 3 속편》, 《페를레스보스》 등보다 먼저일 테지만 이들 작품의 연대는 정확치 않으므로 연대 추정에 큰 도

용은 《요셉》 주 82 참조.

10 4차 십자군 원정에는 크레티앵 드 트루아에게 《그라알 이야기》를 쓰게 했던 필립 달자스의 아들인 티에르 드 플랑드르, 《페를레스보스》를 헌정 받았던 장 드 넬 2세 등도 참가했으며, 고티에는 자신이 섭정을 맡고 있던 위그 1세와 역시 크레티앵 드 트루아의 후원자였던 마리 드 샹파뉴의 손녀 알리스 드 샹파뉴의 결혼을 주선하기도 했다.

움이 못 된다. 더하여, 제 3부 《페르스발》은 그것이 참조하고 있는 《제 1 속편》 및 《제 2 속편》보다 나중에 쓰였겠지만, 그것으로 로베르 드 보롱 내지 이 3부작의 창작 시기를 특정하기는 어렵다. 대체로 1200~1210년 무렵에 쓰였으리라 짐작하는 정도이다.

로베르 드 보롱은 이처럼 윤곽이 어렴풋한 인물이지만, 그가 시작한 '그라알 사화'는 그라알의 성유물화 및 그와 관련된 산문화, 익명화, 연작화, 역사화 등의 추세를 모두 보여 주는 획기적인 작품이다. 그라알이 처음으로 그리스도 수난의 유물로 정의되는 것은 물론이고, 현존하는 사본들은 마치 운문으로 쓰기 시작한 이야기를 더는 운문으로 감당하지 못해 처음부터 산문으로 다시 쓴 듯한 양상을 보여 주며, 그러면서 작가의 이름은 지워진다. 성사의 시대로 소급된 이야기는 아더 왕의 야사와 연결되어 연작으로 구성되며, 그에 따라 일대 역사화가 일어난다. 아더 왕 이야기가 아리마대 요셉의 성배 이야기에서 시작하여 메를랭이 주도하는 아더 왕국 수립으로 이어지고 성배 탐색에 뒤따른 왕국 몰락이라는 장대한 서사로 발전하는 '불가타 연작'의 기본 구도는 이 소연작에서 처음 제시된 것이다. 오늘날 아더 왕 이야기는 주로 영문학에서 아더 왕 이야기의 고전으로 꼽히는 토머스 맬러리(Thomas Malory)의 《아더 왕의 죽음》(*Le Morte d'Arthur*, 1485)을 통해 알려져 있거니와, 이 작품은 '불가타 연작'을 번안한 것이니 그 원형 역시 '그라알 사화'에 있는 셈이다.

하지만 물론 로베르 드 보롱이 그 모든 이야기를 지어낸 것은 아니다. 중세 작가에게 있어 '창작'의 몫이 소재 차원보다 의미 차원에 있다는 점, 이야기 자체의 독창성보다 의미의 독해가 더 중요하다는 점은 앞서도 지적한 바 있거니와, 로베르의 경우에도 마찬가지이다. 그는 자신이 하는 이야기를 '책'에 의거한 것으로 제출한다.

박학한 성직자들이 말한 이야기들이 적혀 있는 '큰책'이 없다면 설령 내가 그러고 싶다 해도 이런 이야기를 할 엄두를 내지 못할 테고, 할 수도 없을 것입니다. 거기에는 그라알이라 불리는 큰 비밀들이 적혀 있습니다(929~936행).

나아가, 자신의 작품 구상을 말할 때도 자신이 말하려는 이야기들이 적혀 있는 '책'을 찾아보겠다고 말한다. 앞서 인용했던 후기의 앞뒤를 좀 더 소개해 보면 다음과 같다. 그는 어디까지나 이미 있는 이야기를 전하는 입장임을 분명히 한다.

이 네 가지[《요셉》에 이어질 이야기들]를 모으고 각 부분을 있는 그대로 이야기해야 할 것입니다. 하지만 나는 어떤 사람도 먼저 그라알에 관한 가장 큰 이야기, 참된 이야기를 듣지 않고는 그것들을 모을 수 없다고 생각합니다. 내 주군 몽벨리알 출신의 고티에와 더불어 한가로이 내가 그것을 이야기하던 시절에, 그라알의 큰 이야기는 필멸의 어떤 인간에 의해서도 일찍이 이야기된 적이 없습니다. 하지만 나는 이 책을 갖고자 하는 모든 이에게, 하느님께서 내게 건강과 생명을 주사 내가 그 이야기들을 책에서 발견할 수 있다면 그것들을 모아보겠다고 선언합니다(3481~3500행).

하지만, 자세히 들여다보면 이 후기는 그리 명료하지 않다. 그가 주군 고티에와 더불어 '그것'을 이야기하던(je la retreis) 시절의 '그것'이란, 문법적으로는, 같은 문장의 "그라알의 큰 이야기"를 가리킬 수밖에 없는데, 그렇다면 일찍이 이야기된 적이 없는 이야기를 자신이 처음으로 했다는 말인지? 또 그렇다면 "그라알의 큰 이야기"란 나머지 이야기들을 포함하는 "그라알의 가장 큰 이야기"와는 다른 것인지? 아니면 그가 이야기했다는 '그것'은, 문법을 떠나 지금까지 이야기한 내용을 가리키며, 이 문단에서 말하는 "그라알의 큰 이야기"나 "가장 큰 이야기"는 모두 아직 이야기된 적이 없고, 아직 발견하지 못한 '책'에 실려 있다는 것인지? 일견 혼란스럽고 자가당착으로 보이기도 하는 이런 대목은 중세 작가 특유의 창작 태도로 미루어 헤아리는 수밖에 없다. 즉, 그는 듣거나 읽은 이야기를 소재로 삼되 자기 나름의 독해를 통해 그렇게 하는 것이니, 이미 있는 이야기들이라 해도 그 자신이 하려는 이야기는 전에 아무도 한 적이 없는 이야기라고 말이다.

그가 말하는 책, "그라알의 가장 큰 이야기"가 담긴 책은 발견되지 않는다. 라틴어로 된 《연대기》(*Chronicon*) (1211~1223)의 저자 엘리낭 드 프루아몽(Hélinand de Froidmont)도 그런 책은 발견하지 못했다고 쓰고 있다.

그 무렵 브리튼의 한 은자가, 천사의 중개로, 우리 주님의 시신을 십자가에서 내려드렸다는 십부장 아리마대 요셉과 우리 주님께서 사도들과 함께 식사를 하셨다는 잔 또는 접시에 관한 기적적인 환시를 보았으며, 〈그라알에 대하여〉라는 사화가 저술되었다. [⋯] 나는 라틴어로 된 이 사화를 발견하지 못했으며, 몇몇 고위 인사들이 프랑스어로 된 것을 갖고 있다고 하나 완전한 것은 아니라고 한다. 나는 그것을 직접 구해 그 전체를 차근히 읽어보지 못했다. 책을 구하는 즉시 가장 진실하고 유용해 보이는 대목들을 라틴어로 옮겨보겠다.[11]

하지만 그가 소재로 삼았음직한 이야기들이 담긴 책들은 어느 정도 추정할 수 있으며, 그 출전들과 비교해볼 때 그의 독해는 의미를 드러낸다. 이 연구 번역에서는 각기 추정 가능한 출전들과의 비교를 통해 이 작품의 특징적 면모들을 살펴보고, 그것을 통해 작가 내지 작가들의 의중에 접근해 보려 했다. 물론 추정 가능한 출전이라는 것이 이 작품의 직접적인 출전이라거나 출전의 전부였다는 의미는 아니며 양자 사이에 얼마나 많은 다른 문전들과 다른 작가들이 있었을지는 알 수 없는 일이지만, 한 시대 내지 세대가 이전 시대 내지 세대의 서사를 물려받아 자기 것으로 만들어가는 과정을 알아보는 데는 도움이 될 것이다. 그러면서 발견한 사실은, 편작(編作, compilation)을 기본으로 하는, 그리고 특히 그라알 소설의 저자들과 같이 익명으로 남은 중세 작가들에 대해 후세 작가들에 대해서와 같은 독창성을 말하는 것은 무리지만, 그 반대 역시 무리라는 것이다. 로베르 드 보롱이든, 그의 이름으로 포괄되는 다른 어떤 작가(들)이든, 그들은 충분히 새로운 의미의 창조자들이었다. 그 내용을 다음에 정리해 본다.

---

11 *Le Livre du Graal*, tome I, Pléiade, p. xvii~xviii에서 재인용.

《요셉》

우선, 크레티앵 드 트루아의 《그라알 이야기》로 돌아가 이야기의 단초를 상기해 보자. 주인공 페르스발은 홀연히 나타난 신비한 성에서 그라알의 행렬을 만난다. 창촉에서부터 핏방울이 흘러내리는 창을 든 시동이 지나가고, 각기 열 개의 촛불이 타는 순금 촛대를 든 두 시동이 지나가고, 불빛이 무색할 정도의 빛을 발하는 그라알을 양손으로 받쳐 든 아가씨와 그녀를 따르는 시동들이 지나가고, 은쟁반을 든 아가씨가 지나가고, 이들 행렬이 눈앞을 지나 다른 방으로 들어가는 동안, 그리고 그와 성주인 어부왕이 식사하는 식탁 앞을 다시금 지나가는 동안, 그는 그 행렬이, 눈부신 그라알과 피 흐르는 창이 대체 무엇인지 궁금해 하면서도 아무것도 묻지 못한 채 식사를 마치고 잠자리에 든다.

이튿날 아침 텅 빈 성에서 깨어난 그는 숲속에서 만난 아가씨로부터 해야 할 질문을 하지 않았다는 이유로 질타당한다. 만일 그가 그라알을 누구에게 가져가는지[12] 물었더라면 불수의 어부왕이 힘을 되찾고 자기 땅을 다스릴 수 있게 되었을 텐데, 그러지 못했기 때문에 그 자신에게나 다른 사람들에게나 큰 불행이 닥치리라고 말이다. 부녀들은 남편을 잃고 땅은 황폐해질 것이며, 아가씨들은 고아가 되고 수

---

12 정확히는, "그라알로 무엇을 하며, 그것을 누구에게 가져가는지"(Qu'en en faisoit, n'u on le porte) (v. 3605), 또는 "그것으로 누구를 공궤하는지"(Quel preudome l'en en servoit) (v. 4661).

많은 기사가 죽어갈 터이니, 그 모든 것이 그의 잘못 때문이라는 것이다. 그래서 페르스발은 해야 할 질문을 하고 진실을 듣기까지, 즉 자신의 잘못을 만회하기 전에는 결코 쉬지 않으리라고 맹세한다.

하지만 실제로 그는 다시 그라알 성을 찾아가기 전에 이미 은자로부터 사실상 그 질문에 대한 답을 듣게 된다. 그라알로 공궤하는 이는 어부왕의 부친이며, 그라알에는 단 하나의 성체만이 담겨 있으니, 그라알은 거룩한 것이라 거기 담긴 성체만으로도 연로한 왕이 생명을 유지할 수 있다는 것이다. 더구나 신비에 싸인 이 왕은 주인공의 외숙부라니, 그렇다면 어부왕은 그와 사촌간이 된다. 이렇듯 질문에 대한 대답은 알려지지만, 회복은 일어나지 않으며 사태의 진상은 여전히 수수께끼로 남는다. 돌아가는 길을 찾을 수 없는 그 신비한 성의 왕들에게는 대체 무슨 일이 있었던가? 그라알은 무엇이며, 피 흐르는 창은 또 무엇인가? 그라알로 누구를 공궤하느냐는 질문이 왜 그토록 중요한가? 대답보다도 더 중요한, 그 마법적인 질문의 중요성은 어디서 기인하는가? 이후 반세기 동안 수많은 후속작들이 풀고자 했던 의문들이다.

하지만 이런 질문들에 대답하기보다 로베르 드 보롱이 주목하는 것은 "지극히 거룩한 그라알" 그 자체이다. 단 하나의 성체가 담겨 있었다는 거룩한 그릇, 열두 해 전부터 칩거 상태인 노왕에게 생명을 유지해 준다는 그릇, 피 흐르는 창이 호위하듯 앞서 가던 그릇 말이다. 그라알이란 대체 무엇인가? 그의 대답은 명확하다. 그것은 예수 그리스도께서 최후의 만찬 때 포도주를 드셨던 잔이다. 성서에서는 "너희를 위하여 흘리는 내 피로 세우는 새로운 언약"(누가복음 22:20)이라는 상징적인 의미로 수립될 뿐 다시 언급되지 않는 그 잔이 이제 '그라알'로 부각되며 그에 관한 이야기가 펼쳐지는 것이다. 따라서 그 잔을 입수하기에 가장 적합한 위치에 있었던 한 인물이 전면에 등장하게 된다. 즉, 아리마대 요셉이다.

성서에는 예수께서 십자가에서 돌아가신 후 아리마대 요셉이 빌라도에게 예수의 시신을 달라고 요청하여 니고데모와 함께 가서 염하고 바위에 파둔 자신의 새 무덤에 장사 지냈다는 기록과 함께, 그가 존경받는 공회원으로 예수의 제자였으나 남의 눈이 두려워 숨겨왔다는 사실이 기록되어 있을 뿐이다(마태복음 27:57~60, 마가복음 15:43~46, 누가복음 23:50~53, 요한복음 19:38~42). 하지만 외경 문서들에는 요셉에 대한 다른 이야기도 전해진다. 즉, 4세기 중엽의 〈니고데모 복음〉(*Evangelium Nicodemi*), 일명 〈빌라도 행전〉(*Acta Pilati*) 13에는 아리마대 요셉이 예수의 시신을 장사지냈다는 성서의 내용(11장)에 더하여, 유대인들이 예수의 무덤에서 시신이 사라진 데 대한 보복으로 요셉을 잡아 가두고 문을 봉했으나 그를 끌어내기 위해 옥문을 열어보니 그가 사라지고 없었다는 것(12장), 요셉은 자기 고향으로 돌아갔다는 것(13장), 요셉을 찾아내 불러다가 그의 증언, 즉 옥에 갇힌 그에게 예수께서 나타나 그를 고향 집에 데려다주셨다는 진술을 들었다는 것(15장) 등의 내용이 실려 있다.

---

13 이 두 제목은 대개 동일한 문서를 가리키는 것으로 쓰이지만, 엄밀히는 〈니고데모 복음〉에 〈빌라도 행전〉과 〈그리스도의 지옥하강〉이 포함된다. 니고데모가 히브리어로 작성한 것을 테오도시우스/발렌티니아누스 황제 시절, 즉 4세기 중후반에, 빌라도의 호위대 장교 아나니아스가 그리스어로 옮긴 것으로 제출된다.

로베르는 이런 성서 및 외경의 전승에 '잔'에 관한 이야기를 끼워 넣는다. 즉, 예수께서 최후의 만찬 때 포도주를 드셨던 잔이 빌라도의 수중에 들어가게 되었는데, 빌라도가 그것을 예수의 시신과 함께 요셉에게 주었으며 요셉은 시신에서 흐르는 피를 그 잔에 받았다는 것이다. 다시 말해 그것은 단순히 만찬의 유물일 뿐 아니라 십자가 사건의 유물로, 그리스도의 보혈이 담긴 잔이 된다.[14] 이후 그가 예수의 시신을 장사 지낸 일로 유대인들의 미움을 사서 옥에 갇히고 모든 문과 창문이 봉해진다는 것은 〈빌라도 행전〉에서와 같다. 하지만 〈빌라도 행전〉에서는 옥중의 요셉에게 예수가 나타나 그를 고향 집으로 데려다주는 반면, 《요셉》에서 옥중에 나타난 예수는 요셉에게 문제의 잔을 주며 그에 관한 비밀을 들려준다. 요셉은 빌라도에 대한 봉사의 대가로 시신과 함께 잔을 받았을 뿐 아니라, 예수 자신으로부터 직접 잔을 위임받아 그것을 지키는 자, 훗날 평자들의 표현을 빌자면 '그라알지기'(le gardien du Graal)가 되는 것이다.

여기까지의 이야기가 《요셉》의 제1부라면, 황제의 아들이 예수의 능력으로 나병의 치유를 받는다는 이야기가 제2부에 해당한다. 즉, 황제의 아들 베스파시아누스는 나병을 앓던 중 예수의 능력에 대해 듣고 수소문한 끝에, 일찍이 예수의 옷자락을 만짐으로써 혈루병에서 고침을 받았던 여인 베로니카를 찾아낸다. 그리고 그녀가 간직하고 있던 수건에 찍힌 예수의 초상을 봄으로써 기적적인 치유를 입은

---

14 《그라알 이야기》에서는 성체가 담겨 있었다는 성합(聖盒, ciboire)이 이제 성혈이 담긴 성작(聖爵, calice)으로 변모하는 셈이다.

후, 유대 땅에 가서 요셉을 감옥에서 해방시키고 그리스도교 신앙을 받아들이며, 예수의 억울한 죽음에 대한 보복으로 유대인들을 응징한다. 이런 이야기의 기원은 역시 빌라도 계열(the Pilate Cycle)에 속하는 외경 문서들인 6~7세기의 〈티베리우스의 치유〉(*Cura Sanitatis Tiberii*) 또는 8세기 초의 〈구세주의 보복〉(*Vindicta Salvatoris*) 15 등에 실린 이른바 베로니카의 전설에서 찾아볼 수 있다. 즉, 불치의 병에 걸린 황제16가 예수의 소문을 듣고 유대 땅에 가서 빌라도를 응징하고, 예수의 유물을 수소문한 끝에 베로니카의 수건 덕분에 치유를 입고서 그리스도교 신앙을 받아들인다는 내용이다.

단, 〈구세주의 보복〉에서는 황제가 보낸 사자가 요셉을 만나 그가 어떻게 투옥되었다가 예수 덕분에 구출되어 고향으로 갔는가 하는 경위를 듣는 반면, 《요셉》에서 요셉은 여전히 옥에 갇혀 있으며 황제 자신이 옥문을 부수고 생존해 있는 요셉을 찾아내게 된다. 요셉의 투옥과 황제의 치유는 본래 무관한 주제이지만, 작가는 황제의 기적적인 치유에 더하여 요셉의 기적적인 생존이라는 이야기를 만들어내고 황제와 요셉을 만나게 함으로써 그 두 주제를 하나의 줄거리로 엮는 것이다. 예루살렘이 AD 70년에 훼파되었다는 역사적 사실에 비추어 본다면, 요셉은 40년 가까이 무덤이나 다름없이 밀봉된 감옥에 유폐

---

15 〈티베리우스의 치유〉와 〈구세주의 보복〉은 베로니카의 전설을 이야기하는 비슷한 문서들인데, 시기적으로 전자가 조금 앞선다.
16 베로니카의 수건과 황제의 치유에 관한 전승에는 티베리우스, 티투스, 베스파시아누스 등이 예수의 권능으로 치유받는 로마의 권세자로 등장하는데, 이야기에 따라 각기 역할이 달라진다. 《요셉》 주 56 참조.

되었다가 살아났으니, 그리스도의 부활에 버금가는 사건이라 할 만하다. 뿐만 아니라, 이는 《그라알 이야기》에서 12년(사본에 따라서는 15년) 넘게 칩거해 있는 노왕이 '지극히 거룩한' 그라알 덕분에 생명을 유지했던 일을 상기시키며, '거룩한 잔'이 생명의 원천임을 말해 주는 것이기도 하다.

이렇듯 그라알을 성유물로 재정의함에 따라 이야기는 본래의 《그라알 이야기》와는 전혀 다른 것이 되었으니, 그것을 본래의 《그라알 이야기》와 연결하기 위해서는 이야기의 무대를 초대 그리스도교의 동방으로부터 다시금 서방 브리튼으로 옮길 필요가 있다. 그래서 《요셉》의 제 3부는 전혀 새로운 이야기를 펼친다. 즉, 옥에서 풀려난 요셉은 예수 그리스도를 믿는 무리를 이끌고 떠나 "먼 땅에서 오래" 선한 가르침을 베풀며 살다가, 성령의 지시에 따라 무리의 일부를 서방 브리튼섬의 "아발롱"으로 보내게 된다는 것이다. 단, 저자는 아리마대 요셉을 직접 브리튼으로 보내는 대신 브리튼이라는 배경에, 그리고 본래의 《그라알 이야기》에 좀 더 어울리는 인물을 보내는데, 그가 바로 요셉의 매부인 브롱(Bron) 또는 헤브롱(Hebron)이다.

브롱이라는 인물은 요셉이 옥에서 풀려날 때 처음 등장하지만, 제대로 부각되는 것은 요셉의 명으로 그라알의 식탁을 차리는 장면에서이다. 요셉이 이끄는 무리에 죄가 들어오자, 요셉은 성령의 지시에 따라 최후의 만찬 식탁을 본뜬 "그라알의 식탁"을 만들며, 의인들은 그 식탁에서 은혜와 기쁨을 누리는 반면 — 이제껏 "거룩한 그릇"이라고만 불리던 잔이 처음으로 그라알이라 불리게 되며, 그 이름은 흡족케 하다(agréer)라는 말에서 온 것이라고 설명된다 — 죄인들은 아무런 감동도 받지 못한 채 무리에서 떠나가게 된다. 즉, 그라알은 성령의 은혜를 나타내며, 은혜를 누리는 자와 그렇지 못한 자를 판별하는 기준이 되는 것이다. 이 식탁을 차리기 위해 요셉은 매부 브롱에게 물고기를 낚아오게 하며 이 일로 인해 브롱은 '부자 어부'라고도 불린다니, 그리스도의 상징인 물고기, 제자들에게 사람을 낚는 어부가 되라는 그리스도의 말씀 등의 연상에 더하여, 《그라알 이야기》의 '어부왕'과 연결하려는 의도를 엿볼 수 있다(물론, '어부왕'이라는 말에 담긴 함의는 전혀 달라진다). 요셉은 우선 브롱의 열두 아들 중 막내인 알랭을 택하여 형제들을 그의 영도하에 떠나보내고, 마지막에는 브롱 자신을 보내면서 그라알과 그리스도께서 알려 주신 비밀을 그에게 전수하고, 훗날 나타날 알랭의 아들에게 그것을 전하라고 명한다. 다시 말해, 요셉 자신에 이어 브롱이 두 번째 그라알지기가 되어, 훗날 나타날 세 번째 그라알지기를 기다리게 되는 것이다.

이 브롱 또는 헤브롱이라는 이름에 대해서는 두 가지 기원을 추정할 수 있다. 우선, 성서에서 그런 이름을 가진 인물은 이스라엘 열두 지파 중 하나인 레위의 손자 헤브론으로, 그는 성막에서 "증거궤와 상과 등잔대와 제단들과 성소에서 봉사하는 데 쓰는 기구들과 휘장과 그것에 쓰는 모든 것"을 간수하는 임무를 맡은 고핫 자손의 한 사람이니(민수기 3:17~31), 그라알지기에 비견될 만하다. 또 다른 기원으로는 웨일스의 전설적인 왕 브란(Brân the Blessed)의 이름을 들 수 있는데, 그는 죽은 자를 그 안에 던지면 살아서 나온다는 마법의 단지를 가진 왕이다. 그라알의 기원이 켈트 신화에 나오는 풍요의 뿔 내지 마법의 단지에서 왔다고 본다면, 그라알지기의 이름으로 역시 제격이다. '브롱'이 고핫 자손의 이름에서 가져온 것이라 하더라도, 고핫의 네 아들 중 하필 헤브론이 선택된 데는 이 '브란'의 연상이 작용했을 법하다. 저자는 이 두 이름을 《그라알 이야기》의 어부왕과 연결시킴으로써, 성서적 함의와 신화적 함의를 통합시키는 셈이다.

   말하자면 작가는 그라알을 성유물로 정의하고 그것을 본래의 《그라알 이야기》와 연결하기 위해 그리스도교 기원의 동방으로부터 아더 왕 이야기의 무대인 서방 브리튼으로 이주하는 무리를 생각해 낸 것이라 할 수 있는데, 이런 이주는 단순한 공간적 이동 이상의 의미를 갖는다. 최후의 만찬 때 예수께서는 "이 잔은 너희를 위하여 흘리는 내 피로 세우는 새로운 언약"이라고 하셨으니, 그라알이란 '새로운 언약'의 상징이다. 그라알을 서방으로 가져간다는 것은 곧 복음 전파를 말하는 것이다. 그라알 식탁에서 은혜를 누리지 못하는 자들 중에서 굳이 자신의 의로움을 주장하며 식탁에 참여하려다 발밑에서 땅이 갈라져 심연 속으로 꺼지고 마는 인물의 이름이 "모이즈"(Moyse: 모세) 라는 사실도 이런 맥락에서 이해할 수 있다. 모세란 옛 언약, 곧 율법을 상징하는 이름이기 때문이다. 그라알의 은혜는 율법에 의한 자기 의로는 얻을 수 없는 것이다. 또한 이처럼 인물의 이름에 의미를 두었다는 사실에 비추어, 브롱의 무리에 뒤이어 서방으로 떠나는 "페트뤼스"(Petrus)는 교회를 나타낸다고 볼 수 있다.

   그러므로 작가는 단순히 그라알을 성유물로 정의하는 데 그치지 않고, 이야기 자체를 복음 전파의 이야기로 재해석하고 있는 셈이다. 앞서 로베르 드 보롱이 기사였다면 상당한 문학적 소양을 지닌 기사였으리라고 했지만, 나아가 신앙심이 깊은 인물이었으리라고도 짐작할 수 있다. 물론 그가 신학적으로 항상 정확한 것은 아니며, 천사들의 타락에 관한 대목에서 보듯 다분히 이단적인 설화를 받아들이고 있기도 하다. 하지만 그렇다고 해서 그의 신앙 자체가 이단적이라고는 볼 수 없으며, 《요셉》은 그리스도의 구속(救贖) 교의, 율법의 행위가 아닌 믿음으로 얻는 구원의 복음, 성삼위 신앙 등을 진솔하게 담고 있다. 그런 가운데 그라알은 단순한 성유물일 뿐 아니라 믿는 자들과 함께하는 은혜의 상징이니, 어두운 감옥에 갇힌 요셉에게는 빛과 생명의 근원이며 나아가 광야에서 주린 무리에게는 영육 간의 흡족함을 주는 양식이 된다.

물론, 이야기의 모든 요소들이 깔끔하게 맞아떨어지지는 않는다. 특히, 외경들에 근거해 있는 앞부분에 비해 브리튼과의 연결을 시도한 제3부는 앞뒤가 맞지 않는 데가 많다. 일일이 다 열거할 수도 없지만, 일단 아리마대 요셉의 시대(기원 1세기 후반)와 아더 왕의 시대(6세기 전반) 사이의 간극이 브롱의 3대로 채워지지 않는 것은 물론이고, 브롱의 열두 아들 중 유일하게 독신이므로 그라알지기로 선택된 알랭에게서 태어날 아들이 세 번째 그라알지기가 되리라는 것도 모순이다.

뿐만 아니라 《요셉》의 말미에서 작가가 작품 구상을 말하는 대목도 간단히는 이해되지 않는다. 그는 장차 써야 할 알랭, 알랭의 아들, 페트뤼스, 모이즈의 이야기를 열거한 후, 그 전에 다섯 번째 이야기를 먼저 하고 앞의 네 가지 이야기는 후일에 엮어보겠다고 한다. "그라알의 가장 큰 이야기를 들어 보지 않고는 아무도 그것을 엮을 수 없을 것"이라면서, 곧이어 자신이 "주군 고티에게 그것을 이야기하던 시절에는 그라알의 큰 이야기가 필멸의 어떤 인간에 의해서도 이야기된 적이 없었다" 그리고 "내가 그 이야기들을 책에서 발견할 수 있다면 그것들을 모아보겠다"고 한다. 아직 얻지 못한 '책'에 자신이 알지 못하는 어떤 이야기들이 들어 있는지, 그가 어떻게 아는가? 문제의 책이나 언급된 여러 갈래의 이야기들을 상상해 보는 것은 흥미로운 일이지만, 아마도 그런 책이란 존재하지 않고 열거된 것들은 가상의 이야기로, 작가의 말은 등장인물들의 후일담에 대한 독자들의 요구를 앞지른 답변에 지나지 않을 것이다.

《메를랭》

그러니까 《요셉》의 말미에서 작가가 다른 네 가지 이야기보다 먼저 하겠다는 다섯 번째 이야기가 《메를랭》인 셈이다. 하지만, 《요셉》 다음에 이어지는 《메를랭》은 중간에 다른 이야기들을 건너뛴 작품이라기보다 《요셉》에서 곧바로 이어지는 후속작으로 보인다. 무엇보다도 서두의 유사성이 그 증좌이다. 즉, 《요셉》이 서두에서 원죄로 인한 인간의 타락에 대해 하느님 독생자의 성육신이라는 반전을 이야기하듯, 《메를랭》의 서두는 그리스도의 십자가 사건을 통한 인류 구원에 대해 악마의 자식 메를랭의 출생이라는 반전을 이야기하는 것이다. 그리스도의 대속적 죽음 덕분에 인간들이 죽음을 면하고 죄의 권세에서 풀려나자 악마들이 낭패와 당황에 빠지는 장면은 〈니고데모복음〉의 후반부인 〈그리스도의 지옥하강〉에서 그 원형을 찾아볼 수 있거니와, 성자의 무염시태를 모방하여 처녀에게 악마의 씨를 잉태시킴으로써 악마의 도구를 삼자는 모의는 전혀 새로운 발상이다. 물론 악마의 씨에서 태어난 아비 없는 자식이란 여러 설화에서 발견되는 모티프이지만, 그것을 그리스도의 구원에 대한 악마의 반동으로 해석함으로써 《요셉》과 《메를랭》을 하나로 엮어 주는 구도가 생겨나는 것이다.

이 '메를랭'이라는 인물은 어디서 왔는가? 그 이름이 처음 등장하는 것은 제프리 오브 몬머스의 《브리튼 왕들의 역사》나 《메를랭의 생애》(Vita Merlini) 같은 작품들에서이다. 하지만 인물의 원형은 좀 더 이전의 문헌들에서도 찾아볼 수 있다. 12세기 중엽의 한 저자[17]는 '메를리누스-암브로시우스'(Merlinus-Ambrosius)와 '메를리누스 실베스테르'(Merlinus Sylvester: 숲의 메를랭)이라는 두 가지 전승에 대해 언급한다. 전자는 일련의 역사서에서 말하는 인물로, 길다스(Gildas, 500~570경)의 《브리튼의 파괴와 정복에 대하여》(De Excidio et Conquestu Britanniae, 6세기)나 비드(Beda)의 《잉글랜드인들의 교회사》(Historia ecclesiastica gentis Anglorum, 731경) 등에서 색슨족의 침입에 맞서 싸우는 브리튼족의 우두머리 암브로시우스 아우렐리아누스라는 이름으로 등장하는데, 그의 부모는 그 땅에 남은 마지막 로마인들로 전란 가운데 죽임당했다는 것이 이 인물에 대한 설명의 전부이다. 이어 9세기 웨일스 수도사 넨니우스(Nennius)의 《브리튼족의 역사》(Historia Britonnum, 830경)에서는 브리튼 땅에 색슨족을 끌어들인 찬탈자 보티건의 이름이 명시되면서 이야기가 좀 더 자세해진

---

17 로베르 드 토리니(Robert de Torigni, 1110경~1186).

다. 보티건은 탑을 지으려다 거듭 좌절당한 끝에 '아비 없는 자식'의 피를 그 터에 뿌리라는 권고를 들으며, 그렇게 해서 불려온 아이가 암브로시우스로, 역시 로마 집정관의 아들이었다고 말해지는 그는 놀라운 예지력에 대한 상으로 브리튼의 서쪽 땅을 받아 왕이 된다. 이 암브로시우스야말로 우리의 '메를랭'임을 알아볼 수 있다. 〔이후로 색슨족에 맞서 싸우는 브리튼족의 우두머리는 더 이상 암브로시우스가 아니라 '아르투르'(Artur)라는 이름으로 등장한다.〕

그런가 하면, 켈트 전승에는 예지력을 지닌 또 다른 인물이 존재한다. 스코틀랜드, 아일랜드, 웨일스 등 켈트족이 색슨족을 피해 달아난 지역에는 본래 왕자였으나 전란(573년의 Arfderydd 전투)을 겪고 정신이 이상해져서 세속을 떠나 숲에서 짐승들과 함께 사는 미친 예언자 내지 시인에 대한 이야기가 전하는데, 특히 웨일스에서 그는 야인(野人) 미르딘(Myrddin Wyllt)이라는 이름으로 알려져 있으며 그가 지었다는 노래가 《카이르미르딘의 검은 책》(Llyfr Du Caerfyrddin, 13세기 중엽), 《헤르게스트의 붉은 책》(Llyfr Coch Hergest, 1382경) 같은 시가집들에 남아 있다. 이 미르딘이 흔히 '숲의 메를랭'이라 불리는 인물이다. 메를랭이 남모르는 사태의 본질을 꿰뚫어볼 때 터뜨리는 특유의 '웃음'이라든가, 주기적으로 노섬벌랜드의 숲속으로 돌아가지 않으면 안 된다거나 하는 특성은 이 야생적인 인물에서 비롯된 것이라 볼 수 있다.

그러니까 엄밀히 말해 전자의 암브로시우스는 542년에 죽었다는 아더 왕과 동시대의 인물이고 후자의 미르딘은 그보다 좀 더 나중의 인물로 각기 다른 배경을 지니고 있지만, 《브리튼 왕들의 역사》에서 제프리 오브 몬머스는 그 두 인물을 동일시하여 보티건에게 불려간 '아비 없는 자식'을 "암브로시우스라고도 불리던 메를리누스"(Merlinus, qui et Ambrosius dicebatur)라고 소개한다(메를랭 내지 미르딘이라는 이름은 보티건의 사자들이 그를 발견한 카이르미르딘[18]이라는 지명에서 비롯된 것으로 보이지만, 그 역일 수도 있다).

그 후 그는 《메를랭의 생애》를 써서 야인 메를랭에 관한 이야기를 들려주는데, 후세에 더 큰 영향을 미친 작품은 물론 《브리튼 왕들의 역사》이다. 이 작품은 웨이스가 프랑스어(노르망디 방언)로 번역한 《브뤼트 이야기》로도 널리 알려졌다.

《메를랭》의 가장 가까운 출전은 이 두 작품일 터이다. 둘 중 딱히 어느 한 작품이라고 단언할 수는 없으나, 웨이스가 첨가한 새로운 세부인 '원탁'에 대해 언급하는 것을 보더라도 《브뤼트 이야기》를 참조한 것은 확실하다. 《브리튼 왕들의 역사》는 ─《브뤼트 이야기》도 대동소이하지만 ─ 브리튼 왕들의 역사를 차례로 이야기하는 가운데, 콘스탄틴 왕이 죽은 후 왕위를 찬탈한 보티건이 자기 세력을 보강하기 위해 색슨족을 브리튼 땅에 불러들이는 대목에 이르러 메를랭을 등장시킨다. 넨니우스의 《브리튼족의 역사》에서와 마찬가지로, 보티건은 자신이 지으려는 탑이 서지 않는 이유를 알아내려다 '아비 없는 자식'의 피를 구하게 되며, 사자들은 메를랭을 찾아내어 그의 모친과 함께 왕에게 데려간다. 이어 제프리는 전작들에서 막연히 로마 귀족, 로마 집정관의 아들이라고만 되어 있는 메를랭의 출생에 관해 소

---

18 Kaermirdin, 또는 Caerfyrddin. 오늘날의 카마던(Carmarthen).

상한 이야기를 전하는데, 메를랭의 모친은 데메티아[19] 왕의 딸로 그 도시의 세인트 피터 교회에서 몇 명의 수녀와 함께 살고 있었다고 하며, 그녀가 왕 앞에서 이런 경위를 고하자 학승들은 그녀를 수태케 한 자가 '인쿠부스'(夢魔)라는 마귀이리라고 추측한다. 메를랭은 탑의 비밀을 밝혀내고, 탑 밑에 잠들어 있던 두 마리 용에 대한 해석으로부터 보티건과 콘스탄틴의 두 아들 — 아우렐리우스 암브로시우스와 우터 펜드라곤[20] — 에 관한 예언을 끌어낸다. 그러고서 한동안 이야기의 전면에서 사라졌던 메를랭이 다시 등장하는 것은 아우렐리우스가 색슨족에게 승리를 거둔 후 전사자들을 위한 기념비를 세우기 위해 지혜를 모을 때이다. 보티건 시절의 메를랭을 기억하는 이들이 그를 천거하고, 그렇게 해서 불려온 메를랭은 아일랜드에서 거석들을 가져다가 솔즈베리 평원에 세운다(이것이 오늘날의 '스톤헨지'이다). 그 후 메를랭은 하늘의 징조를 본 우터에게 불려가 아우렐리우스의 죽음과 우터 이후 그의 후손들에 관해 예언하며, 우터가 왕위에 오른 후 그가 콘월 공작의 아내 이그렌과 동침할 수 있도록 돕는다. 그렇게 잉태된 아더가 우터 사후에 왕위에 오르지만, 그날 밤 우터와 헤어진 것을 끝으로 메를랭은 다시 등장하지 않으며, 한참 뒤에 회고적으로 한 차례 언급될 뿐이다.

　브리튼 설화가 프랑스 문학의 중요한 소재로 도입된 초창기의 작가

19　웨일스 남부, 오늘날의 더베드(Dyfed)에 해당하는 지역. 카이르미르딘(카마던)은 이 지역의 큰 도시이다.
20　이 아들들의 이름은 작품에 따라 바뀌어, 《메를랭》에서는 판드라곤과 우터(판드라곤)이 된다. 《메를랭》주 33 참조.

인 크레티앵 드 트루아는 메를랭을 단 한 번 —《에렉과 에니드》에서 "메를랭의 시절에"(au temps de Merlin) 라고 — 언급할 뿐이다. 메를랭을 아더 왕 이야기의 중추적인 인물로 발전시킨 것은 로베르 드 보롱이다. 그의《메를랭》도 기본적으로는《브리튼 왕들의 역사》및《브뤼트 이야기》와 같은 내용을 다루지만, 몇 가지 중요한 변화가 있다.

우선, 이전 작품들에서는 왕들의 행적 가운데 삽화적인 인물로 간간이 등장할 뿐인 메를랭이 주역으로 내세워져, 그의 출생에서부터 이야기가 시작된다. 전작들은 그가 보티건 시절에 웨일스에서 태어난 것으로 이야기하는 반면, 이제 그의 출생은 막연한 시공간에 놓인다. 보티건의 사절들이 "서방으로부터" 그를 부르러 온다고 하는 것으로 보아 그가 태어난 곳은 동방 어딘가일 터이다. 보티건의 학승들이 '아비 없는 자식'의 존재를 알아냈을 때 그가 일곱 살이었다는 사실로 보아 태어난 시기는 보티건의 시대 즈음이리라 짐작할 수 있지만, 그의 출생은 그리스도의 십자가 사건에 뒤따른 악마들의 모의에서 비롯된 것이고 또 그 후에 일어난 일들은 딱히 시대 배경이 명시되지 않으므로, 보티건의 상황을 설명하기 위한 브리튼 역사가 길게 삽입된 후, 메를랭이 서방으로 가는 것은 마치 성사 시대의 연장으로부터 역사의 시대로 넘어가는 듯한 인상을 준다. 메를랭은 동방과 서방을, 성사와 역사를 연결해 주는 인물이다.

메를랭의 출생은 시공간적이라기보다 영적인 배경에서 이야기된다. 전작들은 그가 인쿠부스의 자식이리라고 추측할 뿐 그 사실에 별다른 종교적 색채를 부여하지 않는 반면, 이제 그는 신에게 도전하는 악마의 모의라는 영적 대결의 한복판에 놓인 인물이 되는 것이다. 마찬가지로, 전작들에서는 그의 예지력이 어디서 오는지 딱히 설명되지 않는 반면, 이제 그는 악마로부터 과거에 대한 지식을, 하느님으로부터 미래에 대한 지식을 받았다고 이야기된다. 그를 자신들의 도구로 삼으려는 악마의 궤계에도 불구하고, 메를랭 모친의 성결한 삶을 긍휼히 여긴 하느님께서 그에게 하느님께 속한 능력을 부여하고 선악 간의 선택을 그의 자유의지에 맡기신 것이다. 악마의 자식 메를랭이 신의 뜻을 읽고 그것을 수행하는 자가 되었으니, 이것이야말로 악마들이 그토록 두려워하는바, 그리스도가 인류를 위해 행한 대속(代贖)의 본보기이다.

흥미로운 점은 메를랭의 초자연적 능력이 지식을 넘어 실행의 영역, 즉 마법의 영역으로까지 확장된다는 것이다. 《브리튼 왕들의 역사》에서 메를랭의 초자연적 능력은 지식의 영역에 머무르며, 아일랜드의 거석을 옮겨오거나 우터 일행을 변신시키는 능력은 각기 "장비"(machinatio)를 갖추었다거나 "약"(medicamen)을 만들었다는 식으로, 말하자면 사물에 대한 비범한 지식의 연장으로 설명된다. 하지만 《브뤼트 이야기》에서 메를랭이 일종의 주문을 외워 거석을 옮겼다고 이야기되는 것을 보면, 그의 마법사로서의 능력은 이미 알려져 있었던 듯하다. 《메를랭》에서는 거석을 옮기는 것이나 우터 일행을 변신시키는 것이 모두 "그의 재주로"(par son art) 이루어지며, 이 재주(art)는 악마로부터 받은 것이라고 이야기된다.[21] 물론 과거를 아는

---

21 본문에서는 이 '재주'를 문맥상 자연스럽게 '마법'으로 번역했다. 《메를랭》에서 메

능력이 하느님의 은혜로 미래를 아는 능력으로 보완되어 선하게 되듯
이, 그가 악마로부터 받았다는 "간계와 재주" 또한 선용되겠지만 말
이다. 다시 말해, 《브리튼 왕들의 역사》에서 메를랭은 어디까지나
예언자(vates)이고 《메를랭》에서도 여전히 그렇게 불리지만, 다른
한편으로 마법사(enchanteur)의 면모도 띠게 되는 것이다. 이런 변모
는 《메를랭 후편》으로 가면서 한층 두드러지게 된다. 22

　　메를랭이 이처럼 신의 섭리를 대변하는 예언자요 특별한 권능을 가

　　를랭은 우터 일행에게 얼굴과 손을 풀(herbe)로 문지르라고 하여 변신시키지만,
　　뒤에 가서는 그 일을 가리켜 "나의 재주로"(par mon art), 즉 마법으로 된 일이라
　　고 말한다. 뿐만 아니라 메를랭의 변신 능력은 판드라곤-우터 형제에게 나타날 때
　　부터 누차 강조되어 이야기된다.

22　하지만 좀 더 들여다보면, 메를랭의 마법적 능력의 기원은 악마의 모의 이전으로
　　소급된다고 할 수 있다. 《브리튼 왕들의 역사》에서 메를랭의 모친의 잉태 경위는
　　《메를랭》에서처럼 일회적으로 인쿠부스에게 농락당한 것이 아니라 수녀원이라
　　는 격리된 공간으로 찾아온 "잘생긴 청년의 모습을 한" "때로 눈에 보이지 않는" 어
　　떤 미지의 존재와의 거듭된 만남으로 이야기되는데, 그 짧은 진술은 마리 드 프랑
　　스의 시가에서 밀실에 갇힌 여인에게 새처럼 날아오는 연인의 이야기를 상기시킨
　　다. 또, 《메를랭》에서 메를랭이 자기를 찾으러 다니는 사람들에게 "큰 짐승 떼를
　　거느리고 있는 아주 추하고 무섭게 생긴 사람"의 모습으로 나타나는 것은, 크레티
　　앵 드 트루아의 《사자의 기사 이뱅》 도입부에서 칼로그르낭이 이야기하는 험상궂
　　은 목동을 생각나게 한다. 《브리튼 왕들의 역사》는 라틴어 문사의 저작답게 메를
　　랭의 출생을 고대로부터의 개념인 '인쿠부스'에 의한 것으로 설명하고 그 예언의
　　능력 또한 고대적인 예언의 "영"(spiritus)이라든가 "초자연적인 것"(numen)에서
　　비롯되는 것으로 이야기하며, 《메를랭》은 그리스도교적인 맥락에서 악마의 모의
　　를 상정하지만, 양자 모두의 밑그림에서 켈트 전승의 요정 세계를 엿보게 되는 것
　　이다. 다시 말해, 메를랭의 마법은 악마보다는 요정에게 속하는 셈인데, 그라알
　　이야기의 그리스도교화가 진행되면서 결국 요정의 세계도 그리스도교에 의해 순
　　치되어야 할 대상이 되어가는 것을 볼 수 있다.

진 마법사로 등장하면서, 생겨나는 중요한 변화는 아더의 계승에 관한 것이다. 아더의 출생 경위는 전과 같지만, 아더가 어떻게 왕이 되느냐 하는 이야기는 전혀 달라진다. 《브리튼 왕들의 역사》나 《브뤼트 이야기》에서 아더는 아무 잡음 없이 우터의 아들로 성장하여, 부왕이 죽자 왕위에 오른다. 반면 《메를랭》에서는 갓 태어난 아더를 메를랭이 데려가 양부모에게서 자라게 하며, 우터가 죽은 후 정당한 후사가 없어 어지러워진 정국 가운데 소년 아더가 석단에 꽂힌 검을 뽑는 시험을 통해 신에게 선택된 왕으로 등극하는 과정이 그려진다. 오늘날 아더 왕 이야기에서 정설처럼 되어 있는 석단의 검 이야기는 (쾨가 아더 때문에 불우하게 성장한 의형제이므로 성격적 결함에도 불구하고 용인된다는 이야기와 마찬가지로) 로베르 드 보롱의 《메를랭》에서 시작된 것이다. 이런 이야기의 의도는 어렵잖게 짐작할 수 있다. 즉, '아비 없는 자식' 메를랭에게 아더는 또 다른 '아비 없는 자식'으로 분신과도 같은 존재이니 ― 두 사람의 모친이 각기 자신의 수태 경위를 진술하는 대목에서는 의도적인 유비가 보인다 ― 메를랭은 아더가 떳떳치 못한 출생의 비밀을 지닌 채 왕위를 계승하는 대신 정식으로 신의 선택을 받게끔 만드는 것이다.

다시 말해, 메를랭도 아더도 신의 섭리를 보여 주는 인물이며, 그 또 다른 예가 원탁이다. 본래 《브리튼 왕들의 역사》에 없는 이 아더 왕 궁정의 상징물은 웨이스가 《브뤼트 이야기》에서 도입한 것으로, 아더 왕이 기사들 간의 우열 다툼을 없애고 모두 평등함을 나타내기 위해 원형으로 만들었다고 이야기된다. 반면 《메를랭》에서는 우터의 시대에 메를랭이 신의 뜻에 따라 세 번째 식탁의 창설을 권고한다.23 그것은 그리스도의 최후의 만찬 식탁과 그것을 본뜬 그라알 식탁에 뒤이은 세 번째 식탁으로, 거기 남겨진 빈자리가 우터의 뒤를 이을 왕의 시대에 나타날 자에 의해 채워지리라는 예언은 그 모든 것이 신의 섭리 가운데 있음을 시사함으로써 아더의 등극을, 아니 그의 출생 자체를 사전에 정당화한다. 뿐만 아니라, 원탁의 빈자리에 앉을 자는 먼저 그라알 식탁에 앉아야 한다거나, 거꾸로 원탁의 빈자리를 채움으로서 최고의 기사임을 입증하는 기사가 그라알의 모험을 완수하고 불수의 왕과 그의 왕국에 회복을 가져오리라는 예언은24 원탁으로 상징되는 세속 기사도와 그라알 식탁으로 상징되는 영적인 모험 간의 상관관계를 통해 장차 그라알 이야기의 전개 방향을 시사한다. 다시 말해, 메를랭은 신의 뜻을 수행하는 자로서, 《요셉》에서 예고된 세 번째 그라알지기의 이야기가 성취될 무대를 — 서술적 차원에서뿐 아니라 영적 차원에서도 — 준비하는 것이다.

메를랭은 이처럼 아더 왕의 출생에서부터 그 왕국의 종말에 이르는 역사의 전 과정을 주재하는 인물일 뿐 아니라, 그 모든 이야기를 들려주는 발화(發話)의 근원이기도 하다. 그는 어머니의 고해사였던 사제 블레즈에게 책을 받아쓰게 하는데, 전지적 기억에 의해 이야기되는 그 첫 번째 책이 "요셉과 브롱의 책"이다. 거기에 "아더 왕과 그 시대에 살았던 이들의 삶"이 담긴 책이 합쳐져 《그라알의 책》(li Livres

---

23 《메를랭》에서는 이 식탁이 딱히 원형이라는 언급이 없으나, 편의상 '원탁'이라 부르기로 한다.
24 《메를랭》 주 98 참조.

dou Graal)이라 불리며 세상 끝 날까지 읽히리라는 것이다. 그렇게 본다면, 《요셉》에서 로베르 드 보롱이 찾고 있다는, "그라알의 (가장) 큰 이야기"가 적힌 책이란 이 메를랭-블레즈의 책들에서 유래한 어떤 책(사본)이 될 터이다. 25 이야기는 마침내 《페르스발》의 말미에서 메를랭이 '깃집'에 칩거하는 것과 동시에 그의 침묵으로 끝나게 된다.

대개의 《메를랭》 사본들에서 로베르의 원작은 "평화롭게 잘 다스렸다"는 문장에서 끝나는 것으로 보이며, 그것이 '불가타 연작'에 속하는 경우 《메를랭 후편》으로 이어진다. 반면, 뒤이어 《페르스발》을 싣고 있는 두 사본에는 그 문장과 페르스발의 등장 사이에 제3의 결말이 들어 있는데, 이 대목은 한때 《페르스발》의 서두로 여겨지기도 했으나 사실상 《메를랭》 원작의 결말에 해당하는 것으로 받아들여지고 있다. 아마도 "평화롭게 잘 다스렸다"는 문장에서 잠정적인 결말의 느낌을 받은 필사자가 실수로 거기서 사본을 끝낸 것이 이후로 답습되었을 터이며, 《페르스발》이 실려 있는 사본들은 아마도 그와 다른 원본을 사용했으리라는 것이다. 이 대목에서는 메를랭이 등장하여 아더 왕이 우터판드라곤의 친아들임을 밝히고 원탁의 의의를 상기시키며 아더 왕의 로마 원정을 예고하는가 하면, 《요셉》에서 이야

---

25 Pléiade에서 '랑슬로-그라알' 5부 대연작의 중세 사본과 현대어역의 대조본을 펴내면서 제목을 《그라알의 책》이라 한 것도 이 대목에 의거해서이다(*Le Livre du Graal*, Gallimard: Bibliothèque de la Pléiade, tome 1, 2001; tome 2, 2005; tome 3, 2009). 그에 비해 로베르의 3부작, 즉 소연작의 제목으로는 역시 《요셉》에서 로베르 드 보롱이 말하는 '그라알 사화'가 적당할 것이다.

기되었던 그라알의 내력이 반추되면서 어부왕이 아일랜드의 섬나라에 와 있다는 것, 그는 병들었으며 원탁의 한 기사가 그에게 그라알에 관한 질문을 함으로써 그를 낫게 하리라는 것 등이 예언된다. 이런 내용으로 보나 페르스발이 등장하기까지의 시간적 간격으로 보나 이 대목은 《페르스발》의 서두라기보다 《메를랭》의 결말로 보는 것이 적절할 터이다.

　문제는 이 대목이 로베르 내지 《메를랭》의 작가에 의해 쓰였느냐 하는 것인데, 만일 그렇다면 그것은 《페르스발》의 양대 줄거리, 즉 그라알 모험의 성취와 아더 왕의 죽음을 모두 예견하므로, 《메를랭》을 쓴 작가가 이미 구체적으로 《페르스발》을 구상했다는 증거가 될 것이다. 하지만 그보다는 《페르스발》의 작가가 자기 작품과 로베르의 작품 간의 연속성을 강화하기 위해 써넣은 첨작일 가능성이 더 높다고 보는 견해가 대체로 받아들여지고 있다.

《페르스발》

현존하는 산문 《페르스발》을 로베르의 작품으로 보기 어려운 이유는, 앞에서도 말했듯이, 우선적으로는 사본들의 양상 때문이다. 《요셉》과 《메를랭》이 다수의 사본으로 남아 있는 데 비해, 《페르스발》의 사본은 단 2개뿐이며, 이 두 사본(모데나 사본과, 한때 디도 사본으로 불리기도 했던 파리 사본)은 《요셉》, 《메를랭》, 《페르스발》을 모두 싣고 있다는 점에서도 예외적이다. 뿐만 아니라, 연대상으로도, 《페르스발》의 출전으로 보이는 보쉬에 드 드냉(Wauchier de Denain)의 《제 2 속편》(*La Deuxième Continuation du Conte du Graal*)의 추정 연대가 대략 1205~1210년이므로 로베르 드 보롱이 《페르스발》도 썼다고 보자면 그의 창작 연대로 추정할 수 있는 기간이 너무 빠듯해진다.

이런 외적인 단서들보다 좀 더 중요한 것은 작품의 내적 통일성이다. 《요셉》과 《메를랭》도 필치가 상당히 다르기는 하지만, 공통된 것은 그라알을 그리스도교의 성유물로 정의함에 따라 이야기 자체를 신의 섭리 안에서 끌어가려는 의도이다. 성사의 연장으로 제출되는 《요셉》은 물론이고 《메를랭》도 메를랭이 브리튼 역사 가운데서 신의 뜻을 수행하여 장차 그라알 모험이 성취될 무대를 준비하는 이야기이니 말이다. 그에 비해 《페르스발》에서는 그런 작가의 의중이 잘 드러나지 않는다. 전작들이 남긴 예언들이 그런대로 실현되기는 하지만, 그 영적인 의의는 십분 성취되고 있다고 보기 어려운 것이다.

만일 로베르 자신이 쓴 제3부였다면, 이미 《그라알 이야기》에서 '아비 없는 자식'으로 등장했던 페르스발이 메를랭과 아더의 뒤를 잇는 제3의 '아비 없는 자식'이라는 운명을 극복하고 신의 소명을 찾아가는 이야기가 펼쳐졌을 법도 하다. 하지만 현존하는 《페르스발》은 《그라알 이야기》와는 달리 페르스발이 아비 없는 자식이기는커녕 부친 알랭의 뜻에 따라 아더 왕의 궁정에 갔다는 식으로 이야기를 시작한다. 페르스발의 모친이 '황무한 숲'에 살게 된 것이 그의 부친과 형들의 목숨을 앗아간 참혹한 전쟁 때문이었음을 시사하는 《그라알 이야기》와는 전혀 다른 분위기이다.

《그라알 이야기》의 주인공은 지나친 순진함(niceté) 때문에 실수를 거듭하는 인물로 사뭇 유머러스하게 그려지지만, 그 이면에는 그가 알지 못하는 어린 시절 가문에 닥쳤던 비극, 그라알 성에서의 불가해한 모험, 최고의 기사로 인정을 받는 순간 나락으로 떨어지는 충격, 모친의 죽음에 대한 죄책감, 돌아가는 길을 찾지 못한 방황 끝의 침체, 우연히 신도들의 무리를 만나 겪게 되는 각성 등 파란만장한 영혼의 모험이 자리하고 있어, 마침내 그가 그라알 성에서 발견하게 될 그 어떤 신비한 운명을 예감케 한다. 반면, 산문《페르스발》은 그런 신비함과는 거리가 멀다. 이제 페르스발은 아버지의 뜻에 따라 궁정에 가서 제대로 인정받은 기사이며, 승리감에 취해 원탁의 '금지된 좌석'에 앉으려다 실패하고, 꾸짖는 음성이 명하는 대로 모험의 길에 오르게 된다. 음성이 예언하는바, 무훈과 공덕을 세워 최고의 기사로 인정받는 자는 부자 어부왕의 집으로 인도될 것이고, 그가 그라알에 관해 질문할 때 어부왕은 치유되고 '금지된 좌석'의 갈라진 돌도 도로 붙으리라는 것이다. 이렇게 미리부터 모험의 목표가 제시될 뿐 아니라, 주인공은 누이나 숙부로부터 어부왕이 자신의 조부이며 자신을 기다리고 있다는 사실에 대해 소상히 듣게 되니 그라알 성에서의 모험은 예정된 수순에 불과한 것이 되어버린다.

뿐만 아니라, 주인공의 여정도 하나의 모험이 채 완수되기 전에 다른 모험으로, 또 다른 모험으로, 연이어 넘어가는 식이라, 잡다한 에피소드들이 두서없이 갈마드는 작품이라는 인상을 받게 된다. 그 에피소드들은 대부분《그라알 이야기》와《제2 속편》에서 온 것인데, 그 산만해 보이는 전개를 진행 순서에 따라 써 보면 다음과 같다.

1. 아더 왕 궁정의 명성 때문에 알랭이 아들 페르스발을 그곳에 보내기로 한다.

2. 궁정에서 열린 무술시합에서 승리를 거둔 페르스발이 위험한 좌석에 앉았다가 발밑의 돌이 갈라지면서 벽력같은 음성의 꾸짖음을 듣고, 음성이 명하는 대로 최고의 기사가 되어 그라알의 모험을 성취하기 위해 길을 떠난다.

3. 죽은 기사를 애도하는 아가씨를 만나, 그를 죽인 황야의 오만한 자에게 보복하고, 두 사람을 아더 왕의 궁정으로 보낸다.

4. 체스판 성에서 성주 아가씨에게 구애한 끝에, 그녀가 명하는 과제, 즉 흰 사슴의 머리를 구하기 위해, 그녀로부터 사냥개를 받아가지고 떠난다. 곧 사슴을 잡아 머리를 베지만, 웬 노파가 사냥개를 빼앗아 달아나고, 노파는 개를 돌려주는 조건으로 무덤에 다녀올 것을 명한다. 무덤에서 돌아오는 길에 뒤따라온 검은 기사와 싸움이 벌어지고, 그 사이에 다른 기사가 사슴의 머리와 노파가 안고 있던 개를 낚아채 사라져버린다. 검은 기사는 무덤 속으로 도망치고, 페르스발은 사슴 머리와 개를 훔쳐간 기사를 추적한다.

5. 수많은 모험 끝에 우연히 부모가 살던 황무한 숲에 이르러 누이를 만나서 함께 은자 숙부를 찾아가며, 누이와 은자로부터 자신의 가문과 그라알의 내력, 자신이 성취해야 할 모험에 관한 예언을 듣게 된다.

6. 다시 길을 떠나 경이로울 만큼 추한 아가씨와 그녀를 사랑하는 기사를 만나 싸워 이기고 그들을 아더 왕의 궁정으로 보낸다.

7. 위험한 여울목을 지키는 기사 위르뱅과 싸워 이기고 그도 아더 왕의 궁정으로 보내려 하지만, 새떼가 나타나 위르뱅을 데려간다.

8. 십자로에서 나무 위 아이들이 그에게 어부왕의 성으로 가는 길을 알려 주고, 커다란 그림자의 형태로 나타난 메를랭이 아이들을 재확인해준다.

9. 어부왕의 성에 이르러 그라알 행렬을 보지만, 해야 할 질문을 하지 못하고, 이튿날 텅 빈 성에서 깨어나며, 숲속의 아가씨로부터 질책당한다.

10. 잃어버렸던 사슴의 머리와 사냥개를 되찾고, 무덤의 기사에 관한 진실을 듣고 체스판 성으로 돌아가지만, 성주 아가씨와 함께 머물기를 거절하고 떠난다.

11. 7년간의 방황 끝에 숲속에서 참회하는 무리를 만나 정신을 차리고 숙부인 은자의 집을 다시 찾아가 가르침을 받고 누이의 죽음을 애도한 후 떠난다.

12. 하얀 성에서 열린 무술시합에서 승리를 거둔다.

13. 추수꾼의 모습으로 나타난 메를랭이 페르스발의 지체함을 꾸짖으며 어부왕의 성으로 가는 길을 알려준다.

14. 어부왕의 성에 재차 방문해 그라알에 관한 질문을 함으로써 주문을 깬다. 위험한 좌석은 아물어 붙고, 어부왕 브롱은 세상을 떠나며, 페르스발이 그 뒤를 이어 그라알지기가 된다.

산문 《페르스발》이 되는 대로 흘러가는 이야기인 듯한 인상을 주는 것은 앞서도 말했듯이 시퀀스 4에서와 같은 서사의 파행 때문이다. 하지만 이렇게 정리해 보면, 전체적인 구조가 눈에 들어온다. 일단은 페르스발이 애초의 실패(금지된 좌석의 돌이 갈라짐)를 만회하는 것(돌이 아물어 붙음)이 큰 틀이 되고, 그러기 위해 수행해야 하는 그라알 모험에서도 실패와 반복을 통한 성취가 틀을 이루는 것을 볼 수 있다. 뿐만 아니라, 체스판 성의 아가씨가 낸 과제도 미해결 상태로 있다가 한참 뒤에야 완결되고 설명된다. 은자 숙부도 두 번 방문하고, 메를랭도 두 번 만난다. 이런 전개를 좀 더 자세히 들여다보면 2-14(위험한 좌석), 2-12(무술시합), 4-10(체스판 성 방문), 5-11(은자 방문), 7-10(사랑의 포로가 된 기사), 8-13(메를랭 만남), 9-14(그라알 성 방문)라는 유사한 모티프들이 반복되는 구조를 발견할 수 있다.[26]

크레티앵의 《그라알 이야기》도 주인공이 그라알 성에서의 모험에 실패한 후 다시 돌아가 모험을 성취하겠다는 결의를 말하고 있는 만큼, 이런 반복 구조는 당연히 기대할 만하다. 《그라알 이야기》에서도 그렇듯이, 주인공은 그런 실패와 성취의 반복을 통해 성장해 가는 것이라 볼 수 있다. 체스판 성의 모험도, 처음에는 성주 아가씨의 사랑을 얻기 위해 이런저런 과제 수행에 나서지만, 나중에는 그녀의 권유를 물리치고 그라알 성 재방문이라는 더 고상한 목표를 위해 떠날 수 있게 된다는 점에서, 반복을 통한 성장의 의미로 이해된다. 이성 간의 사랑이 영적인 정진을 위해 극복해야 할 무엇이라는 생각은, 비록 아직은 표면화되지 않지만, 《그라알 이야기》에서 《성배 탐색》에 이르는 이야기의 발전 과정을 통해 차츰 심화될 것이다.

---

26 이런 반복 구조에 대해서는 N. Lacy, "The Design of the Didot-*Perceval*", in *Continuations. Essays on Medieval French literature and language in honor of John L. Grigsby*, Birmingham Alabama, 1989 참조.

하지만 이제 그라알은 더 이상 미지의 신비한 물건이 아니라 "우리 주님의 피가 담긴 그릇" 또는 "우리 주님께서 옥에 갇힌 요셉에게 주셨던 그릇"이라고 구체적인 성유물로 정의된 후이므로, 《그라알 이야기》에서처럼 아무것도 모르는 상태에서 저지른 실수와 그 만회라는 식의 반복은 불가능하다. 페르스발은 더 이상 순박하다 못해 어리석은 기사가 아니며, 그라알이 무엇인지, 그라알 성에서 어떤 질문을 해야 하는지, 그리고 그러면 일어날 일들에 대해서까지 미리부터 듣고 있는 터이다. 그럼에도 불구하고 어부왕의 성에서 그라알의 행렬을 궁금히 여기면서도 여전히 "너무 많이 말하지 말라"는 어머니의 충고(《그라알 이야기》에서는 배신의 충고) 때문에 입을 떼지 못한다니 앞뒤가 맞지 않는다. 그라알 성에서의 최초 실패를 이야기하려면, 그리고 독자의 마음속에 신비감을 불러일으키려면, 주인공은 역시 아무것도 모르는 채 출발했어야 할 터이니, 전작들을 통해 이미 너무 많이 알아버린 작가에게는 너무 어려운 일이었는지도 모르겠다.

하여간 산문 《페르스발》은 그라알 성에서의 모험을 완결시킨 최초의 작품이 되었다. 미완성으로 남겨진 《그라알 이야기》 이후 《제 1 속편》은 고뱅을 주인공으로 하여 그의 그라알 성 방문을 이야기하지만 그는 성에서 기다리던 기사가 아니며 그라알 모험의 선결 조건으로 제시되는 또 다른 모험, 즉 부러진 검을 도로 붙이는 시험에 성공하지 못한다. 《제 2 속편》에서 페르스발은 그라알 성을 재방문하여 그라알과 피 흐르는 창, 자신이 만난 기이한 광경에 대해 질문하지만 답변은 식사 후로 미루어진 채 이번에도 부러진 검의 시험이 먼저 제시된다. 페르스발은 검을 붙이기는 하지만 "붙인 자리를 따라 가느다란, 크지 않은 금이 남았다"고 이야기되며, 모험의 성취는 다시금 훗날로 미루어진다. 이 두 《속편》들은 수수께끼를 해명하기는커녕 오히려 더 큰 수수께끼를 불러일으키는 셈이다. 그에 비해 산문 《페르스발》은 모범 답안처럼 단출하다. 주인공은 예정된 질문을 하고, 약속되었던 치유가 일어나며, 그라알과 피 흐르는 창의 내력이 설명된다. 회복된 어부왕은 페르스발에게 '그라알의 비밀'을 전수한 후 안식에 들어가며, 페르스발이 그 뒤를 이어 그라알지기가 된다.

하지만 이야기는 이로써 끝나지 않는다. 산문 《페르스발》이 그라알 이야기의 발전에 기여한 중요한 점은 그라알 모험과 아더 왕국의 몰락 사이의 인과 관계를 제시한 데 있다. 애초에 페르스발이 원탁의 빈자리에 앉았을 때 발밑의 돌이 갈라지면서 들려온 음성이 그라알 모험을 명하면서 예고하기를 그 모험이 완수되면 "오늘날 브리튼 땅에 있는 마법(enchantement)이 사라지리라"고 했거니와, 페르스발이 모험을 완수하고 원탁의 갈라진 돌이 아물어 붙음과 동시에 "브리튼 땅의 마법이 풀렸다"는 것이다. 다시 말해, 페르스발이 금지된 좌석에 앉음으로써 마법이 시작되었다고 본다면, 그가 그라알 모험을 성취함으로써 금지된 좌석이 아물어 붙고 마법이 사라진다는 것은 논리적인 귀결이고, 그럴 때 '마법'이란 다분히 부정적인 '저주'의 의미이다. 하지만 곧이어 "아더 궁정의 제후들은 마법과 모험이 끝났다는 소식에 크게 낙심했다"는 말에서는 마법이 모험의 원천이라는, 다소 결이 다른 발상을 읽을 수 있다. 즉, 마법은 아더 왕 세계에서 모험의 원천인 '경이로운 다른 세상'(l'Autre Monde merveilleux)의 경이로움(le merveilleux)의 등가어가 되는 것이다.

    그라알 모험이 성취된 결과, 아더 왕 세계에서는 모험이, 경이로움이 사라지게 되며, 이에 기사들은 "더 이상 아더 왕의 궁정에 머물지 않겠다. 차라리 바다를 건너가 기사다운 일을 찾아보겠다"고 말하게 된다. 그래서 시작되는 것이 아더 왕의 유럽 원정이고, 그것이 왕국의 몰락을 가져오게 된다. 아더 왕이 연이어 전쟁에 승리하고 나아가 프랑스를, 그리고 로마까지 정복하려다 몰락하게 된다는 이야기는 일찍이 《브리튼 왕들의 역사》나 《브뤼트 이야기》에 나오는 것으로, 그런 역사서들에는 전쟁의 경과가 소상히 기술되어 있다. 산문 《페르스발》의 해당 대목은 그 간략한 축약본이라 할 수 있다. 이 작품을 《그라알 이야기》의 속편으로 본다면 전체 분량의 3분의 1에 못 미치는 이 '아더 왕의 죽음'은 불필요한 사족으로 보이기도 하지만, 연작 전체의 구성으로 보면 《메를랭》에서 시작된 아더 왕 치세의 결말이라는 점에서 빼놓을 수 없는 대목이다.

    마침내 아더가 죽어서 아발롱섬으로 실려간 후, 메를랭은 블레즈를 페르스발의 성으로 데려가 그에게 그간의 일들을 모두 들려주었으며, 페르스발은 그라알지기로서 거룩한 삶을 살았다는 것, 그리고 메를랭 자신의 수수께끼 같은 칩거로 차례차례 문이 닫히듯 이야기가 끝난다. 세상의 종말까지 죽을 수 없는 메를랭이 스스로 만들고 그 안에 들어가 다시는 나오지 않았다는 '깃집'(esplumoir)이란 대체 무엇인가? 달리 어느 곳에서도 쓰인 바 없는, 명확한 뜻을 알 수 없는 이 말은 plume(새깃)을 어원으로 한다는 것 때문에 새가 깃갈이를 하는 집 정도로 풀이되곤 한다. 마법사 메를랭에게는 새를 연상케 하는 대목들이 간간이 있으니 말이다. 그렇게 해서 메를랭은 칩거에 들어가고, 작가는 깃펜(plume) 을 내려놓는다. 아니, 이야기의 원천, 발화의 근원이었던 메를랭 자신이 깃펜이었던가?

이상 로베르 드 보롱의 3부작이 크레티앵 드 트루아의 《그라알 이야기》를 어떻게 발전시켰는지, 향후의 전개를 염두에 두고 되짚어보면 다음과 같다.

우선, 《그라알 이야기》에서 페르스발은 어부왕의 성에서 그라알의 행렬을 목도하고 훗날 숲속의 은자로부터 그에 대한 설명을 듣게 되는데, 그 신비한 행렬을 이루는 여러 요소 중에 은자가 설명하는 것은 그라알에 대해서뿐이다. 즉, 그것은 "지극히 거룩한 그릇"이라 그 안에 든 단 하나의 성체로도 칩거한 노왕의 생명을 유지해 주기에 충분하다는, 그리스도교적인 해석이다. '그라알 사화'의 《요셉》이 말하는 '거룩한 그릇'은 이런 은자의 설명에 그 단초를 두고 있으며, 성에서 본 휘황찬란한 행렬이나 피 흐르는 창 등은 언급되지 않는다. 그라알이 성체를 담은 성합이 아니라 보혈을 담은 성작으로 정의되었으니, 피에 관해서는 따로 말할 필요가 없었는지도 모른다. 페르스발이 어부왕으로부터 받았다는, 정작 중요한 순간에 부러지리라는 검 역시 언급되지 않는다. 산문 《페르스발》에서도 피 흐르는 창이 "롱기누스가 십자가 위의 그리스도를 찌른 창"이라고 간단히 설명될 뿐 창과 그라알의 관계는 명시되지 않으며, 다른 《속편》들이 중요하게 다루는 의문의 부러진 검에 대해서는 역시 말이 없다. 이 세 가지 모티프와 그에 얽힌 모험들이 십분 해명되는 것은 불가타 연작의 《성배 탐색》에서이다.

《그라알 이야기》에서는 페르스발의 가문에 얽힌 내력이나 그라알 성의 정체를 알 수 없는 왕들이 또한 신비감을 더하는데, 이런 이야기는 《요셉》에서 아리마대 요셉 및 브롱의 이야기로 환치된다. 그라알을 성유물로 정의함에 따라, 그라알 성의 왕들은 자연히 성사와 관계된 인물이 되고, 페르스발은 그 가계의 후손이 되는 것이다. 즉, '그라알지기'들의 가문이다. 하지만 브롱의 손자가 아더 왕의 시대에 세 번째 그라알지기가 되기에는 시대적인 간격이 너무 클 뿐 아니라, 《그라알 이야기》에 등장하는 어부왕과 불수의 노왕이 산문 《페르스발》에서는 브롱 한 사람으로 줄어들면서 이야기가 너무 단순해진다. 어부왕과 그의 부친인 노왕이 확실히 구별되고 5세기가량의 기간에 해당하는 계보가 수립되는 것도 《성배 탐색》 내지는 거기서 발전한 《성배 사화》에 이르러서이다.

성사의 시대와 아더 왕의 시대는 이렇듯 브롱의 가계에 의해 시공간적으로 연결되는 셈이지만, 그보다 더 근본적인 것은 메를랭에 의해 담지되는 영적인 연결이다. 그가 등장하는 다른 역사서들에서와는 달리, 메를랭의 출생 경위는 시공간적이 아니라 영적인 견지에서 기술된다. 굳이 따지자면 그는 어린아이 적에 보티건에게 불려가니역시 5세기의 인물이라 하겠으나, 그를 잉태시키려는 악마들의 모의는 초시간적이다. 그에 의해 아더 왕의 시대는 성사의 시대에 편입되고, 브리튼 땅에서 일어나는 모험들은 마법의 발현이 된다. 이를 배경으로, 《페르스발》의 주인공은 세속 기사도에서 성장하여 좀 더 높은 차원에 속하는 그라알 모험으로 나아가는 것으로 — 물론 그 영적인 의미는 아직 충분히 제시되지 않지만 — 그려지는 한편, 그라알 모험의 종식이 아더 왕국의 몰락을 가져온다는 구도가 성립된다.

이처럼 '그라알 사화'는 기존의 이야기 타래들을 비교적 정돈한 셈이지만, 《그라알 이야기》가 남긴 신비는 여전히 다 해명되지 않는다. 무엇보다도, 그라알이 정의되기는 했지만, 그 '비밀'은 여전히 말해지지 않은 채로 남는다. 《그라알 이야기》에서 은자가 페르스발에게 알려 주었다는 귀한 기도문에는 "죽음을 각오하지 않고는 인간의 어떤 입으로도 발설할 수 없는, 지극히 거룩한 이름들"이 담겨 있었다고 하거니와, 이 발설할 수 없는 비밀이 《요셉》에서는 그리스도께서 친히 요셉에게 알려 주셨다는 그라알의 비밀로 옮겨지는 셈이다. 《메를랭》에서도 "요셉과 예수 그리스도 사이에 오간 비밀한 말"은 메를랭조차도 알 수 없는 것이라 이야기되며, 요셉이 브롱에게 전해준 그 비밀은 다시금 브롱이 자신의 뒤를 이을 세 번째 그라알지기에게 전해 주게 될 것이다. 말하자면 이야기는 끝내 알 수 없는 비밀 주위를 맴돌 뿐이다. 그 비밀이 어떤 것인가는 《성배 탐색》에서 갈라아드가 도달할 궁극의 모험에서, 오직 그에게만 계시될 터이니, 그 비밀, 인간이 끝없이 추구할 수밖에 없는 초월적인 비밀이야말로 이야기의 근원이라 할 것이다.

로베르 드 보롱의 3부작으로 불리는 이 작품들은 여러 차례 편집되었다. 우선, 《요셉》의 운문본에 대해서는 1927년 W. A. 니체의 판본이 있고(책 뒤에 《메를랭》의 운문 단편이 함께 실려 있다), 운문본과 산문본을 대조하여 펴낸 1995년 R. 오고먼의 판본이 있다. 《메를랭》에 대해서는 운문 단편과 산문본을 함께 엮은 1886년 G. 파리스의 판본 외에, 1979년 A. 미샤의 산문 판본이 있다. 《페르스발》은 현존하는 두 사본인 모데나 사본과 파리(디도) 사본을 나란히 실은 1941년 W. 로우치의 판본이 있다. 그 밖에, 모데나 사본에 의거한 3부작 전체가 1981년 세르킬리니의 판본으로 소개되어 있다. 현대어역으로는, 《요셉》의 운문본에 의거한 2007년 미샤 역, 《메를랭》의 미샤 판본에 의거한 1994년 미샤 역이 있다. 모데나 사본은 N. 브라이언트에 의해 영역된 바 있다. [27]

---

27 Robert de Boron, *Le Roman de L'Estoire dou Graal*, éd. William A. Nitze, Paris: Champion, 1927; Robert de Boron, *Joseph d'Arimathie: A Critical Edition of the Verse and Prose Versions* ed. Richard O'Gorman, Toronto, Pontifical Institute of Medieval Studies, 1995; Robert de Boron, *Merlin, roman du XIIIe siècle*, éd. Alexandre Micha, Paris: Droz, 1979; *The Didot "Perceval" According to the Manuscripts of Modena and Paris*, éd. William Roach, Philadelphia: University of Pennsylvania Press, 1941; Robert de Boron, *Le Roman du Graal*, éd. Bernard Cerquiglini, Paris:10/18, 1981; Robert de Boron, *Le Roman de L'Estoire dou Graal*, trad. Alexandre Micha, Paris: Champion, 2007; Robert de Boron, *Merlin*, trad. Alexandre Micha,

이상과 같은 사본 및 판본 가운데 어느 것을 번역의 저본으로 삼느냐 하는 결정은 간단치 않다. 3부작의 통일성이라는 견지에서 모데나 사본을 실은 세르킬리니의 판본을 택할 수도 있겠지만(영역본도 아마 그런 취지일 터이다), 《요셉》의 경우 운문본이 산문본보다 먼저였다고 본다면 운문본을 택하는 편이 나을 것이고, 《메를랭》의 경우 모데나 사본은 대폭 축약된 것이라는 견해가 지배적이다. 《페르스발》의 경우, 모데나 사본이 파리(디도) 사본보다 확실히 내용이 충실하다. 그러므로 생각 끝에, 《요셉》은 운문본, 《메를랭》은 미샤 판본, 《페르스발》은 모데나 사본을 따르기로 했다. 그럼으로써, 단일한 사본의 통일성은 아니라도, 중세 문학 특유의 역동성(mouvance)를 보여 줄 수 있을 것이다.

각 작품의 출전으로 비교 대상을 삼은 책들은 다음과 같다. 《요셉》에 대해서는 J. K. 엘리엇의 《신약 외경》, 《메를랭》에 대해서는 제프리 오브 몬머스의 《브리튼 왕들의 역사》와 《메를랭의 생애》, 웨이스의 《브뤼트 이야기》, 그리고 《페르스발》에 대해서는 크레티앵 드 트루아의 《그라알 이야기》와 보쉬에 드 드냉의 《제 2 속편》, 위(僞) 보쉬에의 《제 1 속편》을 참조했다. 28

Paris: GF-Flammarion, 1994; *Merlin and the Grail. Joseph of Arimathea, Merlin, Perceval. The Trilogy of Arthurian Romances attribured to Robert de Boron*, trans. Nigel Bryant, Cambridge: S. S. Brewer, 2001.

28 J. K. Elliot, *The Apocryphal New Testament*, Oxford: Clarendon Press, 1993; Geoffrey of Monmouth, *The History of the Kings of Britain*, trans. Lewis Thorpe, Penguin Books, 1966; Geoffrey of Monmouth, *La Vie de*

번역에 관해 독자의 양해를 구하고 싶은 점들이 있다. 우선, 운문의 번역에 대해서이다. 《요셉》은 운문본, 《메를랭》과 《페르스발》은 산문본을 번역 대본으로 택한다고 해서, 각기 운문과 산문으로 번역할 수 있는 것은 아니다. 중세 운문소설의 현대어 역본은 프랑스어나 영어 모두 산문으로 되어 있다. 다만, 경어법이 발달한 우리말로는 운문소설은 청자, 산문소설은 독자를 상정한다는 차이를 다소나마 살릴 수 있을 듯하여, 운문본 《요셉》은 '합쇼체'로, 나머지 두 작품은 '해라체'로 옮겼다. 다음으로, 가능하면 직역에 가깝게 옮기고자 했다. 원문의 어법이 어색하더라도 가능하면 그대로 살리고, 단조로운 표현도 그대로 두었다. 일례로, 희로애락의 감정 표현은 극히 제한되어 '매우 기뻐했다'(molt lié), '몹시 성이 났다'(molt irié) 하는 식으로 반복되는데, 이것을 문맥에 따라 다양하게 바꾸기보다 되도록이면 그 시대의 제한된 표현 그대로 두려 했다(읽기에 영 어색한 부분만 자연스럽게 다듬었다). 끝으로, 고유명사의 표기에 대해서는, 프랑스어나 영어 중 어느 한쪽을 택하더라도 마뜩지 않은 점이 생겨난다. 가령, '아더', '메를랭', '페르스발', '고뱅'을 '아서', '멀린', '퍼시발', '거웨인'으로 적는

Merlin, trad. Isabelle Jourdan, Climats, 1996; *Wace's Roman de Brut. A History of the British. Text and translation*, trans. Judith Weiss, University of Exeter Press, 1999; revised, 2002; Chrétien de Troyes, *Le Conte du Graal*, éd. Charles Méla, Le Livre de Poche, 1990; *The Continuation of the Old French Perceval of Chrétien de Troyes, Volume IV: The Second Continuation*, ed. William Roach, Philadelphia: The American Philosophical Society, 1971; *Première Continuation de Perceval*, éd. William Roach, trad. Colette-Anne Van Coolput-Storms, Le Livre de Poche, 1993.

다면, 프랑스 작품이 아니라 영국 작품 같은 느낌이 들 것이고(그렇다고 아주 프랑스식으로 '아르튀르'로 적어도 이상하지만), '알랭 르 그로' 같은 이름은 영어식으로 다시 지어내야 할 것이다(영역본도 그렇게는 하지 않는다). 그렇다고 '솔즈베리'나 '틴타젤' 같은 지명을 '살르비에르', '탱타젤'로 적어도 어색하다. 그래서 인명은 대체로 프랑스식으로, 지명은 영국식으로 적었지만, 경우에 따라서는 양자를 절충하기도 했다. 가령, Uterpandragon은 너무 영어식인 '유서펜드라곤'이나 너무 프랑스어식인 '위테르팡드라공'보다 '우터판드라곤'으로 적었고, Ygerne 역시 '이건', '이그레인', '이제른'보다 우리말 어감으로 적당하리라 여겨지는 '이그렌'으로 적었다. 요컨대, 프랑스어와 영어 어느 쪽으로도 치우치지 않되 우리말 어감으로도 무난한 발음을 택했다고 보면 될 것이다.

지은이 · 옮긴이 소개

지은이_로베르 드 보롱 (Robert de Boron)

생몰연대 미상. 아마도 프랑스 동부 프랑슈-콩테 지방에서 몽벨리아르 백작 고티에 (Gautier de Montbéliard, ?~1212)를 섬기던 기사 혹은 문사였을 것으로 추측된다. 1200~1210년을 전후하여 그 지방에서 혹은 제4차 십자군 원정에 참가한 주군 고티에를 따라 동방에 가서 '그라알 사화'를 썼으리라고 추측할 수 있다.

옮긴이_최애리

서울대 인문대학 및 동 대학원에서 프랑스 문학을 공부했다. 중세 그라알 소설 연구로 박사학위를 받았다. 크레티앵 드 트루아의 《그라알 이야기》, 불가타 연작 중 《성배 탐색》(근간), 크리스틴 드 피장의 《여성들의 도시》 등 중세 작품들과 자크 르 고프의 《연옥의 탄생》, 조르주 뒤비의 《중세의 결혼: 기사, 여성, 성직자》, 슐람미스 샤하르의 《제4신분, 중세 여성의 역사》 등 중세사 관련 서적, 그 밖에 여러 분야의 책을 번역했다.

아서 왕의 죽음 전 2권

토마스 말로리 지음 | 이현주(감리교신학대) 옮김

"아서 왕의 전설"로 전해지는 영국 기사도 문학의 정수

아서 왕을 비롯하여 랜슬롯 경, 가웨인 경, 갤러해드 경, 가레스
경, 퍼시발 경 등 후세에 기사도의 꽃으로 알려진 150명의 원탁의
기사들의 모험, 결투, 충성과 사랑을 둘러싼 이야기이다. '기사도
이야기', '궁정풍 사랑 이야기', '성배 이야기'를 중심으로 전개된다.
말로리는 진실한 기사는 어떤 인물인가에 대한 문제를 가장 중요한
주제 중의 하나로 다뤘다. 섬기는 영주 부인과 기사의 사랑을
구조로 하는 궁정풍 사랑을 통해 중세의 전형적 사랑을 대변했으며,
기사들의 부도덕과 타락을 성배 탐색으로 정화하는 과정을
흥미롭게 전개하고 있다.

신국판·양장본 | 1권 568면 · 2권 608면 | 각권 32,000원

www.nanam.net
031-955-4601
나남
nanam

영국민의 교회사

비드 지음 | 이동일(한국외대)·이동춘(대구대) 옮김

원전을 살린 고대영어판 번역으로 만나는
중세 초기 영국의 역사 이야기

영국의 중세 암흑기를 밝히는 신학자 비드의 대작으로, 영국사학의
시조라 할 수 있는 책이다. 5세기에서 8세기 중반까지 앵글로색슨
왕국의 종교, 정치, 종족, 언어, 왕조, 사회상을 내러티브 형식을
빌려 총체적으로 담았다. 모세오경을 연상시키는 다섯 권의 구조로
이뤄진 백과사전식 성인열전으로, 비드는 이 책을 통해 영국민들을
교화하고자 교회의 성인들은 물론 그리스도를 신봉한 군주들의
삶과 태도를 그렸다. 기독교 양상을 중심으로 앵글로색슨 왕국의
역사를 다룬 이 책은 다양한 기적을 소개하며 지상의 세계와
천상의 세계를 하나로 연결하고 있다.

신국판·양장본 | 384면 | 20,000원

www.nanam.net
031-955-4601
나남
nanam

제 4신분,
중세 여성의 역사

슐람미스 샤하르 지음 | 최애리(번역가) 옮김

중세 유럽 여성의 여덟 폭 세밀화

세 위계로 나누어진 중세 서유럽 사회에서 여성은
신분과 지위를 초월한 하나의 계층으로 분류될 수 있는가?
《제 4신분, 중세 여성의 역사》는 그동안 잘 알려져 있지 않던
12~15세기 서유럽 여성의 지위와 역할에 대한 촘촘한 세밀화를
제시한다. 여성을 결혼한 여성, 과부, 농민 여성, 귀족 여성,
도시 여성, 일하는 여성, 이교운동에 관련한 여성과 마녀 등으로
나누고, 학문적 토대 위에 객관적이고 중립적인 해석을 엮었다.
치밀하게 규명된 중세 여성들의 생활상은 여성사뿐만 아니라 중세
사회 전반에 대한 새로운 밑그림을 짤 수 있는 중요한 바탕이 된다.

신국판·양장본 | 528면 | 30,000원

www.nanam.net
031-955-4601
나남
nanam